AF842235

unipress

Schriften zum Internationalen Privatrecht und zur Rechtsvergleichung

Band 58

Herausgegeben im
European Legal Studies Institute /
Institut für Europäische Rechtswissenschaft /
Institut pour le droit en Europe
der Universität Osnabrück

von
Professor Dr. Dr. h. c. mult. Christian von Bar, FBA, MAE,
Professor Dr. Christoph Busch,
Professorin Dr. Mary-Rose McGuire,
Professor Dr. Hans Schulte-Nölke, MAE,
Professor Dr. Sören Segger-Piening und
Professor Dr. Dr. h. c. Fryderyk Zoll

Leonard Nicolay

Datenschutz, Grundeigentum und agrarische Bodendaten

V&R unipress

Universitätsverlag Osnabrück

UNIVERSITÄT OSNABRÜCK

MIX
Papier aus verantwortungsvollen Quellen
FSC® C083411

ISSN 2198-7041
ISSN 2197-4713 (digital)
ISBN 978-3-8471-1985-2
ISBN 978-3-8470-1985-5 (pdf)
ISBN 978-3-7370-1985-9 (eLibrary)
DOI https://doi.org/10.14220/9783737019859

Bibliografische Information der Deutschen Nationalbibliothek
Die Deutsche Nationalbibliothek verzeichnet diese Publikation in der Deutschen Nationalbibliografie; detaillierte bibliografische Daten sind im Internet über https://dnb.dnb.de abrufbar.

© 2026 Brill Deutschland GmbH, Robert-Bosch-Breite 10, 37079 Göttingen, Deutschland

Alle Rechte vorbehalten. Dieses Werk sowie einzelne Teile desselben sind urheberrechtlich geschützt. Jede Verwertung in anderen als den gesetzlich zugelassenen Fällen ist ohne vorherige schriftliche Zustimmung des Verlags nicht zulässig. Text- und Datamining zu kommerziellen Zwecken bedarf der Genehmigung des Verlags.

Veröffentlichungen des Universitätsverlags Osnabrück erscheinen bei V&R unipress.

V&R unipress und Brill Deutschland GmbH sind Teil von De Gruyter Brill.
www.degruyterbrill.com

Fragen zur allgemeinen Produktsicherheit: productsafety@degruyterbrill.com

Druck: CPI books GmbH, Leck

Inhaltsverzeichnis

Dritter Teil: Rechte des Landwirts an Bodendaten de lege lata

Vierter Teil: Ausblick

Fünfter Teil: Schlussbetrachtung und thesenhafte Zusammenfassung der wesentlichen Arbeitsergebnisse

Vorwort

Die vorliegende Arbeit wurde im Sommersemester 2025 vom Fachbereich Rechtswissenschaften der Universität Osnabrück als Dissertation angenommen. Gesetzgebung, Schrifttum und Rechtsprechung befinden sich auf dem Stand von November 2024.

Die Veröffentlichung der Arbeit, die größtenteils während meiner Zeit als wissenschaftlicher Mitarbeiter am Osnabrücker European Legal Studies Institute entstanden ist, markiert den Schlusspunkt meiner universitären Ausbildung. Diese hätte keinen so schönen Verlauf genommen ohne all diejenigen, die mich während der Zeit begleitet und gefördert haben.

Mein tief empfundener Dank gilt dabei zunächst meinem Doktorvater, Professor Dr. Hans Schulte-Nölke. Er gab nicht nur Anstoß zu dem Thema der Arbeit, sondern betreute sie auch umsichtig und ließ mir außerordentlich viel Freiraum für mein Vorhaben. Sein Vertrauen, seine zahllosen Ratschläge und sein Optimismus haben mich dabei stets ermutigt, motiviert und inspiriert. Für das überaus zügige Verfassen des Zweitgutachtens und die vielen hilfreichen Hinweise danke ich Frau Professorin Dr. Mary-Rose McGuire. Den übrigen Herausgebern, von denen einige meine Ausbildung zudem auf verschiedene Weise mitgeprägt haben, danke ich für die Aufnahme in die Schriftenreihe »meines« ehemaligen Instituts.

Meinen Freunden bin ich für die gemeinsame Zeit, ihren Rückhalt und den Zuspruch, den sie mir stets gegeben haben, von Herzen dankbar. Dies gilt insbesondere für Dr. Lukas Bartke, Tim Flaeper, Julian Pusch, Tolga Sevim und Ozan Yildirim.

Den größten Dank schulde ich jedoch meinen Eltern und Geschwistern, die mich über meine gesamte Ausbildung hinweg unterstützt haben. Ohne sie hätte auch diese Arbeit nicht entstehen können. Sie ist ihnen gewidmet.

Düsseldorf, im Dezember 2025 *Leonard Nicolay*

Abkürzungsverzeichnis

a. A.	andere/r Ansicht
a. a. O.	am angegebenen Ort
AcP	Archiv für die civilistische Praxis
a. F.	alte Fassung
ALI	American Law Institute
Alt.	Alternative
Anm.	Anmerkung
Appl Econ Perspect Policy	Applied Economic Perspectives and Policy
Art.	Artikel
Aufl.	Auflage
AUR	Agrar- und Umweltrecht
BB	Betriebs-Berater
BGB	Bürgerliches Gesetzbuch
BGH	Bundesgerichtshof
Bd.	Band
BDSG	Bundesdatenschutzgesetz
BeckFormB BHW	Beck'sches Formularbuch Bürgerliches, Handels- und Wirtschaftsrecht
BeckOK	Beck'scher Onlinekommentar
BeckOGK	Beck'scher Online-Großkommentar
Beschl.	Beschluss
best.	bestätigt
BfDi	Bundesbeauftragte/r für den Datenschutz und die Informationsfreiheit
BKR	Zeitschrift für Bank- und Kapitalmarktrecht
BLU	Bundesverband der Lohnunternehmen
BMEL	Bundesministerium für Ernährung und Landwirtschaft
BMR	Bundesverband der Maschinenringe
BReg	Bundesregierung
bspw.	beispielsweise
BT-Drs.	Bundestagsdrucksache
BUEL	Berichte über Landwirtschaft – Zeitschrift für Agrarpolitik und Landwirtschaft

BVerfG	Bundesverfassungsgericht
BVerwG	Bundesverwaltungsgericht
BVwG	Bundesverwaltungsgericht (Österreich)
bzgl.	bezüglich
bzw.	beziehungsweise
ca.	circa
CCZ	Corporate Compliance
CEJA	European Council of Young Farmers
CEMA	European Agricultural Machinery Association
CETTAR	European Organisation of Agricultural, Rural and Forestry Contractors
CR	Computer und Recht
CSIT	CSI Transactions on ICT – Journal focusing on the practical implications of advances in information and communication technology
d.	der/die/das/des
DA	Data Act
dagg.	dagegen
DatenschutzR	Datenschutzrecht
DBV	Deutscher Bauernverband e. V.
DEK	Datenethikkommission
ders./dems./dies.	derselbe(n)/demselben/dieselbe(n)
d. h.	das heißt
diesbzgl.	diesbezüglich
DLG	Deutsche Landwirtschafts-Gesellschaft
DMA	Digital Markets Act
DRV	Deutscher Raiffeisenverband
DS-GVO	Datenschutz-Grundverordnung
DSRI	Deutsche Stiftung für Recht und Informatik
DS-RL	Datenschutz-Richtlinie
DuD	Datenschutz und Datensicherheit
DVBl	Deutsches Verwaltungsblatt
DZWIR	Deutsche Zeitschrift für Wirtschafts- und Insolvenzrecht
ECPA	European Crop Protection Association
EFFAB	European Forum of Farm Animal Breeders
Einl.	Einleitung
ELI	European Law Institute
ERAE	European Review of Agricultural Economics
ErwGr.	Erwägungsgrund
ESA	European Seed Association
et al.	et alii
etc.	et cetera
EU	Europäische Union
EuG	Europäisches Gericht
EuGH	Europäischer Gerichtshof
EuZW	Europäische Zeitschrift für Wirtschaftsrecht

e. V.	eingetragener Verein
f./ff.	folgend/folgende
FEFAC	European Compound Feed Manufacturers' Federation
Form.	Formular
Fn.	Fußnote
Fraunhofer IESE	Fraunhofer-Institut für Experimentelles Software Engineering
Front. Sustain. Food Syst.	Frontiers in Sustainable Food Systems
FS	Festschrift
GeoZG	Geodatenzugangsgesetz
GeschGehG	Gesetz zum Schutz von Geschäftsgeheimnissen
GewArch	Gewerbearchiv
GG	Grundgesetz
ggf.	gegebenenfalls
GPS	Global Positioning System
GRCh	Charta der Grundrechte der Europäischen Union
GrdstVG	Grundstücksverkehrsgesetz
GRUR	Gewerblicher Rechtsschutz und Urheberrecht
GRUR-Prax	Gewerblicher Rechtsschutz und Urheberrecht in der Praxis
GRUR-RS	Gewerblicher Rechtsschutz und Urheberrecht – Rechtsprechungssammlung
GRUR Int.	GRUR International – Journal of European and International IP LAW
GS	Gedächtnisschrift
GWB	Gesetz gegen Wettbewerbsbeschränkungen
GWR	Gesellschafts- und Wirtschaftsrecht
HdB.	Handbuch
HöfeO	Höfeordnung
Hrsg.	Herausgeber
Humanit Soc Sci Commun	Humanities and Social Sciences Communications
i. E.	im Ergebnis
IEEE ISTAS	Institute of Electrical and Electronics Engineers International Symposium on Technology and Society
IFG	Informationsfreiheitsgesetz
IIC	International Review of Intellectual Property and Competition Law
InsO	Insolvenzordnung
IoT	Internet of Things
IMAGI	Interministerieller Ausschuss für Geoinformationswesen
InfoMedienR	Informations- und Medienrecht
insg.	insgesamt
IPRB	IP-Rechtsberater
i. S. d.	im Sinne der/des
IT	Informationstechnologie
i. V. m.	in Verbindung mit
J Big Data	Journal of Big Data

JA	Juristische Arbeitsblätter
jdf.	jedenfalls
jew.	jeweils
JIPITEC	Journal of Intellectual Property, Information Technology and E-Commerce Law
JuMiKo	Justizministerkonferenz
jurisPR-ITR	Juris PraxisReport IT-Recht
JZ	JuristenZeitung
KG	Kammergericht
KI	Künstliche Intelligenz
KMU	Kleine und mittlere Unternehmen
K&R	Kommunikation und Recht
krit.	kritisch
LfL	(Bayerische) Landesanstalt für Landwirtschaft
LG	Landgericht
lit.	litera
LMK	Kommentierte BGH-Rechtsprechung, Lindenmaier-Möhring
Minn. J.L. Sci. & Tech.	Minnesota Journal of Law, Science & Technology
LSA Verm	Fachzeitschrift für alle Bereiche des Öffentlichen Vermessungswesens im Land Sachsen-Anhalt
MMR	Multimedia und Recht – Zeitschrift für IT-Recht und Recht der Digitalisierung
MMR-Beil.	MultiMedia und Recht – Beilage
MüKo	Münchener Kommentar
m. w. N.	mit weiteren Nachweisen
NJAS	Wageningen Journal of Life Sciences (früher: Netherlands Journal of Agricultural Science)
NJW	Neue Juristische Wochenschrift
NJW-RR	Neue Juristische Wochenschrift Rechtsprechungs-Report
NJOZ	Neue Juristische Online-Zeitschrift
NRW	Nordrhein-Westfalen
NuR	Natur und Recht
NVermG	Niedersächsisches Vermessungsgesetz
NVwZ	Neue Zeitschrift für Verwaltungsrecht
NZA	Neue Zeitschrift für Arbeitsrecht
NZKart	Neue Zeitschrift für Kartellrecht
OECD	Organisation for Economic Co-operation and Development
o. g.	oben genannt/e(n)/s
OLG	Oberlandesgericht
OVG	Oberverwaltungsgericht
P2B-VO	Platform-to-Business-Verordnung
PinG	Privacy in Germany
RDi	Recht Digital
RW	Rechtswissenschaft – Zeitschrift für rechtswissenschaftliche Forschung
Rn.	Randnummer(n)

Rs.	Rechtssache
S.	Seite
s. (o)	siehe (oben)
sog.	sogennant/e(n)/s
StGB	Strafgesetzbuch
UIG	Umweltinformationsgesetz
ULD	Unabhängiges Landeszentrum für Datenschutz (Schleswig-Holstein)
UN	United Nations
UrhG	Urheberrechtsgesetz
Urt.	Urteil
UWG	Gesetz gegen den unlauteren Wettbewerb
v.	von/vom
VDMA	Verband Deutscher Maschinen- und Anlagenbau
Verf.	Verfasser
VersR	Versicherungsrecht – Zeitschrift für Versicherungsrecht, Haftungs- und Schadensrecht
vgl.	vergleiche
VermG BW	Vermessungsgesetz für Baden-Württemberg
VermKatG NRW	Gesetz über die Landesvermessung und das Liegenschaftskataster (Nordrhein-Westfalen)
Vorbem.	Vorbemerkung(en)
VuR	Verbraucher und Recht – Zeitschrift für Wirtschafts- und Verbraucherrecht
WettbewerbsR	Wettbewerbsrecht
WP	Working Party
WRP	Wettbewerb in Recht und Praxis
z. B.	zum Beispiel
ZD	Zeitschrift für Datenschutz
ZEuP	Zeitschrift für Europäisches Privatrecht
ZGE	Zeitschrift für geistiges Eigentum
ZfdR	Zeitschrift für Digitalisierung und Recht
ZfPW	Zeitschrift für die gesamte Privatrechtswissenschaft
ZFV	Zeitschrift für Geodäsie, Geoinformation und Landmanagement
zit.	zitiert
zmd.	zumindest
ZRG RA	Zeitschrift der Savigny-Stiftung für Rechtsgeschichte: Romanistische Abteilung
ZUM	Zeitschrift für Urheber- und Medienrecht
ZUM-RD	Zeitschrift für Urheber- und Medienrecht – Rechtsprechungsdienst
ZUR	Zeitschrift für Umweltrecht
zust.	zustimmend
zutr.	zutreffend

Erster Teil: Einführung

Die Landwirtschaft ist schon immer Gegenstand von Veränderungen und Umwälzungen gewesen. Stets waren diese auch von dem Bestreben geleitet, eine größere Effizienz bei der Erzeugung von Lebensmitteln als Existenzgrundlage zu erreichen. Die Landwirtschaft, wie wir sie heute kennen, ist dabei längst nicht mehr auf die einst bezweckte Selbstversorgung gerichtet, sondern erscheint als hoch technisierte, diversifizierte und globalisierte Agrarwirtschaft. Wenngleich in großen Teilen der Welt das Problem der Lebensmittelknappheit an Bedeutung verloren hat, gilt dies nicht für alle Regionen der Welt.[1] Diese Problemlage wird sich angesichts der weiterhin wachsenden Weltbevölkerung in Zukunft wohl noch verschärfen: Die Vereinten Nationen prognostizieren, dass die Weltbevölkerung bis zum Jahre 2050 auf rund 9,6 Milliarden Menschen wachsen werde und die Lebensmittelproduktion um ca. 70 % im Vergleich zum derzeitigen Niveau ansteigen müsse, um dem gerecht zu werden.[2] Die schon für sich genommen schwierigen Aussichten werden zudem dadurch verschlechtert, dass der sich immer häufiger zeigende Klimawandel die verlässliche Produktion hochwertiger Lebensmittel erschwert.[3] Die Landwirtschaft sieht sich damit dem Problem ausgesetzt, nicht nur noch produktiver, sondern auch umweltfreundlicher werden zu müssen.[4] Eines von mehreren[5]

1 Zum Vorstehenden insg. *Sundrum*, Gemeinwohlorientierte Erzeugung von Lebensmitteln, S. 13, 55 und S. 13–56 *passim*.

2 Vgl. *UN*, World must sustainably produce 70 per cent more food by mid-century, https://news.un.org/en/story/2013/12/456912 (zuletzt abgerufen am 14.11.2024).

3 *Sundrum*, Gemeinwohlorientierte Erzeugung von Lebensmitteln, S. 55f.

4 *Federico*, Feeding the World, S. 1.

5 Vgl. *Federico*, Feeding the World, S. 1; *Sundrum*, Gemeinwohlorientierte Erzeugung von Lebensmitteln, S. 55; die darauf hinweisen, dass die Probleme insb. durch Effizienzsteigerung alleine nicht gelöst würden. Vielmehr seien auch Fragen der Umverteilung von Ressourcen, die Bewältigung von geopolitischen Krisen und Konflikten maßgebliche Ursache für die global ungleiche Ernährungssicherheit.

Elementen zur Bewältigung dieser Herausforderungen könnte in der, auch ansonsten alle Lebensbereiche durchdringenden, Digitalisierung des landwirtschaftlichen Sektors liegen. Neu aufgekommene Technologien wie Künstliche Intelligenz, Big Data und IoT verändern die Art und Weise, in der Landwirtschaft betrieben wird, grundlegend. Durch sie wird eine effizientere und zugleich umweltschonendere landwirtschaftliche Produktion möglich.[6]

Der Erhebung, Verarbeitung, Auswertung und weiteren Verwendung von Daten kommt für die Funktionsweise dieser Technologien zentrale Bedeutung zu. Im Zuge dessen verändern sich notwendigerweise auch die Rechtsfragen, die sich im Kontext der Landwirtschaft stellen. Waren ursprünglich noch vor allem Gebiete wie Umweltrecht, Steuer- und Gewerberecht, Tier- und auch Beihilfenrecht Gegenstand,[7] erweitern nunmehr auch datenrechtliche Themen den Fächerkanon des Agrarrechts. Diesen Teilrechtsbereich umfassend, aber umsichtig und innovationsoffen zu regulieren, ist Gegenstand vieler an den bzw. die Gesetzgeber gerichteten Forderungen. Ziel müsse es sein, die datenbasierten technologischen Entwicklungen in geregelte Bahnen zu lenken, um ihrem Potenzial bestmöglich zur Entfaltung zu verhelfen. Als einer von mehreren Bausteinen für eine gelungene Regulierung wird dafür die Etablierung von Datenzugangs- und -nutzungsregeln angesehen.[8] Hierbei liegt der Fokus oft auf einer Verbesserung der Rechtsstellung der Landwirte in Bezug auf die Erhebung, Nutzung und Verwertung der Daten.[9] In dieser Hinsicht hat sich der Sammelbegriff der sog. Datenhoheit im Diskurs etabliert. Trotz seiner noch aufzuzeigenden Unschärfe scheint zumindest aufseiten deutscher Gesetzgebungsorgane eine Vorstellung zu existieren, was damit gemeint ist. So lautete die Antwort der Bundesregierung auf eine Kleine Anfrage aus den Reihen der Opposition: »Grundsätzlich kommt die Datenhoheit nach der gegenwärtigen, dazu existenten Rechtsprechung den die Daten generierenden Landwirten zu«.[10] Was sich dahinter verbirgt und ob es sich bei der – ohne Nachweis auf die

6 Statt vieler *Gebbers/Adamchuk*, SCIENCE 327 (2010), 828f.; dazu noch unten, S. 32f.

7 Vgl., wenngleich aus österreichischer Perspektive, *Norer* in: Norer, HdB. des Agrarrechts, S. 2, der vor diesem Hintergrund davon spricht, dass Agrarrecht oft als »längst überkommene (...), antiquierte historische Erscheinung« wahrgenommen werde.

8 Vgl. zum Vorstehenden insg. *Hennemann/Specht*, Datenrealpolitik ist gefragt, Tagesspiegel Background 27.06.2022, https://background.tagesspiegel.de/digitalisierung-und-ki/briefing/datenrealpolitik-ist-gefragt (zuletzt abgerufen am 13.11.2024).

9 Vgl. *Stierle*, Datennutzung: Landwirte hoffen auf den Data Act, Tagesspiegel Background 10.01.2023, https://background.tagesspiegel.de/digitalisierung-und-ki/briefing/datennutzung-landwirte-hoffen-auf-den-data-act (zuletzt abgerufen am 14.11.2024); *ders.*, »Landwirte brauchen Datenhoheit«, Tagesspiegel Background 23.05.2023, https://background.tagesspiegel.de/digitalisierung-und-ki/briefing/landwirte-brauchen-datenhoheit (zuletzt abgerufen am 14.11.2024).

10 Vgl. ausdrückl. *BReg*, BT-Drs. 19/25414, S. 5.

Rechtsprechung gebliebenen – Einschätzung der Bundesregierung vor dem Hintergrund des derzeit geltenden Rechts um die Feststellung einer Tatsache oder vielmehr die Kundgabe einer rechtspolitischen Wunschvorstellung handelt, soll in dieser Arbeit untersucht werden.

§ 1: Grundlagen, Hintergründe und terminologische Festlegungen

I. Die Landwirtschaft 4.0

1. Begriff und Erscheinungsformen

Das Phänomen der Digitalisierung der Landwirtschaft wird mit verschiedenen Begriffen umschrieben, welche mitunter auch synonym verwendet werden. Häufig wird von »Landwirtschaft 4.0«, aber auch von »Smart Farming«, »Precision Farming« und »Digital Farming« gesprochen.[11] Der Begriff der Landwirtschaft 4.0 nimmt Anleihen am Begriff der Industrie 4.0,[12] mit welchem die Digitalisierung und Vernetzung von Arbeitsprozessen in der Industrie als ein an die Mechanisierung von Arbeitsprozessen durch Einsatz von Dampfmaschinen (erste industrielle Revolution, Mitte des 18. Jahrhunderts), die arbeitsteilige Organisation der Prozesse zum Zwecke der Massenproduktion (zweite industrielle Revolution, Ende des 19. Jahrhunderts) sowie die Automatisierung von Produktionsprozessen (dritte industrielle Revolution, Ende des 20. Jahrhunderts) anknüpfender vierter Entwicklungsschritt, also als aktuell andauernde vierte industrielle Revolution, angesehen wird.[13] Prägendes Merkmal der Landwirtschaft 4.0 ist dementsprechend die Vernetzung von Arbeitsprozessen entlang der landwirtschaftlichen Wertschöpfungskette.[14] Zwecks Verwendung einheitlicher Begrifflichkeiten folgt die Arbeit der folgenden begrifflichen Systematik: Der Begriff des Smart Farmings dient als Sammelbegriff für alle Prozesse innerhalb der Landwirtschaft 4.0. Unterteilt werden diese in zwei Kategorien, das Precision Farming einerseits und das automatisierte

---

11 Vgl. *Pfaff et al.*, BUEL 100/02 (2022), S. 1; in diesem Sinne auch *Lowenberg-DeBoer/Erickson*, Agronomy Journal 111 (2019), 1552f.

12 *Leibniz-Forschungsverbund*, Landwirtschaft 4.0, S. 2; *Walter*, in: H. Wilhelm Schaumann Stiftung, Hülsenberger Gespräche 2018, S. 10.

13 *Siepmann*, in: Roth, Einführung und Umsetzung von Industrie 4.0, S. 19; *Zech*, GRUR 2015, 1151f.

14 *Gandorfer et al.*, in: Wendl, Ackerbau – technische Lösungen für die Zukunft, S. 10; *Leibniz-Forschungsverbund*, Landwirtschaft 4.0, S. 2.

Entscheidungsmanagement andererseits.[15] Die erste Subkategorie, das Precision Farming, betrifft die zur Bewirtschaftung der Flächen eingesetzten Geräte und Techniken, also insb. Feldrobotik und die teilflächenspezifische Bewirtschaftung.[16] Die zweite Subkategorie, der Bereich des Entscheidungsmanagements, umfasst dagegen im Wesentlichen softwarebasierte Elemente wie Dokumentationssysteme, digitale Ackerschlagskarteien, aber auch Apps, die z. B. Auskunft geben über Witterungsbedingungen oder den Zustand der Maschinen.[17] Über eine Online-Plattform sind die Softwareelemente häufig mit den Geräten verknüpft und ermöglichen dem Landwirt ggf. Einsichtnahme in die laufenden Prozesse und deren Steuerung sowie den Austausch von Daten mit Dritten.[18]

In Anlehnung an die Darstellungen von *Paetow*, *Walter* sowie *Birner/Daum/Pray*[19] sei folgendes (stark vereinfachtes) Anwendungsbeispiel zur Verdeutlichung der Funktionsweise und des Zusammenspiels der unterschiedlichen Elemente gegeben:

> Ein Traktor, der über ein GPS-basiertes Lenksystem verfügt, fährt über einen Acker. Die Lenkfunktion registriert über das GPS-Signal Positionsdaten, welche über eine Internetverbindung in einer Cloud gespeichert werden. Zuvor ist eine Drohne, ausgestattet mit einer Multispektralkamera, über das Feld geflogen, um dieses zu kartieren. Dabei wurden mithilfe der Kamerasensoren Informationen über die Nährstoff- und Feuchtigkeitsverhältnisse im Boden sowie den Zustand der Bepflanzung gesammelt, mit deren Hilfe auf der erstellten Karte unter anderem Bereiche ausgewiesen werden, in denen das Feld stärker von Unkraut befallen ist als in anderen Bereichen. Auch diese Daten werden in einer Cloud gespeichert und mit den GPS-Daten des Lenksystems zusammengeführt. Hieraus wird ein Fahrplan für künftige Fahrten des Traktors sowie ein dazugehöriges Bewässerungs- und Düngeprofil erstellt und über Internetverbindung wieder an den Traktor übermittelt. Mithilfe dieses Plans kann die Ausbringung von Dünge- und Schädlingsbekämpfungsmitteln sowie die Bewässerung individuell angepasst an die jeweilige Teilfläche des Ackers erfolgen.

Die mithilfe der verschiedenen Sensoren erhobenen Daten geben Auskunft über die Beschaffenheit und den Zustand des Ackerbodens. Dabei werden zum einen Bilddaten gesammelt, die die Oberfläche des Ackers abbilden. Mit ihnen wird

---

15 *Gandorfer et al.*, in: Wendl, Ackerbau – technische Lösungen für die Zukunft, S. 10f.; *Birner/Daum/Pray*, Appl Econ Perspect Policy 43 (2021), 1260 (1261f.), die von »*embodied*« und »*disembodied digital technologies*« sprechen.

16 *Gandorfer et al.*, in: Wendl, Ackerbau – technische Lösungen für die Zukunft, S. 10f., 12; *Birner/Daum/Pray*, Appl Econ Perspect Policy 43 (2021), 1260 (1261ff.).

17 *Gandorfer et al.*, in: Wendl, Ackerbau – technische Lösungen für die Zukunft, S. 10f., 12; *Birner/Daum/Pray*, Appl Econ Perspect Policy 43 (2021), 1260 (1263f.).

18 *Gandorfer et al.*, in: Wendl, Ackerbau – technische Lösungen für die Zukunft, S. 11; *Birner/Daum/Pray*, Appl Econ Perspect Policy 43 (2021), 1260 (1264).

19 Vgl. *Birner/Daum/Pray*, Appl Econ Perspect Policy 43 (2021), 1260 (1263); *Paetow*, in: Wendl, Ackerbau – technische Lösungen für die Zukunft, S. 29ff.; *Walter*, in: H. Wilhelm Schaumann Stiftung, Hülsenberger Gespräche 2018, S. 12.

bspw. ein Überblick darüber gewonnen, wo und in welchem Ausmaß der Acker besonders von Unkraut befallen ist. Ein anderes Beispiel ist die Erkennung von Brutstätten von Tieren. Mithilfe der Bilddaten können diese Flächen umfahren werden, sodass es nicht zu Wildunfällen kommt.[20] Zum anderen ermöglicht die Sensorik aber auch die Erhebung von Daten, die nicht die optische Oberfläche des Ackers, sondern seine innere Beschaffenheit betreffen. Beispiele dafür sind Aussagen über Phosphor- oder Nitratgehalt, Stickstoffbelastung, Feuchtigkeit und Leitfähigkeit des Bodens, welche ohne entsprechende Sensortechnologien nur mithilfe von Bodenproben und Messungen getroffen werden könnten.[21] Die Sammlung dieser Daten durch die Sensoren sowie deren Speicherung, softwarebasierte Verarbeitung und Vernetzung zwischen den Systemen ermöglichen eine Bewirtschaftung, die sich an den tatsächlichen Bedürfnissen der konkreten Ackerfläche orientiert.[22] Dies führt zu einem gezielten Einsatz von z. B. Wasser und Düngemitteln sowie zur punktuellen Schädlingsbekämpfung, was nicht nur auf die Produktivität der Teilfläche an sich Auswirkungen hat, sondern auch auf die Qualität des erzeugten Produkts.[23] Die auf einer Teilfläche dadurch eingesparten Ressourcen können dann auf einer anderen Teilfläche, die dahingehend einen höheren Bedarf hat, eingesetzt werden, damit dort bessere Ergebnisse erzielt werden. Insgesamt wird daher eine gleichbleibende Produktion mit geringerem Ressourceneinsatz ermöglicht bzw. eine Produktionssteigerung bei gleichbleibendem Ressourceneinsatz.[24]

---

20 *BMEL*, Digitalisierung in der Landwirtschaft, S. 12; *Birner/Daum/Pray*, Appl Econ Perspect Policy 43 (2021), 1260 (1263); *Paetow*, in: Wendl, Ackerbau – technische Lösungen für die Zukunft, S. 31; *Walter*, in: H. Wilhelm Schaumann Stiftung, Hülsenberger Gespräche 2018, S. 11ff.

21 *BMEL*, Digitalisierung in der Landwirtschaft, S. 15; *Birner/Daum/Pray*, Appl Econ Perspect Policy 43 (2021), 1260 (1262); *Paetow*, in: Wendl, Ackerbau – technische Lösungen für die Zukunft, S. 31f.; *Roy/George K*, in: Venkatramanan/Shah/Prasad, Global Climate Change, S. 204ff.; *Wagner/Marz*, in: Ruckelshausen et al.: Wege in eine zukunftsfähige Landwirtschaft, S. 156.

22 *BMEL*, Digitalisierung in der Landwirtschaft, S. 15; *Birner/Daum/Pray*, Appl Econ Perspect Policy 43 (2021), 1260 (1262); *Roy/George K*, in: Venkatramanan/Shah/Prasad, Global Climate Change, S. 203; *Speckle et al.*, in: Gandorfer et al., Digitalisierung für Mensch, Umwelt und Tier, S. 303; *Walter*, in: H. Wilhelm Schaumann Stiftung, Hülsenberger Gespräche 2018, S. 12f.

23 *BMEL*, Digitalisierung in der Landwirtschaft, S. 15; *Birner/Daum/Pray*, Appl Econ Perspect Policy 43 (2021), 1260 (1262); *Roy/George K*, in: Venkatramanan/Shah/Prasad, Global Climate Change, S. 213.

24 *BMEL*, Digitalisierung in der Landwirtschaft, S. 12; *DLG*, Digitale Landwirtschaft, S. 6; *Gandorfer*, Precision Farming, S. 6; *Schröder et al.*, in: Gandorfer et al., Künstliche Intelligenz in der Agrar- und Ernährungswirtschaft, S. 253; *Wagner/Marz*, in: Ruckelshausen et al., Wege in eine zukunftsfähige Landwirtschaft, S. 154.

2. Die Landwirtschaft 4.0 als Anwendungsgebiet von IoT und Big Data

Bereits anhand des beschriebenen Anwendungsfalls wird deutlich, dass die Landwirtschaft 4.0 ein anschauliches Beispiel für die Funktionsweise des IoT ist.[25] Für dieses Phänomen ist keine Definition allgemein anerkannt. Gemeinsamer Nenner aller Ansätze ist jedoch die Beobachtung, dass das IoT eine Vernetzung der physischen mit der virtuellen Realität bezweckt.[26] Technisch realisiert wird diese Vernetzung insb. durch die Ausstattung von Geräten mit Sensoren, welche Daten über ihre Umgebung sammeln, diese in Echtzeit über eine Internetverbindung mit anderen Geräten austauschen und/oder anschließend in eine Cloud hochladen, um sie für eine Weiterverwendung zur Verfügung zu stellen. Ist das Gerät ebenfalls mit Aktoren ausgestattet, werden die gesammelten Daten genutzt, um auf die Umgebung aufgrund der durch die Datenerhebung gewonnenen Informationen zu reagieren.[27] So können z. B. Bodenfeuchtigkeitsdaten, die durch Sensoren an einer Landmaschine erhoben und an den Cloudserver weitergeleitet wurden, zu einem automatisiert ausgelösten Anwendungsbefehl für das Aussprühen von Wasser vom Server an die Maschine führen, welche diesen Befehl durch ebenfalls an der Landmaschine angebrachte Sprühaufsätze ausführt.

Durch die dauerhafte, oft in Echtzeit erfolgende Erhebung und Verarbeitung von Daten entstehen große Mengen an Daten, die strukturiert und verarbeitet werden können. In dem Augenblick der Erhebung eines Datums steht oftmals noch nicht fest, zu welchem Zweck es später verwendet oder weiterverarbeitet wird.[28] Dieses dauerhafte, automatisierte und unter Vernetzung aller Prozess- (und zum Teil Lebens-)Bereiche stattfindende Erheben und Verarbeiten großer Datenmengen ist wiederum prägendes Merkmal von Big Data.[29] Auch hierfür existiert keine allgemein anerkannte Definition, was unter anderem auf die verschiedenen Disziplinen, die sich mit diesem Phänomen befassen, und den damit einhergehenden unterschiedlichen Perspektiven auf die Thematik zurückzuführen ist.[30] Wohl besteht aber zumindest dahingehend Einigkeit, dass der Begriff unter anderem das Aufkommen großer Datenmengen beschreibt, deren Verar-

25 So allg. auch *Wolfert et al.*, Agricultural Systems 153 (2017), 69 (73) m. w. N.

26 *Duden*, Digitale Sachherrschaft, S. 48; *Hassan et al.*, Symmetry 12 (2020), 1674, S. 2; *Hoffmann-Riem*, Recht im Sog der digitalen Transformation, S. 44; *Weyer et al.*, in: Kolany-Raiser et al., Big Data und Gesellschaft, S. 86.

27 *Duden*, Digitale Sachherrschaft, S. 48; *Geisberger/Broy*, Cyber-Physical Systems, S. 22; *Hassan et al.*, Symmetry 12 (2020), 1674, S. 2; *Hoffmann-Riem*, Recht im Sog der digitalen Transformation, S. 45; *Hussain*, CSIT, 5 (2017), 87 (88).

28 *Hoffmann-Riem*, Recht im Sog der digitalen Transformation, S. 175; *Hornung/Herfurth*, in: König/Schröder/Wiegand, Big Data, S. 167; *Leistner/Antoine/Sagstetter*, Big Data, S. 405.

29 *Wiegerling/Nerurkar/Wadephul*, in: Kolany-Raiser et al., Big Data und Gesellschaft, S. 4f.

30 *Hornung/Herfurth*, in: König/Schröder/Wiegand, Big Data, S. 150; *Kolany-Raiser et al.*, in: dies., Big Data, S. 4; *Schütze/Hänold/Forgó*, in: Kolany-Raiser et al., Big Data und Gesellschaft, S. 237;

beitung, Analyse und Verwaltung aufgrund des Umfangs der Datensätze für herkömmliche Rechnersysteme nicht möglich ist.[31] Aus diesem Grund werden zur Beschreibung des Phänomens meist[32] drei »Vs« verwendet, für Volume, Variety und Velocity, welche ebendiesen Umfang der Datensätze, die Unterschiedlichkeit ihrer Inhalte und Quellen sowie die Geschwindigkeit ihres Anfallens und daher die Notwendigkeit einer schnellen Verarbeitung schlagwortartig darstellen.[33]

Die Sammlung, Verarbeitung und Verwaltung dieser Datenmengen in Echtzeit zielt, jedenfalls aus unternehmerischer Sicht, vor allem auf Wertschöpfung (»value«) ab.[34] Hierauf legt insb. *Bitkom* in seiner Beschreibung des Phänomens Wert, indem Big Data als »Einsatz großer Datenmengen aus vielfältigen Quellen mit einer hohen Verarbeitungsgeschwindigkeit zur Erzeugung wirtschaftlichen Nutzens« definiert wird.[35] Diese Definition wurde vor allem in der juristischen Literatur aufgegriffen.[36] Der wirtschaftliche Nutzen von Big Data-Technologien liegt dabei unter anderem in dem Erkenntnisgewinn, der aus der Datenzusammenführung und -aufbereitung resultiert, da sie Unternehmen eine verbesserte Entscheidungsfindung ermöglichen.[37] Dies liegt für die Landwirtschaft 4.0 geradezu auf der Hand: Kontinuierliches Erheben, Verarbeiten und Zusammenführen verschiedener Datenarten in Echtzeit erlaubt Landwirten eine Optimierung ihres Bewirtschaftungsverhaltens.[38] So können bspw. Daten über den Zustand von Pflanzen an einer bestimmten Stelle kombiniert werden mit Daten, die Auskunft über ehemalige Saatgutausbringung sowie Erträge an ebendieser Stelle geben. Aus die-

---

Wiegerling/Nerurkar/Wadephul, in: Kolany-Raiser et al., Big Data und Gesellschaft, S. 7, nach denen »notorisch vielfältig und diffus bleib[e], was mit Big Data eigentlich gemeint ist«.

31 Vgl. *Bitkom*, Big Data im Praxiseinsatz, S. 21; *Hansen/Mendling/Neumann*, Wirtschaftsinformatik, S. 493; *Hornung/Herfurth*, in: König/Schröder/Wiegand, Big Data, S. 150; *Kolany-Raiser et al.*, in: dies., Big Data, S. 4; *Wiegerling/Nerurkar/Wadephul*, in: Kolany-Raiser et al., Big Data und Gesellschaft, S. 6.

32 Diese wurden später um weitere »Vs« ergänzt, wobei die konkrete Zahl der zusätzlich herangezogenen Schlagworte unterschiedliche beurteilt wird. Genannt werden *veracity*, *validity*, *visibility* und *value*, vgl. statt vieler *Hornung/Herfurth*, in: König/Schröder/Wiegand, Big Data, S. 151; *Wiegerling/Nerurkar/Wadephul*, in: Kolany-Raiser et al., Big Data und Gesellschaft, S. 3.

33 Vgl. *Bitkom*, Big Data im Praxiseinsatz, S. 21; *Kolany-Raiser et al.*, in: dies., Big Data, S. 4; *Schütze/Hänold/Forgó*, in: Kolany-Raiser et al., Big Data und Gesellschaft, S. 237; *Wiegerling/Nerurkar/Wadephul*, in: Kolany-Raiser et al., Big Data und Gesellschaft, S. 3.

34 *Bitkom*, Big Data im Praxiseinsatz, S. 21; *Hoffmann-Riem*, Recht im Sog der digitalen Transformation, S. 37; *Kolany-Raiser et al.*, in: dies., Big Data, S. 4.

35 Vgl. *Bitkom*, Big Data im Praxiseinsatz, S. 21.

36 Vgl. z. B. *Schütze/Hänold/Forgó*, in: Kolany-Raiser et al., Big Data und Gesellschaft, S. 237; *Sievering*, Schutz, Zuordnung und Verwertung von nicht-personenbezogenen Daten, S. 53f., m. w. N.; *Ziegler/Smirra*, MMR 2013, 418.

37 *Bitkom*, Big Data im Praxiseinsatz, S. 19; *Hoffmann-Riem*, Recht im Sog der digitalen Transformation, S. 39; siehe dazu auch unten, S. 44ff.

38 *Wolfert et al.*, Agricultural Systems 153 (2017), 69 (73).

ser Datenkombination kann ein Landwirt dann Rückschlüsse ziehen, um sein zukünftiges Bewirtschaftungsverhalten auf die spezifischen Bedürfnisse dieser Stelle auszurichten und somit auf dieser Teilfläche bessere Ergebnisse zu erzielen.[39]

3. Der Beitrag der Landwirtschaft 4.0 zur Lösung der Lebensmittelknappheit und Klimakrise

Die landwirtschaftliche Produktion ist abhängig von äußeren Faktoren wie klimatischen Verhältnissen, Witterungsbedingungen und dem Ausbleiben von Umweltkatastrophen.[40] Global droht bereits jetzt eine Unterversorgung mit Lebensmitteln. Die Problemlage wird dadurch verschärft, dass die Qualität der produzierten Lebensmittel unterdurchschnittlich zu werden droht. Die Gründe dafür liegen sowohl in der wachsenden Weltbevölkerung als auch in den zunehmend schwierigen klimatischen Bedingungen und den knapper werdenden Ressourcen.[41] Die Landwirtschaft spielt in diesem Kontext eine zentrale Rolle, da sie mit den durch sie produzierten Emissionen einerseits maßgeblich zum Klimawandel beiträgt und andererseits durch dessen Auswirkungen selbst besonders beeinträchtigt wird.[42]

Um diesen gestiegenen Anforderungen zu genügen, bedarf es einer effizienteren landwirtschaftlichen Produktion. Die Quantität der Produktion muss gesteigert werden, möglichst unter gleichzeitiger Senkung der Produktionskosten in Form des Personal- und Materialeinsatzes. Parallel dazu ist es erforderlich, die Produktion nachhaltiger, d. h. umweltfreundlicher zu gestalten, um zukünftig die Auswirkungen auf die Umwelt und damit wiederum auf die Landwirtschaft selbst zu reduzieren.[43] Während sich diese Ziele bislang als Gegensätze gegenüberstanden, eröffnet die Landwirtschaft 4.0 unter Anwendung von Big Data- und IoT-Technologien nunmehr die Perspektive, dass sie künftig gleichzeitig erreicht werden kön-

39 *Fraunhofer IESE*, Mathematik und Big Data auf dem Feld – Kognitive Dienste unterstützen die Landwirtschaft, 05.11.2020, https://www.iese.fraunhofer.de/blog/big-data-landwirtschaft/ (zuletzt abgerufen am 24.08.2023).

40 *Wilde-Detmering*, in: Taeger, Die Macht der Daten und der Algorithmen, S. 422, nach der dies das zentrale Unterscheidungsmerkmal zwischen Industrie 4.0 einerseits und Landwirtschaft 4.0 andererseits ist.

41 *BMEL*, Digitalisierung in der Landwirtschaft, S. 8; *DLG*, Digitale Landwirtschaft, S. 3; *Leibniz-Forschungsverbund*, Landwirtschaft 4.0, S. 1; den Vereinten Nationen zufolge wird die Versorgung der im Jahre 2050 auf ca. 9,6 Milliarden Menschen angewachsenen Weltbevölkerung eine rund 70 % größere Lebensmittelproduktion als bislang erfordern, vgl. UN report – World must sustainably produce 70 per cent more food by mid-century, 03.12.2013, https://news.un.org/en/story/2013/12/456912 (zuletzt abgerufen am 14.11.2024).

42 *Roy/George K*, in: Venkatramanan/Shah/Prasad, Global Climate Change, S. 201.

43 *BMEL*, Digitalisierung in der Landwirtschaft, S. 7, 11; *DLG*, Digitale Landwirtschaft, S. 6; *Leibniz-Forschungsverbund*, Landwirtschaft 4.0, S. 3; *Schmitz*, in: Wendl, Ackerbau – technische Lösungen für die Zukunft, S. 21.

nen.[44] Die vorherigen Ausführungen verdeutlichen, wie der Ackerbau durch den Einsatz vernetzter Technologien an die Bedürfnisse der jeweiligen Fläche angepasst und dadurch die Produktionseffizienz und -qualität gesteigert werden kann. Durch z. B. teilflächenspezifisch geringere Ausfuhr von Düngemitteln und Pestiziden werden zudem unnötige Umweltbelastungen vermieden, sodass die Produktion zugleich auch nachhaltiger erfolgen kann.[45] Zentraler Faktor für diese Entwicklung im Ackerbau sind, wie geschildert, die kontinuierliche Erhebung von Daten und deren Kombination mit anderen Datenarten.[46]

4. Akzeptanzhindernisse

Wenngleich die Vorteile des Einsatzes von Smart Farming-Technologien auf der Hand zu liegen scheinen, so haben mehrere Umstände zur Folge, dass sie sich in landwirtschaftlichen Betrieben derzeit nicht flächendeckend durchsetzen.[47] In der agrarökonomischen Literatur werden diese als Akzeptanzhindernisse bzw. Einführungshemmnisse bezeichnet.[48] Nach einem kursorischen Überblick über eine Auswahl von häufig genannten Akzeptanzhindernissen soll der Fokus im Folgenden auf den Befürchtungen der Landwirte hinsichtlich ihrer sog. Datenhoheit liegen.

a) Technische Hindernisse: Herstellerübergreifende Inkompatibilitäten

Ein wesentlicher Faktor sind technikbezogene Hindernisse.[49] Insbesondere bei kleineren landwirtschaftlichen Betrieben stellen fehlende Technikaffinität und eine denkbare Überforderung im Umgang mit den erzeugten Datenmengen Pro-

44 *Birner/Daum/Pray*, Appl Econ Perspect Policy 43 (2021), 1260f.; *Leibniz-Forschungsverbund*, Landwirtschaft 4.0, S. 4; *Roy/George K*, in: Venkatramanan/Shah/Prasad, Global Climate Change, S. 201; *San Emeterio de la Parte et al.*, J Big Data 10 (2023), S. 3; *Speckle et al.*, in: Gandorfer et al., Digitalisierung für Mensch, Umwelt und Tier, S. 301; *Walter*, in: H. Wilhelm Schaumann Stiftung, Hülsenberger Gespräche 2018, S. 13.

45 *BMEL*, Digitalisierung in der Landwirtschaft, S. 12; *Leibniz-Forschungsverbund*, Landwirtschaft 4.0, S. 3; *Roy/George K*, in: Venkatramanan/Shah/Prasad, Global Climate Change, S. 201; *Walter*, in: H. Wilhelm Schaumann Stiftung, Hülsenberger Gespräche 2018, S. 11f.

46 *BMEL*, Digitalisierung in der Landwirtschaft, S. 8; *Leibniz-Forschungsverband*, Landwirtschaft 4.0, S. 1; *Paetow*, in: Wendl, Ackerbau – technische Lösungen für die Zukunft, S. 32.

47 *Osinga et al.*, Agricultural Systems 195 (2022) 103298, S. 9.

48 Vgl. statt vieler nur *Gandorfer*, Precision Farming, S. 16; für einen Überblick über die Akzeptanzhindernisse insgesamt vgl. *Schleicher/Gandorfer*, in: Ruckelshausen et al., Digitale Marktplätze und Plattformen, S. 203ff.

49 Allg. *BMEL*, Digitalisierung in der Landwirtschaft, S. 19.

bleme dar.[50] Möglicherweise wirkt sich insb. in diesem Kontext ein ferner als Akzeptanzhindernis genannter[51] fehlender Erfahrungsaustausch und eine fehlende Vernetzung der Landwirte untereinander bzgl. Smart Farming-Technologien aus. Als zentrales Problem in technischer Hinsicht wird jedoch vor allem die fehlende Kompatibilität der Systeme eines Herstellers mit den Systemen anderer Hersteller angeführt.[52] Da Landwirte oftmals Geräte verschiedener Hersteller verwenden, führt eine Inkompatibilität der Systeme möglicherweise dazu, dass die gewonnenen Bodendaten nicht in der Breite genutzt werden können und daher die dargestellten Vorteile des Smart Farmings nicht hinreichend realisiert werden können.[53]

b) Ökonomische Hindernisse: Anschaffungskosten und Wirtschaftlichkeit

Auf der Hand liegen auch die ökonomischen Hürden, denen sich Landwirte bei der Einführung von Smart Farming-Technologien ausgesetzt sehen. Während die Höhe der Anschaffungskosten für sich genommen bereits hindernd wirkt,[54] wird dieser Effekt noch verstärkt, wenn es sich um kleinere Betriebe handelt. Der Grund dafür liegt in der geringeren Fläche, auf der die Systeme genutzt werden können. Diese erfordern einen absolut geringeren Ressourceneinsatz als größere Flächen, wodurch die Ressourceneinsparungen im Vergleich zu größeren Betrieben jedoch geringer ausfallen und so die (allerdings gleich hohen) Anschaffungskosten nur langsamer amortisieren werden.[55] Für Landwirte mit kleineren Betrieben kann sich die Frage nach der ökonomischen Sinnhaftigkeit der Einführung von Smart Farming-Technologien daher in besonderem Maße stellen.

50 *Pfaff et al.*, BUEL 100/02 (2022), S. 18f.; *Kernecker et al.*, Precision Agriculture 21 (2020), 34 (44f.).

51 Vgl. *Balogh et al.*, Agronomy 11 (2021), 1112, S. 22; *Blasch et al.*, Agronomy 11 (2021), 1965, S. 11f. mit Hinweisen auf die weitere Literatur; *Blasch et al.*, ERAE 49 (2022), 33 (60f.); *Pfaff et al.*, BUEL 100/02 (2022), S. 16.

52 Vgl. *Kernecker et al.*, Precision Agriculture 21 (2020), 34 (45); *Schleicher/Gandorfer*, in: Ruckelshausen et al., Digitale Marktplätze und Plattformen, S. 204.

53 *BMEL*, Digitalisierung in der Landwirtschaft, S. 18f.; *Gandorfer*, Precision Farming, S. 16 mit Hinweisen auf die weitere Literatur; *Paetow*, in: Wendl, Ackerbau – technische Lösungen für die Zukunft, S. 33; *Pfaff et al.*, BUEL 100/02 (2022), S. 22.

54 *Blasch et al.*, Agronomy 11 (2021), 1965, S. 11; *Blasch et al.*, ERAE 49 (2022), 33 (60); *Gandorfer*, Precision Farming, S. 16 mit Hinweisen auf die weitere Literatur; *Kernecker et al.*, Precision Agriculture 21 (2020), 34 (46); *Schleicher/Gandorfer*, in: Ruckelshausen et al., Digitale Marktplätze und Plattformen, S. 204.

55 *Blasch et al.*, Agronomy 11 (2021), 1965, S. 11; *Pfaff et al.*, BUEL 100/02 (2022), S. 18.

c) Rechtliche Hindernisse: »Datenhoheit« der Landwirte

Im Kontext der Akzeptanzhindernisse wird oftmals die Frage nach der Datenhoheit der Landwirte genannt.[56] An vielen Stellen wird recht pauschal die Stärkung ebendieser Datenhoheit der Landwirte für notwendig erachtet,[57] jedoch ohne dass der Inhalt dieser Forderung präzisiert oder der Begriff der Datenhoheit klar definiert wird.

aa) »Datenhoheit« als Rechtsbegriff?

Auch wenn offenbar ein allgemeines Verständnis für dessen Bedeutung existiert,[58] wird der Begriff der Datenhoheit nicht einheitlich verwendet. Dabei wird nicht einmal der Begriff der Datenhoheit an sich klar abgegrenzt, sondern vielmehr mit verwandten Begriffen (»Dateneigentum«, »Datensouveränität«, »Verfügungsbefugnis« über Daten) synonym verwendet.[59] Teilweise wird dies sogar insofern auf die Spitze getrieben, als das eine Synonym zur Definition des anderen herangezogen wird.[60] Darüber hinaus ist – unabhängig davon, welches der Synonyme verwendet wird – nicht klar, was inhaltlich mit dem Begriff genau gemeint ist.[61] In jüngerer Zeit bezeichnete *Denga* den Begriff der Datensouveränität daher treffend als »weit auslegbare[n], inflationär verwendete[n] (...) unscharfe[n] Diskursbegriff«.[62]

Bei einer Umfrage des *Fraunhofer* Instituts zu diesem Thema gaben die Befragten an, dass Datensouveränität für sie ein Recht auf »Eigentum« an Daten (ca. 55 %), das Recht, Datennutzung flexibel zu widerrufen oder zu ändern (gut 65 %), Daten beliebig selbst zu nutzen (über 50 %), Auskunft über die Datenverwendung zu verlangen (60 %), einer Datennutzung durch Dritte zustimmen zu müssen (über 80 %) sowie auf Löschen von Daten (60 %) bedeute.[63] Das *Fraunhofer* In-

56 Vgl. *Anidu/Dara*, IEEE ISTAS, 2021, S. 1; *BMEL*, Digitalisierung in der Landwirtschaft, S. 19; *Vogel*, in: Gandorfer et al., Digitalisierung für Mensch, Umwelt und Tier, S. 331.

57 Vgl. z. B. die gemeinsame Branchenempfehlung von *DBV et al.*, Datenhoheit des Landwirts, *passim*; *DLG*, Digitale Landwirtschaft, S. 5.

58 In diesem Sinne auch *Fraunhofer IESE*, Datensouveränität in der Landwirtschaft, 22.10.2020, https://www.iese.fraunhofer.de/blog/datensouveraenitaet-landwirtschaft/ (zuletzt abgerufen am 14.11.2024), wonach bei einer Umfrage diesbezüglich nur ca. 5% der Befragten angaben, hierzu keine Meinung zu haben.

59 *Fraunhofer IESE*, Datensouveränität in der Landwirtschaft, 22.10.2020, https://www.iese.fraunhofer.de/blog/datensouveraenitaet-landwirtschaft/ (zuletzt abgerufen am 14.11.2024); *Martini et al.*, MMR-Beil. 2021, 3.

60 Vgl. *Vogel*, in: Gandorfer et al., Digitalisierung für Mensch, Umwelt und Tier, S. 332, der Datenhoheit als Verfügungsbefugnis über Daten definiert; krit. zum Begriff der Verfügungsbefugnis im Vergleich zur Datenhoheit *Martini et al.*, MMR-Beil. 2021, 3 (21).

61 So auch *Martini et al.*, MMR-Beil. 2021, 3.

62 Vgl. *Denga*, GRUR 2022, 1113 (1119).

63 Vgl. *Fraunhofer IESE*, Datensouveränität in der Landwirtschaft, 22.10.2020, https://www.iese.fraunhofer.de/blog/datensouveraenitaet-landwirtschaft/ (zuletzt abgerufen am 06.12.2022), bei der Umfrage waren Mehrfachnennungen möglich.

stitut leitet auch aus diesen Ergebnissen eine Definition ab: »Datensouveränität in der Landwirtschaft erfasst (...) die rechtliche Legitimation sowie die organisatorischen und technischen Möglichkeiten, über die Verwendung von Daten aus dem eigenen betrieblichen Kontext verfügen zu können (...)«.[64] In Verbindung mit der Definition lassen die Antwortmöglichkeiten der Umfrage den Schluss zu, dass dort unter Datenhoheit im weitesten Sinne die Möglichkeit zur Kontrolle der Erhebung, Nutzung und Weiterverbreitung von Daten sowie die rechtliche Befugnis hierzu verstanden wird. Aus juristischer Perspektive ist dieser Erkenntnisgewinn von zunächst überschaubarem Wert, da nicht differenziert wird zwischen personenbezogenen und nicht personenbezogenen Daten und auch die Art der Nutzung durch Dritte nicht konkretisiert wird. Es bleibt insofern offen, welche rechtlichen Regelungen (z. B. Datenschutzrecht) die »rechtliche Legitimation« zur Kontrolle über die Daten und deren Verwendung begründen können. Gleichzeitig deutet dieser Umstand aber auch an, dass es sich um eine rechtliche Querschnittsmaterie handelt.[65]

Außerhalb eines landwirtschaftlichen Kontexts thematisieren *Martini et al.* ebendiese Unsicherheiten im Umgang mit dem Begriff der Datenhoheit.[66] Auch sie stellen fest, dass die Verwendung des Begriffs selbst in Gesetzgebung, Rechtsprechung und Literatur jegliche Einheitlichkeit vermissen lässt. Gefasst würden darunter unter anderem sowohl Fragen des Datenschutzes als auch der Datensicherheit sowie nicht zuletzt die Frage nach der vermögensrechtlichen Zuordnung von Daten.[67] Diese Kategorien betreffen jedoch gänzlich Unterschiedliches: Während Datenschutz den Schutz des Rechts auf informationelle Selbstbestimmung durch die Bewahrung personenbezogener Daten vor unbefugter Verarbeitung bezweckt,[68] zielt Datensicherheit auf die Gewährleistung der Integrität und Vertraulichkeit informationstechnischer Systeme gegenüber Angriffen von außen ab.[69] Die vermögensrechtliche Zuordnung von Daten wird häufig im Kontext des in der Literatur lange diskutierten Konzepts des sog. Dateneigentums thematisiert.[70]

bb) Befürchtungen von Landwirten in Bezug auf die »Datenhoheit«

Tatsächlich gehen die Befürchtungen von Landwirten in ebendiese Richtungen, wie verschiedene Untersuchungen belegen. Eine *Bitkom*-Umfrage im Jahr 2016

64 Vgl. *Fraunhofer IESE*, Datensouveränität in der Landwirtschaft, 22.10.2020, https://www.iese.fraunhofer.de/blog/datensouveraenitaet-landwirtschaft/ (zuletzt abgerufen am 06.12.2022).

65 So allg. auch *Härtel*, in: Frenz, HdB. Industrie 4.0, S. 447.

66 Vgl. *Martini et al.*, MMR-Beil. 2021, 3ff.

67 Vgl. *Martini et al.*, MMR-Beil. 2021, 3 (12f.).

68 *Eßer/Werner*, in: Weber, Rechtswörterbuch, Datenschutz; *Martini et al.*, MMR-Beil. 2021, 3 (12f.); *Specht-Riemenschneider*, in: dies./Riemenschneider/Schneider, Internetrecht, S. 186.

69 *Albrecht*, in: Hoeren/Sieber/Holznagel, HdB. Multimedia-Recht, Teil 28 Rn. 35; *Martini et al.*, MMR-Beil. 2021, 3 (13).

70 Dazu noch unten, S. 61f.

zeigte, dass knapp die Hälfte (42 %) der Landwirte Sorge um die Sicherheit ihrer Daten hatte und knapp ein Drittel (30 %) den Verlust der sog. Datenhoheit befürchtete.[71] Eine im Jahr 2022 von *Bitkom* durchgeführte Befragung bestätigte diese Ergebnisse und zeigte sogar ein im Vergleich zur vorherigen Umfrage gesteigertes Bewusstsein der Landwirte in diesem Bereich: So gaben nunmehr 46 % an, Sorge um IT-Sicherheit zu haben und sogar 49 % äußerten nun Sorge um den Verlust der sog. Datenhoheit.[72]

Andere Studien machen deutlich, dass vonseiten der Landwirte vor allem gegenüber Technologieunternehmen eine generelle Skepsis herrscht: Eine Befragung australischer Landwirte bspw. zeigt, dass ein Großteil (67 %) der Landwirte weder mit der ungefragten Einsichtnahme in die von ihnen erhobenen Daten noch mit deren Verwertung durch Technologiehersteller einverstanden ist.[73] Dennoch gehen die befragten Landwirte überwiegend davon aus, dass Dritten von den Technologieunternehmen Zugang zu den erhobenen Daten gewährt wird.[74] Dieses Ergebnis deckt sich weitgehend mit Befragungen deutscher Landwirte, wonach ein Großteil jener die erhobenen Daten nach Möglichkeit ausschließlich auf einem eigenen Rechner oder Server speichern[75] und darüber hinaus oft sogar nicht einmal im Austausch mit einer Gegenleistung mit der Preisgabe ihrer Daten an Dritte einverstanden wäre.[76] Auch die Umfrage des *Fraunhofer* Instituts zeigt allgemein, dass Landwirte den Technologieherstellern eine Gewährleistung der sog. Datenhoheit nicht anvertrauen würden[77] und *Wiseman et al.* sehen im fehlenden Vertrauen der Landwirte gegenüber den Technologieherstellern eine zentrale Ursache für die fehlende Bereitschaft von Landwirten, ihre Daten mit Dritten zu teilen. Dieses fehlende Vertrauen wiederum habe seinen Ursprung in der fehlenden Kenntnis von rechtlichen Rahmenbedingungen und Vertragsinhalten.[78]

Wiseman et al. identifizieren auf Basis der von ihnen geführten Umfrage fünf Problemfelder, denen sich Landwirte in rechtlicher Hinsicht ausgesetzt sehen und

71 Vgl. *Bitkom*, Digitalisierung in der Landwirtschaft, S. 12.

72 Vgl. *Bitkom*, Die Digitalisierung der Landwirtschaft, S. 9.

73 Vgl. *Wiseman et al.*, NJAS 90/91 (2019), S. 4ff.

74 Vgl. *Wiseman et al.*, NJAS 90/91 (2019), S. 6.

75 Vgl. *Gabriel/Gandorfer*, Landwirtebefragung Digitale Landwirtschaft Bayern 2020, S. 10; *Sächsisches Landesamt für Umwelt, Landwirtschaft und Geologie*, Landwirte-Befragung Digitale Landwirtschaft 2020, S. 10ff.

76 Vgl. *Sächsisches Landesamt für Umwelt, Landwirtschaft und Geologie*, Landwirte-Befragung Digitale Landwirtschaft 2020, S. 10ff.; jüngst auch *Gabriel*, in: C. Hoffmann et al., Resiliente Agri-Food-Systeme, S. 68 Grafik 1b.

77 Vgl. *Fraunhofer IESE*, Datensouveränität in der Landwirtschaft, 22.10.2020, https://www.iese.fraunhofer.de/blog/datensouveraenitaet-landwirtschaft/ (zuletzt abgerufen am 14.11.2024), wonach das Misstrauen der Landwirte in dieser Hinsicht nur gegenüber branchenfremden IT-Unternehmen noch größer war als gegenüber Technologieherstellern.

78 Vgl. *Wiseman et al.*, NJAS 90/91 (2019), S. 10.

die eine weitergehende Adaption von Smart Farming-Technologien hemmen: Fehlende Transparenz von Verträgen, welche die Erhebung und Nutzung von Daten betreffen, eine Disparität zwischen Landwirten und Technologieherstellern bei der Verhandlung dieser Verträge sowie datenschutzrechtliche Fragen, aber auch die Frage nach dem »Eigentum« an den Daten sowie die Frage nach der Aufteilung von Erlösen, welche mit der Verwendung der erhobenen Daten durch Dritte erzielt werden.[79] Legt man dies zugrunde, so zeigt sich, dass nicht nur Datenschutz und Datensicherheit für sich genommen Akzeptanzhindernisse darstellen, sondern auch die Unsicherheit der Landwirte hinsichtlich der Zuweisung des in den Daten liegenden wirtschaftlichen Potentials.

Um das Vertrauen bei Landwirten, und mithin die Akzeptanz gegenüber Smart Farming-Technologien, zu erhöhen und somit die in der Technologie liegenden Chancen nutzen zu können, betonen *Wiseman et al.* die Notwendigkeit der Verbesserung der rechtlichen Rahmenbedingungen. Insbesondere die vertragliche Gestaltung der Erhebung, des Zugangs zu und der Verwertung der Daten solle stärker reguliert werden, um die Transparenz und Verständlichkeit von Verträgen für Landwirte zu erhöhen.[80]

Die generelle Forderung, die rechtliche Stellung der Landwirte in Bezug auf die sog. Datenhoheit zu verbessern, deckt sich mit dem Standpunkt vieler Institutionen und (Landwirtschafts-)Verbände. Neben der Stärkung der Datensicherheit und Ausweitung des Datenschutzes[81] ist vor allem die dargestellte Frage nach der vermögensrechtlichen Zuordnung der Daten Gegenstand:[82] Während der *Leibniz-Forschungsverbund* allgemein die Notwendigkeit einer »klaren Definition von Eigentumsrechten und Nutzungsrechten an den erhobenen Daten« sieht,[83] vertreten der *Deutsche Bauernverband et al.* in ihrer Gemeinsamen Branchenempfehlung die Auffassung, dass die »gewonnen Daten grundsätzlich den Bewirtschaftern [der] Betriebe gehören und von diesen umfassend genutzt werden dürfen«.[84] Auch die

79 Vgl. *Wiseman et al.*, NJAS 90/91 (2019), S. 7.

80 Vgl. *Wiseman et al.*, NJAS 90/91 (2019), S. 10.

81 Von der Gefahr eines »gläsernen Betriebs« spricht die *DLG*, Digitale Landwirtschaft, S. 5, i. V. m. der Forderung nach der Erstreckung des Datenschutzrechts auf Betriebs- und Geschäftsdaten (S. 11 a. a. O.).

82 Generell zeigt sich auch in den Stellungnahmen der Verbände eine Vermengung der verschiedenen rechtlichen Fragestellungen von Datensicherheit, Datenschutz und der vermögensrechtlichen Zuordnung. Oft wird die Forderung nach der vermögensrechtlichen Zuordnung zugunsten des Landwirtes auch an die datenschutzrechtliche Relevanz der Daten geknüpft, vgl. z. B. *DLG*, Digitale Landwirtschaft, S. 10; oder *BMR*, Stellungnahme, S. 1, wonach die »(...) gewonnen Daten grundsätzlich den Bewirtschaftern [der] Betriebe gehören (...)« da sie »(...) als personenbeziehbare Daten den gesetzlichen datenschutzrechtlichen Regelungen [unterliegen]«.

83 Vgl. ausdrückl. *Leibniz-Forschungsverbund*, Landwirtschaft 4.0, S. 5.

84 Vgl. ausdrückl. *DBV et al.*, Datenhoheit des Landwirts, S. 2; wortgleich ferner *BMR*, Stellungnahme, S. 1.

Deutsche Landwirtschafts-Gesellschaft geht davon aus, dass »Betriebs- und Maschinendaten [...] grundsätzlich dem Landwirt [gehören]« und es notwendig sei zu garantieren, dass Landwirte an den aus der Datenverwertung gezogenen Vorteilen partizipieren können.[85]

cc) Zwischenergebnis

Ungeachtet der Schwierigkeiten, die der Begriff der sog. Datenhoheit bereitet, legen die Befragungen der Landwirte und die Stellungnahmen der Verbände die bestehenden Unsicherheiten im Umgang mit Landwirtschaftsdaten offen. Es wird deutlich, dass die Unsicherheiten nicht nur die Datensicherheit und den Datenschutz betreffen, sondern insb. auch die Frage, wem der in den Daten liegende wirtschaftliche Wert überhaupt zugewiesen ist. Auch diese Unsicherheit über die vermögensrechtliche Zuweisung wirkt somit hinsichtlich des Einsatzes von Smart Farming-Technologien akzeptanzhindernd.

5. Zwischenfazit

Smart Farming eröffnet die Möglichkeit, landwirtschaftliche Produktion zukünftig effizienter, höherwertig und zugleich nachhaltiger zu gestalten. Der Erhebung und Verarbeitung von Daten kommt dabei große Bedeutung zu. Es bestehen jedoch Akzeptanzhindernisse, welche die flächendeckende Verwendung der Technologien hemmen. Dazu gehört auch die scheinbar offene Frage nach der sog. Datenhoheit der Landwirte. Im Hinblick hierauf kann zunächst in Übereinstimmung mit den kritischen Stimmen aus dem Schrifttum festgehalten werden, dass diesem Begriff kein über die Funktion als Schlagwort hinausgehender Mehrwert zukommt. Mit ihm werden nämlich – zwar nicht nur, aber jedenfalls auch – bereits bekannte Konzepte wie Datenschutz- und Eigentumsrechte in Bezug auf Daten beschrieben. Mit Blick auf die vorliegende Untersuchung ist der Begriff der Datenhoheit damit aber zumindest geeignet, den rechtlichen Rahmen anzudeuten, in dem im Folgenden nach Rechten des Landwirts in Bezug auf Bodendaten gefragt werden muss.

---

85 Vgl. ausdrückl. *DLG*, Digitale Landwirtschaft, S. 11.

II. Untersuchungsgegenstand: Rechte an landwirtschaftlichen Bodendaten

Bevor diese Frage beantwortet werden kann, muss in einem ersten Schritt allerdings der Untersuchungsgegenstand näher beleuchtet werden. Dafür soll zunächst dargelegt werden, was überhaupt unter (Boden-)Daten verstanden werden soll, welche wirtschaftliche Bedeutung ihnen zukommt und welche Interessen infolgedessen an ihnen bestehen. Schließlich soll auch umrissen werden, welche Rechte in Betracht kommen oder, mit anderen Worten, welche Anspruchsziele in Bezug auf sie verfolgt werden könnten.

1. Der Datenbegriff in der Rechtswissenschaft

Blendet man zur Annäherung an den Datenbegriff seine Etymologie[86] aus und blickt stattdessen auf Daten betreffende Gesetzesvorschriften, so geraten nur wenige in den Fokus. Besonders naheliegend ist dabei zunächst Art. 4 Nr. 1 DS-GVO. Die Vorschrift versteht unter personenbezogenen Daten »alle Informationen, die sich auf eine identifizierte oder identifizierbare natürliche Person (...) beziehen«. Genau umgekehrt definiert § 2 Abs. 3 UIG »Umweltinformation (...) unabhängig von der Art ihrer Speicherung [als] (...) Daten (...)«, ohne aber zu definieren, was Daten wiederum sind.[87] In ähnlicher Weise zu wünschen übrig lässt § 202a StGB, der in seinem Abs. 2 eine (vermeintliche) Legaldefinition enthält, wonach »Daten (...) nur solche [sind], die elektronisch, magnetisch oder sonst nicht unmittelbar wahrnehmbar gespeichert sind oder übermittelt werden«. Hierdurch wird aber gerade nicht definiert, was Daten sind, sondern lediglich ein weiter Datenbegriff zugrunde gelegt und dieser durch die Vorschrift, zwecks Bestimmung ihres Anwendungsbereichs, eingeschränkt.[88] Der daher ursprünglich zunächst von der strafrechtlichen Literatur zu entwickelnde allgemeine Datenbegriff versteht unter ihnen Informationen, die durch Zeichen oder Funktionen dargestellt werden.[89]

Die in den über die Rechtsgebiete verstreuten, inzwischen teils älteren Gesetzesvorschriften genannten oder zugrunde gelegten Definitionen geben keine einheitliche Auskunft darüber, was aus Gesetzessicht unter Daten zu verstehen ist. Die Vorschriften eint allerdings, dass sie jedenfalls im Grundsatz davon ausgehen,

86 Der lateinische Ursprung des Wortes Datum liegt im Verb »dare« (geben). Ein Datum ist daher etwas »Gegebenes«, statt vieler *Oster*, JZ 2021, 167 (168).
87 *Spiecker gen. Döhmann*, RW 2010, 247 (252).
88 *Graf*, in: MüKo StGB, § 202a Rn. 12; *Hampel*, Der Datenbegriff im Strafgesetzbuch, S. 72.
89 *Graf*, in: MüKo StGB, § 202a Rn. 12; *Eisele*, in: Schönke/Schröder, StGB, § 202a Rn. 3.

dass zwischen Daten und Informationen eine Verbindung besteht. Die Frage danach, wie eng diese Verbindung ist, wird aber unterschiedlich beantwortet: Der strafrechtliche Datenbegriff geht davon aus, dass Daten im weitesten Sinne dargestellte Informationen sind. Es wird also kategorisch zwischen Daten und Information getrennt.[90] In den öffentlich-rechtlichen Vorschriften erfolgt dagegen keine solche qualitative Unterscheidung, sondern lediglich eine Einordnung in ein Spezialitätsverhältnis innerhalb derselben Kategorie. Nach der DS-GVO handelt es sich bei Daten um Informationen speziellen Inhalts, nach dem UIG handelt es sich bei Informationen um Daten speziellen Inhalts.[91] Diese Einordnung findet sich auch in den Vorschriften des IFG. Dort heißt es in § 2 Nr. 2: »Im Sinne dieses Gesetzes ist Dritter: jeder, über den personenbezogene Daten oder sonstige Informationen vorliegen«. Die öffentlich-rechtlichen Vorschriften verwenden die Begriffe der Daten und Information daher letztlich synonym.[92]

a) Unterscheidung zwischen Daten und Informationen

In der jüngeren (zivilrechtlichen) Literatur und (europäischen) Gesetzgebung wird demgegenüber streng zwischen den beiden Begriffen differenziert.[93] Artikel 2 Nr. 1 DA bspw. definiert Daten als »jede digitale Darstellung von (...) Informationen«. Ähnlich dazu werden Daten im Schrifttum überwiegend als maschinenlesbar codierte Information definiert.[94] Dieses maßgeblich auf *Zech*[95] zurückgehende Verständnis[96] sieht in Daten also, ähnlich wie der erwähnte strafrechtliche Datenbegriff[97] und nun auch der Data Act[98], einen Unterfall von Infor-

90 In diese Richtung geht auch der Datenbegriff des Data Act. In dessen Art. 2 Nr. 1 heißt es: »Daten [sind] jede digitale Darstellung von Handlungen, Tatsachen oder Informationen sowie jede Zusammenstellung solcher (...) auch in Form von Ton-, Bild- oder audiovisuellem Material«.

91 Vgl. *Spiecker gen. Döhmann*, RW 2010, 247 (252); hinsichtlich Art. 4 Nr. 1 DS-GVO insofern von einem inhaltebezogenen Datenbegriff sprechend *Denga*, NJW 2018, 1371 (1372); ähnlich auch *Becker*, Absolute Herrschaftsrechte, S. 386.

92 Diesbzgl. krit. *Oster*, JZ 2021, 167 (170); *Spiecker gen. Döhmann*, RW 2010, 247 (253); *Specht*, CR 2016, 288 (290).

93 Vgl. *Amstutz*, AcP 218 (2018), 438 (542); *Becker*, GRUR 2017, 346 (347); *Berberich/Golla*, PinG 2016, 165 (167); *Denga*, NJW 2018, 1371 (1372); *Oster*, JZ 2021, 167 (168); *Specht*, CR 2016, 288 (290); a. A. *Determann*, ZD 2018, 503 (504), der eine solche Unterscheidung für unpraktikabel und unnötig komplexitätserhöhend hält und daher die Begriffe Daten und Information synonym verwenden möchte.

94 Vgl. z. B. *Denga*, NJW 2018, 1371 (1372); *Sattler*, CR 2020, 145 (148); *Zech*, Information als Schutzgegenstand, S. 32; *ders.*, CR 2015, 137 (138); *ders.*, GRUR 2015, 1151 (1153).

95 Vgl. *Zech*, Information als Schutzgegenstand, S.32.

96 So auch *Amstutz*, AcP 218 (2018), 438 (450 Fn. 73), der insoweit vom »*Zech*schen Datenbegriff« spricht; *Riehm*, VersR 2019, 714 (715).

97 *Denga*, NJW 2018, 1371 (1372).

98 *Hennemann*, in: Hennemann et al., Data Act, S. 44f.

mationen und setzt damit gedanklich die kategorische Trennung beider Begriffe bereits voraus. Prägnant ist in dieser Hinsicht die Formulierung von *Amstutz*: Daten seien »eine Darstellung von Etwas, die im Binärcode gefasst ist«.[99] Konsequenterweise wird daher allgemein von der Notwendigkeit ausgegangen, in einem ersten Schritt zu klären, was unter dem Begriff der Information als übergeordnete Kategorie zu verstehen ist.[100] Dabei soll das von *Zech* entwickelte Informationsverständnis, das sowohl an der Semiotik als auch an dem auf *Benkler*[101] und *Lessig*[102] zurückgehenden *layer model* Anleihen nimmt, herangezogen werden. Auf eine Darstellung von Informationsbegriffen anderer Disziplinen[103] soll verzichtet werden, da sich die folgende Betrachtungsweise in der Rechtswissenschaft inzwischen etabliert hat.[104]

b) Zivilrechtliches Verständnis: Dreidimensionalität von Information

Die soeben zitierte Definition von Daten als maschinenlesbar codierte Informationen beruht auf der Annahme, dass Information in verschiedenen Dimensionen relevant ist. Zur Begründung jener wird eine auch für die Semiotik[105] zentrale Prämisse zugrunde gelegt, wonach zwischen Zeichen als solchen und ihrer Bedeutung zu unterscheiden ist.[106] Übertragen auf den Datenbegriff ergibt dies zunächst, dass die Bedeutung einer Information (Semantik) auf einer anderen Ebene anzusiedeln ist, als die Darstellung dieser Information in Form des maschinenlesbaren Codes (Syntaktik). Hinzu tritt die Einsicht, dass (jedenfalls syntaktische) Information nicht ohne Rückkopplung an eine ursprüngliche Verkörperung auf einem Informationsträger (physische Struktur) existieren kann.[107] Diese dreidimensionale Be-

---

99 Vgl. ausdrückl. *Amstutz*, AcP 218 (2018), 438 (542).

100 Vgl. z. B. *Hampel*, Der Datenbegriff im Strafgesetzbuch, S. 12; *Kevekordes*, Daten als Gegenstand absoluter Zuordnung, S. 30; *Oster*, JZ 2021, 167 (168); *v. Dreusche*, Datenverträge in der Insolvenz, S. 11; in der Sache letztlich auch *Kloepfer*, Informationsrecht, § 1 Rn. 58, der davon ausgeht, dass »Daten [...] eher auf der syntaktischen Ebene zu verorten und insoweit vom Informationsbegriff bereits mitumfasst« seien.

101 Vgl. *Benkler*, Federal Communications Law Journal, 52 (2000), 561f.

102 Vgl. *Lessig*, The Future of Ideas.

103 Einen Überblick über die Informationsbegriffe verschiedener Disziplinen geben *Capurro*, Information, S. 195ff. und *Fuchs/Hofkirchner*, in: Floyd/Fuchs/Hofkirchner, FS Fuchs-Kittowski, S. 241ff.

104 In diesem Sinne auch *Amstutz*, AcP 218 (2018), 438 (448); vgl. bspw. *Becker*, Absolute Herrschaftsrechte, S. 140; *v. Dreusche*, Datenverträge in der Insolvenz, S. 11; *Riehm*, VersR 2019, 714 (715); *Sievering*, Schutz, Zuordnung und Verwertung von nicht-personenbezogenen Daten, S. 15; differenzierend dagg. *Kuschel*, Der Erwerb digitaler Werkexemplare, S. 124ff.

105 Die Semiotik ist die Theorie von den Zeichen und ihrer Funktion, *Morris*, Grundlagen der Zeichentheorie, S. 18.

106 Vgl. *Zech*, Information als Schutzgegenstand, S. 25f.

107 Zum Vorstehenden insg. *Zech*, Information als Schutzgegenstand, S. 43f., m. w. N.; *Becker*, Absolute Herrschaftsrechte, S. 153.

trachtung von Information wird neben der auf *Morris*[108] zurückgehenden dreiwertigen Semiotik auch auf das von *Benkler* vorgeschlagene und *Lessig* ausgeführte Drei-Ebenen-Modell von Kommunikationssystemen zurückgeführt.[109]

aa) Semantik

Die semantische[110] Ebene betrifft die inhaltliche Bedeutung einer Information. Betrachtet wird alleine der Aussagegehalt einer Information, dessen Darstellung durch Zeichen oder deren Verkörperung durch einen Gegenstand wird ignoriert.[111] Die semantische Ebene wird daher auch als »*content layer*« bezeichnet.[112] Von der Semantik zu trennen ist die Ebene der Pragmatik. Darunter wird in der Semiotik die Beziehung zwischen dem Zeichen und seinem Betrachter verstanden. Es geht also um die subjektive Deutung von Zeichen.[113] Die Überschneidungen zur Semantik sind dabei groß, denn der Inhalt einer Information kann naturgemäß nur selten rein objektiv bestimmt werden.[114] Die Pragmatik legt den Fokus dabei aber mehr auf die individuelle Wirkung der Information auf den Betrachter.[115]

bb) Syntaktik

Die Syntaktik betrachtet Zeichen und ihre Beziehung zueinander.[116] Von syntaktischer Information ist also zu sprechen, wenn sie mithilfe von Zeichen dargestellt wird, bspw. durch die Anordnung mehrerer Buchstaben zu Wörtern oder einem Text. Auch Bilder sind, als Kombination von Farben, syntaktische Information.[117] Da nur auf die zeichenhafte Darstellung geschaut wird, handelt es sich auch bei Daten nach oben genannter Definition um syntaktische Informationen, denn die Darstellung einer Information erfolgt bei ihnen inhaltsunabhängig durch Binärcodierung.[118] Dabei ist irrelevant, welche Bedeutung den Zeichen zukommt oder

108 Vgl. *Morris*, Grundlagen der Zeichentheorie.

109 *Becker*, Absolute Herrschaftsrechte, S. 140; *Zech*, Information als Schutzgegenstand, S. 43.

110 In der sog. dreiwertigen Semiotik wird mit der Semantik die Beziehung zwischen einem Zeichen und dem vom Zeichen Bezeichneten (sog. Designat) beschrieben, *Morris*, Grundlagen der Zeichentheorie, S. 42.

111 *Becker*, Absolute Herrschaftsrechte, S. 142; *Zech*, Information als Schutzgegenstand, S. 37.

112 *Benkler*, Federal Communications Law Journal, 52 (2000), 561 (562); *Lessig*, The Future of Ideas, S. 23.

113 *Fuchs/Hofkirchner*, in: Floyd/Fuchs/Hofkirchner, FS Fuchs-Kittowski, S. 250; *Morris*, Grundlagen der Zeichentheorie, S. 52.

114 *Becker*, Absolute Herrschaftsrechte, S. 145f.

115 *Becker*, Absolute Herrschaftsrechte, S. 144; *Fuchs/Hofkirchner*, in: Floyd/Fuchs/Hofkirchner, FS Fuchs-Kittowski, S. 250; *Oster*, JZ 2021, 167 (170f.); *Zech*, Information als Schutzgegenstand, S. 25.

116 *Morris*, Grundlagen der Zeichentheorie, S. 24f.; *Zech*, Information als Schutzgegenstand, S. 44.

117 Zum Vorstehenden insg. *Zech*, Information als Schutzgegenstand, S. 38f.

118 *Zech*, Information als Schutzgegenstand, S. 39; *Zech*, CR 2015, 137 (138); krit. diesbzgl. *Becker*, Absolute Herrschaftsrechte, S. 152, der dies als »begriffliche Vereinfachung« des in Wahrheit stattfindenden technischen Speichervorgangs bezeichnet.

ob sie überhaupt eine Bedeutung haben. Syntaktische Information kann also semantische, d. h. inhaltlich zumindest im Ansatz sinnvolle, Information transportieren, muss dies aber nicht zwangsläufig.[119]

cc) Struktur

Ist Information in einem körperlichen Träger enthalten, so wird, in Anknüpfung an die »beobachtbare Struktur körperlicher Gegenstände«,[120] von struktureller Information gesprochen. Die Information liegt dabei in der Struktur des Trägers, der also eine Sache i. S. d. § 90 BGB sein muss, an sich.[121] Ein solcher Träger kann nicht nur ein klassischer Datenträger sein, sondern grundsätzlich jeder Gegenstand, der einer Wahrnehmung zugänglich ist.[122]

Der Zusammenhang zwischen syntaktischer und struktureller Information ist eng. Die in der Struktur einer Sache liegende Information kann naturgemäß nicht losgelöst von der Sache betrachtet werden.[123] Dennoch ist ein Vervielfältigen dieser strukturellen Information durch Codieren möglich. Die dabei entstehende Information ist in semantischer Hinsicht (zumindest weitgehend) identisch mit der ursprünglichen strukturellen Information, stellt aber syntaktische Information dar, da die Trägersache an sich nicht dupliziert wurde. Als Beispiel für diesen Vorgang nennt *Zech* das Abbilden einer Sache, z. B. durch Fotografieren.[124]

2. Interessenlage im Hinblick auf landwirtschaftliche Bodendaten

Die Komplexität der an Agrardaten im Allgemeinen bestehenden Interessenlage ist, neben dem wirtschaftlichen Wert der Daten an sich, auf die Vielzahl der beteiligten Akteure entlang der landwirtschaftlichen Wertschöpfungskette zurückzuführen. Es soll daher zunächst überblicksartig dargestellt werden, inwiefern Daten überhaupt ein Wert zukommt, bevor anschließend auf die einzelnen, an landwirtschaftlichen Bodendaten interessierten Akteure eingegangen wird.

119 *Zech*, Information als Schutzgegenstand, S. 39f.; vgl. in dieser Hinsicht auch *Becker*, Absolute Herrschaftsrechte, S. 146, der darauf hinweist, dass ein Zeichen ohne jegliche Bedeutung in einem menschengemachten System schwer vorstellbar ist. Er schlägt vor, die Grenze zwischen (nur) syntaktischer Information und (auch) semantischer Information dort zu ziehen, wo die enthaltene Information zmd. ein »Mindestmaß an Bedeutung« transportiert.

120 *Zech*, Information als Schutzgegenstand, S. 41.

121 *Zech*, Information als Schutzgegenstand, S. 259.

122 *Zech*, Information als Schutzgegenstand, S. 41; *Becker*, Absolute Herrschaftsrechte, S. 144; s. auch *Benkler*, Federal Communications Law Journal, 52 (2000), 561 (562), der von einem »*physical infrastructure layer*« spricht.

123 *Zech*, Information als Schutzgegenstand, S. 260.

124 Vgl. zum Vorstehenden insg. *Zech*, Information als Schutzgegenstand, S. 41f., 261.

a) Der wirtschaftliche Wert von Daten

In der juristischen Literatur wird der ökonomische Wert von Daten vielfach im Kontext von (personenbezogenen) Daten als Gegenleistung (»Bezahlen mit Daten«) im Rahmen von Austauschverträgen angesprochen.[125] Dieses Geschäftsmodell wird inzwischen von § 312 Abs. 1a BGB n. F., der auf die Digitale Inhalte-Richtlinie[126] zurückgeht, erfasst.[127] Die Tatsache, dass Daten einen Gegenleistungscharakter haben und an die Stelle von z. B. Geldzahlung treten können, indiziert, dass ihnen ein wirtschaftlicher Wert zukommen kann. Anders als bei herkömmlichen Gütern ist eine monetäre Bewertung eines einzelnen Datums bzw. der von ihm getragenen Information jedoch nur selten möglich.[128] Grund dafür ist zum einen, dass eine allgemein anerkannte Bewertungsmethode für Daten fehlt und zum anderen, dass kein transparenter und allgemein zugänglicher Markt für verschiedene Arten von Daten besteht.[129]

aa) Datenaggregierung und Big Data als wertsteigernde Faktoren

Nahezu Einigkeit scheint aber jedenfalls dahingehend zu bestehen, dass sich der – derzeit meist nicht konkret bezifferbare – Wert eines Datums vor allem aus seinem semantischen Gehalt, also der von ihm getragenen Information, ergibt, da hierdurch ein Erkenntnisgewinn ermöglicht wird.[130] Dieser nimmt für den Nutzer zu, wenn Daten nicht einzeln, sondern zusammengeführt als Datensätze zur Verfügung gestellt werden. Die von solchen aggregierten Datensätzen getragenen Informationen haben nämlich oft eine höhere Aussagekraft und Verlässlichkeit als Informationen, die aus einem einzelnen Datum gewonnen werden können. Das Zusammenführen verschiedener Daten führt somit zu einem gesteigerten Erkenntnisgewinn und bietet insofern aus unternehmerischer Sicht eine verläss-

125 Vgl. z. B. *Hacker*, Datenprivatrecht, S. 49ff.; *Kumkar*, ZfPW 2020, 306 (322ff.); *Metzger*, AcP 216 (2016), 817ff.; *Mischau*, ZEuP 2020, 335ff.; *Staudenmayer*, in: Grothe/Mankowski, FS v. Bar, S. 367f.; *Rieländer*, in: Grothe/Mankowski, FS v. Bar, S. 307f.

126 Richtlinie (EU) 2019/770 des Europäischen Parlaments und des Rates vom 20. Mai 2019 über bestimmte vertragsrechtliche Aspekte der Bereitstellung digitaler Inhalte und digitaler Dienstleistungen.

127 Statt vieler *Wendehorst*, in: MüKo BGB, § 312 Rn. 41ff.

128 *Ngyuen/Paczos*, Measuring the economic value of data and cross-border data flows, S. 9; *Mischau*, ZEuP 2020, 335 (338).

129 *Ngyuen/Paczos*, Measuring the economic value of data and cross-border data flows, S. 14; *Nissen*, Der monetäre Wert von Daten im Privatrecht, S. 100f.

130 Vgl. *Determann*, ZD 2018, 503 (504); *Hacker*, Datenprivatrecht, S. 51; *Nissen*, Der monetäre Wert von Daten im Privatrecht, S. 93; *Ngyuen/Paczos*, Measuring the economic value of data and cross-border data flows, S. 14; *Zech*, CR 2015, 137 (138); *Zurth/Lersch*, ZfdR 2021, 175 (178); krit. dagg. *Atik/Martens*, JIPITEC 12 (2021), 370 (373), nach denen Daten für sich genommen nie einen Wert haben.

lichere Entscheidungsgrundlage.[131] Wie für Big Data-Sachverhalte typisch, steigt dabei der Wert von Daten, je höher die Zahl der mit ihnen aggregierten Daten ist.[132] So haben Auswertungen ergeben, dass für einen aggregierten Satz personenbezogener Daten zwischen 1 € und 55 US-$ gezahlt werden.[133]

Die Aggregierung erfolgt dabei meist nicht innerhalb bloß eines einzelnen Unternehmens. Ein wichtiges Element der Wertschöpfung durch Big Data ist vielmehr der Austausch von Daten zwischen einzelnen Akteuren zum Zwecke der Sammlung, Analyse, Speicherung und Weiterverwendung anderweitigen Verwendung jener.[134] Sowohl für die Aggregierung großer Datenmengen an sich, als auch für den gegenseitigen Austausch dieser Daten dienen zunehmend Cloud-Plattformen als Infrastruktur. Diese ermöglichen Akteuren die Einspeisung von Daten unter gleichzeitigem Zugriff auf von anderen eingespeiste Daten. Die so entstehenden Datenmengen werden von der Plattform durch den Einsatz von Algorithmen geordnet, analysiert und den Nutzern ausgewertet zur Verfügung gestellt. Dadurch wird Nutzern die unkomplizierte Erlangung hochwertiger Informationen (da oftmals aggregiert) ermöglicht und die eigenständige Erhebung und Auswertung von Daten erspart. Auf diese Weise werden Anbieter von und Interessenten an bestimmten Daten zusammengeführt. Diese Senkung bzw. Vermeidung von Transaktionskosten der Beteiligten ist ein zentraler Teil der von Datenplattformen erzeugten Wertschöpfung.[135]

bb) *Einfluss des Geschäftsmodells auf die Bewertung von Daten*

Die in den aggregierten Daten enthaltenen Informationen verschaffen dem jeweiligen Nutzer, wie beschrieben, zunächst einen bloßen Erkenntnisgewinn. Die Realisierung des darin liegenden wirtschaftlichen Potentials erfolgt letztlich durch die Verwertung, also (jedenfalls mittelbarer) Einkommensgenerierung. In Betracht kommt dafür zum Beispiel die rechtsgeschäftliche Verwertung, die Entwicklung neuer und die Verbesserung bereits entwickelter Produkte auf Grundlage der Datenauswertung.[136]

Statt aber allein den für Daten realisierbaren (im Einzelnen aber oft nicht von außen ermittelbaren, s. o.) Preis in den Mittelpunkt der Betrachtung zu stellen, hat die jeweilige Art der Nutzung und Monetarisierung von Daten Einfluss auf die

131 Zum Vorstehenden insg. *Atik/Martens*, JIPITEC 12 (2021), 370 (377); *Bitkom*, Big Data im Praxiseinsatz, S. 19; *Hacker*, Datenprivatrecht, S. 50; *Hoffmann-Riem*, Recht im Sog der digitalen Transformation, S. 39; *Zech*, CR 2015, 137 (138).

132 *Wolfert et al.*, Agricultural Systems 153 (2017), 69 (77) m. w. N.; einschränkend *Ngyuen/Paczos*, Measuring the economic value of data and cross-border data flows, S. 21.

133 Vgl. *Palmetshofer/Semsrott/Alberts*, Der Wert persönlicher Daten, S. 15 Tabelle 5, m. w. N.

134 *Ngyuen/Paczos*, Measuring the economic value of data and cross-border data flows, S. 24f.

135 Zum Vorstehenden insg. *Picot/Berchtold/Neuburger*, in: Kolany-Raiser et al., Big Data und Gesellschaft, S. 343; *Wysel*, in: Zhang, Encyclopedia of Smart Agriculture Technologies, S. 3.

136 *Ngyuen/Paczos*, Measuring the economic value of data and cross-border data flows, S. 15.

Bewertung von Daten für das jeweilige Unternehmen.[137] Die *OECD* stellt daher bei dem von ihr vorgeschlagenen abstrakteren Bewertungsansatz das jeweilige Geschäftsmodell eines Unternehmens in den Mittelpunkt und unterscheidet zwischen data-enabled businesses und data-enhanced businesses. Damit wird auf die Abhängigkeit des jeweiligen Unternehmens von der Einkommensgenerierung durch Datenverwertung Bezug genommen: Solche Unternehmen, die ganz oder zu großen Teilen (d. h. über 50 % des Gesamtumsatzes) hiervon abhängen, werden als data-enabled und solche, die Datenverwertung nur als zusätzlichen Geschäftsbereich oder zur Verbesserung der bereits vorhandenen Geschäftsbereiche nutzen, als data-enhanced kategorisiert. Für sog. data-enhanced Geschäftsmodelle ist charakteristisch, dass die Verwertung von Daten nicht ihr Kerngeschäft, sondern lediglich eine Ergänzung zu diesem darstellt. Bei ihnen steht die Optimierung bereits entwickelter Produkte oder Produktionsprozesse als Form der Datenverwertung im Vordergrund.[138] So bekommen bspw. Hersteller von Landmaschinen durch die Auswertung von Daten Auskunft über den Zustand der von ihnen an Landwirte verkauften Maschinen, um sodann automatisiert Unterstützungs- und Wartungsdienste anzubieten. Hierdurch erweitert sich die bislang durch die Herstellung und den Verkauf physischer Produkte gekennzeichnete klassische Produktpalette um Serviceelemente.[139] Ein anderes Beispiel wären auf individuelle Bodenanforderungen angepasste Dünge- und Pflanzenschutzmittel, welche mithilfe der gesammelten Bodendaten entwickelt und sodann an Landwirte verkauft werden.[140] Dabei machen bei sog. data-enhanced Geschäftsmodellen sowohl die zusätzlichen Serviceelemente als auch die auf Basis der Datenauswertung entwickelten neuen Produktkategorien bloß einen kleineren Anteil des Gesamtumsatzes aus, sodass sie als eine bloße Ergänzung der traditionellen Angebote des Unternehmens anzusehen sind. Demgegenüber stellt die Analyse und Verwertung von Daten bei sog. data-enabled businesses, wozu vor allem Plattformdienste gehören, das Kerngeschäft dar. Bei ihnen erfolgt die Wertschöpfung aus Daten vor allem aus deren rechtsgeschäftlicher Verwertung oder der Speicherung und Zurverfügungstellung von Daten für Nutzer gegen Zahlung einer Gebühr.[141]

Die Abgrenzung beider Geschäftsmodelle erfolgt dabei nicht starr, sondern eher als ein fließender Übergang. Je größer der auf die Monetarisierung von

137 *Ngyuen/Paczos*, Measuring the economic value of data and cross-border data flows, S. 14.

138 Zum Vorstehenden insg. *Ngyuen/Paczos*, Measuring the economic value of data and cross-border data flows, S. 10ff.

139 *Atik/Martens*, JIPITEC 12 (2021), 370 (373); *Ngyuen/Paczos*, Measuring the economic value of data and cross-border data flows, S. 14.

140 Andeutungsweise auch *Atik/Martens*, JIPITEC 12 (2021), 370 (373).

141 Zum Vorstehenden insg. *Atik/Martens*, JIPITEC 12 (2021), 370 (373); *Ngyuen/Paczos*, Measuring the economic value of data and cross-border data flows, S. 16.

Daten zurückgehende Umsatzanteil im Verhältnis zu sonstigen klassischen Einnahmequellen eines Unternehmens wird, desto mehr wird es von einem data-enhanced business zu einem data-enabled business.[142] So bieten z. B. Landmaschinenhersteller inzwischen auch Cloud-Dienste und damit verbundene Farmmanagementsysteme an, um die auf dem landwirtschaftlichen Betrieb gesammelten Daten direkt zugänglich zu machen.[143] Im Zuge der Digitalisierung der Landwirtschaft lässt sich daher bisweilen die Verlagerung ganzer Geschäftsmodelle beobachten.[144]

Daraus lässt sich ableiten, dass sich der Wert von Daten für Unternehmen zwar nicht immer konkret bestimmen lässt, das Geschäftsmodell und die jeweilige Art der Verwertung von Daten durch ein Unternehmen aber großen Einfluss auf die Bewertung von Daten im Einzelfall hat. Je größer der Anteil ist, den die Verwertung von Daten zum Gesamtumsatz eines Unternehmens beisteuert, desto höher wird das einzelne Datum auch von diesem Unternehmen bewertet werden.

b) Beteiligte Akteure entlang der Wertschöpfungskette

Vor dem Hintergrund der Ausführungen zu ihrem Wert liegt es nahe, anzunehmen, dass all diejenigen Unternehmen, deren Geschäftsmodell (irgend-)eine Art der Verwertung von Bodendaten zulässt, ein Interesse an ihnen haben. Diese Unternehmen finden sich an unterschiedlichen Stellen entlang der landwirtschaftlichen Wertschöpfungskette.[145] Aus dem der landwirtschaftlichen Produktion zeitlich vorgelagerten Bereich zählen dazu vor allem Pflanzenschutz- und Düngemittelhersteller, während die an der Produktionsphase direkt beteiligten Landmaschinenhersteller diejenigen Akteure sind, die vor allem ein Interesse an den in den Bodendaten enthaltenen Informationen haben.[146] Während für Saatgut- und Düngemittelhersteller die Entwicklung und der Vertrieb auf individuelle Flächenbedürfnisse angepasster Düngemittel denkbar erscheint, können Landmaschinenunternehmen ihre bestehende Produktreihe mit Blick auf verschiedene Oberflächeneigenschaften anpassen und ggf. erweitern. Aber auch nur mittelbar

142 *Ngyuen/Paczos*, Measuring the economic value of data and cross-border data flows, S. 14.

143 *Ngyuen/Paczos*, Measuring the economic value of data and cross-border data flows, S. 14, wo *John Deere* eine entsprechende Geschäftstätigkeit nachgesagt wird.

144 *Wolfert et al.*, Agricultural Systems 153 (2017), 69.

145 Als Wertschöpfungskette wird hier der Begriff von *Kaplinsky/Morris* zugrunde gelegt, wonach zu einer Wertschöpfungskette »alle Aktivitäten [gehören], die notwendig sind, ein Produkt oder eine Dienstleistung zu entwickeln, es über in mehreren Schritten zu produzieren, zum Endkunden zu bringen und nach dem Gebrauch zu entsorgen«, vgl. *Kaplinsky/Morris*, A handbook for value chain research, S. 4.

146 *Fraunhofer IESE*, Wie schafft man Datensouveränität in der Landwirtschaft?, 13.05.2020, https://www.iese.fraunhofer.de/blog/wie-schafft-man-datensouveraenitaet-in-der-landwirtschaft/ (zuletzt abgerufen am 24.03.2023); *Härtel*, Regeln für Agrardaten, S. 9.

am Wertschöpfungsprozess beteiligte Akteure, z. B. IT-Agrarunternehmen wie Cloud-Service- und Plattformbetreiber und Anbieter von Farmmanagementsystemen sowie Datenhändler, wollen die Daten für ihre Zwecke nutzen. Nicht unterschätzt werden darf der Wert von Bodendaten ferner für Agrarlandspekulanten und -investoren sowie für Banken und Versicherungen. Für diese können Informationen über die Qualität und Beschaffenheit landwirtschaftlich genutzten Bodens nämlich bei der Bewertung von Grundstücken und Betrieben eine wichtige Rolle spielen.[147]

All diese Akteure können, wie zuvor beschrieben, ihrem jeweiligen Geschäftsmodell entsprechend, Wert aus der Sammlung, Aufbereitung und Weitergabe von Bodendaten ziehen. Dem steht das Interesse des Landwirts (insb. dann, wenn er zugleich Eigentümer des Grundstücks ist) gegenüber, entweder über den Ablauf des gesamten Prozesses der Datenerhebung, -weitergabe und -verwertung insgesamt (mit-) zu bestimmen, oder jedenfalls an den generierten Erlösen beteiligt zu werden. In Bezug auf Bodendaten beruht sein Interesse darauf, dass sein Grundstück das materielle Substrat für die in den Bodendaten enthaltene Information darstellt und daher weder deren Erhebung noch deren Verwertung ohne das Grundstück überhaupt denkbar wäre.[148]

c) Zwischenergebnis

Auch wenn bislang keine einheitliche Methode für die konkrete ökonomische Bewertung von Daten existiert, ist der potenzielle Wert von Bodendaten für viele Akteure entlang der landwirtschaftlichen Wertschöpfungskette erkennbar. In dieser Hinsicht kommt, neben dem Informationsgehalt des Datums, vor allem dem jeweiligen Geschäftsmodell eines Akteurs große Bedeutung zu. Dabei wirken die einzelnen Akteure bei der Aggregation, Analyse und Verwertung der Daten, wie für Big Data-Sachverhalte charakteristisch, zusammen und ermöglichen und fördern die Wertschöpfung somit wechselseitig.

3. Inhaltliche Klassifizierung von Bodendaten

a) Konzentration auf Grundstückseigenschaften

Zu Beginn wurde die Funktionsweise der Landwirtschaft 4.0 beschrieben. Dabei wurde deutlich, dass deren Funktionsfähigkeit vor allem von der Erhebung, Ver-

147 Zum Vorstehenden insg. *Härtel*, Regeln für Agrardaten, S. 9; *Weichert*, DuD 2009, 347 (349).

148 Zum Vorstehenden insg. *ALI/ELI*, Principles for a Data Economy, Principle 18, S. 134f.; in diesem Sinne auch *Härtel*, Regeln für Agrardaten, S. 10.

arbeitung und Verbreitung von Daten abhängig ist. Diese werden über den gesamten Verlauf der Produktion erhoben und weiterverarbeitet. Die anfallenden Daten sind dabei inhaltlich aber sehr unterschiedlich. So werden unter anderem betriebsbezogene Daten (z. B. über Größe und betriebswirtschaftliche Ausrichtung des jeweiligen landwirtschaftlichen Betriebes), Maschinendaten (z. B. Zustand, Einsatzart und -zeit) und Produktionsdaten (z. B. Ertragsplanung und -realisierung, Produktqualität) generiert.[149] Nicht alle Arten von Agrardaten sollen Gegenstand der Untersuchung sein. Es sollen ausschließlich Bodendaten betrachtet werden, worunter für die Zwecke der Arbeit Daten verstanden werden, welche Auskunft über die agrarisch bewirtschaftete Fläche als solche geben.

Die meisten Daten, die im Kontext der Landwirtschaft 4.0 verarbeitet werden, können allerdings irgendwie zu einer landwirtschaftlich genutzten Fläche in Bezug gesetzt werden. So beziehen sich bspw. GPS-Daten eines Traktors, die Informationen über die Nutzungshäufigkeit und -dauer des Traktors durch den Landwirt sowie die abgefahrenen Strecken enthalten, auch auf bestimmte Punktkoordinaten innerhalb der jeweiligen Fläche. Ein Bezug zum Grundstück ist daher auch bei diesen Daten gegeben.[150] Sie sollen dennoch nicht als Bodendaten im Sinne der Untersuchung angesehen werden, denn sie enthalten keine Aussage über die betrachtete Fläche an sich. In ähnlicher Weise verfügen z. B. Daten über die Niederschlagswahrscheinlichkeit und -menge ebenfalls über Ortsbezug. Auch sie geben unmittelbar allerdings keine Auskunft über die Eigenschaft des Grundstücks an sich, vielmehr wirkt sich das Wetter nur auf diese aus, z. B. hinsichtlich der Bodenfeuchtigkeit. Derartige Daten sollen also ebenfalls nicht als Bodendaten im Sinne dieser Untersuchung angesehen werden.[151]

Die Untersuchung beschränkt sich vielmehr auf die Daten, die unmittelbar die tatsächlichen und rechtlichen Eigenschaften der landwirtschaftlich genutzten Fläche beschreiben: Daten, die über die Eigentumsverhältnisse an einer landwirtschaftlich genutzten Fläche und deren Unterteilung in Ackerschläge Auskunft geben, deren Größe und Grenzen, Oberflächenstruktur, Art und Dichte der Bepflanzung beschreiben und über die Feuchtigkeit des Bodens, seinen Nährstoffgehalt und -bedarf sowie möglichen Schädlingsbefall informieren, können als praxisrelevante Beispiele genannt werden.[152] Für viele (jedoch nicht alle) der hier betrachteten Bodendaten ist charakteristisch, dass die von ihnen getragene

149 *Härtel*, NuR 2019, 577 (578); *dies.*, Regeln für Agrardaten, S. 32; *Hennemann*, in: Gruber/Scheler/Henkel, 10 Minuten Soziologie: Land, S. 148f.

150 *Griepentrog*, in: Hans Eisenmann-Zentrum, Digitale Landwirtschaft, S. 33.

151 Wohl aber als mögliche Kombinationsdaten i. S. d. Untersuchung, dazu sogleich, S. 52f.

152 *Birner/Daum/Pray*, Appl Econ Perspect Policy, 43 (2021), 1260 (1262); *BMEL*, Digitalisierung in der Landwirtschaft, S. 15; *Griepentrog*, in: Hans Eisenmann-Zentrum, Digitale Landwirtschaft, S. 34; *Härtel*, Regeln für Agrardaten, S. 31f., 35; *Roy/George K*, in: Venkatramanan/Shah/Prasad, Global Climate Change, S. 205ff.

Information ohne sensorbasierte Technologien nur mithilfe einer physischen Bodenprobe erlangt werden könnte.[153] Weitere Beispiele für Bodendaten können der Auflistung des § 4 Abs. 1 Nr. 4 GeoZG entnommen werden, bspw. Daten zur Erstellung digitaler Geländemodelle (lit. j), Daten über den geografischen Standort von Gebäuden auf einem Grundstück (lit. o), Daten über die Zusammensetzung des Bodens und Unterbodens sowie dessen Nutzung (lit. p, q) sowie Daten über das Vorhandensein landwirtschaftlicher Anlagen und Produktionsstätten wie Gewächshäuser und Ställe (lit. v).[154]

Für die Einordnung als Bodendatum soll es ferner keinen Unterschied machen, auf welche Weise (solange maschinenlesbar) die bodenbezogene Information dargestellt wird, sodass auch Bildaufnahmen des Bodens (sog. Orthofotografien, z. B. zum Zweck der Kartierung der Fläche) unter den Begriff im hier verwendeten Sinn fallen. Da inhaltlich nur der Bodenbezug der vom Datum getragenen Information ausschlaggebend ist, soll es für die Einordnung als Bodendatum ferner bedeutungslos sein, mithilfe welchen Endgeräts (z. B. Drohne, Landmaschine oder ggf. sogar Satellit) das Datum erhoben wurde und in wessen Eigentum das Gerät steht. Die Abgrenzung zu anderen Agrardatentypen erfolgt somit einzig auf semantischer Ebene.

b) Abgrenzung zu Geodaten i. S. d. GeoZG

Zwischen Bodendaten nach der hier zugrunde gelegten Definition einerseits und Geodaten im Sinne des § 3 Abs. 1. GeoZG andererseits gibt es, da beide im Kern raumbezogene Informationen enthalten, weitreichende Überschneidungen.[155] Anders als Bodendaten, die Aussagen über die betrachtete Fläche treffen, werden als Geodaten nach § 3 Abs. 1 GeoZG auch solche Daten angesehen, die bloß einen indirekten Bezug zu einem Standort oder Gebiet aufweisen. So werden von § 4 Abs. 1 Nr. 4 GeoZG bspw. Wetterdaten (lit. z), Daten über die Gesundheit der Menschen in Zusammenhang mit der Umweltqualität (lit. r), sowie die Verteilung der Bevölkerung (lit. w) vom Begriff der Geodaten erfasst. Der Begriff der Geodaten ist damit weiter als der hier verwendete Begriff der Bodendaten. Bodendaten sind somit, in inhaltlicher Hinsicht, regelmäßig Geodaten im Sinne des GeoZG, Geodaten hingegen nicht stets Bodendaten im hier verwendeten Sinn.

Abseits der weitreichenden inhaltlichen Kongruenz unterscheiden sich Bodendaten von Geodaten darin, dass Bodendaten im Kontext der Landwirtschaft 4.0

153 So auch *Roy/George K*, in: Venkatramanan/Shah/Prasad, Global Climate Change, S. 204.

154 Die Parallele zu Geodaten nennen *Härtel*, Regeln für Agrardaten S. 35; *Martínez*, AUR 2021, 122 (127f.)

155 In diesem Sinne *Härtel*, NuR 2019, 577 (582); *dies.*, Regeln für Agrardaten, S. 35; so, ohne zwischen Agrar- und Geodaten überhaupt zu differenzieren, auch *Martínez*, AUR 2021, 122 (127f.).

insb. von Privaten erhoben und verwaltet werden. Das GeoZG hingegen richtet sich vor allem an sog. geodatenhaltende Stellen, § 2 Abs. 1, § 4 Abs. 1 Nr. 3 lit. a) GeoZG. Darunter fallen nach § 3 Abs. 8 GeoZG i. V. m. § 2 Abs. 1 UIG im Wesentlichen die öffentliche Verwaltung und natürliche und juristische Personen des Privatrechts, soweit sie öffentliche Aufgaben wahrnehmen bzw. öffentliche Dienstleistungen erbringen. Die Zweckbestimmung, der Erfüllung öffentlicher Aufgaben zu dienen, ist mithin kennzeichnend für Geodaten.[156] Demgegenüber fehlt Bodendaten nach dem hier zugrunde gelegten Verständnis eine solche Zweckbestimmung. Sie werden typischerweise von einem Unternehmen mit der Intention erhoben und verarbeitet, seinem jeweiligen Geschäftsmodell zu dienen. Die Untersuchung nimmt daher nur Sachverhalte der Landwirtschaft 4.0 in den Fokus, in denen private Akteure Bodendaten erheben und verarbeiten. Dass auch die öffentliche Verwaltung umfangreich Bodendaten im hiesigen Sinne (bspw. Orthofotografien) erhebt und zur Verfügung stellt,[157] soll mithin ausgeblendet werden. Vor allem in datenschutzrechtlicher Hinsicht ist diese Ausrichtung von Bedeutung.[158]

c) Verarbeitungsstufen und Mehrrelationalität

Während die Aggregierung von Daten bereits angesprochen wurde, werden im Verlauf der Arbeit noch andere Verarbeitungsstufen von Daten relevant werden. Insbesondere im Datenschutzrecht hat die Verknüpfung verschiedener Daten(-sätze) für die Beurteilung des Personenbezugs – und damit der Anwendbarkeit der DS-GVO insgesamt – zentrale Bedeutung. Grund dafür ist, dass das Datenschutzrecht an den Inhalt des Datums, also die Ebene der Semantik, anknüpft.[159] Zwar ändert sich dieser Informationsgehalt eines Datums für sich genommen durch seine Verknüpfung mit anderen Daten nicht zwingend, wohl aber die Schlüsse, die der Betrachter hieraus ziehen kann. Daran zeigt sich auch die enge Verknüpfung von Semantik und Pragmatik.[160] Um die unterschiedlichen Stadien

---

156 In ähnliche Richtung *Badowski*, Zugang zu Geodaten, S. 36, der in Fn. 124 a. a. O. auf Art. 4 Abs. 1 lit. c) der Inspire-RL verweist, der inhaltlich dem genannten § 4 Abs. 3 GeoZG entspricht. Dennoch weist *Badowski* darauf hin, dass es auch »private« Geodaten gebe. Nur für »öffentliche« Geodaten sei die Erfüllung öffentlicher Zwecke charakteristisch. Insg. ferner *Karg*, DuD 2010, 824 (825f.), der Geodaten als »Zwangsdaten« bezeichnet, aufgrund »der Unfähigkeit des Einzelnen, sich [ihrer] Erfassung zu entziehen«.

157 Siehe z. B. das niedersächsische Landesamt für Geoinformation und Landesvermessung: https://www.lgln.niedersachsen.de/startseite/geodaten_karten/luftbildprodukte/digitale_orthophotos/digitale-orthophotos-des-atkis-atkis-dop-aktuell-und-historisch-142273.html (zuletzt abgerufen am 28.11.2024).

158 Zum Datenschutzrecht unten, S. 79ff.

159 *Wagner*, in: MüKo BGB, § 823 Rn. 379; *Zech*, Information als Schutzgegenstand, S. 215.

160 Dazu oben, S. 43.

der Verknüpfung, auf die es aus datenschutzrechtlicher Sicht ankommen wird,[161] abzubilden, werden die Begriffe Roh- und Kombinationsdaten verwendet. Als Rohdaten werden für die Zwecke dieser Untersuchung unverarbeitete Bodendaten verstanden, die noch nicht mit anderen Daten in Verbindung gesetzt oder in sonstiger Weise technisch verändert wurden.[162] Als Kombinationsdaten werden solche Daten bezeichnet, die mit dem (dann ehemaligen) Rohdatum kombiniert werden, sei es durch technische Verbindung zu einem Datum, oder nur durch die Betrachtung in dessen Kontext.

Ebenfalls im Kontext des Datenschutzrechts von Bedeutung ist die sog. Mehrrelationalität von Daten. Damit wird der Umstand beschrieben, dass Daten inhaltliche Bezüge zu mehreren Personen gleichzeitig aufweisen können.[163] Gerade bei landwirtschaftlichen Bodendaten ist dies nachvollziehbar, da sie sich auf den Landwirt selbst, dessen Mitarbeiter, sonstige Betriebsangehörige oder auch den Eigentümer (sofern personenverschieden vom Landwirt) beziehen können. Um diese Möglichkeit verschiedener Bezugspersonen zu beschreiben, wird im Folgenden der Begriff der Mehrrelationalität verwendet.

4. Datenbezogene Befugnisse und Anspruchsziele

Die von vielen Seiten an den Daten bestehenden Interessen führen konsequenterweise zu der Frage, wer was von wem verlangen kann bzw. welche Befugnisse in Bezug auf die bodenbezogenen Daten bestehen. Für die Zwecke der Untersuchung stehen dabei die Erhebung und Verwertung im Vordergrund. Nicht minder praxisrelevant stellt sich die Frage, ob und unter welchen Voraussetzungen Zugang zu den Daten vonseiten des Landwirts verlangt werden kann. Diese Begrifflichkeiten werden von den im Rahmen dieser Untersuchung betrachteten Gesetzesvorschriften entweder nicht oder nicht einheitlich definiert. Für den Fall, dass das Gesetz im jeweiligen Fall keines vorgibt, wird das folgende Verständnis zugrunde gelegt.

a) Datenerhebung

Als Datenerhebung wird im Folgenden das erstmalige Auslesen der Informationen »aus« dem Boden angesehen. Durch das Erheben entstehen erstmals Rohda-

161 Dazu unten, insb. ab S. 105ff.

162 Dieses Verständnis entspricht auch dem des *EU* Code of Conduct, vgl. *Copa-Cogeca et al.*, EU code of conduct on agricultural data sharing by contractual agreement 2018, S. 5.

163 *Hacker*, Datenprivatrecht, S. 55f., der dies als »Multirelationalität« bezeichnet; *Peisker*, Der datenschutzrechtliche Auskunftsanspruch, S. 299; *Specht*, CR 2016, 288 (295); *Specht-Riemenschneider*, VuR 2022, 241 (242); in diesem Sinne auch *Buchner*, Informationelle Selbstbestimmung im Privatrecht, S. 227.

ten. Deren späteres Auslesen oder Kopieren vom Datenträger der auslesenden Maschine soll ebenso wenig als Erhebung angesehen werden, wie die Weiterverarbeitung oder Verknüpfung mit Kombinationsdaten oder sonstige weitere Produktionsstufen. Die im Datenschutzrecht bestehende Besonderheit, dass die Erhebung als »Verarbeitung« i. S. d. Art. 4 Nr. 2 Var. 1 DS-GVO anzusehen ist, soll hiervon nicht berührt werden. Daher wird die Terminologie der DS-GVO im Kontext des Datenschutzrechts nur dort, wo auf etwaige Besonderheiten des Erhebens der Daten eingegangen werden soll, ignoriert.

b) Datenverwertung

Auch die Verwertung von Daten ist kein allgemeingültig definierter Rechtsbegriff. Auch sie unterfällt in datenschutzrechtlicher Hinsicht der »Verarbeitung« i. S. d. Art. 4 Nr. 2 DS-GVO, erfüllt nach hiesigem Verständnis aber mehrere Varianten dessen zugleich (z. B. die Verwendung, Offenlegung durch Übermittlung, Verbreitung, Verknüpfung, Var. 10ff.). Sie ist dagegen auch nicht auf ein Verständnis der »Verarbeitung« i. S. d. § 950 BGB[164] zu reduzieren, wonach die Neuschaffung von etwas notwendig ist. Vielmehr soll die Verwertung im weitestmöglichen Sinne dahingehend verstanden werden, dass jegliches Verwenden als Verwertung angesehen wird, solange es am Ende dem Ziel dient, Erlös zu generieren. Demnach ist die letztlich gewinnorientierte Weiterverarbeitung von Rohdaten genauso als Verwertung anzusehen wie ihr bloßer Verkauf. Am ehesten entspricht dieses Verständnis damit wohl dem Verwertungsrecht des Urhebers nach § 15 Abs. 1 UrhG. Von diesem sind nämlich ebenfalls alle Möglichkeiten der Verwendung des Werkes erfasst, auch die in §§ 31ff. UrhG geregelte Einräumung von Nutzungsrechten.[165] Bei der hiesigen Betrachtung stehen dabei jedoch vor allem solche (aber nicht nur) Verwendungsweisen im Vordergrund, die auf Erlösgenerierung abzielen, denn nur bei diesen stellt sich die Frage nach dessen Auskehr oder Beteiligung an ihm. Es geht daher, untechnisch formuliert, um jegliches unmittelbare wie mittelbare »zu Geld machen« der Daten, gleich auf welche Weise.[166] Dem entspricht spiegelbildlich das Anspruchsziel auf (anteilige) Auskehr des erzielten Erlöses.

164 Mit sinngemäßen Anpassungen.

165 *Götting*, in: BeckOK UrhR, UrhG, § 15 Rn. 11; *Heerma*, in: Wandtke/Bullinger, UrhG, § 15 Rn. 15; *Schulze*, in: Dreier/Schulze, UrhG, § 15 Rn. 6.

166 In diesem Sinne zum Vorstehenden insg. *Kianfar*, Sachfotografie und Hausrecht, S. 88, 98.

c) Datenzugang

Als Alternative zum Vorschlag des bereits angesprochenen Dateneigentums[167] haben sich Vertreter des Schrifttums unter dem Topos »Zugang statt Zuordnung»[168] mit dem Datenzugang als vorzugswürdige Alternative zum Dateneigentum befasst.[169] Dabei scheint zwar ein gewisses allgemeines Verständnis für den Inhalt von Datenzugangsrechten zu existieren, eine explizite Definition dessen sucht der Leser in den meisten Fällen jedoch vergeblich. Der Zugang zu Daten ist bislang zudem nur stellenweise ausdrücklich gesetzlich normiert. Ältere Beispiele dafür sind das bereits erwähnte GeoZG und das IFG, in deren Begriffsbestimmungen der Zugang jedoch nicht definiert wird, obwohl beide Gesetze diesen Begriff direkt zu Beginn in ihren §§ 1 verwenden. Die Gesamtschau auf die Vorschriften verdeutlicht aber, dass der Gesetzgeber in diesen Fällen davon ausgeht, dass die Daten von öffentlichen Stellen systematisiert erfasst und geführt werden (vgl. § 5 Abs. 3 GeoZG und § 2 Nr. 1 IFG). Die Modalitäten der Zugangsgewährung verhindern jedoch, dass diese Regelungen als Blaupause für ein zivilrechtliches Zugangsverständnis dienen könnten. Zum einen, weil derzeit[170] keine allgemeine, mit dem Geoportal (§ 9 GeoZG) vergleichbare und für privat erhobene und verwendete Daten nutzbare Dateninfrastruktur existiert. Zum anderen, weil die konkrete Art der Gewährung nach dem IFG – also z. B. durch Auskunftserteilung oder Akteneinsicht – gemäß dessen § 1 Abs. 2 Satz 1 im Ermessen der Behörde steht. Eine privatrechtliche Anspruchsgrundlage muss dagegen grundsätzlich klar vorgeben, durch welche Handlung der Anspruch zu erfüllen ist.

Beispiele für Datenzugangsansprüche zwischen Privaten sind insb. die in jüngerer und jüngster Zeit geschaffenen § 20 Abs. 1a GWB und Art. 6 Abs. 10f. DMA.[171] Hintergrund dieser wettbewerbsrechtlichen Vorschriften ist das Bedürfnis, datenbedingte Abhängigkeiten und marktbeherrschende Stellungen von Unternehmen, insb. sehr großen Online-Plattformen, aufzulösen, um das ökonomische Potenzial der Daten möglichst breit zugänglich zu machen. Zu diesem Zweck soll unterlegenen Marktteilnehmern, die sich in der Kontrolle des markt-

167 Dazu noch unten, S. 61f.

168 So ausdrückl. z. B. *Kornmeier/Baranowski*, BB 2019, 1219ff.

169 Vgl. bspw. *Hartl/Ludin*, MMR 2021, 534ff.; *Kühling/Sackmann*, ZD 2020, 24 (26); *Kornmeier/Baranowski*, BB 2019, 1219ff.; *Wiebe*, CR 2017, 87ff.

170 Die EU hat jüngst im September 2024 bekannt gegeben, einen gemeinsamen Agrardatenraum zu schaffen, s. https://digital-strategy.ec.europa.eu/en/news/policy-brief-rolling-out-common-european-agricultural-data-space (zuletzt abgerufen am 26.11.2024).

171 Art. 9 P2B-VO ist dagg. richtigerweise nicht als Datenzugangsanspruch, sondern lediglich als Informationspflicht des Plattformbetreibers anzusehen, da dieser lediglich darüber informieren muss, ob und unter welchen technischen und rechtlichen Voraussetzungen Datenzugang gewährt wird (oder warum ggf. nicht), *Busch*, GRUR 2019, 788 (794); *Tribess*, in: BeckOK UWG, P2B-VO, Art. 9 Rn. 8; *Wais*, ZEuP 2023, 582 (590).

mächtigeren Unternehmens befinden, Zugang zu Daten gewährt werden.[172] Dem Beispiel der vorangegangenen folgend wird indes auch in diesen Rechtsakten und den ihnen angehörenden Gesetzesmaterialien nicht näher erläutert, welchen Inhalts die Pflicht zur Zugangsgewährung genau ist.[173] Auch im Schrifttum wird dazu nur stellenweise, und zudem uneinheitlich, Stellung bezogen. Zum Teil wird recht unklar vertreten, dass der Zugang »auf den Systemen des Torwächters zu erfüllen« sei,[174] was für ein Verständnis des Zugangs als Recht auf bloße Einsichtnahme in die Daten spricht und gegen eine »Herausgabepflicht«. Immerhin *Podszun* setzt sich näher mit dem Zugangsbegriff auseinander und versteht darunter zunächst nur die Möglichkeit zur Kenntnisnahme der Daten, was zunächst ebenfalls für ein Verständnis als bloßes Recht auf Einsichtnahme spricht. Jedoch müsse der Zugang in einer Weise gewährt werden, dass die Möglichkeit zur Nutzung gewährleistet werde. Dies könne auch durch die Zusendung oder die Eröffnung der Möglichkeit des Downloads bzw. der Speicherung der Daten geschehen.[175] Dies wiederum spricht für ein umfassenderes, nicht auf bloße Einsichtnahme beschränktes Verständnis des Zugangsbegriffs.

Der bis dato noch nicht verpflichtend anzuwendende Data Act schafft in dieser Hinsicht ebenfalls keine endgültige Klarheit. Weder die Begriffsbestimmungen in Art. 2 DA noch die Datenzugangsrechte in Art. 3 und Art. 4 DA definieren den Zugangsbegriff explizit. Zumindest etwas aufschlussreich ist jedoch die in Art. 4 Abs. 1 Satz 1 DA normierte Pflicht des Dateninhabers, dem Nutzer die jeweiligen Daten »unverzüglich, einfach, sicher, unentgeltlich, in einem umfassenden, gängigen und maschinenlesbaren Format (...) kontinuierlich und in Echtzeit bereit [zustellen].« Die Pflicht, die Daten bereitzustellen, spricht dafür, dass es nicht bloß um Einsichtnahme geht, sondern der Nutzer auch berechtigt sein soll, die Daten abzuspeichern.[176] Ansonsten ergäbe die Pflicht, in einem gängigen und maschinenlesbaren Format bereitzustellen, keinen Sinn.

---

172 Zum Vorstehenden insg. BT-Drs. 19/23492, S. 80f.; *Hartl/Ludin*, MMR 2021, 534 (538); *Paal*, in: BeckOK InfoMedienR, GWB, § 20 Rn. 12f.; *Podszun*, in: Immenga/Mestmäcker, WettbewerbsR, GWB, § 20 Rn. 93; jew. zu § 20 Abs. 1a GWB; DMA, ErwGr. 59f.; *Louven*, in: BeckOK InfoMedienR, DMA, Art. 6 Rn. 142, 158; allg. *Podszun/Bongartz/Kirk*, NJW 2022, 3249; jew. zu Art. 6 Abs. 10f. DMA.

173 Dies beobachtet offenbar auch *Podszun*, in: Immenga/Mestmäcker, WettbewerbsR, GWB, § 20 Rn. 93, der darauf hinweist, dass »[p]raktische Schwierigkeit des Zugangsanspruchs (...) weitgehend der Zuständigkeit der Gerichte überantwortet« werden und hierfür u. a. die Art der Zugangsgewährung nennt; in diesem Sinne auch *Podszun/Pfeifer*, GRUR 2022, 953 (957).

174 Vgl. ausdrückl. *Louven*, in: BeckOK InfoMedienR, DMA, Art. 6 Rn. 143.

175 Vgl. zum Vorstehenden insg. *Podszun*, in: Immenga/Mestmäcker, WettbewerbsR, § 20 GWB Rn. 124f.

176 So auch *Hennemann/Steinrötter*, NJW 2024, 1 (3); *Lienemann/Wienroeder*, in: Hennemann et al., Data Act, S. 84f.; *Raue*, in: BeckOK DatenschutzR, DA, Art. 4 Rn. 24, in Bezugnahme auf DA, ErwGr. 24 S. 5; *Steinrötter*, GRUR 2023, 216 (222); a. A. *Podszun/Pfeifer*, GRUR 2022, 953 (957); offen wohl *Specht-Riemenschneider*, MMR 2022, 809 (815).

Die Unklarheiten setzen sich im, teilweise vom konkreten Normbezug losgelösten, Schrifttum fort. Auch die Herangehensweise ist hierbei unterschiedlich. Teilweise wird nämlich nicht auf die Frage nach dem Inhalt eines Zugangsanspruchs, d. h. der konkreten Erfüllungshandlung des Schuldners, eingegangen, sondern stattdessen auf den Zustand, der durch den Zugangsanspruch erreicht werden soll. In dieser Hinsicht wird bspw. davon gesprochen, dass Zugang ein »Innehaben« der Daten bedeute,[177] ein Besitz an ihnen jedoch aufgrund ihrer Unkörperlichkeit nicht in Betracht komme.[178] Zugang beschreibe letztlich am ehesten die »grundlegende faktische Beziehung zwischen Daten und Personen«.[179] Dort, wo dagegen der Inhalt eines Zugangsanspruchs thematisiert wird, wird teilweise die schlichte Ermöglichung der Kenntnisnahme der Daten,[180] z. B. durch ein bloßes Datenlese-[181] oder Auskunftsrecht[182] als maßgeblich angesehen. Andere Stimmen sehen hingegen über ein bloßes Leserecht hinaus auch eine Ermöglichung der Speicherung der Daten und z. T. sogar eine (ggf. kopieweise) Übermittlung der Daten als geschuldet an.[183]

Insgesamt kann festgehalten werden, dass weder auf gesetzlicher Ebene noch im Schrifttum eine einheitliche Vorstellung davon existiert, was unter Datenzugang zu verstehen ist.[184] Dies spricht dafür, für die Zwecke dieser Untersuchung ein möglichst weitreichendes Verständnis des Zugangsbegriffs zugrunde zu legen, um den verschiedenartigen Verständnissen Rechnung zu tragen. Damit soll nicht nur das Einsichts- bzw. Auskunfts- oder Leserecht als von einem Zugangsanspruch erfasst angesehen werden, sondern auch das Recht, die Daten – oder eine Kopie ihrer – herausverlangen zu können.

177 Vgl. ausdrückl. *Zech*, ZGE 15 (2023), 53 (65); krit. dagg. wiederum *ders.*, Information als Schutzgegenstand, S. 119f.; wonach ein Innehaben Besitz an den Daten impliziere, was aber an deren fehlender Körperlichkeit scheitere; ebenso *ders.*, in: Pertot, Rechte an Daten, S. 100.

178 Vgl. *Zech*, Information als Schutzgegenstand, S. 119.

179 *Zech*, in: Pertot, Rechte an Daten, S. 101.

180 Vgl. *Zech*, Information als Schutzgegenstand, S. 119.

181 Vgl. *Podszun/Pfeifer*, GRUR 2022, 953 (957).

182 Vgl. *Kornmeier/Baranowski*, BB 2019, 1219 (1225).

183 Vgl. *Hennemann/Steinrötter*, NJW 2024, 1 (3); *Specht-Riemenschneider*, MMR 2022, 809 (815); *Steinrötter*, GRUR 2023, 216 (222); so wohl auch *Raue*, in: BeckOK DatenschutzR, DA Art. 4 Rn. 24; jew. zum Data Act.

184 In diesem Sinne bzgl. des Data Acts auch *Podszun/Pfeifer*, GRUR 2022, 953 (957).

§ 2: Gang der weiteren Untersuchung und Überblick über den Forschungsstand

Bei dem Themenfeld des Agrardatenrechts handelt es sich um eine Querschnittsmaterie.[185] Dies beweist auch ein Blick auf agrardatenrechtliche Literaturbeiträge, welche eine ganze Bandbreite relevanter Rechtsgebiete behandeln und sich zudem auf sämtliche Arten von Agrardaten beziehen.[186] Die vorliegende Untersuchung beschränkt sich vor diesem Hintergrund hauptsächlich auf das Datenschutzrecht der DS-GVO, das UrhG und das Eigentumsrecht des BGB. Diese inhaltliche Ausrichtung bewirkt nicht nur eine Eingrenzung des Untersuchungsfelds, sondern bildet in der Sache zugleich große Teile dessen ab, was unter dem (ansonsten weitgehend inhaltslosen) Begriff der sog. Datenhoheit diskutiert wird.[187] Über das schwerpunktmäßig betrachtete Hard Law hinaus sollen dabei auch sektorspezifische Soft Law-Vorschläge, insb. Verhaltenskodizes, berücksichtigt werden. Die weitere Untersuchung ist vor diesem Hintergrund im Wesentlichen in drei Teile gegliedert: Nachdem im folgenden Zweiten Teil zunächst ein kurzer Blick auf die branchenspezifischen Verhaltenskodizes geworfen wird (§ 3), wird im Hauptteil der Arbeit auf das Datenschutzrecht der DS-GVO (§ 4) und das Grundeigentumsrecht des BGB (§ 5) eingegangen und die ggf. dem Landwirt bzw. Grundstückseigentümer vermittelten Rechte bzgl. der Erhebung und Verwertung von Bodendaten untersucht (Dritter Teil). Im Anschluss hieran wird ein Ausblick (Vierter Teil) auf mögliche zukünftige Entwicklungen im Bereich des Datenrechts gegeben (§ 6) und anhand von im Schrifttum teilweise unterbreiteten Vorschlägen reflektiert, ob (auch) de lege ferenda im Bereich des Agrardatenrechts möglicherweise Anpassungsbedarf bestehen könnte (§ 7).

185 *Härtel*, in: Frenz, HdB. Industrie 4.0, S. 447.

186 Vgl. z. B. *Härtel*, Regeln für Agrardaten, S. 30ff., bzgl. eines Dateneigentums, Datenschutzrecht, Geodaten- und Geschäftsgeheimnisrecht; *Martínez*, in: H. Wilhelm Schaumann Stiftung, Hülsenberger Gespräche 2018, S. 145ff., der auf Datenschutz-, Lauterkeits-, Straf-, Urheberrecht sowie ein Dateneigentum eingeht; *Vogel*, in: Gandorfer et al., Digitalisierung für Mensch, Umwelt und Tier, S. 332f., der auf Datenschutz- und Urheberrecht sowie ein Dateneigentum eingeht.

187 Dazu oben, S. 35f.

Die Untersuchung betrachtet einen Lebenssachverhalt bzw. ein tatsächliches Phänomen, anstatt sich mit der Auseinandersetzung einer abstrakten dogmatischen Rechtsfrage zu befassen. Diese Use Case-Orientierung hat zur Folge, dass sich eine Rechtsfrage aus mehreren Gründen stellen, oder umgekehrt, dass ein tatsächliches Phänomen aus verschiedenartigen rechtlichen Perspektiven betrachtet werden kann. Der Umstand, dass das Eigentum an einem landwirtschaftlich genutzten Grundstück nicht zwingend dem Landwirt zusteht, hat dementsprechend zur Folge, dass die Ausführungen stellenweise sowohl im Hinblick auf das Datenschutzrecht als auch auf das Grundeigentum zwischen den Personen differenzieren. Dies ist notwendig, um die Beurteilung von Konstellationen, in denen der Landwirt nicht Eigentümer ist, nicht konsequent unterlassen zu müssen.

Die mit der Use Case-Orientierung einhergehende, bereits erwähnte Relevanz verschiedener Rechtsgebiete und – innerhalb der jeweiligen Gebiete – Rechtsfragen bedingt es zudem, dass für die hiesige Fragestellung nach den Rechten des Landwirts an Bodendaten auf keinem einheitlichen Forschungsstand aufgebaut werden kann. Vielmehr handelt es sich um ein Mosaik aus Forschungsständen. Um den in den späteren Teilen jeweils folgenden ausführlichen Darstellungen nicht vorzugreifen, sollen die Forschungsstände der im Einzelnen betrachteten Teildiskurse an dieser Stelle lediglich angedeutet werden, um so einen Überblick über die im Kern behandelten Themenkreise zu geben.

Im Hinblick auf das Datenschutzrecht der DS-GVO steht dabei zunächst der Personenbezug von Bodendaten im Vordergrund. Das agrardatenrechtliche Schrifttum ist zu der Frage des Personenbezugs von Agrardaten insgesamt nicht nur inhaltlich gespalten, sondern auch sehr heterogen, was die Genauigkeit und Ausführlichkeit der Betrachtung betrifft.[188] Vor diesem Hintergrund überrascht es nicht, dass von manchen Stimmen weiterer Konkretisierungsbedarf für einzelne Arten von Agrardaten gesehen wird.[189] Da insb. von *Härtel* die inhaltliche Kongruenz von Agrardaten einerseits und Geodaten andererseits auch im Kontext der Anwendbarkeit des Datenschutzrechts betont wird,[190] wird auf den in der Vergangenheit geführten Paralleldiskurs zum Personenbezug von Geodaten zurückgegriffen, um die Frage nach dem Personenbezug von Bodendaten differenzierter als bislang zu beleuchten.[191] Da jene Diskussion noch unter der Geltung des alten Rechts stattgefunden hat, wird die Übertragung der abstrakten Anforderungen, die auf dessen Grundlage als Voraussetzungen für die Bestimmung des Personenbe-

188 Zum Meinungsstand unten, S. 82ff.

189 Vgl. *Härtel*, NuR 2019, 577 (583); *dies.*, Regeln für Agrardaten, S. 32; allg. auch *Wiseman et al.*, NJAS 90/91 (2019), S. 8.

190 Vgl. *Härtel*, NuR 2019, 577 (582); *dies.*, Regeln für Agrardaten, S. 36; implizit auch von *Martínez*, AUR 2021, 122 (127).

191 Dazu unten, S. 86ff.

zugs herausgearbeitet wurden, auf die DS-GVO erörtert.[192] Soweit einzelne Kategorien von Bodendaten auf wiederum dieser Grundlage als personenbezogen eingestuft werden können, werden Betroffenenrechte auf Zugang,[193] Unterlassung[194] und Erlösbeteiligung[195] untersucht, wobei insb. erstere im Hinblick auf ihre Herleitung sowie ihren Inhalt und Umfang besonders umstritten sind.

Im Hinblick auf die dem Landwirt durch das Eigentumsrecht des BGB möglicherweise vermittelten Rechte soll der Fokus der Untersuchung nicht auf der Frage liegen, ob ein etwaiges Eigentum an den Bodendaten selbst besteht. Sie wurde im Schrifttum in der jüngeren Vergangenheit zwar höchst kontrovers diskutiert. Als Ansätze zur Begründung eines solchen Ausschließlichkeitsrechts wurden dabei zum einen de lege lata insb. eine analoge Anwendung von § 903 BGB zugunsten des Datenerzeugers (teilweise durch einen Rückgriff auf § 303a StGB),[196] ein Heranziehen des Datenbankherstellerrechts nach §§ 87aff. UrhG,[197] die Qualifikation von Daten als Sach- oder Rechtsfrüchte,[198] die Anerkennung eines Rechts am eigenen Datenbestand als sonstiges Recht i. S. d. § 823 Abs. 1 BGB,[199] sowie zum anderen de lege ferenda ein am Rechtsgedanken des § 950 BGB orientiertes sog. Recht des Datenerzeugers[200] diskutiert.[201] Im ganz überwiegenden Schrifttum stieß und stößt der Gedanke eines absoluten Rechts an Daten jedoch auf Ablehnung.[202] Auch wenn sich noch heute einzelne Stimmen finden, die ein solches

192 Dazu unten, S. 96ff.

193 Dazu unten, S. 128ff.

194 Dazu unten, S. 152ff.

195 Dazu unten, S. 163ff.

196 Vgl. *Hoeren*, MMR 13, 486 (487); *Wagner*, in: MüKo BGB, § 823 Rn. 382, indes ohne Bezugnahme auf § 303a StGB.

197 Vgl. *Wiebe*, GRUR 2017, 338ff.; *Ensthaler*, NJW 2016, 3473 (3474f.); *Zech*, GRUR 2015, 1151 (1156); jedoch i. E. alle ablehnend.

198 Vgl. *Grosskopf*, IPRB 2011, 259 (260); a. A. *Haustein*, Möglichkeiten und Grenzen von Dateneigentum, S. 169ff., der Daten nicht als Früchte oder Nutzungen qualifiziert, eine analoge Anwendung von §§ 953ff. BGB jedoch für möglich hält.

199 Vgl. z. B. *Bartsch*, CR 2008, 613 (614ff.); *Riehm*, VersR 2019, 714 (720ff.); in dieser Hinsicht wird aber zu Recht darauf hingewiesen, dass es sich dabei genau genommen nicht um die Schaffung eines Ausschließlichkeitsrechts, sondern lediglich eines Abwehrrechts handelt, vgl. *v. Dreusche*, Datenverträge in der Insolvenz, S. 157f.; *Hofmann*, in: Pertot, Rechte an Daten, S. 21; *Zech*, GRUR 2015, 1151 (1158).

200 Vgl. z. B. *Ensthaler*, NJW 2016, 3473 (3476f.); *Zech*, Information als Schutzgegenstand, S. 422ff.; *ders.*, CR 2015, 137 (144ff.).

201 Die vorstehende überblicksartige Auflistung der Ansätze beruht auf den Darstellungen von *Dorner*, CR 2014, 617 (618)ff.; *v. Dreusche*, Datenverträge in der Insolvenz, S. 126ff.; *Hofmann*, in: Pertot, Rechte an Daten, S. 19 ff; *Specht*, CR 2016, 288 (291ff.); *Zech*, GRUR 2015, 1151 (1156ff.). Auf diese wird für einen vollständigen Überblick über das Meinungsspektrum und die vorgetragenen Argumente verwiesen.

202 Vgl. aus dem allgemeinen Schrifttum z. B. *Brückner*, in: MüKo BGB, § 903 Rn. 3; *Determann*, ZD 2018, 503 (505); *Dorner*, CR 2014, 617 (626); *v. Dreusche*, Datenverträge in der Insolvenz, S. 159; *Drexl*, NZKart 2017, 339 (341f.); *Fritzsche*, in: BeckOK BGB, 01.05.2024, § 903 Rn. 10;

Recht weiterhin befürworten,[203] hat die Diskussion, insb. seitdem die Justizministerkonferenz unter dieses Thema auf politischer Ebene einen Schlussstrich gezogen hat,[204] spürbar an Dynamik verloren.[205] Aus diesem Grund liegt der Fokus der Arbeit nicht auf dieser Frage, sondern darauf, ob das Eigentum am Grundstück – das, wie dargestellt, Betrachtungsgegenstand der Bodendaten ist – dem Landwirt, sofern ihm das Eigentum überhaupt zusteht, Rechte in Bezug auf die Erhebung und Verwertung der Bodendaten verleiht. Es wird der Frage nachgegangen, ob bereits der Prozess der Erhebung der Bodendaten oder deren spätere Verwertung eine Beeinträchtigung des Eigentums am Grundstück bedeutet. Auch ein etwaiges Zugangsrecht zu den Bodendaten wird erörtert. Diese Themen sind Kerninhalt eines (soweit ersichtlich) von *Raue*[206] und *Zech*[207] ausgelösten, auf die Dateneigentumsdiskussion folgenden Diskurses,[208] für den die Rechtsprechung des BGH zu Grundstücksfotografien[209] erkennbar als Blaupause dient.[210]

Die aus der Auseinandersetzung mit den unterschiedlichen Standpunkten gewonnenen Ergebnisse sollen schließlich auf Sachverhalte der Landwirtschaft 4.0

Hofmann, in: Pertot, Rechte an Daten, S. 31; *Kühling/Sackmann*, NVwZ 2018, 681 (684ff.); *dies.*, ZD 2020, 24 (30) und *passim*; *Mössner*, in: BeckOGK BGB, 15.03.2024, § 90 Rn. 90; *Peukert*, Güterzuordnung als Rechtsprinzip, S. 215ff.; *Sievering*, Schutz, Zuordnung und Verwertung von nicht-personenbezogenen Daten, S. 230f.; *Wellenhofer*, in: Hofmann/Raue/Zech, Eigentum in der digitalen Gesellschaft, S. 76ff., indes offen für eine Lösung de lege ferenda; *Zech*, Information als Schutzgegenstand, S. 329; aus der agrardatenrechtlichen Literatur vgl. *Atik*, Data access problems in the emerging digital agriculture sector, S. 189; *ders.*, IIC 53 (2022), 701 (713f.); *Härtel*, NuR 2019, 577 (584); *dies.*, Regeln für Agrardaten, S. 30; *Hennemann*, Gruber/Scheler/Henkel, 10 Minuten Soziologie: Land, S. 151; *Vogel*, in: Gandorfer et al., Digitalisierung für Mensch, Umwelt und Tier, S. 333f.; krit. wohl auch *Wiseman et al.*, NJAS 90/91 (2019), S. 7f.; teilw. a. A. wohl *Martínez*, in: H. Wilhelm Schaumann Stiftung, Hülsenberger Gespräche 2018, S. 151f., der ein Eigentumsrecht an den Daten an das Eigentum am Speichergerät knüpft.

203 Vgl. *Amstutz*, AcP 218 (2018), 438 (546), der eine Teilanalogie zu § 90 BGB bejaht; *Haustein*, Möglichkeiten und Grenzen von Dateneigentum, *passim*, der ein Dateneigentum offenbar auf verschiedene Weisen für begründbar hält, z. B. über das Datenschutzrecht (vgl. a. a. O. S. 132ff.) oder als Bestandteil des Eigentums am Datenträger (vgl. a. a. O. S. 145); *Kuschel*, Der Erwerb digitaler Werkexemplare, S. 177f., nach der ein absolutes Recht nach § 903 BGB analog für solche Daten in Betracht komme, die ein sog. digitales Werkexemplar enthalten; *Raue*, NJW 2019, 2425ff., der von einem Dateneigentum spricht, dabei in der Sache (u. a.) aber auf das Eigentum am Grundstück abstellt; *Wagner*, in: MüKo BGB, § 823 Rn. 382.

204 Vgl. *JuMiKo*, Bericht der Arbeitsgruppe »Digitaler Neustart«, S. 98.

205 So auch *Hoeren*, MMR 2019, 5; *Kreutz*, RW 2022, 354 (355); *Riehm*, VersR 2019, 714 (716); aus internationaler Perspektive ebenso *Atik*, IIC 53 (2022), 701 (702, 710).

206 Vgl. *Raue*, NJW 2019, 2425ff.

207 Vgl. *Zech*, AcP 219 (2019), 488ff.

208 Zum Meinungsstand ausführlich unten, S. 206ff.

209 Grundlegend BGH, Urt. v. 20.09.1974 – I ZR 99/73 = NJW 1975, 778 – *Schloss Tegel*; dazu unten, S. 184ff.

210 So auch *Kreutz*, RW 2022, 354 (355f.), der dies zudem als »deutlich fundamentalere[n] Ansatz« im Vergleich zur Diskussion über ein Dateneigentum bezeichnet.

angewendet werden.[211] Hierbei werden, um den tatsächlichen Gegebenheiten Rechnung zu tragen, sowohl Fälle betrachtet, in denen der Landwirt auch Eigentümer ist, als auch solche, in denen Landwirt und Eigentümer personenverschieden sind. Die Betrachtung aus dieser Perspektive erscheint auch vor dem Hintergrund lohnend, dass die Principles 18 Abs. 1 lit. (a), 19 Abs. 2 des wissenschaftlichen Vorschlags der *ALI/ELI Principles for a Data Economy* demjenigen ein (Teilhabe-) Recht an sog. ko-generierten Daten zusprechen, der Eigentümer der Sache ist, die Gegenstand eines Datums ist.[212] Übertragen auf die Sachverhalte der Landwirtschaft 4.0 wäre dies der Eigentümer des Grundstücks.[213] Die für diese Untersuchung gewählte inhaltliche Ausrichtung erlaubt damit die Überprüfung, ob diese im wissenschaftlichen Vorschlag enthaltene Überlegung auf ähnliche Weise womöglich schon durch das geltende Recht des BGB – insb. dann, wenn der Landwirt nicht zugleich Eigentümer des Grundstücks ist – abgebildet wird.

211 Dazu unten, S. 249ff.

212 Vgl. *ALI/ELI*, Principles for a Data Economy, Principle 18, S. 134f.

213 *H. Schulte-Nölke*, persönliches Gespräch, der zugleich Anstoß zu dieser Überlegung insgesamt gab.

Zweiter Teil: Soft Law-Ansätze zur Stärkung der Position von Landwirten in Bezug auf agrarische (Boden-)Daten

Vor allem im englischsprachigen Raum[214] wurde nicht nur das Potenzial der digitalisierten Landwirtschaft, sondern vergleichsweise früh auch die damit einhergehende Notwendigkeit rechtlicher Steuerung erkannt. Diese Erkenntnis mündete in der Ausarbeitung von Soft Law, teils in Form von Branchenempfehlungen, teils als unverbindliche Verhaltenskodizes, welche sukzessive entwickelt wurden und zum Teil laufend aktualisiert werden.[215] Diese verfolgen den übergeordneten Zweck der Stärkung der Position des Landwirts in Bezug auf die i. R. d. Landwirtschaft 4.0 erhobenen (Boden-)Daten.[216] Bevor schwerpunktmäßig auf das Hard Law der DS-GVO einerseits und das Grundeigentumsrecht des BGB andererseits geblickt wird, soll im Folgenden ein Überblick über diese Soft Law-Ansätze gegeben werden. Auch sie adressieren nämlich Rechtsfragen, die oftmals inhaltlich genau dem entsprechen, was unter dem Sammelbegriff der sog. Datenhoheit als Akzeptanzhindernis diskutiert wird.

---

214 Soweit ersichtlich erstmals in Neuseeland mit dem *New Zealand Farm Data Code of Practice*, dessen erste Version im Juni 2014 veröffentlicht wurde. Näheres unter https://www.farmdatacode.org.nz/ (zuletzt abgerufen am 13.04.2023); im Folgenden wird hierauf mit «*Neuseeland*» Bezug genommen.

215 Der *neuseeländische* Code bspw. sieht ein Verfahren zur Evaluation und Überarbeitung vor, S. 8, Punkt 7.1.

216 So auch *Härtel*, NuR 2019, 577 (585), jdf. in Bezug auf den deutschen Branchenentwurf und den EU-Code of Conduct.

§3: Verhaltenskodizes und Branchenempfehlungen

Die unterschiedlichen Werke entstanden über einen längeren Zeitraum in verschiedenen Ländern. Dem, soweit ersichtlich, vorausgegangenen Beispiel Neuseelands folgten kurze Zeit später Werke aus den USA,[217] der EU,[218] der Schweiz,[219] Australien[220] und Deutschland.[221,222]

I. Allgemeines und Hintergründe

Der Einordnung als sektorspezifische Selbstregulierung[223] entsprechend stammen die Kodizes überwiegend von Landwirtschaftsverbänden, die diese federführend in Kooperation mit Unternehmen und zum Teil Ministerien innerhalb der letzten zehn Jahre bis in die Gegenwart erarbeitet haben. Die Werke eint das Ziel, die Akzeptanz digitaler Technologien in der Landwirtschaft zu vergrößern, um

---

217 *American Farm Bureau Federation* et al., Privacy and Security Principles for Farm Data 2014, https://www.basicknowledge101.com/pdf/PrivacyAndSecurityPrinciplesForFarmData.pdf (zuletzt abgerufen am 03.05.2023); im Folgenden wird hierauf mit »*USA*« Bezug genommen.

218 *Copa-Cogeca et al.*, EU code of conduct on agricultural data sharing by contractual agreement 2018, https://www.copa-cogeca.eu/Flexpage/DownloadFile/?id=13378616 (zuletzt abgerufen am 03.05.2023); im Folgenden wird hierauf mit »*EU*« Bezug genommen.

219 *Chartagemeinschaft Digitalisierung*, Charta zur Digitalisierung der Schweizer Land- und Ernährungswirtschaft 2018, https://agridigital.ch/wp-content/uploads/2018/06/Charta_Digitalisierung.pdf (zuletzt abgerufen am 03.05.2023), im Folgenden wird hierauf mit »*Schweiz*« Bezug genommen.

220 *National Farmers Federation*, Australian Farm Data Code 2020, https://nff.org.au/programs/australian-farm-data-code/ (zuletzt abgerufen am 03.05.2023); im Folgenden wird hierauf mit »*Australien*« Bezug genommen.

221 *DBV et al.*, Datenhoheit des Landwirts, im Folgenden wird hierauf mit »*Deutschland*« Bezug genommen.

222 Einen Überblick über die einzelnen Kodizes und deren Inhalte gibt *Härtel*, Regeln für Agrardaten, S. 11ff.

223 So auch *Härtel*, NuR 2019, 577 (584); *dies.*, Regeln für Agrardaten, S. 38.

deren Potenzial bestmöglich nutzbar zu machen.[224] Dafür sollen insb. die Landwirte in die Lage versetzt werden, zu erkennen, welche Daten zu welchem Zweck von Anbietern digitalisierter Landwirtschaftssysteme erhoben, verarbeitet und weiterverbreitet werden.[225] Die Texte zielen damit vor allem auf die Schaffung von Transparenz hinsichtlich bestehender Rechte und Pflichten ab.[226]

II. Kerninhalte der Regelwerke

Inhaltlich sind die Texte, in Abhängigkeit ihres jeweiligen Detailgrades, weitgehend kongruent: Neben anderen Regeln werden überwiegend Transparenzerfordernisse, Datenschutz und -sicherheit sowie die Frage nach Datenportabilität und weiteren Rechten an den Daten thematisiert. Gemeinsam haben die Kodizes ferner, dass sie, ihrem Charakter als branchenspezifische Selbstregulierung entsprechend, auf die inhaltliche Ausgestaltung von Verträgen zwischen den beteiligten Akteuren abzielen und daher nicht als bloße rechtspolitische Forderungen nach der Schaffung von (absoluten) Rechten an Daten zu verstehen sind. Ihre Ausgestaltung und Detailtiefe variiert dabei erheblich: Während manche Texte sich mehr oder weniger auf die Kundgabe von Meinungen beschränken,[227] legen andere dagegen Prinzipien für eine gerechte Erhebung und Nutzung von Agrardaten fest, an denen sich Vertragswerke nach der Vorstellung der Verfasser orientieren sollen.[228]

1. Transparenz bei Datenerhebung und Verarbeitung

Die Forderung nach Schaffung von Transparenz findet sich in nahezu allen Kodizes und bezieht sich vor allem auf den Vorgang der Datenerhebung und -verarbeitung. Ein Landwirt soll in die Lage versetzt werden, zu erkennen, welche Daten zu welchem Zweck erhoben und wem sie zugänglich gemacht werden.[229]

224 In diese Richtung z. B. *EU*, S. 4: »If such principles are established and followed, then it will be possible to construct business models that benefit all stakeholders involved.«

225 *Australien*, S. 1, »Overview«; *EU*, S. 4, »Introduction«; *Neuseeland*, S. 3, Punkt 1 »Introduction»; *USA*, S. 1, »Education«.

226 So, auch zum Vorstehenden insg., auch *Martínez*, AUR 2021, 122 (127).

227 So z. B. *Deutschland*, S. 2, »Eigentum an Daten«: »Die Unterzeichnenden sind der Auffassung, dass die (...) Daten grundsätzlich den Bewirtschaftern dieser Betriebe gehören und von diesen umfassend genutzt werden dürfen (...)«, in ähnlicher Weise auch *Schweiz*, S. 3, »VI. Wert der Daten»: »Wir vertreten die Position, dass Daten einen Wert haben«.

228 Vgl. z. B. *Australien*, S. 3f.; *EU*, S. 8ff.; *Neuseeland*, S. 5ff.

229 Vgl. *Australien*, S. 1, »Overview«; *EU*, S. 4, »Introduction«; *Neuseeland*, S. 3, Punkt 1; *USA*, S. 1, »Education«.

Dies soll entweder durch Aufklärungspflichten der Anbieter von Landmaschinen[230] oder aber durch die Festlegung von Auskunftsansprüchen des Landwirts[231] erreicht werden. Einige Texte betonen dabei ein Zweckbindungserfordernis, wonach die Erhebung und Verarbeitung von Daten nur zulässig sei, wenn sie das Erreichen des vertraglich vereinbarten Zwecks förderten.[232]

2. Gewährleistung von Datenportabilität

Mit Ausnahme der knappen Schweizer Digitalisierungscharta und der deutschen Branchenempfehlung sehen alle Kodizes ein Recht des Landwirts vor, die Daten aus dem (Plattform-)System des einen Anbieters zu entnehmen und anschließend selbst zu speichern oder auf ein (Plattform-)System eines anderen Anbieters zu übertragen.[233] Dahinter steht die Idee der sog. Datenportabilität, welche sog. lock-in-Effekte verhindern soll. Damit werden Situationen beschrieben, in denen ein Nutzer eines (Plattform-)Dienstes seinen jetzigen Anbieter trotz eigentlich vorhandenen Wechselwillens alleine deshalb nicht wechselt, weil er seine bei diesem gespeicherten Daten auf dessen Plattform belassen müsste und nicht zu der des neuen Anbieters »mitnehmen« könnte.[234] Angesichts des beschriebenen Werts der Daten und der deshalb an ihnen bestehenden Interessen[235] hat die Gewährung von Datenportabilität daher auch Auswirkungen auf das Verhältnis zwischen konkurrierenden Anbietern am Markt, da einmal eingegangene Vertragsbeziehungen zwischen Kunden und ihnen nicht »in Stein gemeißelt« sind. So wird das Entstehen marktbeherrschender Stellungen einzelner Anbieter in Bezug auf Daten erschwert und der Zugang zu diesem Markt für neue Unternehmen erleichtert.[236] Eine Vorschrift zur Datenportabilität bezweckt daher sowohl den Schutz der Landwirte als auch eine fairere und innovationsfreundlichere Marktumgebung insgesamt.[237]

230 Vgl. *Australien*, S. 3, Principle a.; *Neuseeland*, S. 5, Punkt 4.2; *USA*, S. 1, »Education«.
231 Vgl. *Australien*, S. 3, Principle a.; *Deutschland*, S. 3, »Datensouveränität«.
232 Vgl. *EU*, S. 9, »Data access, control and portability«; *Schweiz*, S. 3, »VII. Datenhoheit«.
233 Vgl. *Australien*, S. 4, Principle e.; *EU*, S. 9f., »Data access, control and portability«; *Neuseeland*, S. 6, Punkt 4.4; *USA*, S. 2, »Portability«.
234 *Atik/Martens*, JIPITEC 12 (2021), 370 (371f.); *Engels*, Internet Policy Review 5 (2016), S. 2; *Schweitzer*, GRUR 2019, 569 (574); *Shapiro/Varian*, Information Rules, S. 122f.
235 Dazu oben, S. 44ff.
236 In diesem Sinne *Schweitzer*, GRUR 2019, 569 (574).
237 *Engels*, Internet Policy Review 5 (2016), S. 2; *Schweitzer*, GRUR 2019, 569 (574).

3. (Vermögens-)Rechte an Daten

Zentraler Bestandteil aller Texte sind auch die Rechte, welche den Beteiligten (insb. dem Landwirt) an den Daten vertraglich zugewiesen werden sollen.[238] Deren Benennung geschieht dabei unterschiedlich deutlich: Manche Kodizes beschränken sich auf die vergleichsweise zurückhaltende Äußerung von Standpunkten,[239] andere umgehen die konkrete Benennung, indem sie stattdessen eine Pflicht zur Aufklärung des Landwirts bzgl. der ihm zustehenden Rechte vorsehen,[240] während wiederum andere Rechte und Pflichten, die die Parteien haben sollen, vergleichsweise klar benennen.[241] Ihrem übergeordneten Zweck entsprechend stellen einige Kodizes klar, dass die vertraglichen Regelungen so gestaltet sein müssen, dass Landwirte letztlich von der Nutzung der Daten in irgendeiner Weise profitieren.[242] Um dies sicherzustellen, fällt die von den Texten anvisierte Befugnisverteilung oftmals klar zugunsten der Landwirte aus.[243] Manche sehen dafür ausdrücklich ein Eigentumsrecht (»ownership«) eines Landwirts für Daten, die in seinem Betrieb erzeugt wurden, vor und begründen damit dessen vollumfängliche Nutzungsbefugnis an ebenjenen.[244] Unabhängig von einer Bezeichnung als Eigentumsrecht sehen alle Texte ausnahmslos ein Recht des Landwirts vor, zu bestimmen, wer die Daten in welcher Weise nutzen darf und an wen sie weitergegeben werden dürfen.[245] Spiegelbildlich geht mit diesem Zustimmungs- auch ein Widerspruchsrecht des Landwirts gegen eine ungenehmigte Weitergabe bzw. Zugänglichmachung der Daten an Dritte einher, welches zum Teil auch ausdrücklich betont wird. Dabei soll der Landwirt selbst zugleich aber berechtigt sein, die Daten ohne die Zustimmung seiner Vertragspartner Dritten zugänglich zu machen.[246] Diese Zuweisung von Nutzungs- und Zugangsrechten des Landwirts im Vorfeld und während des lau-

---

238 So auch *Martínez*, AUR 2021, 122 (126).

239 Vgl. z. B. *USA*, S. 1, »Ownership« (»We believe farmers own information generated on their farming operations«), *Deutschland*, S. 2, »Eigentum an Daten« (»Die Unterzeichnenden sind der Auffassung, dass die auf land- und forstwirtschaftlichen Flächen (...) gewonnenen Daten grundsätzlich den Bewirtschaftern dieser Betriebe gehören (...)« oder *Schweiz*, S. 3, »VI. Wert der Daten« (»Diejenigen Akteure, die ihre Daten zur Verfügung stellen, sollen (...) einen Nutzen daraus ziehen können.«).

240 Vgl. *Neuseeland*, S. 5, Punkt 4.2; abgesehen von »Ownership« auch *USA*, S. 1, »Education«.

241 Vgl. insb. *EU*, S. 8ff.

242 Vgl. *Australien*, S. 3, Principle b.; *EU*, S. 8, »data ownership«; *Schweiz*, S. 3, »VI. Wert der Daten«.

243 Allg. deutet dies auch *Härtel*, NuR 2019, 577 (585), so, wenn sie bzgl. des EU-Codes von einer »allgemeinen Stoßrichtung« zur Verbesserung der Stellung des Landwirts spricht; in diese Richtung auch *Martínez*, AUR 2021, 122 (127).

244 Vgl. *EU*, S. 8, »data ownership«; *Deutschland*, S. 2, »Eigentum an Daten«; *USA*, S. 1, »Ownership«.

245 Vgl. *Australien*, S. 3, Principle c.; *Deutschland*, S. 2, »Nutzungsrechte«; *EU*, S. 8, »data ownership«; *Neuseeland*, S. 5f., Punkte 4.2, 4.4; *USA*, S. 2, »Disclosure, Use and Sale Limitation«.

246 Vgl. *EU*, S. 8, »data ownership«.

fenden Vertrages wird komplettiert durch Rückgabe- und Löschansprüche des Landwirts bei Vertragsbeendigung,[247] verbunden mit dem Recht, die Erhebung und Nutzung der Daten auch für die Zukunft zu untersagen.[248]

III. Bewertung

Mit Blick auf die untersuchungsgegenständliche, vom Begriff der sog. Datenhoheit inspirierte Ausrichtung auf die Frage nach den Rechten des Landwirts kann in der Gesamtschau resümiert werden, dass jedenfalls die detailliert ausgestalteten Kodizes dem Landwirt umfangreiche Rechte vermitteln. Dies gilt sowohl in Bezug auf die Zuweisung datenschutzrechtlicher als auch vermögensrechtlicher Befugnisse bzgl. der Erhebung und Nutzung der Daten. In Gänze betrachtet ließen sich diese Rechte durchaus zu einer Position verdichten, die der eingangs beschriebenen Datenhoheit entspräche.[249] Dabei ist allerdings die konsequent vertragsrechtliche Ausrichtung der Werke zu berücksichtigen. Die durch sie vermittelte Rechtsposition hätte nicht die Qualität eines absoluten Rechts, auch wenn die Werke teilweise von »ownership« und »Eigentum« sprechen.[250] Dies lässt die Positionen, sofern sie dem Landwirt vertraglich überhaupt eingeräumt werden, hinter den hier betrachteten absoluten Rechten aus DS-GVO und Grundeigentum zurückstehen, sodass sie kein gleichrangiges Schutzniveau bieten.[251]

Die Verhaltenskodizes, insb. der *EU* Code of Conduct, sind in der internationalen Agrardatenrechtsliteratur inzwischen umfassend analysiert worden. Im Folgenden sollen ein paar der wesentlichsten Kritikpunkte, vor allem in Bezug auf den *EU*-Kodex, aufgegriffen werden.

1. Verträge als Vertrauensgrundlage als ungeeigneter Ansatz

Die wohl tiefgreifendste Kritik bezieht sich zunächst auf die Frage, ob gegenseitiges Vertrauen überhaupt durch Verhaltenskodizes, die potenzielle Vertragsver-

---

247 Vgl. *Australien*, S. 4, Principle e.; *Deutschland*, S. 3, »Datensouveränität«; *EU*, S. 10, »Data protection and transparency«.

248 Vgl. *EU*, S. 10, »Data protection and transparency«.

249 In diese Richtung auch *Härtel*, NuR 2019, 577 (584), die die Kodizes für geeignet hält, ausgeglichene Kräfteverhältnisse zwischen den Vertragsparteien zu erreichen.

250 Hierauf, insb. auf die jdf. aus deutscher Sicht missglückte Terminologie, weisen auch *Härtel*, NuR 2019, 577 (585), die im Übrigen aber von einer zmd. »praktische[n] Zuordnung« der Daten spricht, und *Hennemann*, in: Gruber/Scheler/Henkel, 10 Minuten Soziologie: Land, S. 153, hin.

251 Auf die Schwäche der Regelungen im Hinblick auf Mehrpersonenverhältnisse weist auch *Härtel*, Regeln für Agrardaten, S. 60, hin.

hältnisse inhaltlich auszugestalten beabsichtigen, gefördert werden kann. Auch wenn den Kodizes, im konkreten Fall dem *EU*-Kodex, durchaus die richtige inhaltliche Ausrichtung bescheinigt wird, wird der Ansatz, Vertragsinhalte zur Vertrauensbildung für die Zeit vor Vertragsschluss zu empfehlen, für insgesamt verfehlt gehalten. Vertrauen sei nämlich bereits im Vorfeld der Vertragsanbahnung zu entwickeln, damit ein Vertragsverhältnis, das durch die Kodizes ausgestaltet werden könnte, überhaupt zur Entstehung kommen könne.[252]

Diese Kritik ist für sich genommen zwar sehr einleuchtend und mag in vielen Fällen auch zutreffen. Vor dem Hintergrund, dass die Verhaltenskodizes von Vertretern der Branche, in der Vertrauen geschaffen werden soll, selbst ausgearbeitet wurden, scheint sie aber ein Problem zu beschreiben, das im konkreten Fall nicht existiert. Denn wie insb. der *EU*-Kodex einleitend sagt, sind Landwirte sehr wohl gewillt, Daten mit anderen Akteuren entlang der Wertschöpfungskette zu teilen. Dies sind sie allerdings nur unter der Voraussetzung, dass sie Risiken klar kommuniziert und Gewinne fair verteilt werden und zwar auf vertraglicher Grundlage.[253]

2. Ungenauigkeit und Lückenhaftigkeit als inhaltliches Problem

Im Schrifttum werden ferner die teilweise bestehenden Ungenauigkeiten der Regelungsvorschläge kritisiert.[254] Insbesondere *Atik* und *Martens* weisen darauf hin, dass bspw. der *EU*-Kodex nicht hinreichend klar benennt, wer eigentlich Inhaber der beschriebenen Rechte an den Daten sein soll: So legt er als Rechtsinhaber den sog. »data originator« fest, der aber »manchmal auch als ›Eigentümer‹ bezeichnet« werde.[255] Kurz darauf heißt es: »This Code recognises the data originator's right, whether they are a farmer or another party, to benefit from and/or be compensated for the use of data created as part of their activity.«[256] Hierdurch wird klar, dass der Landwirt zwar Rechtsinhaber sein kann, aber nicht muss.[257] Diese Offenheit des Kodex bzgl. der Person des Berechtigten scheint jedoch Absicht zu sein. Wie in anderen Beiträgen verdeutlicht wird, soll der Erzeuger der Daten an ihnen

252 Vgl. *v. d. Burg/Wiseman/Krkeljas*, Ethics and Information Technology 23 (2021), 185 (196).

253 Vgl. *EU*, S. 4.

254 Vgl. *Atik/Martens*, JIPITEC 12 (2021), 370 (382f.); *Härtel*, Regeln für Agrardaten, S. 59f.; *v. d. Burg/Wiseman/Krkeljas*, Ethics and Information Technology 23 (2021), 185 (195f.); jew. bzgl. des *EU*-Kodex.

255 Vgl. ausdrückl. *EU*, S. 6.

256 Vgl. ausdrückl. *EU*, S. 8.

257 Vgl. zum Vorstehenden insg. *Atik/Martens*, JIPITEC 12 (2021), 370 (382f., 389); auf Letzteres weist auch *Härtel*, NuR 2019, 577 (585), hin.

berechtigt sein.[258] Dass dies in vielen Fällen der Landwirt sein wird, sieht offenbar auch der *EU*-Kodex selbst so.[259] Die Tatsache, dass der Landwirt aber nicht abstrakt zum Rechtsinhaber erhoben wird, dient wohl dem Zweck einer sachgerechten Lösung im Einzelfall.

Nichtsdestotrotz ist damit zugleich ein berechtigter Kritikpunkt angesprochen: Der Kodex adressiert nicht die Frage, wem welche Rechte zustehen, wenn mehrere Parteien an der Datenerhebung und -verarbeitung beteiligt sind. Dies ist deshalb ein relevanter Aspekt, weil bei IoT-Technologien an der Erzeugung der Daten in ihrer endgültigen Form neben dem Landwirt regelmäßig weitere Akteure beteiligt sind, insb. der die Sensoren herstellende Produzent und der Softwarehersteller, Plattformbetreiber etc. Zudem ist zu berücksichtigen, dass erstens auch an der Nutzung der Technologien mehrere Personen zugleich oder nacheinander beteiligt sein können, die zweitens auch unterschiedlich umfangreiche Rechte an der Maschine (Eigentum oder bloß vertraglich eingeräumte Nutzungsrechte) haben können.[260] Diese Unklarheiten könnten schlimmstenfalls zur Folge haben, dass auf den Vorschlägen aufsetzende Vertragsgestaltung gerade zulasten derjenigen Personen vorgenommen wird, deren Position durch den Kodex eigentlich gestärkt werden soll.[261]

Die Anlehnung des *EU*-Kodex an die DS-GVO in Bezug auf die Etablierung von Transparenzregeln, Zustimmungs- bzw. Widerspruchs- und Portabilitätsrechten ist offensichtlich.[262] Dies wird zum Teil mit dem Argument kritisiert, dass ein mit dem von der DS-GVO vermittelten Schutz personenbezogener Daten vergleichbarer Schutz von Agrardaten nicht erforderlich sei, da es sich bei ihnen um nichtpersonenbezogene Daten handele. Dies gelte insb. für Fragen der Anonymisierung und Pseudonymisierung, ihnen komme bei Agrardaten naturgemäß keine Bedeutung zu.[263] Dem ist entgegenzuhalten, dass die Ausrichtung mancher Kodizes sowohl auf personenbezogene als auch nicht personenbezogene Daten gleichermaßen das Schutzniveau zugunsten von Landwirten noch erhöht, da es so auf die Abgrenzung beider Datenarten nicht zwingend ankommt.[264] Zudem ist gerade diese Abgrenzung nicht so leicht zu vollziehen, wie von den Kritikern offenbar

---

258 Vgl. *Härtel*, NuR 2019, 577 (585); *Hennemann*, in: Gruber/Scheler/Henkel, 10 Minuten Soziologie: Land, S. 153; *Martínez*, AUR 2021, 122 (126).

259 Vgl. *EU*, S. 15; diese Stelle heben *Atik/Martens*, JIPITEC 12 (2021), 370 (383) hervor.

260 Zum Vorstehenden insg. *Atik/Martens*, JIPITEC 12 (2021), 370 (382f.); *Härtel*, Regeln für Agrardaten, S. 60; *Martínez*, AUR 2021, 122 (128).

261 *v. d. Burg/Wiseman/Krkeljas*, Ethics and Information Technology 23 (2021), 185 (195f.).

262 *Atik/Martens*, JIPITEC 12 (2021), 370 (382); *Härtel*, Regeln für Agrardaten, S. 15; *Martínez*, AUR 2021, 122 (127).

263 Vgl. *Atik/Martens*, JIPITEC 12 (2021), 370 (389).

264 *Härtel*, NuR 2019, 577 (585); *dies.*, in: Frenz, HdB. Industrie 4.0, S. 444, jew. bzgl. der deutschen Branchenempfehlung.

angenommen.[265] Daher kann es im Hinblick auf den *EU*-Kodex, der sich nach eigener Aussage vor allem auf nicht personenbezogene Daten ausrichtet,[266] als sinnvoll angesehen werden, dass dieser auch Regeln zur Anonymisierung enthält.

3. Unverbindlichkeit als Geltungs- bzw. Durchsetzungsproblem

Der Erreichung der Ziele wird generell durch die Freiwilligkeit der Befolgung der Kodizes erschwert, was auch der wohl am häufigsten genannte Kritikpunkt ist.[267] Interessant ist in dieser Hinsicht der neuseeländische Ansatz, für die Befolgung der Regeln ein Zertifikat an Unternehmen zu vergeben. Auch das kurz später erschienene amerikanische Regelwerk verfolgt diesen Ansatz, während dieses anreizbasierte Modell von den später erschienenen Codes nicht mehr aufgegriffen wurde. Zum Teil wird dieses Zertifizierungsmodell für geeignet gehalten, die offensichtlichen Nachteile der Unverbindlichkeit abzufedern.[268] Die Stärke des durch sie geschaffenen Anreizes scheint angesichts geringer Zertifizierungszahlen allerdings vergleichsweise gering zu sein.[269] Ähnlich zurückhaltende Erwartungen wurden an den *EU*-Kodex gestellt,[270] die durch eine im Jahr 2024 erschienene Studie auch bestätigt wurden.[271] Retrospektiv erscheinen die in der Vergangenheit vor allem aufgrund der Durchsetzungsdefizite der Kodizes formulierten (oder zumindest angedeuteten) Forderungen nach einem gesetzgeberischen Tätigwerden[272] daher nicht unbegründet. In anderen Teilen des Schrifttums wird der *EU*-Kodex nichtsdestotrotz für ein weiterhin praxisrelevantes Werk gehalten, z. B. als Auslegungs-

265 *Härtel*, in: Frenz, HdB. Industrie 4.0, S. 445; dazu eingehend unten, S. 82ff.

266 Vgl. *EU*, S. 4.

267 Vgl. *Anidu/Dara*, IEEE ISTAS, 2021, S. 2f. (andeutungsweise); *Atik/Martens*, JIPITEC 12 (2021), 370 (389); *Ferris*, Minn. J.L. Sci. & Tech. 18 (2017), 309 (330); *Gennen/Walter*, in: Gandorfer et al., Künstliche Intelligenz in der Agrar- und Ernährungswirtschaft, S. 106; wohl auch *Härtel*, Regeln für Agrardaten, S. 22; *Hennemann*, in: Gruber/Scheler/Henkel, 10 Minuten Soziologie: Land, S. 153; *Wiseman et al.*, CTA Working Paper 19/01 (2019), S. 13; *Sanderson/Wiseman/Poncini*, International Journal of Rural Law and Policy 2018, S. 12, 14.

268 Vgl. *Härtel*, Regeln für Agrardaten, S. 22.

269 *Wiseman et al.*, CTA Working Paper 19/01 (2019), S. 13, nach denen bislang nur 20 Unternehmen nach den Vorgaben des *US*-Codes und rund fünf Unternehmen nach denen des *neuseeländischen* Codes zertifiziert worden sind; ebenso *Sanderson/Wiseman/Poncini*, International Journal of Rural Law and Policy 2018, S. 12f.

270 Vgl. *Härtel*, Regeln für Agrardaten, S. 16.

271 Vgl. *Ryan et al.*, Humanit Soc Sci Commun 11 (2024) 1197, S. 7.

272 Vgl. *Atik/Martens*, JIPITEC 12 (2021), 370 (396); *Härtel*, Regeln für Agrardaten, S. 60ff.; tendenziell auch *Gennen/Walter*, in: Gandorfer et al., Künstliche Intelligenz in der Agrar- und Ernährungswirtschaft, S. 106; *Martínez*, AUR 2021, 122 (128); *Wiseman et al.*, CTA Working Paper 19/01 (2019), S. 13.

hilfe für bestehende oder als Inspirationsquelle für noch zu schließende Datennutzungsverträge.[273]

IV. Fazit

Letztlich ist, auch vor dem Hintergrund der Kritik aus dem Schrifttum, zu resümieren, dass die Verhaltenskodizes in der Theorie geeignet sind, die Position von Landwirten in Bezug auf die Erhebung und Verwendung von Agrardaten - und damit auch agrarische Bodendaten – insgesamt erheblich zu verbessern. Jedenfalls die detaillierteren Kodizes unterbreiten hierfür geeignete Vorschläge. Würde ihnen gefolgt, so könnte Landwirten im Einzelfall - unterstellt, dass die vorhandenen Ungenauigkeiten keine Auswirkungen hätten - tatsächlich per Vertrag eine Rechtsposition in Bezug auf die Daten zustehen, die der zu Beginn der Untersuchung skizzierten sog. Datenhoheit entspräche.

Hier liegen aber zugleich die Gründe, wieso dieses Ziel in der Praxis wohl nicht durch die Kodizes erreicht wird: Die Ausrichtung auf die Ausgestaltung von Verträgen hat den entscheidenden Nachteil, dass keine absolute Rechtsposition vermittelt werden kann. Des Weiteren liegt in der Freiwilligkeit der Kodizes ein entscheidendes Durchsetzungsdefizit, das sich, wie jüngste Untersuchungen zeigen, wohl auch in der Praxis ausgewirkt hat.

273 Vgl. *Hennemann*, in: Gruber/Scheler/Henkel, 10 Minuten Soziologie: Land, S. 154.

Dritter Teil: Rechte des Landwirts an Bodendaten de lege lata

Im Folgenden wird der Frage nachgegangen, ob dem Landwirt bereits nach geltendem Gesetzesrecht Rechte in Bezug auf die Erhebung und Verwertung von Bodendaten zustehen. Dabei soll der Fokus, wie eingangs bereits geschildert, nicht auf der Frage liegen, ob ein sog. Dateneigentum an den erhobenen Bodendaten besteht oder zumindest de lege ferenda begründet werden könnte. Stattdessen wird untersucht, ob gesetzlich bereits geregelte Rechtspositionen dem Landwirt Rechte an den Daten vermitteln können. In Betracht dafür kommen insb. das Datenschutzrecht der DS-GVO und das Sacheigentumsrecht am Grundstück.

§4: Datenschutzrecht als Grundlage für Rechte des Landwirts an Bodendaten?

Neben der zu Beginn geschilderten Ausrichtung des Begriffs der sog. Datenhoheit auch auf datenschutzrechtliche Rechte sprechen auch die im vorherigen Teil beschriebenen inhaltlichen Parallelen mancher Verhaltenskodizes aus der Agrarbranche zur DS-GVO dafür, die Rechte des Landwirts an Bodendaten aus ihrer Perspektive zu beleuchten. Aufgrund der Unverbindlichkeit jener Kodizes würde die Anwendbarkeit der DS-GVO die Position von Landwirten erheblich stärken. Dies liegt vor allem daran, dass sie zwingendes Recht ist und für die Verletzung der von ihr statuierten Betroffenenrechte ein leistungsfähiges Durchsetzungsinstrumentarium vorhält. Beispiele sind die Informationspflicht des Verantwortlichen im Vorfeld einer Datenerhebung gem. Art. 13 DS-GVO sowie das damit korrespondierende Widerspruchsrecht des Betroffenen gem. Art. 21 DS-GVO. Im Nachgang an eine erfolgte Erhebung steht ein Löschanspruch nach Art. 17 DS-GVO zur Verfügung. Von immer größerer Bedeutung ist auch die Haftung auf Schadensersatz für materielle und sogar immaterielle[274] Schäden gemäß Art. 82 DS-GVO.

Die Frage, von der das Bestehen dieser Ansprüche maßgeblich abhängt, ist die nach der Einordnung von Bodendaten als personenbezogen oder nicht personenbezogen. Während die Frage nach der datenschutzrechtlichen Relevanz von Agrardaten insgesamt eine der am häufigsten gestellten im Agrardatenrecht ist,[275] existiert zu Bodendaten im Speziellen wenig Schrifttum. Bei ihnen stellt sie sich vor allem deshalb, weil sie primär Auskunft über die Eigenschaften des jeweils betrachteten Grundstücks geben und damit auf den ersten Blick rein sachbezogen erscheinen. Viele Bodendaten haben, wie dargestellt, Bodeneigenschaften zum Gegenstand, die ihrerseits einer Beeinflussung durch das Bewirtschaftungsverhalten

274 Zur Ersatzfähigkeit immaterieller Schäden grundlegend EuGH, Urt. v. 04.05.2023 – C-300/21 = NJW 2023, 1930ff. – *Österreichische Post.*

275 Vgl. z. B. *Härtel*, Regeln für Agrardaten, S. 31f.; *Wiseman et al.*, NJAS 90/91 (2019), S. 9, welche jew. die Notwendigkeit der weiteren Klärung des Personenbezugs von Agrardaten betonen.

eines Landwirts zugänglich sind. Diese Möglichkeit einer, gewissermaßen mittelbaren, Aussage über ein Verhalten führt nach *Härtel* dazu, dass Agrardaten »in der Regel« als personenbezogen anzusehen seien.[276] Je nach Inhalt eines Datums ist dabei auch denkbar, dass Aussagen über die Person des Grundstückseigentümers getroffen werden, mit der Folge, dass auch jener – sofern nicht mit dem Landwirt personenidentisch – als datenschutzrechtlich betroffene Person anzusehen ist (sog. Mehrrelationalität).[277]

Nimmt man einen Fall an, in dem ein Landwirt zugleich auch Eigentümer des von ihm bewirtschafteten Grundstücks ist, so würde sich der Umfang der ihm zustehenden Rechte jedenfalls erweitern, da auch die auf den Grundeigentümer bezogenen Daten ihn betreffen und die DS-GVO ihm mithin Rechte verleiht. Zwar handelte es sich dann nicht um Rechte *aus* dem Eigentum, aber jedenfalls um Rechte, die ihm *als* Eigentümer in Bezug auf die Erhebung und Verwertung der Bodendaten zustünden. Sind Landwirt und Grundstückseigentümer hingegen personenverschieden, entstünde möglicherweise eine Konfliktlage, wenn man unterstellte, dass auch das Grundeigentum seinem Inhaber Rechte in Bezug auf die Erhebung und Verwertung der Bodendaten vermittle,[278] während dem Landwirt datenschutzrechtliche Rechte zustünden. So wäre der Fall denkbar, dass ein Landwirt gemäß Art. 6 Abs. 1 lit. a) DS-GVO in die Erhebung von Bodendaten einwilligt, der Grundstückseigentümer ihr jedoch in Ausübung seiner Eigentümerbefugnisse aus § 1004 Abs. 1 Satz 1 BGB widerspricht. Auch vor diesem Hintergrund soll im Folgenden der Frage nachgegangen werden, ob und inwieweit Bodendaten in den Anwendungsbereich des Datenschutzrechts fallen.

I. Personenbezug als Anwendbarkeitsvoraussetzung

Der Personenbezug eines Datums (genauer: einer in einem Datum enthaltenen Information[279]) ist das zentrale Kriterium für die sachliche Anwendbarkeit der Vorschriften der DS-GVO.[280] Nach deren Art. 4 Nr. 1 sind als personenbezogene Daten »alle Informationen [anzusehen], die sich auf eine identifizierte oder identifizierbare Person (…) beziehen; als identifizierbar wird eine natürliche Person angesehen, die direkt oder indirekt, insb. mittels Zuordnung zu einer Kennung wie einem Namen, zu einer Kennnummer, zu Standortdaten, zu einer Online-Kennung oder zu einem oder mehreren besonderen Merkmalen, die Ausdruck

276 Vgl. ausdrückl. *Härtel*, Regeln für Agrardaten, S. 31f.; dazu unten, S. 107ff.
277 *Härtel*, Regeln für Agrardaten, S. 31f.; zur sog. Mehrrelationalität bereits oben, S. 53.
278 Hierzu unten, S. 173ff.
279 *Oster*, JZ 2021, 167 (171); *v. Lewinski*, Die Matrix des Datenschutzes, S. 5.
280 *Karg*, in: NK-DatenschutzR, DS-GVO, Art. 4 Nr. 1 Rn. 1.

der physischen, physiologischen, genetischen, psychischen, wirtschaftlichen, kulturellen oder sozialen Identität dieser natürlichen Person sind, identifiziert werden kann«. Aus dieser Definition wird deutlich, dass der Anknüpfungspunkt des Datenschutzrechts der Inhalt einer Information ist. Übertragen auf die eingangs dargestellten drei Dimensionen des Informationsbegriffs[281] betrifft datenschutzrechtliche Regulierung also die semantische Ebene der Information.[282]

Dem Charakter des Datenschutzrechts als einfachgesetzliches Instrument zum Schutz des Rechts auf informationelle Selbstbestimmung im Sinne des Art. 8 GRCh sowie Art. 2 Abs. 1 i. V. m. Art. 1 Abs. 1 GG entsprechend, ist der Begriff des Personenbezugs unionsautonom und grundsätzlich weit auszulegen, um ein größtmögliches Schutzniveau zu gewährleisten.[283] Es kommt daher für die Frage nach dem Personenbezug nicht auf ihre Aussagekraft, Sinnhaftigkeit, ihren Wert oder sonstige Eigenschaften an, sondern einzig darauf, dass die Information sich inhaltlich auf eine natürliche Person bezieht und diese benennt (mithin identifiziert) oder mittelbar bestimmbar (also identifizierbar) macht.[284] Vom sachlichen Anwendungsbereich der DS-GVO ausgenommen sind demgegenüber anonyme Daten, also solche, die von vornherein keine Auskunft über oder Rückschlüsse auf eine natürliche Person geben bzw. zulassen.[285] Gleiches gilt für anonymisierte Daten, bei denen die Anonymität erst durch ein Verfahren herbeigeführt wird.[286] Davon zu unterscheiden sind pseudonymisierte Daten. Bei ihnen handelt es sich nach Art. 4 Nr. 5 DS-GVO um personenbezogene Daten, die in einer Weise verarbeitet werden, dass sie »ohne Hinzuziehung zusätzlicher Informationen nicht mehr einer spezifischen betroffenen Person zugeordnet werden können, sofern diese zusätzlichen Informationen gesondert aufbewahrt werden und technischen und organisatorischen Maßnahmen unterliegen, die gewährleisten, dass die personenbezogenen Daten nicht einer identifizierten oder identifizierbaren natürlichen Person zugewiesen werden«. Anders als bei anonymen Daten ist die Identifizierung einer natürlichen Person bei pseudonymen Daten daher nachträglich noch möglich.[287]

281 Dazu oben, S. 42ff.
282 *Zech*, Information als Schutzgegenstand, S. 215.
283 Statt vieler *Karg*, in: NK-DatenschutzR, DS-GVO, Art. 4 Nr. 1 Rn. 1, 3, m. w. N.
284 *Klabunde/Horváth*, in: Ehmann/Selmayr, DS-GVO, Art. 4 Rn. 9.
285 DS-GVO, ErwGr. 26 S. 5.
286 DS-GVO, ErwGr. 26 S. 5; *BfDi*, Positionspapier zur Anonymisierung unter der DS-GVO, S. 3.
287 *Arning/Rothkegel*, in: Taeger/Gabel, DSGVO, Art. 4 Rn. 55; *Specht-Riemenschneider*, in: Specht-Riemenschneider/Riemenschneider/Schneider, Internetrecht, S. 190.

II. Schwierigkeiten bei der Einordnung von Agrardaten

Die Dichotomie von personenbezogenen Daten einerseits und anonymen Daten andererseits führt dazu, dass das Datenschutzrecht der DS-GVO einer Alles-oder-Nichts-Systematik folgt; eine abgestufte Anwendbarkeit ihrer Vorschriften ist nicht vorgesehen.[288] Die Möglichkeit einer verlässlichen Einordnung verschiedener Daten in diese Systematik ist daher in der Praxis sehr bedeutsam. Wie bereits erwähnt, wird vor diesem Hintergrund bereits seit Längerem über die datenschutzrechtliche Relevanz von Agrardaten insgesamt diskutiert.[289]

Gegenstand der Diskussion ist dabei zum einen, ob im Bereich der Landwirtschaft 4.0 überhaupt personenbezogene Daten verarbeitet werden oder nicht,[290] und zum anderen, wenn man diese Frage bejaht, wo die Grenze zwischen personenbezogenen und nicht (mehr) personenbezogenen Daten in diesen Fällen zu ziehen ist. Die Meinungen in der auf den Agrarsektor ausgerichteten juristischen Literatur zu der datenschutzrechtlichen Relevanz von Agrardaten insgesamt gehen dabei durchaus deutlich auseinander: Einige Stimmen legen ein restriktives Verständnis des personenbezogenen Datums zugrunde und behaupten, dass die DS-GVO von vornherein auf Agrardaten keine Anwendung finde.[291] Zur Begründung wird dabei gelegentlich vorgetragen, dass maschinengenerierte Daten nicht mit einer natürlichen Person in Verbindung gebracht werden könnten.[292] Zudem verbessere eine Anwendung der DS-GVO die Stellung von Landwirten nicht, da die DS-GVO den Schutz natürlicher Personen bezwecke und landwirtschaftliche Betriebe, die als Gesellschaften organisiert agieren, somit nicht zur Geltendmachung der aus der DS-GVO resultierenden Ansprüche aktivlegitimiert seien.[293] Die Überzeugungskraft dieses zweiten rechtstatsächlichen Arguments kann allerdings zumindest für die in Deutschland ansässigen landwirtschaftlichen Betriebe bezweifelt werden: Laut *Statistischem Bundesamt* agiert hierzulande nur ein Bruchteil der Betriebe überhaupt als Gesellschaft und unter diesen wiederum

288 *Härtel*, Regeln für Agrardaten, S. 31f.; *Karg*, in: NK-DatenschutzR, DS-GVO, Art. 4 Nr. 1 Rn. 14f., der von einer »binären Natur« des Personenbezugs spricht.

289 Vgl. aus dem Schrifttum bspw. *Härtel*, Regeln für Agrardaten, S. 31f.; *Martínez*, AUR 2021, 122 (127f.); *Wiseman et al.*, NJAS 90/91 (2019), S. 9; dazu schon oben, S. 80f.

290 Anders *Wilde-Detmering*, in: Taeger, Die Macht der Daten und der Algorithmen, S. 423.

291 Vgl. *Atik*, ResearchGate Paper, Juni 2020, S. 15; *ders.*, IIC 53 (2022), 701 (705); *ders./Martens*, JIPITEC 12 (2021), 370 (380f.); *Hennemann*, in: Gruber/Scheler/Henkel, 10 Minuten Soziologie: Land, S. 150; *Vogel*, in: Gandorfer et al., Digitalisierung für Mensch, Umwelt und Tier, S. 333; konkret zu Bodendaten, wenngleich ohne Agrarbezug, *Crémer/de Montjoye/Schweitzer*, Competition policy for the digital era, S. 87, (»strictly non-personal«).

292 Vgl. *Atik*, Data access problems in the emerging digital agriculture sector, S. 104; *ders./Martens*, JIPITEC 12 (2021), 370 (380); *Vogel*, in: Gandorfer et al., Digitalisierung für Mensch, Umwelt und Tier, S. 333.

293 Vgl. *Atik*, ResearchGate Paper, Juni 2020, S. 15.

nur ein Bruchteil als juristische Person, während es sich bei der großen Mehrzahl um Einzelunternehmer handelt.[294] Diese sind daher ohne Weiteres vom persönlichen Anwendungsbereich der DS-GVO erfasst.[295]

Abseits dieser sehr restriktiven Sichtweise finden sich in der Literatur Stimmen, die den Personenbezug im Bereich der Agrardaten durchaus für möglich halten, aber nicht näher auf die Abgrenzung zu nicht personenbezogenen Daten eingehen.[296]

Wiederum andere Vertreter des Schrifttums, insb. *Härtel*, *Kritikos* und *Martínez*, setzen sich dagegen differenzierter mit der Frage des Personenbezugs von Agrardaten auseinander. Sie kommen zu dem Ergebnis, dass sehr wohl viele der in der Landwirtschaft 4.0 verarbeiteten Daten in den Anwendungsbereich der DS-GVO fallen. Grund dafür sei erstens die weite Definition des personenbezogenen Datums und zweitens die inzwischen umfangreichen Möglichkeiten der Verknüpfung verschiedener Daten miteinander.[297] Vor allem verhaltensbezogene Daten sowie Daten über die wirtschaftliche und finanzielle Lage einer Person werden als personenbezogen qualifiziert.[298] Dabei wird die Notwendigkeit einer Einzelfallbetrachtung, welche den jeweiligen Kontext und Zweck der Verarbeitung eines Datums berücksichtigt, immer wieder betont.[299]

Die teilweise nahezu gegensätzlichen Standpunkte sowie die ansonsten eher zurückhaltenden Äußerungen zu der Frage nach der datenschutzrechtlichen Relevanz von Agrardaten insgesamt zeigen, dass deren Beantwortung komplex und

294 Vgl. *Statistisches Bundesamt*, Landwirtschaftliche Betriebe in Deutschland insgesamt nach Rechtsformen 2020, 20.08.2021, https://www.destatis.de/DE/Themen/Branchen-Unternehmen/Landwirtschaft-Forstwirtschaft-Fischerei/Landwirtschaftliche-Betriebe/Tabellen/rechtsformen-sozialoekonomischen-betriebstypen2016.html, (zuletzt abgerufen am 21.09.2023). Hiernach sind in Deutschland insgesamt 262.776 Betriebe tätig, wovon 228.259 als Einzelunternehmer agieren, während bloß 28.570 als Personengesellschaften und nur 5.947 als juristische Person aktiv sind.

295 So auch *Härtel*, NuR 2019, 577 (583).

296 Vgl. *Gennen*, in: Ruckelshausen et al., Digitale Transformation, S. 53; *Gennen/Walter*, in: Gandorfer et al., Künstliche Intelligenz in der Agrar- und Ernährungswirtschaft, S. 106; *Haase/Kluge*, in: Ruckelshausen et al., Digitale Transformation, S. 66f.; *Kaur et al.*, Front. Sustain. Food Syst. 6:903230 (2022), S. 2; *v. Schönfeld/Heil/Bittner*, in: Hoeren/Kolany-Raiser, Big Data in Context, S. 116; *Wilde-Detmering*, in: Taeger, Die Macht der Daten und der Algorithmen, S. 423f.

297 Vgl. *Härtel*, Regeln für Agrardaten, S. 31f., 36; *Kritikos*, Precision agriculture in Europe, S. 14f.; i. E. auch *Martínez*, in: H. Wilhelm Schaumann Stiftung, Hülsenberger Gespräche 2018, S. 146, der Daten aufgrund der Verknüpfungsmöglichkeit »im Zweifel« als personenbezogen qualifiziert; so auch *ders.*, AUR 2021, 122 (127), der a. a. O. zudem die Bedeutung der Kombination von Daten betont.

298 Vgl. *Härtel*, Regeln für Agrardaten, S. 31f.; *Kritikos*, Precision agriculture in Europe, S. 15; *Martínez*, AUR 2021, 122 (127); *Wiseman et al.*, NJAS 90/91 (2019), S. 9.

299 Vgl. *Härtel*, Regeln für Agrardaten, 31f.; *Kritikos*, Precision agriculture in Europe, S. 15; *Martínez*, in: H. Wilhelm Schaumann Stiftung, Hülsenberger Gespräche 2018, S. 146.

nicht nur spezielle Rechts-, sondern auch Tatsachenkenntnisse des jeweiligen Sachverhalts erfordern können. Gerade in einem eher traditionellen Umfeld wie der Landwirtschaft, in welchem das Bewusstsein für datenschutzrechtliche Details im Alltag wohl eine untergeordnete Bedeutung haben wird,[300] führen derartige Notwendigkeiten unweigerlich zu Rechtsunsicherheiten.[301] *Härtel* weist darauf hin, dass die datenschutzrechtliche Beurteilung einzelner Arten von Agrardaten noch nicht hinreichend geklärt sei, und nennt in dieser Hinsicht unter anderem Basisinformationen wie Lage, Größe und Flächenstruktur des Grundstücks.[302] Dies ist ein weiterer Anlass, der Frage nach dem Personenbezug agrarischer Bodendaten genauer nachzugehen.

1. Keine Abhilfe durch die Free-Flow-of-Data-Verordnung

Auch dem EU-Gesetzgeber ist diese Problematik offenbar nicht verborgen geblieben. In Erwägungsgrund 9 der 2018 erlassenen Free-Flow-of-Data-VO, die die zuvor erlassene DS-GVO ergänzen soll,[303] heißt es: »Konkrete Beispiele für nicht-personenbezogene Daten umfassen aggregierte und anonymisierte Datensätze für Big-Data-Analysen, Daten im Zusammenhang mit der Präzisionslandwirtschaft, die dabei helfen können, den Einsatz von Pestiziden und Wasser zu überwachen und zu optimieren, oder Daten zu Wartungsbedarf von Industriemaschinen.«[304] Die Aufzählung der verschiedenen Varianten verdeutlicht, dass Daten aus der Präzisionslandwirtschaft generell als nicht personenbezogen angesehen werden sollen und nicht bloß dann, wenn sie für Big-Data-Analysen aggregiert und anonymisiert wurden, wie die erste Variante es fordert. Die inhaltliche Beschränkung auf Daten, die der Optimierung von Pestizid- und Wassereinsatz helfen sollen, führt ferner auch nicht wirklich zu einer Begrenzung der erfassten Daten. Denn unter den erwähnten Agrardaten insgesamt und vor allem Bodendaten ist kaum ein Datum denkbar, der nicht zumindest mittelbar bei dieser Optimierung behilflich sein könnte. Insofern ist davon auszugehen, dass die Verordnung Daten aus der Präzisionslandwirtschaft als Teilbereich der Landwirtschaft 4.0 als grundsätzlich nicht personenbezogen klassifizieren will.[305]

300 So wohl zu Recht *Wilde-Detmering*, in: Taeger, Die Macht der Daten und der Algorithmen, S. 424.

301 *Härtel*, Regeln für Agrardaten, S. 32.

302 Vgl. *Härtel*, NuR 2019, 577 (583); *dies.*, Regeln für Agrardaten, S. 32; allg. so auch *Wiseman et al.*, NJAS 90/91 (2019), S. 8.

303 *v. d. Burg/Wiseman/Krkeljas*, Ethics and Information Technology 23 (2021), 185 (188).

304 Free-Flow-of-Data-VO, ErwGr. 9 S. 2.

305 So i. E. auch *Atik*, Data access problems in the emerging digital agriculture sector, S. 104f.; *Härtel*, Regeln für Agrardaten, S. 33; *Hennemann*, in: Gruber/Scheler/Henkel, 10 Minuten

Diese Erkenntnis hilft praktisch gesehen allerdings kaum weiter: Nach ihrem Erwägungsgrund 8 lässt die Free-Flow-of-Data-VO die Vorschriften der DS-GVO unberührt. Dementsprechend stellt ihr Artikel 1 klar, dass sie nur den freien Verkehr von Daten, die keine personenbezogenen Daten sind, erfassen soll. Für alle anderen (d. h. personenbezogenen) Daten soll weiterhin allein die DS-GVO vollumfänglich anwendbar sein. Für die Abgrenzung wird sodann in Art. 3 Nr. 1 auf die Definition des Art. 4 Nr. 1 DS-GVO verwiesen, sodass es letztlich bei der beschriebenen Abgrenzungsproblematik bleibt, was auch von *Härtel* zu Recht kritisiert wird.[306] Die Free-Flow-of-Data-VO leistet daher keinen unmittelbaren Beitrag zu der Beantwortung der Frage nach der datenschutzrechtlichen Erfassung von Bodendaten.

2. Einfluss des GeoZG auf die Beurteilung?

Viele der hier betrachteten landwirtschaftlichen Bodendaten entsprechen inhaltlich dem, was § 3 Abs. 1 GeoZG als Geodaten definiert.[307] Den Zugang zu öffentlich bereitgestellten Geodaten regelt, wie zuvor erwähnt, das GeoZG. Dieses enthält dennoch keine Vorschrift, welche der Einordnung von Geodaten in den Kontext des Datenschutzrechts dient. Die Belange datenschutzrechtlich eventuell Betroffener werden vielmehr durch einen Verweis in § 12 Abs. 2 GeoZG auf § 9 Abs. 1 Nr. 1 UIG adressiert. Darin wird der von § 3 UIG statuierte Anspruch auf freien Zugang zu Umweltinformationen, die von einer der in § 2 UIG genannten informationspflichtigen Stellen gehalten werden, begrenzt, soweit durch das Bekanntgeben der Information personenbezogene Daten offenbart und dadurch Interessen der Betroffenen erheblich beeinträchtigt würden. In einem solchen Fall ist der Antrag auf Zugang zu den Informationen abzulehnen, sofern weder das öffentliche Interesse an der Bekanntgabe überwiegt, noch eine Zustimmung des Betroffenen vorliegt. Auf die Frage, wann eine Umweltinformation, zu denen gem. § 2 Abs. 2 Nr. 1 UIG auch Bodendaten (und somit auch Geodaten) gehören, Personenbezug aufweist und wann nicht, gibt allerdings auch das Umweltinformationsgesetz keine Antwort.

Unabhängig von der Frage, ob die Forderung nach einer zusätzlichen erheblichen Beeinträchtigung des Betroffenen mit den Vorgaben der DS-GVO überhaupt vereinbar ist,[308] helfen somit weder das GeoZG noch das UIG bei der Be-

Soziologie: Land, S. 150; *v. d. Burg/Wiseman/Krkeljas*, Ethics and Information Technology 23 (2021), 185 (188).

306 Vgl. *Härtel*, Regeln für Agrardaten, S. 33.

307 So auch *Härtel*, NuR 2019, 577 (582); *dies.*, Regeln für Agrardaten, S. 35; *Martínez*, AUR 2021, 122 (127); dazu bereits oben, S. 51f.

308 Dies zu Recht verneinend *Karg*, in: BeckOK InfoMedienR, UIG, § 9 Rn. 11f.

antwortung der Frage nach der Abgrenzung von personenbezogenen Daten einerseits und nicht personenbezogenen Sachdaten weiter.

3. Die Schwelle zwischen Personen- und reinem Sachbezug

Die Beurteilung des Personenbezugs landwirtschaftlicher Bodendaten richtet sich daher nach den zuvor genannten allgemeinen Kriterien. Wie bereits dargestellt, ist das primäre inhaltliche Bezugsobjekt von Bodendaten das jeweilige Grundstück an sich bzw. dessen Beschaffenheit.[309] Die von dem Datum transportierte Information bezieht sich also, jedenfalls in ihrem Kern, auf eine Sache. Im Ausgangspunkt ist dazu allgemein anerkannt, dass Sachdaten keinen Personenbezug aufweisen und somit datenschutzrechtlich nicht relevant sind.[310]

Nichtsdestotrotz gibt es zahlreiche Fälle, in denen eine auf den ersten Blick allein sachbezogene Information bei genauerer Betrachtung auch Personenbezug aufweist. Ein früher viel diskutiertes Beispiel dafür war die dynamische IP-Adresse, die zwar zunächst nur einem Endgerät zugeordnet ist, durch Hinzuziehung zusätzlicher Informationen vom Internetanbieter jedoch Auskunft über das Surfverhalten einer Person geben kann.[311] Auf ähnliche Weise könnten bei landwirtschaftlichen Bodendaten Rückschlüsse auf die Person des Landwirts oder, sofern nicht personenidentisch, des Eigentümers der bewirtschafteten Flächen gezogen werden.[312] Würde man aber bspw. die bloße Information, dass ein Grundstück im Eigentum einer Person steht, für die Anwendbarkeit des Datenschutzrechts genügen lassen, würde dies im Ergebnis bedeuten, dass praktisch jedes Bodendatum Personenbezug aufwiese und der Anwendungsbereich des Datenschutzrechts damit unbeschränkt ausgedehnt würde.[313] In der Folge wären alle Bodendaten gleichermaßen vom Datenschutzrecht erfasst, sodass der Schutzzweck des Datenschutzrechts, das Recht eines Betroffenen auf informationelle Selbstbestimmung zu schützen, in diesem Bereich verfehlt würde, da nicht alle Bodendaten persönlichkeitsrelevant und mithin schutzbedürftig sind.

---

309 Siehe oben, S. 49ff.

310 *Arning/Rothkegel*, in: Taeger/Gabel, DS-GVO, Art. 4 Rn. 10; *Klar/Kühling*, in: Kühling/Buchner, DS-GVO, Art. 4 Nr. 1 Rn. 12; *Krügel*, ZD 2017, 455 (457); *Schild*, in: BeckOK DatenschutzR, DS-GVO, Art. 4 Rn. 22.

311 Dazu EuGH, Urt. v. 19.10.2016 – C-582/14 = NJW 2016, 3579ff. – *Breyer*; dazu noch unten, S. 98ff.

312 *Härtel*, Regeln für Agrardaten, S. 31f.; *Kritikos*, Precision agriculture in Europe, S. 14; *Martínez*, in: H. Wilhelm Schaumann Stiftung, Hülsenberger Gespräche 2018, S. 146; in diesem Sinne *ders.*, AUR 2021, 122 (127).

313 So jüngst auch *Sütthoff*, Datenschutzkonforme Anwendung Künstlicher Intelligenz, S. 60.

Diese Überlegung ist nicht neu, sondern trifft gleichermaßen auf Geodaten, zu denen viele der hier betrachten Bodendaten ebenfalls zählen, zu.[314] Die Frage des Personenbezugs von Geodaten wiederum war bereits vor dem Inkrafttreten der DS-GVO Gegenstand lebhafter Diskussion.[315] Dieser Paralleldiskurs soll im Folgenden als Ausgangspunkt für die Beantwortung der Frage nach dem Personenbezug landwirtschaftlicher Bodendaten verwendet werden. Nach der abstrakten Darstellung und Würdigung der i. R. d. Geodatendiskussion vertretenen Auffassungen werden die daraus gezogenen Schlüsse genutzt, um den Personenbezug landwirtschaftlicher Bodendaten im Einzelfall zu untersuchen. Letztlich soll dies die Beurteilung ermöglichen, welcher der zuvor genannten Auffassungen zum Personenbezug von Agrardaten zu folgen ist.

a) Hintergründe der Diskussion über den Personenbezug von Geodaten

Die Frage nach dem Personenbezug von Geodaten kam, soweit ersichtlich, erstmals in den 1990er Jahren auf. Zu jener Zeit wuchs das Bewusstsein für die Notwendigkeit des (durch Recht begleiteten und gesteuerten) Umweltschutzes. Dabei wurde erkannt, dass eine zielgerichtete Umweltplanung belastbare Informationsgrundlagen voraussetzt, zu deren Gewinnung zunehmend Umweltinformationssysteme entwickelt wurden. Zu diesen gehörten auch sogenannte Geoinformationssysteme, welche raumbezogene Informationen erheben, aufbereiten und zur Verfügung stellen.[316]

Gut 15 Jahre später bekam die zwischenzeitlich abgeflachte Diskussion im Zuge der Verbreitung privater Geoinformationsdienste wie *Google Street View* oder *Google Earth* eine neue Dynamik.[317] Die enorme Aufmerksamkeit, die diese Dienste aufgrund ihres Nutzens für die Allgemeinheit erfuhren, warf die in der Vergangenheit bereits angesprochenen Problemfragen wieder auf und verlieh ihrer Beantwortung neue Tragweite. Dabei herrschte jedenfalls im Ausgangspunkt zwischen den Diskussionsteilnehmern dahingehend Einigkeit, dass Geodaten die Besonderheit aufweisen, stets in (irgend-)eine Beziehung zu natürlichen Personen gebracht werden zu können. Ein Geodatum enthalte in semantischer Hinsicht nämlich Aussagen über einen bestimmten Abschnitt der Erdoberfläche, welche über eine Verkettung mit beliebigen weiteren Informationen mit (irgend-)einer

314 *Härtel*, NuR 2019, 577 (582); *dies.*, Regeln für Agrardaten, S. 35f.; in diese Richtung auch *Martínez*, AUR 2021, 122 (127); dazu oben, S. 51f.

315 In diesem Sinne auch *Härtel*, NuR 2019, 577 (582), die darauf hinweist, dass diese Problematik bis heute nicht endgültig gelöst sei.

316 Zum Vorstehenden insg. *Taeger*, CR 1991, 681ff.

317 *Forgó/Krügel*, MMR 2010, 17; *Hartmann*, LIBREAS 36 (2019), S. 6; *Karg*, DuD 2010, 824; *ders.*, ZD 2012, 255 (256); *Krügel*, ZD 2017, 455 (457); *Lindner*, ZUM 2010, 292; *Weichert*, DuD 2009, 347.

natürlichen Person (z. B. Eigentümer oder Nutzer der Fläche) in Verbindung gebracht werden könnten. Auf diese Weise könne einem Geodatum Personenbezug verliehen werden, obwohl es mit Blick auf seinen semantischen Gehalt gar nicht den Schutz des Datenschutzrechts verdiene.[318] Auf einer Metaebene ging es in dieser Diskussion daher, wie bereits angedeutet, um die Erreichung eines effektiven Schutzes des Rechts auf informationelle Selbstbestimmung unter gleichzeitiger Verhinderung der übermäßigen Ausdehnung des Datenschutzrechts.[319]

b) Vorgaben des BDSG a. F. für den Personenbezug

Die so wieder aufgekommene Diskussion wurde dabei überwiegend zu einer Zeit geführt, in der die heutzutage geltende DS-GVO noch nicht absehbar, geschweige denn in Kraft getreten, war. Nichtsdestotrotz war das Merkmal des Personenbezugs auch im Rahmen des damals geltenden BDSG das zentrale Anwendbarkeitskriterium für Datenschutzvorschriften. § 3 Abs. 1 BDSG a. F. definierte personenbezogene Daten dabei als »Einzelangaben über persönliche oder sachliche Verhältnisse einer bestimmten oder bestimmbaren natürlichen Person (Betroffener)«. Als Einzelangaben über persönliche oder sachliche Verhältnisse wurden dabei sämtliche Informationen verstanden, die Aussagen über eine Bezugsperson treffen, verstanden.[320] Die Bestimmbarkeit dieser Bezugsperson wurde angenommen, wenn grundsätzlich die Möglichkeit der Feststellung ihrer Identität besteht, diese aber noch nicht festgestellt wurde.[321]

c) Vorschläge zur Problemlösung

Die sich aus der Dringlichkeit der Problematik ergebende Kontroversität der Debatte förderte zahlreiche Auffassungen zu deren Lösung zutage. Diese orientierten sich jedoch nicht immer streng an den gesetzlichen Tatbestandsmerkmalen des § 3 Abs. 1 BDSG a. F. Die an den Gesetzeswortlaut anknüpfenden Auffassungen bezogen sich nur mitunter auf das Vorliegen einer Einzelangabe über persön-

---

318 Vgl. zum Vorstehenden insg. *Dammann*, in: Simitis, BDSG, § 3 Rn. 57f.; *Forgó/Krügel*, MMR 2010, 17 (19); *Hartmann*, LIBREAS 36 (2019), S. 6; *Karg*, DuD 2010, 824 (826f., 828); *ders.*, ZD 2012, 255 (256f.); *Krügel*, ZD 2017, 455 (457); *ULD Schleswig-Holstein*, Datenschutzrechtliche Rahmenbedingungen für die Bereitstellung von Geodaten, S. 8; *Weichert*, DuD 2009, 347 (350), der darauf hinweist, dass Geodaten »praktisch immer ein latenter Personenbezug« anhafte, was wiederum nach *dems.*, DuD 2007, 113 (117) dazu führen würde, das »Datenschutzrecht auf den Kopf zu stellen«.

319 Vgl. in diese Richtung *Forgó/Krügel*, MMR 2010, 17 (21), *Karg*, ZD 2012, 255 (260); *Weichert*, DuD 2007, 113 (117f.).

320 Vgl. statt vieler *Dammann*, in: Simitis, BDSG, § 3 Rn. 7.

321 Vgl. statt vieler *Artikel-29-Datenschutzgruppe*, WP 136, S. 14.

liche oder sachliche Verhältnisse der betroffenen Person, ganz überwiegend lag der Fokus auf dem Tatbestandsmerkmal der Bestimmbarkeit.[322]

aa) Rückbezug auf den Schutzzweck des Datenschutzrechts

Frühe Diskussionsbeiträge erkannten zunächst, dass die grundsätzlich weite Auslegung[323] zu Rechtsunsicherheiten führte. Sie schlugen vor, die Frage nach der datenschutzrechtlichen Erfassung von Geodaten mit Blick auf den Schutzzweck des Datenschutzrechts, den Schutz des Rechts auf informationelle Selbstbestimmung, zu beantworten. Nach *Weichert* sollten Geodaten nur dann als personenbezogen kategorisiert werden, wenn ihnen eine Aussagekraft über die »Individualität einer natürlichen Person« zukomme. Maßgeblich dafür sollte seiner Auffassung nach sein, wie groß die Nähe zwischen der beschriebenen Eigenschaft der Sache und den Eigenschaften der Bezugsperson ist.[324] Dies ist stets eine Frage des Einzelfalls, sodass eine allgemeingültige Einordnung von Geodaten als personenbezogen bzw. nicht personenbezogen nach dieser Auffassung nicht in Betracht kommt. *Weichert* nannte in diesem Kontext das Beispiel eines Datums, das Auskunft über Größe und Lage eines Grundstücks gebe. Bei einem solchen sei jedenfalls in Bezug auf das Vermögen des Grundstückseigentümers ein Personenbezug zu bejahen. Der Bezug zur betroffenen Person werde weiter vergrößert, wenn das Datum zudem Angaben über die Art der Nutzung des Grundstücks enthalte. Als annäherungsweise Weichenstellung schlug *Weichert* vor, Daten, die Auskunft über kürzlich entstandene Merkmale des Bezugsorts geben, eher als personenbezogen anzusehen als solche Daten, die Angaben über lange bestehende Ortsmerkmale machen.[325] Ferner könne als generelle Tendenz festgehalten werden, dass die Persönlichkeitsrelevanz bei Daten über den Aufenthalt einer Person und deren Nutzung eines Orts höher sei als bei Daten, die Aussagen über die Eigentumsverhältnisse an diesem Ort träfen.[326]

Die Auffassung kann grundsätzlich für sich beanspruchen, ein hohes Maß an Einzelfallgerechtigkeit herstellen zu können. Die Rechtssicherheit im Umgang mit Geodaten fördert sie trotzdem nur bedingt, da unklar bleibt, wer die Beurteilung der Persönlichkeitsnähe vornehmen bzw. aus wessen Perspektive und nach welchen Maßstäben sie erfolgen soll. Eine die Daten verarbeitende Stelle wird häufig Interessen verfolgen, die inkongruent mit dem Interesse des Betroffenen am Schutz seines Rechts auf informationelle Selbstbestimmung sind. Wird ihr die Beurteilung, wie groß die Nähe zwischen Sachinformation und Person des Betrof-

---

322 *Dammann*, in: Simitis, BDSG, § 3 Rn. 59; *Forgó/Krügel*, MMR 2010, 17 (18); *Krügel*, ZD 2017, 455 (457).
323 Siehe nur *Dammann*, in: Simitis, BDSG, § 3 Rn. 7.
324 Vgl. *Weichert*, DuD 2007, 113 (117); krit. *Zech*, Information als Schutzgegenstand, S. 221f.
325 Vgl. zum Vorstehenden insg. *Weichert*, DuD 2007, 113 (118).
326 *Weichert*, DuD 2009, 347 (350).

fenen ist, überlassen, besteht ein erhebliches Missbrauchsrisiko.[327] Auch die vorgeschlagene Differenzierung zwischen kürzlich und länger bestehenden Ortsmerkmalen sieht sich diesem Risiko grundsätzlich ausgesetzt, da es eine Frage der Perspektive ist, welcher zeitliche Rahmen als »kürzlich« anzusehen ist.

In diese Richtung ging im Wesentlichen die in der Literatur geäußerte Kritik: Neben der fehlenden Nähe zu dem Wortlaut des § 3 Abs. 1 BDSG a. F.[328] wurde auch die fehlende Praktikabilität einer Dogmatik, die sich allein an Gerechtigkeitserwägungen im Einzelfall orientiert, beanstandet.[329] Auch *Weichert* selbst betonte letztlich die Notwendigkeit einer allgemeingültigen Einordnung von Geodaten in den Kontext des Datenschutzrechts, um einen praktikablen und rechtssicheren Umgang mit ihnen zu gewährleisten.[330] Jedenfalls in ihrem Kern, nämlich darin, dass der Schutzzweck des Datenschutzrechts Ausgangspunkt der Überlegungen sein sollte, fand *Weicherts* Auffassung nichtsdestotrotz grundsätzliche Zustimmung in der Literatur.[331]

bb) Absolute vs. relative Theorie des Personenbezugs

Andere Auffassungen wiesen dagegen größeren Bezug zum Wortlaut der Vorschrift auf. Auch im Kontext der Geodatendiskussion wurde die allgemein umstrittene Frage danach, ob der Begriff nach der Bestimmbarkeit im Sinne des § 3 Abs. 1 BDSG a. F. relativ oder absolut zu verstehen ist, aufgegriffen. Im Kern der Problematik steht die Frage, ob Zusatzwissen Dritter bei der Frage nach der Bestimmbarkeit zu berücksichtigen ist (absoluter Ansatz), oder ob einzig auf das der datenverarbeitenden Stelle zur Verfügung stehende Wissen abzustellen ist (relativer Ansatz).[332] Während im Kontext von Geodaten nur vereinzelt die relative Auffassung vertreten wurde,[333] folgten die meisten Diskussionsteilnehmer der absoluten Theorie. Neben Erwägungsgrund 26 der dem BDSG a. F. zugrunde liegenden Datenschutz-Richtlinie wurde zur Begründung vorgetragen, dass ein Geodatum unter Zugrundelegung des relativen Ansatzes für eine datenverarbeitende Stelle personenbezogen sei, während dasselbe Datum für eine andere

327 Diese Bedenken äußerte *Weichert* auch selbst, als er einer Auffassung, die für die datenschutzrechtliche Einordnung von Geodaten auf die Intentionen der datenverarbeitenden Stelle abstellt, entgegentrat, vgl. *Weichert*, DuD 2009, 347 (351).

328 Vgl. *Forgó/Krügel*, MMR 2010, 17 (22).

329 Vgl. *Dammann*, in: Simitis, BDSG, § 3 Rn. 58.

330 Vgl. *Weichert*, DuD 2007, 113 (119).

331 Vgl. *Forgó/Krügel*, MMR 2010, 17 (22f.); jdf. i. E. auch *Karg*, DuD 2010, 824 (831); *ders.*, ZD 2012, 255 (260).

332 Zu dieser umstrittenen Frage statt vieler *Spindler/Schmechel*, JIPITEC 7 (2016), 163 (165f.) m. w. N.; im Hinblick auf Agrardaten auch *Martínez*, in: H. Wilhelm Schaumann Stiftung, Hülsenberger Gespräche 2018, S. 146; *ders.*, AUR 2021, 122 (127).

333 Vgl. *ULD Schleswig-Holstein*, Datenschutzrechtliche Rahmenbedingungen für die Bereitstellung von Geodaten, S. 9.

Stelle mit einem weniger umfangreichen Zusatzwissen bzw. Datenbestand keinen Personenbezug aufweise. Dieses Ergebnis sei willkürlich und führe zu Rechtsunsicherheit.[334]

Die überwiegende Zahl der Diskussionsteilnehmer räumte letztlich allerdings ein, dass beide Theorien bei Geodaten – insb. vor dem Hintergrund stetig fortschreitender Möglichkeiten der Verknüpfung unterschiedlicher Daten miteinander – regelmäßig zum selben Ergebnis führten und der Beantwortung der Streitfrage im Geodatenkontext mithin keine entscheidende Bedeutung zukomme.[335]

cc) *Detailtiefe von Aufnahmen als Abgrenzungskriterium*

Abseits der umstrittenen Frage um die Berücksichtigung von Drittwissen wurde im Kontext des Merkmals der Bestimmbarkeit i. S. d. § 3 Abs. 1 BDSG a. F. vorgeschlagen, anhand des Detailgrads einer (Bild-)Aufnahme zu differenzieren: Informationen, die Aussagen über kleinste Teilflächen geben (sog. Punktdaten), wurden generell als personenbezogen angesehen. Dagegen sollten Informationen, die eine Fläche im Maßstab von 1:10.000 oder gröber darstellten, keinen Personenbezug aufweisen.[336] *Weichert* vertrat ergänzend, dass bei Bilddaten ab einer Pixelgröße von 40 cm aufwärts kein Personenbezug mehr vorliege.[337] Zur Begründung wurde vorgetragen, dass Objekte ab einem solchen Maßstab nicht mehr einzeln dargestellt werden könnten und daher Zusammenfassungen nötig seien. Die durch diesen sog. Generalisierungsvorgang eintretende Reduktion des Aussagehalts der Information hebe den Bezug zwischen betrachteter Fläche und zu ihr in Bezug zu setzender Person auf.[338] Nicht ganz klar wird bei dieser Auffassung, ob den Daten von Beginn an kein Personenbezug zukommen soll, oder ob dieser nachträglich im Wege der Anonymisierung entfallen soll.

Der Ansatz wurde jedenfalls mit dem Argument kritisiert, dass die pauschale Festlegung dieser Grenzwerte bzw. Maßstäbe willkürlich sei.[339] Dem ist mit Blick

334 Vgl. *Forgó/Krügel*, MMR 2010, 17 (19); *Weichert*, DuD 2007, 113 (115); nicht ausdrückl. der absoluten Theorie folgend, aber jdf. krit. ggü. dem relativen Ansatz *Karg*, DuD 2010, 824 (828).

335 Vgl. z. B. *Forgó/Krügel*, MMR 2010, 17 (19); *IMAGI*, Behördenleitfaden zum Datenschutz bei Geodaten und -diensten, S. 8; *Karg*, DuD 2010, 824 (828); *Lindner*, ZUM 2010, 292 (296); mit Blick auf Agrardaten *Martínez*, in: H. Wilhelm Schaumann Stiftung, Hülsenberger Gespräche 2018, S. 146; *ULD Schleswig-Holstein*, Datenschutzrechtliche Rahmenbedingungen für die Bereitstellung von Geodaten, S. 9f.; *Weichert*, DuD 2007, 113 (115).

336 Vgl. *ULD Schleswig-Holstein*, Datenschutzrechtliche Rahmenbedingungen für die Bereitstellung von Geodaten, S. 12; *Weichert*, DuD 2009, 347 (351).

337 Vgl. *Weichert*, DuD 2009, 347 (351).

338 Vgl. *ULD Schleswig-Holstein*, Datenschutzrechtliche Rahmenbedingungen für die Bereitstellung von Geodaten, S. 12.

339 Vgl. *Forgó/Krügel*, MMR 2010, 17 (19); *Lindner*, ZUM 2010, 292 (297).

auf den steten Fortschritt der Technik und zunehmend bessere Bildauflösungen, jedenfalls im Hinblick auf Bilddaten, zuzustimmen.

dd) Abstellen auf kontextbezogenen Ansatz der Artikel-29-Datenschutzgruppe

Während sich der überwiegende Teil der Diskussion auf das Tatbestandsmerkmal der Bestimmbarkeit konzentrierte, setzte eine sich wenig später im Vordringen befindende Ansicht am Wortlaut des § 3 Abs. 1 BDSG a. F., bei dem Merkmal »Einzelangaben *über* (...) [die] Person« an. Diese Auffassung betrachtet sowohl die Semantik, also die inhaltliche Ebene der Information,[340] als auch die Qualität der Beziehung, in der der Informationsgehalt zur betroffenen Person steht.[341] Ausgangspunkt war die bereits mehrfach erwähnte Erkenntnis, dass raumbezogene Informationen stets das Potenzial innewohnt, einen irgendwie gearteten Personenbezug herzustellen.[342] Um aber nicht jede beliebige Verknüpfung zwischen einer raumbezogenen Sachinformation und einer natürlichen Person zu einer Anwendbarkeit des Datenschutzrechts führen zu lassen und damit den Anwendungsbereich des BDSG a. F. schutzzweckwidrig zu überdehnen, konzentrierte sich diese Auffassung auf die Frage, welcher Art diese Beziehung zwischen Sache und Person sein muss, um Personenbezug zu begründen.[343] Dabei wurde hauptsächlich auf den von der *Artikel-29-Datenschutzgruppe* entwickelten kontextbezogenen Ansatz zurückgegriffen. Dieser geht davon aus, dass sich Daten auf eine Person beziehen, wenn sie Informationen *über* diese enthalten.[344] Eine solche Aussage *über* eine Person sei dabei auf verschiedene Weisen konstruierbar, was insb. für primär sachbezogene Daten, bei denen die Verbindung zur Person nur eine mittelbare sei, Bedeutung habe. Es wird zwischen drei Elementen, die, wenn ein Datum nur eines von ihnen aufweist, jeweils Personenbezug herstellen, differenziert: Das sog. Inhaltselement stellt die naheliegendste Kategorie des Personenbezugs dar. Es liegt vor, wenn ein Datum eine direkte Aussage über eine Person enthält, sein semantischer Gehalt also unmittelbar auf die Person gerichtet ist. Ein sog. Zweckelement liegt dagegen vor, wenn ein Datum zur Beurteilung oder

---

340 Dazu oben, S. 43.

341 *Dammann*, in: Simitis, BDSG, § 3 Rn. 59; *Lindner*, ZUM 2010, 292 (297), letztlich zust. auch *Weichert*, DuD 2009, 347 (350f.).

342 Statt abermals vieler nur *Dammann*, in: Simitis, BDSG, § 3 Rn. 59, der diesen Umstand als »Ausdruck einer (...) zufälligen Aktualisierung der unendlich vielen Beziehungsmöglichkeiten im sozialen Raum-Zeit-Gefüge, wo nahezu alles mit jedem in irgendeine Verbindung treten« könne, bezeichnet.

343 *Dammann*, in: Simitis, BDSG, § 3 Rn. 59; *Forgó/Krügel*, MMR 2010, 17 (21); *Lindner*, ZUM 2010, 292 (297); *ULD Schleswig-Holstein*, Datenschutzrechtliche Rahmenbedingungen für die Bereitstellung von Geodaten, S. 53f.

344 Vgl. *Artikel-29-Datenschutzgruppe*, WP 136, S. 10.

Behandlung einer Person oder aber zur Beeinflussung ihres Verhaltens verwendet wird bzw. werden könnte. Die dritte Kategorie zur Herstellung von Personenbezug ist das sog. Ergebniselement. Dieses ist gegeben, wenn sich die Verwendung eines Datums im Ergebnis auf die Rechte und Interessen einer bestimmten Person auswirken kann. Es genügt dabei, wenn eines der drei genannten Elemente bei einem Datum vorhanden ist, ein kumulatives Vorliegen ist nicht erforderlich.[345]

In der konkret auf die Frage nach dem Personenbezug von Geodaten ausgerichteten Diskussion wurde dieser Ansatz, soweit ersichtlich, zuerst durch das *ULD Schleswig-Holstein*,[346] wenig später von *Weichert*[347] sowie *Forgó* und *Krügel*[348] aufgegriffen.[349] Insbesondere letztere wiesen darauf hin, dass die Beantwortung der Frage nach dem Personenbezug von Geodaten nicht allein dem Merkmal der Bestimmbarkeit zu überlassen sei.[350]

(1) »Ampel-Studie« *des ULD Schleswig-Holstein*

Das *ULD Schleswig-Holstein* bestimmte den Personenbezug von Geodaten daher, in Übereinstimmung mit dem Modell der *Artikel-29-Datenschutzgruppe*, in zwei Schritten: Zuerst müsse für die Bestimmbarkeit der betroffenen Person eine faktische Verknüpfbarkeit zwischen dieser und dem jeweiligen Geodatum gegeben sein. Sodann sei eine inhaltliche Verbindung zwischen Geodatum und der betroffenen Person nötig. Diese inhaltliche Verbindung werde durch die drei Elemente des Modells der *Artikel-29-Datenschutzgruppe* ausgefüllt.[351] Jedem der Elemente wurde dabei zugleich ein Gefährdungspotenzial zugeschrieben. Maßstab für diese Beurteilung des jeweiligen Gefährdungspotenzials war dabei das allgemeine Persönlichkeitsrecht des potenziell Betroffenen: Geodaten mit Inhaltsbezug zu der betroffenen Person komme dabei das höchste Gefährdungspotenzial zu, da sie oftmals Aussagen über die Privat- und Intimsphäre der Person enthielten. Auf sie folgten Geodaten mit Zweckbezug, deren Gefährlichkeit je nach Art des Datums als mittel bis hoch einzuschätzen sei. Die am wenigsten gefährliche Kategorie stelle die der Geodaten mit Ergebnisbezug dar. Sie enthielten nämlich typischerweise Aus-

345 Zum Vorstehenden insg. *Artikel-29-Datenschutzgruppe*, WP 136, S. 10ff.

346 Vgl. *ULD Schleswig-Holstein*, Datenschutzrechtliche Rahmenbedingungen für die Bereitstellung von Geodaten, S. 18ff.

347 Vgl. *Weichert*, DuD 2009, 347 (350f.), der »eine valide Ausgrenzung irrelevanter Geodaten aus dem Datenschutzrecht« durch den Ansatz der *Artikel-29-Datenschutzgruppe* für möglich hält.

348 Vgl. *Forgó/Krügel*, MMR 2010, 17 (20ff.).

349 So auch *Hartmann*, LIBREAS 36 (2019), S. 6f.

350 Vgl. *Forgó/Krügel*, MMR 2010, 17 (19).

351 *ULD Schleswig-Holstein*, Datenschutzrechtliche Rahmenbedingungen für die Bereitstellung von Geodaten, S. 53f.

sagen zur Teilnahme am Wirtschaftsverkehr und Nutzung von Immobilien, was der am wenigsten schutzwürdigen Sozialsphäre der betroffenen Person zuzuordnen sei.[352]

Auf Basis dieser Vorgehensweise ordnete das *ULD Schleswig-Holstein* im Anschluss viele Arten von Geodaten datenschutzrechtlich ein.[353] Dabei wurde die inhaltliche Verbindung zu der betroffenen Person im Sinne eines Inhalts-, Zweck- oder Ergebnisbezugs bei den einzelnen Datenarten nicht immer konkret qualifiziert, sondern bisweilen nur allgemein der Personenbezug bejaht.[354]

(2) *Hinzufügen eines subjektiven Elements?*

Ganz ähnlich gingen *Forgó* und *Krügel* vor, die allerdings ein dreistufiges anstelle eines zweistufigen Prüfschemas für die Feststellung des Personenbezugs von Geodaten vorschlugen. Der kontextbezogene Ansatz der *Artikel-29-Datenschutzgruppe* stellte auch bei ihnen die Basis dar, welche insb. um ein subjektives Element aufseiten der datenverarbeitenden Stelle ergänzt wurde.[355] Ein Geodatum habe demnach Personenbezug, wenn es erstens Inhalts-, Zweck- oder Ergebnisbezug im zuvor beschriebenen Sinn zu einer Person aufweise, dieser Person zweitens zugeordnet werden könne und gerade auch zugeordnet werden solle sowie drittens die Person für die datenverarbeitende Stelle oder Dritte ohne unverhältnismäßigen Aufwand identifizierbar, also bestimmbar, sei.[356] Die Autoren betonen dabei, dass die Abgrenzung zum Sachdatum nicht bei dem Merkmal »über« im Sinne des § 3 Abs. 1 BDSG a. F. ansetze, sondern am Merkmal der »Einzelangabe«. Hierfür müsse es, neben dem Verarbeitungskontext, gerade auf die Intention der verarbeitenden Stelle ankommen. So könnten nämlich auch Sachdaten, die zwar keinerlei inhaltlichen Bezug zu einer Person aufwiesen, aber mit der Intention der Zuordnung zu einer Person von der verantwortlichen Stelle verarbeitet würden, vom Datenschutzrecht erfasst werden. Werde ein Datum hingegen völlig losgelöst

352 *ULD Schleswig-Holstein*, Datenschutzrechtliche Rahmenbedingungen für die Bereitstellung von Geodaten, S. 21f.

353 Vgl. *ULD Schleswig-Holstein*, Datenschutzrechtliche Rahmenbedingungen für die Bereitstellung von Geodaten, S. 56–68.

354 Vgl. z. B. *ULD Schleswig-Holstein*, Datenschutzrechtliche Rahmenbedingungen für die Bereitstellung von Geodaten, S. 63 (»8.3.6.1 Bodenkarten«) oder S. 66 (»8.3.14.2 Eigentumsangaben«); anders dagg. S. 63f. (»8.3.6.2 Bodenqualität«) und S. 66 (»8.3.14.5 Kreditwürdigkeit«), wo Zweckbezug festgestellt wird.

355 Vgl. *Forgó/Krügel*, MMR 2010, 17 (21).

356 *Forgó/Krügel*, MMR 2010, 17 (22f.). Diese Vorgehensweise stellt *Hartmann*, LIBREAS 36 (2019), S. 6, abweichend dar, da er diesen kontextbezogenen Ansatz scheinbar so versteht, dass zunächst die Bestimmbarkeit bejaht und erst in einem zweiten Schritt auf die Frage der Beziehbarkeit eingegangen werden müsse. Inhaltlich dürfte diese umgekehrte Vorgehensweise aber zu keinen abweichenden Ergebnissen führen.

von einer natürlichen Person verarbeitet, so handele es sich um ein reines Sachdatum.[357]

Jedenfalls das Abstellen auf die Intention der datenverarbeitenden Stelle wurde von der Gegenauffassung kritisiert. Sie sei als Kriterium für die Feststellung von Personenbezug ungeeignet, da sie als subjektives Merkmal nicht nachweisbar und zudem auch wandelbar sei. Dies führe zu Rechtsunsicherheiten und sei deshalb abzulehnen.[358] *Karg* schlug daher vor, sich gänzlich von der Frage des Personenbezugs eines Datums zu lösen und stattdessen ausschließlich auf die Personenbezogenheit des Verarbeitungsverfahrens abzustellen. Darunter sollten nur solche Verfahren fallen, die eine Gefahr für das Recht des Betroffenen auf informationelle Selbstbestimmung darstellten. Neben der – nicht näher von ihm bezeichneten – Art der verarbeiteten Daten solle der Zweck bzw. die Zielsetzung eines Verfahrens über seine Personenbezogenheit entscheiden, denn hieraus resultiere letztlich die potenzielle Gefahr für das Recht des Betroffenen. Für die Bestimmung des Zwecks zieht *Karg* wiederum die Kategorien der *Artikel-29-Datenschutzgruppe* heran. Ein Datenverarbeitungsverfahren sei somit personenbezogen, wenn es entweder zum Ziel habe, Aussagen direkt über die betroffene Person zu treffen, eine Person durch Klassifizierung zu bewerten oder aber auf Rechte oder Interessen einer Person einzuwirken.[359] Tatsächlich dürfte es aber auch nach diesem Ansatz jedenfalls teilweise auf die Intention der datenverarbeitenden Stelle ankommen, da die Motivlage für die Zielsetzung bzw. den Zweck eines Verfahrens ausschlaggebend ist: Während von der erstgenannten Auffassung darauf verwiesen wird, dass die Intention der datenverarbeitenden Stelle aus objektiven Kriterien wie zum Beispiel dem Geschäftsmodell des Datenverarbeiters abzuleiten sei und sich daher kein Beweisproblem und mithin keine Rechtsunsicherheit ergebe,[360] könne diese Frage nach der Gegenauffassung dahinstehen, sofern die anderen Voraussetzungen erfüllt seien.[361] Die Unterschiede zwischen den Ansichten sind daher letztlich marginal.

Aufgrund der zu vernachlässigenden Abweichungen der Unteransichten kann die auf den kontextbezogenen Ansatz der *Artikel-29-Datenschutzgruppe* zurückgreifende Auffassung als herrschende Ansicht bezeichnet werden.[362] Diese Auffassung hat den Vorteil, dass nicht alleine am Aussagegehalt einer Information festgemacht wird, ob Personenbezug vorliegt oder nicht. Vielmehr wird der Personenbezug aus dem Kontext der Verarbeitung des Datums abgeleitet und dazu

---

357 Vgl. *Forgó/Krügel*, MMR 2010, 17 (21f.); zust. *Dammann*, in: Simitis, BDSG, § 3 Rn. 59.

358 Vgl. *Karg*, DuD 2010, 824 (830); *ders.*, ZD 2012, 255 (257); *Weichert*, DuD 2009, 347 (351); allg. auch *Zech*, Information als Schutzgegenstand, S. 221.

359 Vgl. zum Vorstehenden insg. *Karg*, ZD 2012, 255 (259f.).

360 *Dammann*, in: Simitis, BDSG, § 3 Rn. 59.

361 *Karg*, DuD 2010, 824 (830).

362 So auch *Krügel*, ZD 2017, 455 (457), allerdings bezogen auf die zuerst genannte Unteransicht.

unterschiedliche Wirkungen, die ein Datum auf eine Person entfalten kann, betrachtet. Dadurch ist es möglich, verschiedene Gefährdungssituationen für das Recht auf informationelle Selbstbestimmung zu identifizieren und dem Datenschutzrecht zu unterwerfen, ohne an starren Kriterien, die den Inhalt der jeweiligen Information betreffen, festhalten zu müssen. Diese Herangehensweise ermöglicht es zudem, die inhaltlich überzeugenden Ergebnisse anderer Auffassungen, insb. des von *Weichert* vorgeschlagenen Abstellens auf die Persönlichkeitsrelevanz, aufzugreifen und zu systematisieren.[363] Die Auffassung ermöglicht also sowohl ein hohes Schutzniveau als auch Einzelfallgerechtigkeit und wird daher auch der insb. von *Kritikos*[364] betonten Notwendigkeit einer einzelfallbasierten Beurteilung des Personenbezugs am ehesten gerecht, ohne dabei aber der Kritik ausgesetzt zu sein, zur Begründung allein auf normative Erwägungen zurückzugreifen.

ee) Zwischenergebnis

Aufgrund der geschilderten Vorzüge gegenüber den anderen Lösungsmöglichkeiten soll im Folgenden für die Prüfung, ob landwirtschaftliche Bodendaten in den Anwendungsbereich des Datenschutzrechts fallen, der letztgenannten Ansicht gefolgt und ein personenbezogener Verarbeitungskontext gefordert werden. Daher wird für den Personenbezug eines Bodendatums, dem kontextbezogenen Ansatz der *Artikel-29-Datenschutzgruppe* entsprechend, ein Inhalts-, Zweck- oder Ergebnisbezug sowie die Identifizierbarkeit der betroffenen Person vorausgesetzt. Die angesprochene subjektive Komponente soll dagegen nur innerhalb des Zweckelements berücksichtigt werden, da die Untersuchung der hypothetischen Intention einer nicht näher bezeichneten datenverarbeitenden Stelle in einem abstrakten Rahmen nur begrenzt möglich erscheint.

d) Übertragung der Ergebnisse auf die DS-GVO

Auch wenn sich die Wortlaute von § 3 Abs. 1 BDSG a. F. und Art. 4 Nr. 1 DS-GVO bei der Definition der Personenbezogenheit unterscheiden, so sind die Unterschiede zwischen alter und neuer Rechtslage in Wahrheit gering.[365] Die Merkmale »Einzelangabe über« sind »allen Informationen, die sich auf eine [...] natürliche Person beziehen« gewichen.[366] Aus der Bestimmbarkeit wurde ferner das Erfordernis der Identifizierbarkeit ebendieser natürlichen Person.[367]

363 *Weichert*, DuD 2009, 347 (350f.).
364 Vgl. *Kritikos*, Precision agriculture in Europe, S. 15.
365 *Krügel*, ZD 2017, 455 (459).
366 *Krügel*, ZD 2017, 455 (459).
367 *Ernst*, in: Paal/Pauly, DS-GVO Art. 4 Rn. 3.

aa) Anforderungen an die Beziehbarkeit

Die Entscheidung des Verordnungsgebers, »alle Informationen« zu erfassen, bezweckt eine möglichst breite Anwendung des Datenschutzrechts. Daher sollen hierunter nicht nur objektive, sondern auch subjektive Informationen wie zum Beispiel Beurteilungen oder Stellungnahmen fallen, solange sie sich auf eine Person beziehen.[368] Dies tun sie nach inzwischen gefestigter Rechtsprechung des EuGH, wenn sie »aufgrund ihres Inhalts, ihres Zwecks oder ihrer Auswirkungen mit einer identifizierbaren Person verknüpft« sind.[369] Diesen, auf die *Artikel-29-Datenschutzgruppe* zurückgehenden, kontextbasierten Ansatz zieht neben dem EuGH auch der überwiegende Teil der Literatur, insb. zur Abgrenzung von personenbezogenen Daten einerseits und bloßen Sachdaten andererseits, unter der Geltung der DS-GVO weiterhin heran.[370] Es bestehen vor diesem Hintergrund keine Bedenken gegenüber einer Übertragung des dargestellten kontextbezogenen Ansatzes auf die DS-GVO.

Dem steht auch der durch die DS-GVO neu eingeführte Artikel 22 nicht entgegen. Nach dessen Absatz 1 hat der Betroffene das Recht, nicht Objekt einer ausschließlich auf einer automatisierten Verarbeitung beruhenden Entscheidung zu sein, worunter ausdrücklich auch Profiling fallen soll. Hierunter ist nach Art. 4 Nr. 4 DS-GVO jede Art der automatisierten Verarbeitung personenbezogener Daten, z. B. zum Zweck der Bewertung des Betroffenen, zu verstehen. Art. 22 Abs. 1 DS-GVO reguliert dementsprechend die automatisierte Entscheidungsfindung, ggf. mithilfe personenbezogener Daten, nicht aber die Datenverarbeitung.[371] Die Vorschrift betrifft damit nicht die vorgelagerte Frage nach dem Personenbezug von Daten. Dementsprechend behält die dargestellte Fallgruppe des Zweckbezugs auch vor diesem Hintergrund ihre Bedeutung.

368 Vgl. EuGH, Urt. v. 20.12.2017 – C-434/16 = NJW 2018, 767 (767f.) – *Nowak*; EuGH, Urt. v. 04.05.2023 – C-487/21 = NJW 2023, 2253 (2254) – *Österreichische Datenschutzbehörde*.

369 Vgl. EuGH, Urt. v. 20.12.2017 – C-434/16 = NJW 2018, 767 (768) – *Nowak*; EuGH, Urt. v. 04.05.2023 – C-487/21 = NJW 2023, 2253 (2254) – *Österreichische Datenschutzbehörde*; EuGH, Urt. v. 22.06.2023 – C-579/21 = NJW 2023, 2555 (2557) – *JM*; EuGH, Urt. v. 09.11.2023 – C-319/22 = ZD 2024, 173ff. – *Scania*.

370 Vgl. *Arning/Rothkegel*, in: Taeger/Gabel, DS-GVO, Art. 4 Rn. 11ff.; *Klabunde/Horváth*, in: Ehmann/Selmayr, DS-GVO, Art. 4 Rn. 10; andeutungsweise *Martínez*, AUR 2021, 122 (127); *Klar/Kühling*, in: Kühling/Buchner, DS-GVO, Art. 4 Nr. 1 Rn. 14, 38; *Krügel*, ZD 2017, 457ff.; *Schild*, in: BeckOK DatenschutzR, DS-GVO, Art. 4 Rn. 24ff.; *Spindler/Dalby*, in: Spindler/Schuster, Recht der elektronischen Medien, DS-GVO, Art. 4 Rn. 6; *Sütthoff*, Datenschutzkonforme Anwendung Künstlicher Intelligenz, S. 61f.

371 *Spindler/Horváth*, in: Spindler/Schuster, Recht der elektronischen Medien, DS-GVO, Art. 22 Rn. 2.

bb) Anforderungen an die Identifizierbarkeit

Die von Art. 4 Nr. 1 DS-GVO neben der Beziehbarkeit vorausgesetzte Identifizierung bzw. Identifizierbarkeit entspricht, wie gesagt, dem Merkmal der Bestimmung bzw. Bestimmbarkeit nach § 3 Abs. 1 BDSG a. F.[372] Die vorhandenen Abweichungen im Normtext haben vor allem redaktionelle Gründe; inhaltlich gleichen die Tatbestandsmerkmale des Art. 4 Nr. 1 DS-GVO damit denen des § 3 Abs. 1 BDSG a. F. im Wesentlichen.[373] Auch die umstrittene Frage nach der Berücksichtigung von Zusatzwissen Dritter in Bezug auf die Identifizierbarkeit hat weiterhin Bedeutung.[374] Während in der Binnendiskussion um den Personenbezug von Geodaten überwiegend der absolute Ansatz Zuspruch fand,[375] folgt die herrschende Literaturauffassung in der allgemein zu dieser Frage geführten Debatte demgegenüber der relativen Theorie.[376] Nach dieser sind einzig diejenigen Informationen bei der Beurteilung der Identifizierbarkeit zu berücksichtigen, die der jeweils verantwortlichen Stelle im Einzelfall zur Verfügung stehen.[377]

(1) Breyer- *und* Scania-*Rechtsprechung des EuGH*

Mit der Beantwortung dieser Streitfrage hatte sich der EuGH (soweit ersichtlich) erstmals in der Rechtssache *Breyer*[378] zu befassen. Die Entscheidung befasst sich mit der bereits erwähnten[379] Frage nach dem Personenbezug dynamischer IP-Adressen. Bei solchen ändern sich die dem eine Website abrufenden Computer zugewiesenen Kennziffern mit jeder neuen Verbindung des Computers mit dem Internet. In dem der Entscheidung zugrunde liegenden Fall ging ein in Deutschland wohnender Internetnutzer gegen den Betreiber einer Webseite (die Bundesrepublik Deutschland) vor, welcher die IP-Adressen aller Webseitenbesucher zu Sicherheitszwecken abspeicherte, und verlangte dahingehend Unterlassung. Die IP-Adresse des Internetnutzers war in dem Fall eine dynamische. Bei derartigen dynamischen IP-Adressen ist die Feststellung der Identität des Webseitenbesuchers für den Webseitenbetreiber nur möglich, wenn er zusätzliche Informationen

---

372 *Ernst*, in: Paal/Pauly, DS-GVO Art. 4 Rn. 3.

373 *Krügel*, ZD 2017, 455ff.; *Mantz/Spittka*, NJW 2016, 3582 (3583).

374 *Klar/Kühling*, in: Kühling/Buchner, DS-GVO, Art. 4 Nr. 1 Rn. 25; *Krügel*, ZD 2017, 455 (456); *Spindler/Dalby*, in: Spindler/Schuster, Recht der elektronischen Medien, DS-GVO, Art. 2 Rn. 3; einschränkend *Karg*, in: NK-DatenschutzR, DS-GVO, Art. 4 Nr. 1 Rn. 60.

375 Dazu bereits oben, S. 90f.

376 Vgl. *Ernst*, in: Paal/Pauly, DS-GVO, Art. 4 Rn. 11; *Karg*, in: NK-DatenschutzR, DS-GVO, Art. 4 Nr. 1 Rn. 59 m. w. N.; *Kühling/Klar*, NJW 2013, 3611 (3616f.); tendenziell auch *Spindler/Dalby*, in: Spindler/Schuster, Recht der elektronischen Medien, DS-GVO, Art. 4 Rn. 7; *Spindler/Schmechel*, JIPITEC 7 (2016), 163 (169, 176f.).

377 *Karg*, in: NK-DatenschutzR, DS-GVO, Art. 4 Nr. 1 Rn. 62; *Ziebarth*, in: Sydow/Marsch, DS-GVO, Art. 4 Rn. 35, jew. m. w. N.

378 EuGH, Urt. v. 19.10.2016 – C-582/14 = NJW 2016, 3579ff. – *Breyer*.

379 Oben, S. 86.

von dem Internetanbieter des Webseitenbesuchers erhält. Die Kennziffern der dynamischen IP-Adresse alleine erlauben dem Webseitenbetreiber hingegen keine Identifizierung. Für die Frage des Personenbezugs ebendieser dynamischen IP-Adresse war mithin entscheidungserheblich, ob einzig auf das Wissen des Webseitenbetreibers abzustellen ist (relativer Ansatz), oder ob auch das Wissen des Internetanbieters als Dritten zu berücksichtigen ist (absoluter Ansatz).[380]

Der EuGH schloss sich im Ergebnis der herrschenden relativen Sichtweise an. Hierbei nahm er jedoch inhaltliche Modifikationen vor: Für die Identifizierbarkeit der betroffenen Person solle nicht nur das der datenverarbeitenden Stelle selbst unmittelbar zur Verfügung stehende Wissen maßgeblich sein. Vielmehr sei, vor dem Hintergrund des Wortlauts des Erwägungsgrunds 26 der DS-RL, darüber hinaus auch das Wissen Dritter zu berücksichtigen, sofern dessen Einbeziehung ein Mittel darstelle, das vernünftigerweise zur Bestimmung der betreffenden Person eingesetzt werden könne. Dies sei nur bei solchen Zusatzinformationen der Fall, die tatsächlich, d. h. ohne einen unverhältnismäßigen Aufwand an Zeit, Kosten und Arbeitskraft, hinzuziehbar seien. Weiterhin seien nur solche Drittinformation zu berücksichtigen, die durch die verarbeitende Stelle auf legale Weise hinzugezogen werden könnten. Die verarbeitende Stelle müsse, anders formuliert, also nicht nur die faktischen, sondern auch die rechtlichen Mittel haben, das Drittwissen zu erlangen.[381]

In diesen beiden Konkretisierungen liegt die vom EuGH entwickelte Modifikation der relativen Theorie, mit welchen er sich auf die absolute Theorie zubewegt und insofern eine vermittelnde Ansicht begründet.[382] Das Urteil des EuGH erging im Jahr 2016 und somit erst im Nachgang an die wesentlichen Beiträge zur Geodatendiskussion, weshalb es in jener naturgemäß nur vereinzelt rezipiert wurde.[383] Es setzt dabei zwar noch die alte Rechtslage des BDSG a. F. voraus, seine auch unter der Geltung der DS-GVO fortdauernde Relevanz wurde jedoch vom Schrifttum erwartet[384] und in jüngerer Vergangenheit auch durch ein Urteil des EuG bekräftigt.[385] Jüngst hat auch der EuGH selbst die Fortgeltung der *Breyer*-Rechtsprechung bestätigt und in der Rechtssache *Scania* entschieden, dass »alle Mittel berücksichtigt werden, die vernünftigerweise entweder von dem Verantwortlichen (...) oder von einem Dritten eingesetzt werden könnten, um die betreffende

380 Zum Vorstehenden insg. EuGH, Urt. v. 19.10.2016 – C-582/14 = NJW 2016, 3579f. – *Breyer*.

381 Vgl. zum Vorstehenden insg. EuGH, Urt. v. 19.10.2016 – C-582/14 = NJW 2016, 3579 (3581) – *Breyer*.

382 *Arning/Rothkegel*, in: Taeger/Gabel, DS-GVO, Art. 4 Rn. 34; *Mantz/Spittka*, NJW 2016, 3582.

383 Bspw. von *Krügel*, ZD 2017, 455ff.

384 Vgl. *Klar/Kühling*, in: Kühling/Buchner, DS-GVO Art. 4 Nr. 1 Rn. 26; i. E. auch *Krügel*, ZD 2017, 455 (459); *Mantz/Spittka*, NJW 2016, 3582 (3583); *Moos/Rothkegel*, MMR 2016, 845 (847).

385 Vgl. EuG, Urt. v. 26.04.2023 – T-557/20 = ZD 2023, 399 (402).

Person zu bestimmen«.[386] Der Gerichtshof erneuert damit sein Bekenntnis zur relativen Theorie,[387] sodass diese nicht nur als herrschende Literaturauffassung, sondern nunmehr auch als gefestigter Standpunkt der Rechtsprechung angesehen werden kann. Die Tatsache, dass der EuGH das Legalitätskriterium in der *Scania*-Entscheidung nicht explizit erwähnt, kann dabei wohl nicht ohne Weiteres als stillschweigende Abkehr von ihm gedeutet werden.

(2) Kritik am Legalitätskriterium des EuGH

Die Rechtsprechung erfährt dabei in der datenschutzrechtlichen Literatur auch Ablehnung. Vor allem das vom EuGH im *Breyer*-Urteil eingeführte Kriterium des rechtlichen Mittels zur Beschaffung von Drittwissen wird auf verschiedene Weise kritisch betrachtet.[388] Oft wird die inhaltliche Unklarheit des Kriteriums bemängelt: Der EuGH habe es unterlassen, zu definieren, was unter »rechtlichen Mitteln« überhaupt zu verstehen sei. So werde weder darauf eingegangen, ob es nur die abstrakte Möglichkeit, z. B. eines Auskunftsanspruchs, geben müsse, oder ob auch dessen Voraussetzungen im konkreten Fall erfüllt sein müssten.[389] Noch werde die grundlegende Frage beantwortet, nach welchem Recht überhaupt zu beurteilen sei, ob das – nicht näher definierte – rechtliche Mittel existiere und ob, falls erforderlich, dessen Voraussetzungen erfüllt seien.[390]

(a) Inhaltliche Unklarheiten

In Bezug auf das Merkmal des rechtlichen Mittels stellt der EuGH in seiner Entscheidung fest: »Das vorlegende Gericht weist (...) zwar darauf hin, dass das deutsche Recht es dem Internetzugangsanbieter nicht erlaube, dem [Webseitenbetreiber] die zur Identifizierung der betreffenden Person erforderlichen Zusatzinformationen direkt zu übermitteln, doch es gibt offenbar – vorbehaltlich der vom vorlegenden Gericht insoweit vorzunehmenden Prüfungen – für den [Webseitenbetreiber] rechtliche Möglichkeiten, die es ihm erlauben, sich an die zuständige Behörde zu wenden, damit diese die nötigen Schritte unternimmt, um die fraglichen Informationen vom Internetzugangsanbieter zu erlangen (...)«.[391] Auch wenn der im Schrifttum geäußerten Kritik insoweit zuzustimmen ist, als dass der EuGH es versäumt hat, abseits des zu beurteilenden Einzelfalls Kriterien

386 Vgl. ausdrückl. EuGH, Urt. v. 09.11.2023 – C-319/22 = ZD 2024, 173 (174) – *Scania*.
387 *Weller*, GRUR-Prax 2023, 761; *Ziegler*, GewArch 2024, 112 (113).
388 Auch schon vor der *Breyer*-Rechtsprechung, also zur alten Rechtslage, wurde die (Il-)Legalität des Zugriffs auf Drittwissen im Schrifttum zu, Teil für irrelevant gehalten, vgl. z. B. *Weichert*, Big Data und Datenschutz, S. 20.
389 Vgl. *Moos/Rothkegel*, MMR 2016, 845 (846); *Ziebarth*, in: Sydow/Marsch, DS-GVO, Art. 4 Rn. 37.
390 Vgl. *Ziebarth*, in: Sydow/Marsch, DS-GVO, Art. 4 Rn. 37.
391 Vgl. ausdrückl. EuGH, Urt. v. 19.10.2016 – C-582/14 = NJW 2016, 3579 (3581) – *Breyer*.

für das Vorliegen rechtlicher Mittel auf einer abstrakteren Ebene zu definieren, lässt die zitierte Passage dennoch verallgemeinerungsfähige Rückschlüsse zu: Rechtliche Mittel stehen dem datenschutzrechtlich Verantwortlichen jedenfalls dann zur Verfügung, wenn Drittinformationen mit behördlicher Hilfe eingeholt werden können. Hierbei geht der EuGH angesichts der Formulierung »(...) vorbehaltlich der vom vorlegenden Gericht insoweit vorzunehmenden Prüfungen (...)« offenbar davon aus, dass die Voraussetzungen für dieses behördliche Tätigwerden im Einzelfall sehr wohl vorliegen müssten und nicht bloß die generelle Möglichkeit einer solchen Zuhilfenahme gesetzlich geregelt sein müsse.[392] Legt man ein solches Verständnis zugrunde, sind Situationen, in denen ein einredefreier materiell-rechtlicher Auskunftsanspruch gegenüber der Drittpartei hinsichtlich der Mitteilung von dessen Drittwissen besteht, dem Verfügbarsein behördlicher Hilfe gleichzusetzen.[393] Denn auch ein Auskunftsanspruch kann unter Zuhilfenahme hoheitlicher Gewalt, nämlich klageweise, durchgesetzt werden. Diese Ausweitung auf nicht nur behördliche Hilfe wäre relevant für Sachverhalte der Landwirtschaft 4.0, in denen häufig mehrere Akteure entlang der Wertschöpfungskette zusammen agieren. Werden hierbei bspw. Kooperationsverträge geschlossen, die auch den Austausch von (Boden-)Daten unter den Akteuren beinhalten, so bestehen möglicherweise Auskunftsansprüche oder gegenseitige Zugangsrechte zwischen den Akteuren hinsichtlich der Datenbestände. Dies muss den Anforderungen an ein »rechtliches Mittel« genügen. Die Geltendmachung von materiell-rechtlichen Auskunftsansprüchen bzw. die Ausübung von Zugangsrechten muss daher im Kontext der Landwirtschaft 4.0 als eine Maßnahme der verantwortlichen datenverarbeitenden Stelle angesehen werden, die vernünftigerweise zur Identifizierung der betroffenen Person eingesetzt wird. Die Frage, was unter einem rechtlichen Mittel überhaupt zu verstehen ist, wird von der Entscheidung des EuGH daher nicht völlig unbeantwortet gelassen. In dieser Hinsicht ist der Kritik der Literatur nur mit Einschränkungen zuzustimmen.

(b) Unbilligkeit der erzielten Ergebnisse

Abseits dieser Kritik an der Unklarheit wird die Sinnhaftigkeit einer Beschränkung auf legal erreichbares Drittwissen in Teilen des Schrifttums jedoch auch insgesamt infrage gestellt: Nach diesem Kriterium führte nämlich Drittwissen, das auf illegale Weise erlangt würde bzw. werden könne, nicht zur Identifizierbarkeit der betroffenen Person, obwohl sie faktisch sehr wohl gegeben sein könne.

392 A. A. offenbar *Mantz/Spittka*, NJW 2016, 3582; so auch *Ziebarth*, in: Sydow/Marsch, DS-GVO, Art. 4 Rn. 37, der aber i. E. wie nach hier vertretener Ansicht davon ausgeht, dass die bloß abstrakte Möglichkeit nicht ausreichend ist.

393 In diese Richtung BGH, Beschl. v. 28.10.2014 – VI ZR 135/13 = GRUR Int. 2015, 296 (299) – *IP-Adressen*; zust. *Baumgartner*, ZD 2023, 402 (403).

Hierdurch würde das Schutzniveau für Betroffene sogar abgesenkt, da auf illegale Weise erlangte Daten datenschutzrechtlich überhaupt nicht relevant wären. Dies sei kein sinnvolles Ergebnis, da gerade bei rechtswidrig erlangten Daten das Schutzbedürfnis oft besonders groß sei.[394] Über diese berechtigte Kritik hinaus ist das Kriterium der Legalität auch deshalb ungeeignet, weil es für die Beantwortung der Frage nach seinem Vorliegen für sich genommen bereits eine Vorfrage darstellt, ob das möglicherweise zu berücksichtigende Drittwissen als solches bereits vom Datenschutzrecht erfasst wird. Mit anderen Worten: Es könnte einer dritten Stelle aus datenschutzrechtlichen Gründen verboten sein, der datenverarbeitenden Stelle Informationen zur Verfügung zu stellen. Für die datenverarbeitenden Stelle bestünden dann aufgrund dieses datenschutzrechtlichen Verbots keine rechtlichen Mittel im beschriebenen Sinn, auf dieses Wissen der dritten Stelle zuzugreifen. Um dies herauszufinden, müsste die Anwendbarkeit des Datenschutzrechts auf die Drittinformation aber vorfragemäßig geklärt werden. Diese Prüfung wäre jedoch in sich zirkulär, denn die Frage nach dem Vorliegen rechtlichen Mittels zur Heranziehung dieser Drittinformationen dient ja gerade der Feststellung der Anwendbarkeit des Datenschutzrechts.[395]

(c) Unvereinbarkeit mit technologieneutralem Ansatz der DS-GVO

Die dargelegten Zweifel am Legalitätskriterium erscheinen seit dem Inkrafttreten der DS-GVO umso berechtigter. Die DS-RL, auf welcher das BDSG a. F. beruhte, stellte gemäß ihrem Erwägungsgrund 26 noch darauf ab, ob das Drittwissen vernünftigerweise eingesetzt würde, um die betroffene Person zu bestimmen. Demgegenüber kommt es nach dem neuen Erwägungsgrund 26 der DS-GVO für die Identifizierbarkeit nunmehr einzig darauf an, ob das Drittwissen wahrscheinlich genutzt wird, wobei auch die zum Zeitpunkt der Verarbeitung verfügbare Technologie und technologische Entwicklungen zu berücksichtigen sind.[396] Vor allem *Krügel* wies vor diesem Hintergrund schon früh darauf hin, dass eine Beschränkung auf legal erreichbares Drittwissen mit dem Wegfall des Vernunftelements nicht mehr ohne Weiteres mit der DS-GVO zu vereinbaren sei.[397] Es mag zwar, jedenfalls aus moralischer Sicht, vernünftig erscheinen, nur legale Möglichkeiten der Erreichung zusätzlicher Informationen zu nutzen. Die Befolgung moralischer

---

394 *Hacker*, Datenprivatrecht, S. 109; *Klar/Kühling*, in: Kühling/Buchner, DS-GVO Art. 4 Nr. 1 Rn. 29; jüngst auch *Sütthoff*, Datenschutzkonforme Anwendung Künstlicher Intelligenz, S. 58; in diese Richtung auch *Klabunde/Horváth*, in: Ehmann/Selmayr, DS-GVO, Art. 4 Rn. 17.

395 So – auch zum Vorstehenden insg. – auch *Karg*, in: NK-DatenschutzR, DS-GVO, Art. 4 Nr. 1 Rn. 64.

396 Dies hob zutr. jüngst auch *Sütthoff*, Datenschutzkonforme Anwendung Künstlicher Intelligenz, S. 57, besonders hervor.

397 Vgl. zutr. *Krügel*, ZD 2017, 455 (459); so auch *Sütthoff*, Datenschutzkonforme Anwendung Künstlicher Intelligenz, S. 56f.

Vorgaben wird aber oftmals dort zweitrangig sein, wo illegale und möglicherweise nur schwer nachverfolgbare Praktiken aus ökonomischer Sicht lohnenswert erscheinen. Der rechtstatsächliche Befund, dass Unternehmen oftmals unter Verstoß gegen datenschutzrechtliche Vorgaben agieren, beweist, dass ein Rückgriff auf illegale Praktiken als wahrscheinlich anzusehen ist und somit auch illegal erreichtes bzw. nur rechtswidrig erreichbares Drittwissen einbezogen werden muss.[398] Dies gilt erst recht, wenn man bedenkt, dass die Möglichkeiten des Zugriffs und der Verknüpfung verschiedener Daten miteinander durch Big Data und IoT-Technologien stetig größer und leichter verfügbar werden. Die Wahrscheinlichkeit der Verwendung jeglichen, und damit auch nur rechtswidrig erreichbaren, Drittwissens wird insofern zukünftig nur noch weiter zunehmen.[399]

Dass derartige Entwicklungen nichts an ihrer Anwendbarkeit ändern sollen, zeigt das der DS-GVO zugrunde liegende Prinzip der Technologieneutralität. Nach diesem soll die Anwendbarkeit nicht davon abhängen, ob personenbezogene Daten manuell oder automatisiert verarbeitet werden.[400] Vor allem die Verwendung neuartiger Technologien soll daher nicht dazu führen können, dass Datenschutzrechtsvorschriften umgangen werden.[401] Verknüpft man diese Prämisse mit dem geschilderten Gebot, für die Beurteilung der Wahrscheinlichkeit auf den zum Zeitpunkt der Verarbeitung verfügbaren Stand der Technik abzustellen,[402] zeigt sich, dass die Beantwortung der Frage der Identifizierbarkeit nach der Vorstellung der DS-GVO stets ein »dynamischer Prozess« ist, wie *Karg* zutreffend beschreibt.[403] Eine statische und generelle Beschränkung ex ante auf legal zugängliche Informationen erscheint hiermit unvereinbar.

(d) Abschließende Stellungnahme

Nach alledem ist der Kritik des Schrifttums insgesamt zuzustimmen. Das Kriterium der Legalität des Zugriffs auf Drittinformationen ist nicht mit den Vorgaben der DS-GVO vereinbar und soll somit nicht auf sie übertragen werden. Ausschlaggebend hierfür ist vor allem das historisch-systematische Argument ihrer Technologieneutralität. Dieses Prinzip stellt sicher, dass datenschutzrechtliche

398 *Janal*, ZGE 15 (2023), 1 (5f.); *Karg*, in: NK-DatenschutzR, DS-GVO, Art. 4 Nr. 1 Rn. 64, der zudem Beispiele für Datenschutzverstöße von Unternehmen nennt.

399 *Klabunde/Horváth*, in: Ehmann/Selmayr, DS-GVO, Art. 4 Rn. 17, die darauf hinweisen, dass der Begriff der Identifizierbarkeit durch den technologieneutralen Ansatz der DS-GVO »dynamisiert« werde; *Krügel*, ZD 2017, 455 (459); *Spindler/Dalby*, in: Spindler/Schuster, Recht der elektronischen Medien, DS-GVO, Art. 4 Rn. 9.

400 DS-GVO, ErwGr. 15 S. 2.

401 *Spindler/Dalby*, in: Spindler/Schuster, Recht der elektronischen Medien, DS-GVO, Art. 2 Rn. 3.

402 DS-GVO, ErwGr. 26 S. 4.

403 Vgl. ausdrückl. *Karg*, in: NK-DatenschutzR, DS-GVO, Art. 4 Nr. 1 Rn. 63; so auch *Klabunde/Horváth*, in: Ehmann/Selmayr, DS-GVO, Art. 4 Rn. 17.

Vorgaben auch im Umfeld von Big Data und IoT-Technologien gelten und dass die Wahrscheinlichkeit der Hinzuziehung von Drittinformationen im Rahmen der Frage nach der Identifizierbarkeit einer betroffenen Person stets am jeweiligen Stand der Technik gemessen wird. Die so begründete Außerachtlassung des Legalitätskriteriums ist ferner, ohne Rücksicht auf die möglicherweise unterschiedlichen Bedürfnisse einzelner Sektoren,[404] auch normativ geboten, da auf diese Weise die wertungsmäßig nicht überzeugende Verkürzung des Anwendungsbereichs der DS-GVO verhindert wird.[405]

(3) Zwischenergebnis

Die Anforderungen an die Identifizierbarkeit unter der DS-GVO weichen nur geringfügig von denen an die Bestimmbarkeit im Sinne des BDSG a. F. ab. Eine Übertragung des von der Rechtsprechung eingeführten Kriteriums des rechtlichen Mittels ist nach hier vertretener Auffassung jedoch nicht mit der DS-GVO zu vereinbaren. Übereinstimmend mit den aufgeführten Literaturstimmen wird daher auf dieses Merkmal verzichtet.

e) Fazit

Die Ergebnisse der zuvor dargestellten Diskussion um den Personenbezug von Geodaten können mit Modifikationen auch für die Beantwortung der Frage nach dem Personenbezug landwirtschaftlicher Bodendaten unter der Geltung der DS-GVO herangezogen werden. Uneingeschränkt kann dabei der sog. kontextbezogene Ansatz zur Feststellung der Beziehbarkeit fruchtbar gemacht werden. Es wird somit geprüft, ob Bodendaten einen Inhalts-, Zweck- oder Ergebnisbezug zu der jeweiligen Person aufweisen. Die Identifizierbarkeit ebendieser als zweite zentrale Bedingung des Personenbezugs soll bei landwirtschaftlichen Bodendaten, abweichend von der herrschenden Auffassung im Geodatendiskurs aber in Übereinstimmung mit der herrschenden Literaturauffassung und der Rechtsprechung in der allgemeinen datenschutzrechtlichen Diskussion, hingegen relativ bestimmt werden. Dabei wird, wie dargestellt, auf das von der Rechtsprechung eingeführte Legalitätskriterium verzichtet. Demnach wird die Identifizierbarkeit in zwei Fällen bejaht: Entweder, das datenverarbeitende Unternehmen verfügt selbst über Zusatzinformationen, die eine Identifizierung der betroffenen Person erlauben, oder aber eine dritte Stelle verfügt über derartige Informationen und diese sind für das datenverarbeitende Unternehmen unter Berücksichtigung der im Verarbeitungszeitpunkt verfügbaren technischen Mittel tatsächlich, also ohne einen un-

404 Dazu *Hoffman-Riem*, Recht im Sog der digitalen Transformation, S. 161f.
405 *Karg*, in: NK-DatenschutzR, DS-GVO, Art. 4 Nr. 1 Rn. 65.

verhältnismäßigen Aufwand, jedoch ohne Rücksicht auf ein Erlaubt- oder Verbotensein, hinzuziehbar.

4. Untersuchung einzelner Kategorien landwirtschaftlicher Bodendaten

Auf dieser Grundlage werden im Folgenden bereits exemplarisch genannte Bodendatenarten, die typischerweise im Kontext von Landwirtschaft 4.0-Sachverhalten verarbeitet werden,[406] einzelfallbasiert auf ihre datenschutzrechtliche Relevanz hin untersucht. Dabei wird zunächst nur darauf eingegangen, inwiefern überhaupt ein Bezug zwischen der jeweiligen Bodendatenart und einer Person begründet werden kann. Anschließend wird in einem zweiten Schritt die Frage der Identifizierbarkeit ebendieser Personen erörtert, da in dieser Hinsicht keine zwingenden Unterschiede zwischen den einzelnen Datenarten bestehen.

a) Vermessungsdaten über Größe, Grenzen und Lage des Grundstücks

Bedeutsam sind zunächst Vermessungsdaten bzgl. Größe, Grenzen und Lage eines Grundstücks, welche auch als (Geo-)Basisdaten bezeichnet werden.[407] Von behördlicher Seite werden derartige Daten unter anderem im Liegenschaftskataster gesammelt, welches durch Informationen über die Eigentumsverhältnisse an dem vermessenen Grundstück ergänzt wird.[408] Aufgrund dieses Bezugs zu den Eigentumsverhältnissen ist daher nach den jeweiligen landesrechtlichen Vorschriften die Darlegung eines berechtigten Interesses eines Antragstellers nötig, um Zugang zu diesen Informationen zu erhalten.[409] Diese Voraussetzung bezweckt gerade auch den Schutz des Rechts auf informationelle Selbstbestimmung der eingetragenen Personen und verfolgt damit dasselbe Ziel wie das Datenschutzrecht.[410]

Jedenfalls im Ausgangspunkt weisen Vermessungsdaten für sich genommen zu der Person des Landwirts keinen Inhaltsbezug auf, da sie keine Aussage über ihn oder sein Verhalten enthalten. Mit Blick auf den, möglicherweise personenverschiedenen, Eigentümer des Grundstücks können sie jedoch insb. Zweckbezug

---

406 Die Auswahl orientiert sich insb. an den beispielhaften Auflistungen von *Härtel*, NuR 2019, 577 (583); *dies.*, Regeln für Agrardaten, S. 35.

407 Vgl. *Härtel*, NuR 2019, 577 (583); *dies.*, Regeln für Agrardaten, S. 32; s. ferner z. B. § 2 Abs. 2 VermKatG NRW, § 2 Abs. 1 i. V. m. § 5 VermG BW.

408 *ULD Schleswig-Holstein*, Datenschutzrechtliche Rahmenbedingungen für die Bereitstellung von Geodaten, S. 67f.

409 Bspw. § 5 Abs. 2 Nr. 2 NVermG oder § 14 Abs. 2 VermKatG NRW.

410 *Kriesten*, ZFV 2020, 67 (68); *Wilsch*, in: BeckOK GBO § 12 Rn. 2, m. w. N.

aufweisen und dadurch datenschutzrechtlich relevant werden.[411] Dies ist vor allem in Fällen denkbar, in denen sie als Parameter für die Bewertung und Prognose der wirtschaftlichen Lage und Leistungsfähigkeit des jeweiligen Eigentümers verwendet werden (sog. Geoscoring).[412] Neben anderen Möglichkeiten, Scoring-Maßnahmen in der Landwirtschaft 4.0 einzusetzen,[413] kommen in Bezug auf Bodendaten insb. Agrarlandinvestoren sowie Banken und Versicherungen als Unternehmen in Betracht, deren Geschäftsmodelle von Geoscoring auf Grundlage von Bodendaten profitieren können.[414] So könnten bspw. Agrarflächen systematisch aufkaufende Investoren anhand der Vermessungsdaten den Wert eines Grundstücks bestimmen und hierüber Einblicke in die Vermögensverhältnisse und damit in die mutmaßliche Verhandlungsstärke des Eigentümers gewinnen.[415] Dies kann dem Eigentümer in Verhandlungen, z. B. über die Veräußerung des Grundstücks, möglicherweise zum Nachteil gereichen, denn die (zumindest teilweise) Kenntnis seiner wirtschaftlichen Verhältnisse hat eine Informationsasymmetrie zwischen den Parteien zur Folge. Diese könnte vonseiten der Investoren bspw. genutzt werden, um den Kaufpreis niedrig zu halten.

Bei solchen Scoring-Verfahren ist jedoch genau zwischen dem Daten-Input einerseits und dem Daten-Output andererseits zu differenzieren,[416] um die Art des Bezugs zu der betroffenen Person richtig zu qualifizieren. Die zur Generierung dieses Scoring-Ergebnisses verarbeiteten Eingabedaten (Daten-Input) treffen als solche, wie beschrieben, keine Aussage über den Eigentümer des Grundstücks, da sie bloß als – möglicherweise einige von mehreren – Parameter zur Berechnung des Scoring-Werts genutzt werden. Ihnen kommt daher kein Inhaltsbezug zu. Nach dem hier zugrunde gelegten Ansatz der *Artikel-29-Datenschutzgruppe* ist der Grund für die Bejahung der Beziehbarkeit auf die Person des Eigentümers in

411 A. A. offenbar *ULD Schleswig-Holstein*, Datenschutzrechtliche Rahmenbedingungen für die Bereitstellung von Geodaten, S. 67f., wo aufgrund einer – nicht näher dargelegten – Auswirkung derartiger Daten auf Rechte und Interessen des betroffenen Eigentümers scheinbar nur von Ergebnisbezug ausgegangen wird.

412 *Kritikos*, Precision agriculture in Europe, S. 15; *Schild*, in: BeckOK DatenschutzR, DS-GVO, Art. 4 Rn. 26f.; i. E. so auch *Weichert*, DuD 2007, 113 (118), der dies aber nicht in die Kategorien von Inhalts-, Zweck- und Ergebnisbezug einordnet; allg. den Personenbezug der für Scoring verwendeten Daten bejahend *Krönke*, Öffentliches Digitalwirtschaftsrecht, S. 465f.; zur Funktionsweise des Scorings am Beispiel der *Schufa* zudem *Buchner*, Informationelle Selbstbestimmung im Privatrecht, S. 121f.

413 Vgl. *Härtel*, NuR 2020, 439 (445), die als Beispiele für Scoring in der Landwirtschaft 4.0 KI-basierte Wartungssysteme für Landmaschinen, KI-gestützte Handelsplattformen für den automatisierten Vertrieb von Agrarerzeugnissen sowie die automatisierte Erstellung von Beihilfebescheiden im Agrarverwaltungsrecht nennt.

414 *Härtel*, Regeln für Agrardaten, S. 35; dazu bereits oben, S. 48f.

415 In diese Richtung *Härtel*, NuR 2019, 577 (583); *dies.*, Regeln für Agrardaten, S. 32, 35; *Wiseman et al.*, NJAS 90/91 (2019), S. 9.

416 Implizit auch *Krönke*, Öffentliches Digitalwirtschaftsrecht, S. 466.

einem solchen Fall vielmehr der auf die Beurteilung des Eigentümers gerichtete Verwendungszweck der Datenverarbeitung.[417] Das Ergebnis des Scoring-Verfahrens (Daten-Output) trifft dagegen unmittelbar eine Aussage über den Eigentümer als Person, da es seine Eigenschaften beschreibt. Diesem Scoring-Ergebnis kommt mithin Inhaltsbezug zu, sodass dieses Datum bereits aufgrund seines Inhalts als personenbezogen anzusehen ist.[418]

Es sind indes auch Fälle denkbar, in denen die Verarbeitung von Vermessungsdaten eines Grundstücks weder Inhalts-, noch Zweck- oder Ergebnisbezug aufweisen. Pachtet ein Landwirt bspw. Agrarflächen von einem Eigentümer und lässt von diesen Flächen durch einen Drittanbieter bspw. ein digitales Geländemodell zur besseren Planung von Anbau und Ernte erstellen, werden ebenfalls Daten über Größe, Grenzen und Neigung erhoben. Werden diese jedoch erstens nicht mit weiteren Daten kombiniert und zweitens ausschließlich zum Zweck der Erstellung des vom Landwirt bestellten Geländeprofils verarbeitet, besteht hinsichtlich der Person des Grundstückseigentümers kein Bezug. Diese Beurteilung ändert sich allerdings, wenn der Drittanbieter noch weitere Zwecke verfolgt und die erhobenen Daten bspw. an Vierte weitergibt, welche sie wiederum z. B. zu Scoring-Zwecken nutzen. Hieran zeigt sich die Bedeutung des Geschäftsmodells und des damit verbundenen Zwecks der Datenverarbeitung für die Beurteilung des Personenbezugs eines Bodendatums.

b) Daten über Bodenbeschaffenheit

Von besonderem Interesse sind ferner Daten, die Auskunft über die Beschaffenheit des Bodens geben.[419] Hierunter fallen z. B. Daten, die über Bodenfeuchtigkeit, Bodendichte, Nährstoffgehalt und Schädlingsbefall informieren. Diese Daten geben für sich betrachtet nur Auskunft über den Status quo der jeweils betrachteten Teilfläche des Bodens. Die EU-Kommission geht im Fall von Daten zur Bodenfeuchtigkeit ohne ersichtliche Ausnahme davon aus, dass diese keinen Personenbezug aufweisen. Eine nähere Begründung wird dafür nicht gegeben.[420]

---

417 Vgl. *Artikel-29-Datenschutzgruppe*, WP 136, S. 11f.; *Martini*, Blackbox Algorithmus, S. 199, der in Bezug auf Profiling-Verfahren aber Beispiele für Eingabedaten gibt, denen nach hiesigem Verständnis bereits aufgrund des Inhaltsbezugs zur betroffenen Person Personenbezug zukäme.

418 Vgl. in dieser Hinsicht auch OVG NRW, Urt. v. 29.04.2021 – 1 A 1343/19 = ZD 2022, 68 (69), welches einem Immobilien-Beweissicherungsgutachten in Bezug auf den Eigentümer Personenbezug aufgrund Inhaltsbezugs beimaß, da das Gutachten Rückschlüsse auf dessen Vermögensverhältnisse erlaube; i. E. so auch allgemein bzgl. Profiling-Ergebnissen *Martini*, Blackbox Algorithmus, S. 198, der aber nicht zwischen Inhalts-, Zweck- und Ergebnisbezug differenziert.

419 *Härtel*, NuR 2019, 577 (583); *dies.*, Regeln für Agrardaten, S. 31f.

420 Vgl. COM(2017) 9 final, S. 9.

aa) Bodeneigenschaften als Ergebnis des Bewirtschaftungsverhaltens

Bei Daten zur Bodenfeuchtigkeit ist aber, wie bei Daten zu anderen Bodeneigenschaften auch, zu berücksichtigen, dass sie durch das Bewirtschaftungsverhalten des Landwirts veränderbar sind und somit auch Rückschlüsse auf das Verhalten des Landwirts möglich sein können.[421] Enthält ein Datensatz bspw. historische und aktuelle Feuchtigkeitsdaten über eine bestimmte Teilfläche, so kann ein Abgleich dieser Daten, unter Berücksichtigung der (ebenfalls durch Daten aufgezeichneten) Wetterverhältnisse für den zwischen den Daten liegenden Zeitraum, bspw. über die Häufigkeit und den Umfang der Bewässerung durch den Landwirt Aufschluss geben. Durch das Zusammenziehen von Daten, das in Big Data-Sachverhalten oft automatisch stattfindet,[422] kann daher einem Datum, welches der bloßen Beschreibung einer Sacheigenschaft im Status quo dient, bereits eine verhaltensbeschreibende Komponente innewohnen.[423] Der Status quo kann mithin gewissermaßen als Ergebnis des Bewirtschaftungsverhaltens des Landwirts angesehen werden. Daher ändert sich an der Beurteilung auch dann nichts, wenn der Landwirt die Teilfläche überhaupt nicht bewirtschaftet hat. Denn auch dann gibt das Datum in entsprechender Weise über sein Untätigbleiben Auskunft. Zum Beispiel können Daten über die Bodenfeuchtigkeit einer Teilfläche daher Inhaltsbezug zur Person des Landwirts aufweisen. Dies gilt jedenfalls dann, wenn sie mit weiteren Daten kombiniert werden und nicht als Rohdaten isoliert betrachtet werden.[424]

Nicht nur Inhalts- sondern auch Zweckbezug zu dem betroffenen Landwirt ist ferner dann gegeben, wenn die Daten über das Bewirtschaftungsverhalten genutzt werden, um den Landwirt in seinen Fähigkeiten zu bewerten.[425] Denkbar ist dies bei Geschäftsmodellen, die Prognosen über die Erträge und somit über die Rentabilität des landwirtschaftlichen Betriebes insgesamt erstellen (z. B. im Versicherungswesen).[426]

421 *Härtel*, Regeln für Agrardaten, S. 31f.; *Martínez*, AUR 2021, 122 (127).

422 Zu den Eigenschaften von Big Data bereits oben, S. 30ff.

423 Zum Vorstehenden insg. *Härtel*, NuR 2019, 577 (583); *dies.*, Regeln für Agrardaten, S. 32; *Martínez*, AUR 2021, 122 (127); allg. auch *Specht*, GRUR Int. 2017, 1040 (1042), die für Bodenbeschaffenheitsdaten den Personenbezug ablehnt, aber auf die allg. Möglichkeit von dessen Herstellung durch Verknüpfung mit anderen Daten hinweist.

424 So jdf. i. E. *Härtel*, Regeln für Agrardaten, S. 31f.; *dies.*, in: Frenz, HdB. Industrie 4.0, S. 441; *dies.*, NuR 2019, 577 (583); *Kritikos*, Precision agriculture in Europe, S. 14ff., der durchweg die Relevanz der Verknüpfung von Datensätzen für die Beurteilung des Personenbezugs betont.

425 *Härtel*, NuR 2019, 577 (583); *dies.*, Regeln für Agrardaten, S. 31f.; *dies.*, in: Frenz, HdB. Industrie 4.0, S. 441; *Kritikos*, Precision agriculture in Europe, S. 16; *ULD Schleswig-Holstein*, Datenschutzrechtliche Rahmenbedingungen für die Bereitstellung von Geodaten, S. 63f.

426 *Karg*, DuD 2010, 824 (828); *Kritikos*, Precision agriculture in Europe, S. 15.

bb) *Unterscheidung zwischen veränderlichen und unveränderlichen Bodeneigenschaften?*

Auf dieser Grundlage kann Personenbezug, jedenfalls in Form des Inhaltsbezugs, bei Daten über Bodeneigenschaften, die nicht durch Bewirtschaftungsverhalten des Landwirts verändert werden können, verneint werden. Darunter fallen bspw. Daten über die Bodenstruktur oder Gesteinsschichten im Ober- und Unterboden. Bei ihnen kann eine Beziehbarkeit nicht über Rückschlüsse auf Bewirtschaftungsverhalten und -fähigkeiten des Landwirts begründet werden, da einzig über natürliche Gegebenheiten Auskunft gegeben wird. Bei solchen Daten erscheint eine Anwendung des Datenschutzrechts auch wertungsmäßig nicht geboten.

Jedenfalls im Ausgangspunkt erscheint daher die Differenzierung zwischen Daten, die sich auf veränderliche Bodeneigenschaften beziehen und solchen, die sich auf unveränderliche Bodeneigenschaften beziehen, als Weichenstellung bei der Beurteilung des Personenbezugs von Daten, die Auskunft über Bodeneigenschaften geben, sachgerecht. Diese Differenzierung steht im Einklang mit der zuvor dargestellten Auffassung *Weicherts*, der den Personenbezug eines Geodatums davon abhängig machen will, wie sehr die betroffene Person Einfluss auf die Sacheigenschaft ausgeübt hat.[427]

Eine derartige Differenzierung funktioniert jedoch nur, wenn man sich bei der Begründung des Personenbezugs auf den Inhaltsbezug beschränkt. Auch bei Daten, die Auskunft über unveränderliche Bodeneigenschaften geben, kann dennoch eine inhaltliche Verknüpfung mit der Person des Landwirts im Sinne eines Zweck- oder Ergebnisbezugs hergestellt werden. Das *ULD Schleswig-Holstein* nennt das Beispiel eines Datums, das in kleinflächigem Maßstab Auskunft über die Bodenschichten und das vorhandene Gestein gibt. Dieses Datum ermögliche die Beurteilung des potenziellen (Miss-)Erfolgs einer landwirtschaftlichen Nutzung der Fläche, weshalb ihm Personenbezug zukomme.[428] Diese nicht näher begründete Einschätzung trifft zu, denn mit einem solchen Datum (selbst in seiner Rohfassung, d. h. ohne sonstige Aufbereitung oder Kombination mit weiteren Daten) kann die Eignung der Fläche für verschiedene Nutzungsarten bewertet werden. Das Datum weist deshalb zu der Person des Grundstückseigentümers einen Ergebnisbezug auf, da es Auskunft darüber gibt, für welche Zwecke jener sein Grundstück nutzen kann und für welche nicht.[429]

Von Bedeutung ist auch bei Daten über unveränderliche Bodeneigenschaften insb. deren Verknüpfung mit anderen Arten von (Agrar-)Daten, ganz gleich, ob jene für sich genommen bereits Personenbezug aufweisen (z. B. GPS- und Fahr-

427 Vgl. *Weichert*, DuD 2007, 113 (117); dazu oben, S. 89f.

428 Vgl. *ULD Schleswig-Holstein*, Datenschutzrechtliche Rahmenbedingungen für die Bereitstellung von Geodaten, S. 63.

429 In diese Richtung auch OVG NRW, Urt. v. 29.04.2021 – 1 A 1343/19 = ZD 2022, 68f.

zeugdaten aus Traktoren[430]) oder nicht (z. B. Wetterdaten[431]).[432] *Karg* nennt in dieser Hinsicht das Beispiel eines Datums, das über sandige Böden in einer Region Auskunft gibt. Werde dieses datenschutzrechtlich zunächst nicht relevante Sachdatum mit – datenschutzrechtlich für sich genommen ebenfalls irrelevanten – Daten über die Regenwahrscheinlichkeit kombiniert und von einer Versicherung benutzt, um die Ernteausfallwahrscheinlichkeit eines konkreten Landwirts und damit die Höhe seines Versicherungsbeitrags zu berechnen, werde es jedoch zu einem personenbezogenen Datum.[433]

Wandelt man dieses Beispiel indes ab und lässt nicht eine Versicherung diese Daten zur Berechnung von Ernteausfallwahrscheinlichkeiten nutzen, sondern einen Düngemittelhersteller, der mit ihnen Düngemittel für trockene Böden eben jener Region entwickeln möchte, fällt die Beurteilung des Personenbezugs wiederum anders aus: Die bloßen Informationen über die an sich unveränderliche Sandigkeit der Böden und die Regenwahrscheinlichkeit lassen keinen Rückschluss auf das Bewirtschaftungsverhalten des Landwirts zu, sodass ein Inhaltsbezug nicht besteht. Die Datenverarbeitung dient zudem weder der Bewertung des Landwirts (z. B. dessen wirtschaftlicher Lage) noch der Beeinflussung seines Verhaltens, sodass auch kein Zweckbezug gegeben ist. Auch eine sonstige Auswirkung auf Rechte und Interessen des Landwirts (oder Grundstückseigentümers) durch diese Art der Verarbeitung ist nicht ersichtlich, sodass auch ein Ergebnisbezug zu verneinen ist. Die Absicht des Düngemittelherstellers, ein auf Basis der Bodendaten entwickeltes Produkt letztlich an den Landwirt zu verkaufen, kann für die Annahme einer solchen Auswirkung nicht genügen. Ansonsten wären sämtliche Daten, die im weitesten Sinne zur Vorbereitung von Vertragsabschlüssen genutzt werden, als personenbezogen hinsichtlich des potenziellen Vertragspartners anzusehen.

---

430 Diese Daten sind unzweifelhaft personenbezogen, da sie Aussagen treffen über das Benutzungsverhalten des Landwirts und dieser über die Haltereigenschaft typischerweise auch identifizierbar ist, *Hartmann*, LIBREAS 36 (2019), S. 15; *Martínez*, AUR 2021, 122 (127); *Schild*, in: BeckOK DatenschutzR, DS-GVO, Art. 4 Rn. 21.

431 *Kritikos*, Precision agriculture in Europe, S. 14; *Specht*, GRUR Int. 2017, 1040 (1042); *Specht-Riemenschneider*, in: Specht-Riemenschneider/Riemenschneider/Schneider, Internetrecht, S. 189; *ULD Schleswig-Holstein*, Datenschutzrechtliche Rahmenbedingungen für die Bereitstellung von Geodaten, S. 66. Im Fall ihrer Kombination bleiben diese Wetterdaten als bloße Kombinationsdaten nach hier vertretener Auffassung nicht personenbezogene Daten; a. A. *Weichert*, DuD 2007, 113 (117), der davon ausgeht, dass das Zusammenführen eines personenbezogenen Datums mit anderen Daten diese hinsichtlich des Personenbezugs »infizier[e]«; ähnlich *Ehmann*, in: Ehmann/Selmayr, DS-GVO, Art. 15 Rn. 31, nach dem Daten, die sich auf die verarbeiteten personenbezogenen Daten beziehen, an deren Personenbezug »teilnehmen«.

432 So jdf. in Bezug auf das sog. Verschneiden mit personenbezogenen Daten *Weichert*, DuD 2007, 113 (117).

433 Vgl. *Karg*, DuD 2010, 824 (828, 831).

Wiederum abweichend zu beurteilen wäre allerdings der Fall, in dem Daten über die Sandigkeit des Bodens von den Sensoren einer Landmaschine erhoben, in Echtzeit aufbereitet und genutzt werden, um dem Landwirt auf ihrer Basis Empfehlungen für Düngung und Bewässerung zu geben. In diesem Fall wäre der Personenbezug zu bejahen.[434] Ihre Verarbeitung zielte in dieser Fallgestaltung nämlich darauf ab, das Bewirtschaftungsverhalten des Landwirts zu beeinflussen, weshalb ein Zweckbezug zur Person des Landwirts besteht. Ohne Bedeutung ist dabei, dass diese Empfehlung von dem Landwirt selbst womöglich ausschließlich als hilfreich bewertet wird.

cc) Zwischenergebnis

Die Beispiele verdeutlichen die enorme Relevanz des Verwendungszwecks und Geschäftsmodells sowie der Verknüpfung auch bei Daten, die Angaben über Bodeneigenschaften machen, für die Frage nach dem Personenbezug. In ganzheitlicher Hinsicht ist die angedachte Differenzierung zwischen beeinflussbaren und nicht beeinflussbaren Bodeneigenschaften für eine trennscharfe Beurteilung der Personenbezogenheit letztlich nicht leistungsfähig.

c) Orthofotografien

Regelmäßig werden, ähnlich zu dem eingangs gegebenen Fallbeispiel,[435] im Rahmen der Landwirtschaft 4.0 mithilfe von Drohnen Bilder eines Ackerschlags aus der Vogelperspektive angefertigt.[436] Diese sog. Orthofotografien sind nützlich z. B. für die Kontrolle des Zustands des Ackerschlags sowie der darauf angebauten Pflanzen und können als Grundlage zur Erstellung von Applikationskarten dienen.[437] Zwar werden derartige Orthofotografien auch in staatlich geführten Geodatenportalen angeboten,[438] die Bildqualität ist jedoch bei Drohnen, die Aufnahmen oft aus wenigen Metern Höhe anfertigen, zumeist deutlich höher als bei den dort angebotenen Satellitenaufnahmen.[439]

Für ihre datenschutzrechtliche Beurteilung ist im Ausgangspunkt festzustellen, dass auf den Bildern nur das äußere Erscheinungsbild des Grundstücks bzw. eines Grundstücksausschnitts von oben dargestellt wird. Ist in der Aufnahme keine

---

434 *Kritikos*, Precision agriculture in Europe, S. 15.

435 Dazu oben, S. 28.

436 *Härtel*, Regeln für Agrardaten, S. 32.

437 *Paetow*, in: Wendl, Ackerbau – technische Lösungen für die Zukunft, S. 31; *Spickermann*, LSA Verm 2020, 7 (11f.).

438 So z. B. beim Landesamt für Geoinformation und Landesvermessung Niedersachsen: https://www.lgln.niedersachsen.de/startseite/geodaten_karten/luftbildprodukte/digitale_orthophotos/digitale%20-orthophotos-des-atkis-atkis-dop-aktuell-und-historisch-142273.html (zuletzt abgerufen am 28.11.2024).

439 *Paetow*, in: Wendl, Ackerbau – technische Lösungen für die Zukunft, S. 31.

Person (z. B. der Landwirt) zu erkennen,[440] liegt damit also eine bloße optische Darstellung der Sache vor, die für sich genommen eine reine Sachinformation ist. Außerhalb eines bestimmten Kontexts beantwortet die Aufnahme nämlich lediglich die Frage, wie die Immobilie von oben aussieht, und enthält darüber hinaus keine weitere Information.[441] Wertungsmäßig sind sie daher grundsätzlich vergleichbar mit Aufnahmen, die die Straßenansicht von Häusern abbilden. Auch bei ihnen wird aus objektiver Sicht nämlich nur das optische Erscheinungsbild der Kameraumgebung wiedergegeben.

aa) Google Earth-*Rechtsprechung des LG Itzehoe*

Während derartige Aufnahmen, wie bspw. *Google Street View* sie zur Verfügung stellt, die Rechtsprechung bereits häufiger beschäftigt haben[442] hat sich in datenschutzrechtlicher Hinsicht bislang, soweit ersichtlich, einzig das LG Itzehoe mit privat erhobenen Orthofotografien, nämlich denen des *Google*-Dienstes *Earth*, auseinandersetzen müssen. In dem der Entscheidung zugrunde liegenden Sachverhalt begehrte ein Ehepaar Unterlassung von dem Unternehmen *Google*, welches in seinem Satellitendienst *Earth* Bilder des Grundstücks, in dem das Ehepaar wohnte, zeigte. Der Anspruch wurde dabei unter anderem auf §§ 823 Abs. 1, 1004 Abs. 1 Satz 2 BGB analog i. V. m. dem allgemeinen Persönlichkeitsrecht in seiner Ausprägung als Recht auf informationelle Selbstbestimmung gestützt.[443] Bei der knappen Prüfung, ob mit dem Dienst personenbezogene Daten verarbeitet werden, beschränkt sich das Gericht, wie auch schon viele Beiträge im Rahmen der dargestellten Geodatendiskussion,[444] auf das Merkmal der Identifizierbarkeit der betroffenen Person. Dieses, und damit den Personenbezug der Aufnahmen insgesamt, sieht das Gericht als gegeben an, wenn eine Erkennbarkeit der betroffenen Person durch Dritte gegeben sei, in diesem Fall z. B. durch Nachbarn und Freunde der das Grundstück bewohnenden Kläger. Gegen die Annahme von Personenbezug spreche hingegen der Umstand, dass das Hausgrundstück der Kläger

440 Ansonsten ist der Personenbezug der Aufnahme evident gegeben, BayVGH, Beschl. v. 15.02.2024 – 4 CE 23.2267 = ZD 2024, 293 (295); *Atik/Martens*, JIPITEC 12 (2021), 370 (380 Fn. 65); *Kritikos*, Precision agriculture in Europe, S. 15; *Sütthoff*, Datenschutzkonforme Anwendung Künstlicher Intelligenz, S. 197, die zudem auf die Notwendigkeit der Erkennbarkeit der Person bei Bilddaten explizit hinweist.

441 Zum Vorstehenden insg. *Krügel*, ZD 2017, 455 (457f.).

442 Vgl. LG Waldshut-Tiengen, Urt. v. 28.10.1999 – 1 O 200/99 = MMR 2000, 172ff. (best. durch OLG Karlsruhe, Urt. v. 16.03.2000 – 4 U 145/99); LG Köln, Urt. v. 13.01.2010 – 28 O 578/09 = NJOZ 2010, 1933ff.; LG Berlin, Urt. v. 13.09.2010 – 37 O 363/10 (best. durch KG, Beschl. v. 25.10.2010 – 10 W 127/10 = MMR 2011, 414f.); LG Detmold, Urt. v. 12.10.2011 – 12 O 153/10 = BeckRS 2013, 15095.

443 Zu der Frage nach der Existenz und Herleitung eines Unterlassungsanspruchs im Anwendungsbereich der DS-GVO unten, S. 152ff.

444 Dazu oben, S. 88ff.

»in anonymer Form« abgebildet werde.[445] Indem es auf jegliche Nutzer des Services und deren Fähigkeiten (d. h. auch deren Wissen), die dort genannte Adresse aufzusuchen, abstellt, folgt das Gericht offenbar der absoluten Theorie der Identifizierbarkeit. Legt man deren Verständnis zugrunde, kann indes gerade nicht von einer Anonymisierung im Sinne der DS-GVO ausgegangen werden, nur weil die Darstellung des Grundstücks ohne Namensangabe der dort wohnenden Personen erfolgte. Eine Anonymisierung im Sinne der DS-GVO erfordert nämlich gerade, dass ein Bezug zur betroffenen Person von keiner Person mehr hergestellt werden kann bzw. einen, unter Berücksichtigung der zur Verfügung stehenden Technologie, unverhältnismäßig großen Aufwand an Zeit und Kosten erfordern würde.[446] Dies ist gerade nach der vom Gericht zugrunde gelegten Sach- und Rechtslage nicht gegeben, weil es stets Nutzer des Services geben wird, für die die Identifizierung keinerlei Aufwand bedeuten wird (z. B. die vom Gericht genannten Nachbarn und Freunde der Kläger).[447]

Die endgültige Beantwortung der Frage nach dem Personenbezug ließ das LG Itzehoe letztlich jedoch offen und entschied stattdessen über den Weg der Rechtswidrigkeit bzw. Rechtfertigung: Selbst wenn man den Personenbezug der Aufnahmen bejahe, könne *Google* mit seinem Geodienst *Earth* jedenfalls ein berechtigtes Interesse nach Art. 6 Abs. 1 lit. f) DS-GVO für sich geltend machen. Für dessen Feststellung sei, neben der Feststellung des berechtigten Interesses an sich, eine Interessenabwägung der gegenüberstehenden Interessen durchzuführen. Darin stehen dem Recht der Grundstücksbewohner auf informationelle Selbstbestimmung sowohl die von Art. 12 und Art. 14 GG geschützte Freiheit wirtschaftlicher Betätigung als auch *Googles* Informationsfreiheit nach Art. 5 Abs. 1 GG gegenüber. Das Gericht räumte dabei den Interessen *Googles* Vorrang gegenüber denen der Bewohner ein und begründet dies im Wesentlichen mit der geringen Persönlichkeitsrelevanz der Aufnahmen: Ein Bezug zu den das abgebildete Grundstück bewohnenden Personen sei zwar an sich herstellbar, jedoch sei dies ein Umstand, der für sämtliche Bewohner anderenorts abgebildeter Wohngrundstücke zutreffe. Insofern enthalten die Aufnahmen keine Aussage über die im konkreten Fall klagenden Bewohner, welche nicht auch beliebig auf jede anderenorts wohnende Person übertragbar sei. Hinzu komme, dass die Aufnahmen aus dem allgemein zugänglichen öffentlichen Raum (dem Weltraum) heraus aufgenommen worden seien und, trotz Angabe der Adressen, jedenfalls keine unmittelbare Verknüpfung mit dem Namen der Bewohner abgebildeter Grundstücke ermöglichten. Insofern

445 LG Itzehoe, Urt. v. 11.06.2020 – 10 O 84/20 = ZUM-RD 2020, 541 (546f.).
446 Statt vieler *Ernst*, in: Paal/Pauly, DS-GVO, Art. 4 Rn. 49f.
447 In diese Richtung (im Hinblick auf Katasterkarten) und dem Hinweis auf die fehlenden Auswirkungen der Pseudonymisierung auf den Personenbezug auch VG Wiesbaden, Urt. v. 04.11.2019 – 6 K 460/16.WI = BeckRS 2019, 33849 Rn. 51.

stellten die Aufnahmen lediglich ein »Abbild der sozialen Realität« dar, an deren Verhinderung vonseiten der klagenden Grundstücksbewohner nur ein unterzuordnendes Interesse bestehe.[448]

Mit der Entscheidung, die Frage nach dem Personenbezug offen zu lassen und stattdessen direkt die Prüfung eines berechtigten Interesses vorzunehmen, befindet sich die Rechtsprechung des LG Itzehoe auf einer Linie mit Urteilen der Landgerichte Waldshut-Tiengen und Berlin, welche die Verarbeitung von Aufnahmen, die die Straßenansicht von Häusern abbilden, aus denselben Gründen jedenfalls als gerechtfertigt ansahen.[449] Die Tatsache, dass das Gericht nur äußerst begrenzt (und zudem in Anbetracht der Anforderungen der DS-GVO an die Anonymität von Daten wohl unzutreffend) auf Gründe eingeht, die gegen einen Personenbezug der *Google-Earth*-Aufnahmen sprechen könnten, lässt allerdings eine Neigung des Gerichts erkennen, sie als personenbezogene Daten zu klassifizieren.[450]

bb) Rückschlüsse für Orthofotografien i. R. d. Landwirtschaft 4.0

Auch wenn das Gericht sich in der Kernfrage letztlich nicht explizit festlegte, ist seine Entscheidung für die Bewertung des Personenbezugs von Orthofotografien in der Landwirtschaft 4.0 dennoch wertvoll. Indem das Gericht die in der Geodatendiskussion herrschende Auffassung zum personenbezogenen Verarbeitungskontext nicht heranzieht und stattdessen direkt auf die Frage der Identifizierbarkeit eingeht, übersieht es, dass sehr wohl auch bei Geodiensten wie *Google Earth* Aussagen über die Bewohner eines Grundstücks getroffen werden können. Zu Recht nennt *Kriesten* in dieser Hinsicht Beispiele wie ein Trampolin als Indiz für das Vorhandensein von Kindern oder einen Swimmingpool als Hinweis auf vorhandenes Vermögen.[451] Solchen Aufnahmen kommt daher, da sie eine Aussage über die dort wohnende Person treffen, jedenfalls Inhaltsbezug zu ihr zu.[452]

---

448 Zum Vorstehenden insg. LG Itzehoe, Urt. v. 11.06.2020 – 10 O 84/20 = ZUM-RD 2020, 541 (547).

449 Vgl. LG Waldshut-Tiengen, Urt. v. 28.10.1999 – 1 O 200/99 = MMR 2000, 172ff. (best. durch OLG Karlsruhe, Urt. v. 16.03.2000 – 4 U 145/99); LG Berlin, Urt. v. 13.09.2010 – 37 O 363/10 (best. durch KG, Beschl. v. 25.10.2010 – 10 W 127/10 = MMR 2011, 414f.). Demgegenüber bejaht das LG Köln eindeutig den Personenbezug von Straßenaufnahmen, vgl. LG Köln, Urt. v. 13.01.2010 – 28 O 578/09 = NJOZ 2010, 1933ff.; vgl. dazu auch *Kriesten*, ZFV 2021, 340 (341).

450 So auch *Kriesten*, ZFV 2021, 340 (341).

451 Vgl. *Kriesten*, ZFV 2021, 340 (341); ähnlich auch *Kritikos*, Precision agriculture in Europe, S. 15.

452 In dieser Hinsicht überzeugend ist daher das Urteil des LG Berlin, Urt. v. 27.01.2022 – 26 O 177/21 = ZD 2023, 109, welches in der Adresseingabe in *Google Maps* kein personenbezogenes Datum sah. Dieses führe zwar zur Darstellung des Grundstücks, das sich an der eingegebenen Adresse befindet, mangels weiterer Angaben (z. B. Namen der dort wohnenden Personen oder Angaben über Eigentums- und Mietverhältnisse) sei kein hinreichender Personenbezug vor-

Dies gilt erst recht für Fälle der Landwirtschaft 4.0: In Bezug auf den Eigentümer von Agrarflächen lässt eine Orthofotografie bspw. nämlich erkennen, zu welchen Zwecken dieser sein Grundstück benutzt (unabhängig davon, ob er die Flächen selber bewirtschaftet oder sie hierfür an einen Landwirt verpachtet) und zwar sogar ohne dass es der Hinzuziehung weiterer Daten bedürfte.[453] Alleine die von der Fotografie vermittelte Erkenntnis über die Verwendung des Grundstücks bewirkt, dass zwischen der (im zweiten Schritt sodann noch zu identifizierenden) Person des Eigentümers und der Sachinformation ein Inhalts- und auch Ergebnisbezug besteht.[454] Hinsichtlich des Landwirts können möglicherweise, ähnlich wie bei den Daten über die Bodenbeschaffenheit, Rückschlüsse auf sein Bewirtschaftungsverhalten gezogen werden, sofern auf einer Aufnahme die Art der Bepflanzung erkennbar ist. Gegebenenfalls vorhandene schädlingsbedingte Lücken im Pflanzenbestand können auch hier, je nach Geschäftsmodell des datenverarbeitenden Unternehmens, genutzt werden, um die Ernteausfallwahrscheinlichkeit zu berechnen und damit die wirtschaftliche Situation des landwirtschaftlichen Betriebs zu beurteilen.[455] Das Vorliegen sowohl von Inhalts- als auch Zweck- und Ergebnisbezug ist daher sowohl hinsichtlich des Landwirts als auch (sofern personenverschieden) des Eigentümers möglich und (abermals) abhängig vom Einzelfall und Geschäftsmodell bzw. Intention des verarbeitenden Unternehmens.

Blendet man die im zweiten Schritt zu beantwortende, und offenbar häufig für weitaus zentraler gehaltene, Frage nach der Identifizierbarkeit der betroffenen Person vorläufig aus, so ist darüber hinaus festzustellen, dass die Ergebnisse der vom LG Itzehoe und den anderen Instanzgerichten vorgenommenen Interessenabwägung demgegenüber nicht so problemlos auf die Beurteilung privat erhobener Orthofotografien in der Landwirtschaft 4.0 übertragbar sind. Das Gericht argumentiert, sehr ähnlich zu der in der Geodatendiskussion von *Weichert*

---

handen. Das Gericht differenzierte dabei indes nicht hinreichend zwischen der Beziehbarkeit und der Identifizierbarkeit. Die Frage des Namens ist dabei letzterer Kategorie zuzuordnen, während es bei der Beziehbarkeit um die inhaltliche Verbindung zwischen Sache (Grundstück) und betroffener Person geht. Wer die betroffene Person dann ist, ist erst im zweiten Schritt zu beurteilen. Hier argumentierte das Gericht daher nicht hinreichend differenziert. Jedenfalls für die bei *Google Maps* voreingestellte Kartenansicht ist das Ergebnis aber dennoch korrekt, da die bloße kartenmäßige Darstellung keinerlei Rückschlüsse über die dort lebende Person oder die Person des Eigentümers des Grundstücks zulässt. Dies ändert sich jedoch dann, wenn die sog. Ebenen-Funktion von *Google Maps*, bei welcher die voreingestellte Kartenansicht in ein Satellitenbild umgeschaltet werden kann, genutzt wird. Inhaltlich sind diese Aufnahmen zu denen von *Google Earth* sehr ähnlich, sodass dann o. g. Ausführungen gelten. Welche Ansicht genau vom LG Berlin beurteilt wurde, geht aus der Entscheidung indes nicht hervor.

453 *Weichert*, DuD 2007, 113 (118).

454 Vgl. in dieser Hinsicht OVG NRW, Urt. v. 29.04.2021 – 1 A 1343/19 = ZD 2022, 68f.

455 In diese Richtung *Härtel*, Regeln für Agrardaten, S. 35.

vertretenen Auffassung,[456] mit der fehlenden Persönlichkeitsrelevanz der von *Google Earth* verarbeiteten Bilder und deren beliebiger Übertragbarkeit auf Dritte. Dies kann jedoch nicht behauptet werden, wenn von Agrardienstleistern Orthofotografien ausschließlich von Flächen eines konkreten landwirtschaftlichen Betriebs angefertigt werden. Die daraus gewonnenen Informationen haben, wie dargestellt, nämlich durchaus Persönlichkeitsrelevanz in Form von Inhalts- und Ergebnisbezug in Bezug auf den Landwirt und den Eigentümer und sind zudem in dieser Hinsicht auch nicht beliebig auf Dritte übertragbar. Die im Umfeld der fotografierten Flächen liegenden Agrarflächen können sich nämlich in Zustand und Nutzungsweise unterscheiden, sodass die aus den Aufnahmen gezogenen Rückschlüsse nicht auch für die jeweils anderen betroffenen Personen gelten. Zugleich ist die Intensität des Persönlichkeitsbezugs bei Drohnenaufnahmen aufgrund der höheren Bildqualität im Vergleich mit *Google Earths* Satellitenaufnahmen möglicherweise viel höher. Dabei ist auch zu berücksichtigen, dass derartige Drohnenaufnahmen nicht aus dem Weltall, sondern aus nächster Nähe über dem Feld aufgenommen werden. Es kann daher auch bezweifelt werden, dass die Orthofotografien aus einem allgemein zugänglichen Bereich, wie das LG Itzehoe es für Satellitenaufnahmen feststellte,[457] angefertigt werden.

Schließlich muss für den Bereich der Landwirtschaft 4.0 auch berücksichtigt werden, dass nicht nur das Recht auf informationelle Selbstbestimmung des betroffenen Eigentümers bzw. Landwirts an sich in die Abwägung einzubeziehen ist, sondern ebenfalls sein Recht auf freie unternehmerische Betätigung. Art. 6 lit. f) DS-GVO setzt nämlich voraus, dass die Interessen, die vonseiten des Verantwortlichen an der Datenverarbeitung bestehen, mit den Interessen, Grundrechten und Grundfreiheiten des Betroffenen, die den Schutz personenbezogener Daten erfordern, abzuwägen sind. Damit ist nicht nur das Recht auf informationelle Selbstbestimmung gemeint, sondern auch sonstige Grundrechte, die durch die Datenverarbeitung mittelbar beeinträchtigt werden können, wozu auch das Recht auf freie unternehmerische Betätigung gehört.[458] Dieses schützt nicht nur das Ob wirtschaftlicher Betätigung, sondern auch das Wie und somit die Art und Weise der Unternehmensführung sowie die Verwendung verfügbarer Ressourcen.[459] Daten, die Rückschlüsse über z. B. das Bewirtschaftungsverhalten eines Landwirts oder die wirtschaftliche Lage seines Betriebs ermöglichen, betreffen aber gerade das Wie der wirtschaftlichen Betätigung. Werden diese Daten im Zuge der Anfertigung von Orthofotografien erhoben und anschließend weitergegeben, um sie z. B. zum Zweck des Scorings des Landwirts weiterzuverarbeiten, liegt die (drohende) Beein-

456 Dazu oben, S. 89f.
457 Vgl. LG Itzehoe, Urt. v. 11.06.2020 – 10 O 84/20 = ZUM-RD 2020, 541 (543).
458 *Reimer*, in: Sydow/Marsch, DS-GVO, Art. 6 Rn. 83.
459 *Jarass*, EU-Grundrechte-Charta, Art. 16 Rn. 10.

trächtigung des Landwirts in seinem Recht auf freie unternehmerische Betätigung auf der Hand. Da diese auf die Erhebung der Bodendaten zurückgeht, bezweckt das Recht auf freie unternehmerische Betätigung in diesem Kontext mithin auch den Schutz personenbezogener Daten, wie Art. 6 lit. f) DS-GVO es voraussetzt, sodass es als zusätzlich für den Landwirt bzw. Grundstückeigentümer streitende Rechtsposition in der Abwägung mit zu berücksichtigen ist.

cc) Zwischenergebnis

Insgesamt ist somit zu resümieren, dass bei Orthofotografien im Kontext der Landwirtschaft 4.0 je nach Geschäftsmodell und Perspektive des verarbeitenden Unternehmens insb. ein Inhalts- und/oder Ergebnisbezug zur Person des Landwirts und/oder des Grundstückseigentümers oft gegeben sein wird. Es handelt sich in derartigen Fällen somit nicht um bloße Sachdaten. Unabhängig von der noch zu thematisierenden Frage nach der Identifizierbarkeit kann ferner nicht ohne Weiteres davon ausgegangen werden, dass eine ungefragte Erhebung und Weiterverarbeitung von Orthofotografien im Wege einer Interessenabwägung nach Art. 6 lit. f) DS-GVO gerechtfertigt ist.

d) Zwischenergebnis zu der Einordnung der verschiedenen Bodendatenarten

Die Untersuchung der verschiedenen Arten landwirtschaftlicher Bodendaten zeugt von den vielfältigen Möglichkeiten, eine Beziehbarkeit zwischen einem (scheinbaren) Sachdatum und der Person des Grundstückseigentümers oder Landwirts herzustellen. Hinsichtlich der Person des Landwirts liegt sie zumeist darin, dass das Datum Auskunft über sein Verhalten gibt (dann hat das Bodendatum Inhaltsbezug zu ihm) oder dass es eine Beurteilung seines Betriebs, z. B. dessen wirtschaftlicher Lage, ermöglicht (dann hat es Zweck- und/oder Inhaltsbezug). In Bezug auf den Eigentümer der betrachteten Flächen (sofern nicht personenidentisch mit dem Landwirt) ist vor allem die Bewertung seiner Vermögensverhältnisse (dann ist insb. Zweckbezug gegeben) relevant. Es hat sich daher gezeigt, dass die Bodendaten oftmals nicht als bloße Sachdaten anzusehen sind, da diese sehr wohl Aussagen über eine natürliche Person treffen können und sich mithin auf diese »beziehen«, wie Art. 4 Nr. 1 DS-GVO es voraussetzt. Bei der Feststellung der Art dieser Beziehbarkeit hat das Geschäftsmodell des jeweils datenverarbeitenden Agrarunternehmens große Bedeutung. Von ihm wird nämlich der Zweck, zu dem das Bodendatum verarbeitet wird, vorgegeben, was für die Qualifikation des Betroffenseins der Person in ihrem Recht auf informationelle Selbstbestimmung relevant ist. Insofern ist die bereits mehrfach genannte Beobachtung von *Kritikos*, dass der Zweck und Kontext der Verarbeitung bei Agrardaten allgemein für die Frage nach dem Personenbezug von Bedeutung seien,[460] gerade auch für Bodendaten zutreffend.

Ferner ist auch das vor allem von *Härtel*, *Kritikos* und *Martínez* betonte Zusammenziehen eines Bodendatums mit anderen Daten bereits für die Beziehbarkeit zu der jeweils betroffenen Person von zentraler Bedeutung. Durch die Kombination mehrerer Datensätze miteinander werden häufig nämlich Rückschlüsse auf das Bewirtschaftungsverhalten des Landwirts ermöglicht.[461] Ein Personenbezug ist in dieser Hinsicht vor allem dann abzulehnen, wenn verschiedene (Roh-)Daten nicht miteinander verknüpft werden. Dann handelt es sich nämlich um ein schlicht sachbeschreibendes Datum ohne Personenbezug jeglicher Art. Da aber gerade in der Verknüpfung verschiedener Daten miteinander das Potenzial für Wertschöpfung liegt,[462] wird die isolierte Verarbeitung von Rohdaten aus praktischer Sicht perspektivisch immer seltener vorkommen.

e) Identifizierbarkeit des Landwirts oder Grundstückseigentümers

In einem zweiten Schritt ist zu klären, ob die Person, zwischen welcher und dem jeweiligen Bodendatum ein Inhalts-, Zweck- oder Ergebnisbezug besteht, auch identifizierbar ist. Erst dann handelt es sich bei dem Bodendatum um ein personenbezogenes Datum.

Unproblematisch ist im Ausgangspunkt die Beurteilung sämtlicher Daten, die namentliche Auskunft über die Person des Eigentümers der betrachteten Fläche geben. Ein solches Datum enthält nämlich das Merkmal des Namens gem. Art. 4 Nr. 1 DS-GVO und führt in Kombination mit dem Ortsbezug zur Identifikation der bezeichneten Person. Auf diese Art von Bodendaten sind datenschutzrechtliche Vorschriften somit anwendbar.[463]

Ist eine namentliche Erwähnung des Grundstückseigentümers oder Landwirts nicht gegeben, so kommt es auf die Identifizierbarkeit an. Für deren Beurteilung wird, wie zuvor dargestellt, sowohl ein relativer Maßstab zugrunde gelegt als auch auf eine Beschränkung auf legal erreichbares Drittwissen verzichtet.[464] Eine Person ist demnach sowohl dann identifizierbar, wenn dem jeweils bodendatenverarbeitenden Agrarunternehmen selbst die Informationen zur Verfügung stehen, die eine Identifikation der betroffenen Person zulassen, als auch dann, wenn das Unternehmen zwar nicht selbst, wohl aber eine Dritte Stelle über solche Informationen verfügt, und diese unter Zugrundelegung der dem Unternehmen im jewei-

460 Dazu mit entspr. Nachweisen oben, S. 83.
461 Dazu mit entspr. Nachweisen oben, S. 83.
462 Dazu oben, S. 45f.
463 So auch *Härtel*, NuR 2019, 577 (583); *dies.*, Regeln für Agrardaten, S. 32.
464 Dazu oben, S. 100ff.

ligen Zeitpunkt verfügbaren technischen Mittel ohne unverhältnismäßig großen Aufwand an Zeit, Arbeitskraft und Kosten faktisch, d. h. ohne Rücksicht auf dessen Legalität oder Illegalität, hinzuziehbar sind. Hieran zeigt sich, dass das Zusammenziehen verschiedener Daten(-sätze) somit gleich doppelte Relevanz hat, denn sie ist in Big Data-Sachverhalten neben der Beziehbarkeit auch für die Frage der Identifizierbarkeit der betroffenen Person von besonderer Bedeutung.[465]

Legt man dieses subjektive bzw. relative Verständnis zugrunde, ist zunächst festzuhalten, dass auch die Frage der Identifizierbarkeit nicht allgemeingültig, sondern nur im Einzelfall beantwortet werden kann. Im Folgenden sollen aber zumindest Möglichkeiten angedeutet werden, die datenverarbeitenden Agrarunternehmen zur Verfügung stehen können und den Landwirt oder Grundstückseigentümer für sie identifizierbar machen. Hierbei handelt es sich nur um einzelne Beispiele, die verdeutlichen sollen, wie leicht die Identifizierung der betroffenen Person fallen kann. Die tatsächlichen Möglichkeiten sind dabei wohl noch weitaus zahlreicher und komplexer, können aber ohne die Kenntnis der im Einzelfall verfügbaren technischen Möglichkeiten eines verantwortlichen Unternehmens nicht dargestellt werden.

aa) Traditionelle Identifizierungsmöglichkeiten

(1) Auswertung vorhandener Datenbestände

Naheliegend ist zunächst, dass Agrarunternehmen Informationen aus bereits bestehenden Datenbeständen benutzen. In Betracht kommen dafür bspw. Rückschlüsse über Dritte aus Vertragsdokumenten. Ebenso denkbar ist es, dass der Landwirt selbst Informationen wie Name, Adresse etc. zur Verfügung stellt, wenn er sich bspw. in Software oder Cloud einloggt, um Smart Farming-Anwendungen, z. B. Drohnen, zu nutzen.[466] Als Beispiel kann zudem erneut[467] ein Landwirt dienen, der das von ihm bewirtschaftete Grundstück von einem Eigentümer gepachtet hat und nun einen Drittunternehmen mit der Erstellung eines digitalen Geländeprofils der bewirtschafteten Flächen beauftragt. Möchte das Drittunternehmen die Berechtigung des Landwirts, das Grundstück untersuchen und vermessen zu lassen, nachgewiesen wissen und lässt sich zu diesem Zweck den Pachtvertrag vorlegen, hat es Zugriff auf die Information des Namens des Eigentümers. Verwertet das Unternehmen die zur Erstellung des Geländeprofils erhobenen Rohdaten zu Sco-

465 In diesem Sinne auch *Härtel*, NuR 2019, 577 (583); *dies.*, Regeln für Agrardaten, S. 32; *dies.*, NuR 2020, 439 (444f.); *Martínez*, AUR 2021, 122 (127).

466 *Wilde-Detmering*, in: Taeger, Die Macht der Daten und der Algorithmen, S. 424.

467 Siehe zum leicht abgewandelten Beispiel oben, S. 107.

ring-Zwecken weiter oder lässt dies durch Vierte tun, haben die dadurch erstellten Informationen Personenbezug, da die Identifizierung des Grundeigentümers dann möglich ist.

In ähnlicher Weise ist die Herstellung von Personenbezug mithilfe von Daten, die aus anderen Kundenbeziehungen hinzugezogen werden können, denkbar. Zur Veranschaulichung kann das folgende Beispiel dienen:

> Landwirt A bedient eine mit Kameras ausgestattete, von Hersteller C hergestellte Drohne, um damit Orthofotografien seiner Ackerflächen zu erstellen. Die Aufnahmen werden nicht lokal im Speicher der Drohne gespeichert, sondern in einer Cloud, welche über eine von C betriebene Online-Plattform zugänglich ist. In dieser Cloud sammelt C sämtliche Daten, die von Kunden zur Verfügung gestellt oder in sonstiger Weise bei diesen erhoben werden, und wertet sie aus. In den Randbereichen des von A bewirtschafteten Grundstücks erfassen die Drohnenkameras auch große Teile der Flächen des von Landwirt B bewirtschafteten Nachbargrundstücks, der ebenfalls Kunde bei C ist, aber bereits seit langer Zeit keine aktuellen Orthofotografien seiner Flächen mehr angefertigt und in die Cloud hochgeladen hat.

Durch die von Landwirt A angefertigten Aufnahmen der Teilflächen des Landwirts B kann C nun, wie zuvor im Rahmen der Beziehbarkeit von Orthofotografien beschrieben, Rückschlüsse auf aktuelles Bewirtschaftungsverhalten und wirtschaftliche Lage des Betriebs des B ziehen, wenn er die aktuellen Aufnahmen mit historischen Aufnahmen der Flächen des B abgleicht und auswertet. Der B ist für C auch ohne Weiteres identifizierbar, da C aufgrund seiner eigenen Vertragsbeziehungen zu B dessen Personen- und Adressdaten zu den ortsbezogenen Drohnenaufnahmen hinzuziehen kann. Mit Blick auf den Landwirt B, der im Beispielsfall gar nichts von den Aufnahmen wusste, haben diejenigen Aufnahmen, die auch dessen Flächen abbilden, daher Personenbezug zu diesem.

Damit, anders als im vorgenannten Beispiel, keine Identifizierbarkeit des B möglich ist, müssen Unternehmen auf technischem Wege proaktiv sicherstellen, dass unterschiedliche Datensätze bzw. -bestände nicht miteinander kombiniert werden können. Geschieht dies nicht, ist im Zweifel davon auszugehen, dass Identifizierbarkeit auch dann gegeben ist, wenn die Daten in jeweils getrennten Datensätzen gespeichert sind.[468]

(2) Hinzuziehung von Registerwissen

Abseits dieser Beispiele ist jedenfalls die Identifizierung des Grundstückseigentümers im Wege der Einsichtnahme in das Grundbuch bzw. Liegenschaftskataster möglich. Diese setzt aber, jedenfalls in Deutschland, die Darlegung eines berech-

468 *Laue/Nink/Kremer*, in: dies., Datenschutzrecht in der betrieblichen Praxis, § 1 Rn. 16.

tigten Interesses an der Einsichtnahme vonseiten des Einsichtswilligen voraus.[469] Als berechtigt in diesem Sinne können zwar auch wirtschaftliche Interessen anzusehen sein, dieses wird aber überwiegend in Fällen bejaht, in denen das Grundstück selbst Gegenstand einer Verfügung werden oder sich z. B. ein Überblick über bestehende Belastungen des Grundstücks verschafft werden soll.[470] Das Interesse eines Agrarunternehmens, herauszufinden, wer der Eigentümer der Flächen ist, über die es gerade Daten erhoben hat, dürfte damit nicht gleichzusetzen sein. Vor diesem Hintergrund sind die Inhalte von Grundbuch und Liegenschaftskataster regelmäßig nicht als Informationen Dritter (nämlich der registerführenden Stellen) anzusehen, die vonseiten eines datenverarbeitenden Unternehmens ohne unverhältnismäßigen Aufwand für die Identifizierung hinzugezogen werden können. Die Möglichkeit, den Eigentümer mittels Registereinsicht zu identifizieren, ist daher regelmäßig als rein theoretische zu betrachten. Solche sollen aber gerade nicht mehr für die Bejahung der Identifizierbarkeit genügen.[471] Stehen keine anderen Möglichkeiten zur Identifikation des Eigentümers zur Verfügung, ist das über ihn Aussagen treffende aber nicht identifizierende Bodendatum mithin als nicht personenbezogen anzusehen.

Dennoch ist nicht völlig auszuschließen, dass Unternehmen anderweitig Zugang zu Datenbeständen haben, die ähnlich zu den genannten Registern Auskunft geben über die Eigentumsverhältnisse an zahlreichen Grundstücken geben.[472] Ist eine solche Möglichkeit im Einzelfall tatsächlich gegeben, ist die Identifizierbarkeit des Grundstückseigentümers ohne Weiteres zu bejahen. Dabei ist nicht von Bedeutung, ob derartige Zugriffsmöglichkeiten rechtswidrig wären oder nicht. Wie zuvor dargelegt, ist die Beschränkung auf nur legal erreichbare Drittinformation nicht mit den Maßstäben der DS-GVO zu vereinbaren.[473] Ferner ist zu berücksichtigen, dass das deutsche Recht auf Grundbucheinsicht mitunter strenger ist als dasjenige des EU-Auslands. So bedarf eine Grundbucheinsicht bspw. in Österreich oder Frankreich keiner Darlegung eines berechtigten Interesses und ist ohne Weiteres für jedermann möglich.[474] Eine Identifizierbarkeit durch Hinzu-

469 Vgl. für das Grundbuch § 12 Abs. 1 Satz 1 GBO und für das Liegenschaftskataster die entsprechenden landesrechtlichen Vorschriften, bspw. § 5 Abs. 2 Nr. 2 NVermG oder § 14 Abs. 2 VermKatG NRW.

470 *Wilsch*, in: BeckOK GBO, § 12 Rn. 5 mit vertiefenden Hinweisen auf die Rechtsprechung zu dieser Frage.

471 *Gola*, in: Gola/Heckmann, DS-GVO, Art. 4 Rn. 22 m. w. N.; *Schild*, in: BeckOK DatenschutzR, DS-GVO, Art. 4 Rn. 18.

472 Diese Einsicht in die unternehmerische Praxis verdanke ich einem Gespräch mit *T. Steckel*, das ich am Rande einer Konferenz zu den Musterbedingungen des BMEL für Datennutzungsverträge in der Landwirtschaft an der Universität Osnabrück am 21.09.2023 führen durfte.

473 Siehe oben, S. 100ff.

474 *Wilsch*, in: BeckOK GBO, § 12 Rn. 111, 114, jew. m. w. N.

ziehung von Registerwissen ist in ausländischen Sachverhalten daher oftmals völlig unproblematisch gegeben.

bb) Zunahme der Identifizierungsmöglichkeiten

In die Beurteilung der Identifizierbarkeit sind, wie bereits mehrfach erwähnt, insb. die dem jeweils verantwortlichen Unternehmen zur Verfügung stehenden technischen Möglichkeiten mit einzubeziehen. Dies ist vor allem für die Berücksichtigung von Drittwissen relevant. In dieser Hinsicht wird im Schrifttum regelmäßig auf die stetig zunehmenden Möglichkeiten der (Re-)Identifizierung durch Big Data-Technologien hingewiesen.[475] Die in den soeben genannten Beispielen beschriebene manuelle Verknüpfung und Auswertung verschiedener Daten erfolgt heutzutage vollständig automatisiert. Für diese Entwicklung wirken Datenplattformen wie Katalysatoren, da sie einen leichten Zugang zu großen Datenmengen ermöglichen und den Austausch von Daten zwischen verschiedenen Akteuren innerhalb einer Branche oder darüber hinaus fördern.[476] Auch in der landwirtschaftlichen Praxis werden solche Plattformen erprobt. Ein Beispiel dafür ist das digitale Ökosystem *Agri-Gaia*, welches sowohl den Austausch von Daten als auch von KI-Algorithmen zwischen Akteuren der Agrar- und Ernährungsindustrie ermöglicht.[477]

Diese Kooperation zwischen einzelnen Akteuren bei der Benutzung von Daten wirkt sich zwar positiv auf die Wertschöpfung aus,[478] führt aber gleichzeitig dazu, dass eine theoretisch exponentiell wachsende Zahl von Akteuren Zugriff auf die erhobenen Daten erlangen und unter Hinzuziehung der ihnen jeweils zur Verfügung stehenden Zusatzinformationen zur Identifizierung des betroffenen Landwirts oder Eigentümers nutzen kann. Parallel dazu bewirkt die breite plattformbasierte Zurverfügungstellung aller Arten von Agrardaten wiederum eine drastische Vergrößerung des dem jeweiligen Agrarunternehmen ohne unverhältnismäßigen Aufwand zur Verfügung stehenden Zusatzwissens an sich.

---

475 Vgl. z. B. *Boehme-Neßler*, DuD 2016, 419 (422); *Hackenberg*, in: Hoeren/Sieber/Holznagel, HdB. Multimedia-Recht, Teil 15.2 Rn. 53; *Härtel*, NuR 2019, 577 (583); *dies.*, Regeln für Agrardaten, S. 32; *dies.*, NuR 2020, 439 (444f.); *Karg*, in: NK-DatenschutzR, DS-GVO, Art. 4 Nr. 1 Rn. 61; *Laue/Nink/Kremer*, in: dies., Datenschutzrecht in der betrieblichen Praxis, § 1 Rn. 18; *Martini*, DVBl 2014, 1481 (1483); *Weichert*, Big Data und Datenschutz, S. 16.

476 *Picot/Berchtold/Neuburger*, in: Kolany-Raiser et al., Big Data und Gesellschaft, S. 344f.; ferner hierzu bereits oben, S. 30ff., 45f.

477 https://www.agri-gaia.de/agri-gaia/das-oekosystem/ (zuletzt abgerufen am 25.09.2023); dieses und weitere Beispiele nennt auch *Härtel*, Regeln für Agrardaten, S. 57f.; *dies.*, NuR 2020, 439 (443).

478 Siehe dazu oben, S. 45f.

cc) *Abnahme der Anonymisierungsmöglichkeiten*

Die DS-GVO ist auf Daten, durch welche die betroffene Person von vornherein nicht identifiziert wird bzw. werden kann, ebenso nicht anwendbar wie auf Daten, bei denen der zunächst vorhandene Personenbezug nachträglich beseitigt wird.[479] Anonymisierungstechniken bieten Unternehmen somit gemeinhin die Möglichkeit, Daten dem Anwendungsbereich der DS-GVO zu entziehen.[480]

Die beschriebene Zunahme technischer Möglichkeiten zur Identifikation betroffener Personen bewirkt zugleich, dass die technischen Möglichkeiten zur Anonymisierung von Daten abnehmen.[481] Erlauben Big Data-Technologien bspw. auch bei aggregierten Daten deren Verknüpfung mit bislang isoliert bestehenden anderen aggregierten Daten oder mit Rohdaten und ist dadurch letztlich doch wieder eine Identifizierung des Landwirts oder Eigentümers möglich, verlieren Unternehmen zunehmend die genannte Möglichkeit, sich dem Anwendungsbereich der DS-GVO zu entziehen.[482] Gleichzeitig sind Situationen möglich, in denen Daten, die bislang noch als anonymisiert anzusehen waren, aufgrund der nun bestehenden Möglichkeiten wieder auf eine Person zurückführen können und insofern nachträglich nicht mehr als anonymisiert zu qualifizieren sind (auch als Re-Identifikation bzw. De-Anonymisierung bezeichnet). Die zunehmenden Verknüpfungsmöglichkeiten erzeugen daher aus unternehmerischer Perspektive nicht nur Rechtsunsicherheit mit Blick auf zukünftige Datenverarbeitungsvorgänge, sondern auch auf bereits in der Vergangenheit liegende und erfordern eine dauerhafte Überprüfung etwaiger Möglichkeiten zur De-Anonymisierung von in der Vergangenheit verarbeiteten Daten.[483] *Boehme-Neßler* geht vor diesem

---

479 DS-GVO, ErwGr. 26 S. 5.

480 *Boehme-Neßler*, DuD 2016, 419 (422); *Härtel*, NuR 2020, 439 (444); *Karg*, DuD 2015, 520 (522); *Ziebarth*, in: Sydow/Marsch, DS-GVO, Art. 4 Rn. 24 m. w. N.

481 In diesem Sinne auch *Arning/Rothkegel*, in: Taeger/Gabel, DS-GVO, Art. 4 Rn. 47f.; ferner *Karg*, DuD 2015, 520 (523) m. w. N., nach dem »die Anforderungen an die Bestimmbarkeit [einerseits] und an die Anonymität [andererseits] (...) daher kongruent sein [müssen]«.

482 In diesem Sinne *Härtel*, Regeln für Agrardaten, S. 32; *Kritikos*, Precision agriculture in Europe, S. 15; *Laue/Nink/Kremer*, in: dies., Datenschutzrecht in der betrieblichen Praxis, § 1 Rn. 16ff.; *Martínez*, in: H. Wilhelm Schaumann Stiftung, Hülsenberger Gespräche 2018, S. 146.

483 Zum Vorstehenden insg. *Arning/Rothkegel*, in: Taeger/Gabel, DS-GVO, Art. 4 Rn. 48; *Boehme-Neßler*, DuD 2016, 419 (422); *Härtel*, Regeln für Agrardaten, S. 32f.; *dies.*, NuR 2019, 577 (583); *dies.*, NuR 2020, 439 (444); *Hoffmann-Riem*, Recht im Sog der digitalen Transformation, S. 33, 164; *Klabunde/Horváth*, in: Ehmann/Selmayr, DS-GVO, Art. 4 Rn. 20; *Laue/Nink/Kremer*, in: dies., Datenschutzrecht in der betrieblichen Praxis, § 1 Rn. 16ff.; *Martini*, DVBl 2014, 1481 (1487); *Picot/Berchtold/Neuburger*, in: Kolany-Raiser et al., Big Data und Gesellschaft, S. 351 m. w. N.; die Bedeutung der Verknüpfungsmöglichkeiten im Hinblick auf die Identifizierbarkeit betont auch *Kritikos*, Precision agriculture in Europe, S. 15.

Hintergrund sogar davon aus, dass die Anonymisierung als Instrument zur Verhinderung der Anwendbarkeit des Datenschutzrechts insgesamt ausgedient habe.[484]

dd) Zwischenergebnis

Auch wenn, wie bereits gesagt, keine abschließende und generalisierende Beurteilung der Identifizierbarkeit des betroffenen Landwirts oder Grundstückseigentümers vorgenommen werden kann, ist insgesamt festzuhalten, dass die stete Weiterentwicklung technischer Möglichkeiten eine immer weitere Absenkung der Schwelle der Identifizierbarkeit nach sich zieht. Die von der DS-GVO für die Identifizierbarkeit gemachten Vorgaben werden in Fällen der Verarbeitung landwirtschaftlicher Bodendaten denkbar oft erfüllt sein. Wie die oben gebildeten Beispiele zeigen, erlaubt bereits das einem Agrarunternehmen selbst zur Verfügung stehende Wissen für sich genommen in vielen Fällen die Identifizierung des Landwirts oder Grundstückseigentümers. Aber auch in weniger offensichtlichen Fällen wird die Identifizierbarkeit oft zu bejahen sein, nämlich insb. dann, wenn Agrarunternehmen Plattformen als Bezugsquelle für Daten und Big Data-Technologien für deren Auswertung verwenden. Diese Kombination erweitert das Spektrum der ohne unverhältnismäßigen Aufwand hinzuziehbaren Drittinformationen für Agrarunternehmen nämlich erheblich, zumal, nach hier vertretener Auffassung, die Legalität oder Illegalität der Hinzuziehung bedeutungslos ist. Spiegelbildlich zu dieser Entwicklung steigen die Anforderungen an die Bejahung der Anonymität bzw. die Möglichkeit der Anonymisierung von Daten.

Die Identifizierbarkeit eines Landwirts oder Grundstückseigentümers, auf den sich das jeweilige Bodendatum inhaltlich bezieht, ist vor diesem Hintergrund nur dann zu verneinen, wenn entweder gar keine oder eine bloß theoretisch denkbare Möglichkeit der Identifizierung gegeben ist, deren Durchführung aber einen unverhältnismäßigen Aufwand erfordern würde. Ob dies technisch überhaupt noch möglich ist, und, falls ja, wann von einem solchen unverhältnismäßigen Aufwand auszugehen ist, kann wiederum nur anhand konkreter Einzelfälle, nicht aber abstrakt beurteilt werden – auch in dieser Hinsicht bestätigt sich die vor allem von *Härtel, Kritikos* und *Martínez* betone Notwendigkeit einer Einzelfallbeurteilung.[485]

5. Fazit zur Frage der Anwendbarkeit der DS-GVO auf Bodendaten

Für die Beantwortung der Frage, ob es sich bei einem landwirtschaftlichen Bodendatum um ein bloßes Sachdatum handelt oder aber um ein Datum, das sich

484 Vgl. *Boehme-Neßler*, DuD 2016, 419 (423).
485 Dazu mit entspr. Nachweisen oben, S. 83.

auf eine (in einem zweiten Schritt zu identifizierende) Person bezieht, ist die von der *Artikel-29-Datenschutzgruppe* entwickelte Unterscheidung zwischen Inhalts-, Zweck- und Ergebnisbezug eine taugliche Grundlage. Sie erlaubt eine Qualifikation der Art des Betroffenseins der Person durch die Verarbeitung des Bodendatums, da nicht alleine an dessen jeweiligem semantischen Gehalt festgehalten, sondern auch der Kontext seiner Verarbeitung berücksichtigt wird. Bereits aus diesem Verarbeitungskontext als solchem können sich Gefährdungslagen für das Recht der betroffenen Person auf informationelle Selbstbestimmung ergeben. Die auf dieser Basis vorgenommene Untersuchung einzelner Arten von Bodendaten hat ergeben, dass Bodendaten in vielen Kontexten gerade nicht als bloße Sachdaten, sondern als personenbeziehbare Daten anzusehen sind. Das Ergebnis stützt somit vor allem die eingangs geschilderte Auffassung *Härtels*, *Kritikos* sowie *Martínez*, wonach Agrardaten nicht nur in Ausnahmen, sondern in zahlreichen Fällen als personenbezogen angesehen werden können. Dennoch ist die, auch von den genannten Autoren hervorgehobene, Einzelfallabhängigkeit der Beurteilung zu berücksichtigen.[486] Zu beachten ist dabei, dass die betroffene Person nicht per se einzig der Landwirt sein muss, sondern – sofern personenverschieden – neben ihm auch (möglicherweise aber auch nur) der Grundstückseigentümer betroffen sein kann. Hieran zeigt sich die eingangs beschriebene Mehrrelationalität von landwirtschaftlichen Bodendaten.[487]

Im Einzelnen hat die Untersuchung gezeigt, dass ein Inhaltsbezug immer dann gegeben ist, wenn ein Bodendatum Verhaltensweisen der betroffenen Person beschreibt (z. B.: der Eigentümer nutzt sein Grundstück für landwirtschaftliche Zwecke bzw. lässt es von einem Dritten für diese Zwecke nutzen) oder aber zumindest Rückschlüsse auf das Verhalten (z. B.: Landwirt B bewässert die Flächen täglich) zulässt. Vor allem für letztere ist häufig die Verknüpfung mit weiteren Daten, insb. historischen Vergleichsdaten, notwendig, um den Inhaltsbezug herzustellen. Werden die Daten hingegen isoliert, d. h. als Rohdaten ohne Verknüpfung mit weiteren Daten, verarbeitet, kommt ihnen regelmäßig kein Inhaltsbezug zu. Möglich bleibt dann jedoch die Begründung des Personenbezugs über einen Zweck- oder Ergebnisbezug.[488]

Eine Aussage über (vor allem) den Eigentümer eines Grundstücks in Form des Zweckbezugs enthält ein Bodendatum dann, wenn es benutzt wird, um den Eigentümer zu bewerten. Ein wichtiges Beispiel dafür ist das sog. Scoring, das bspw. zur Beurteilung der wirtschaftlichen Lage des Eigentümers betrieben werden kann. Relevante Parameter für derartige Beurteilungen sind dabei unter anderem Vermessungsdaten über Grundstücksgröße, -grenzen und dessen Lage. Zu beach-

486 Dazu mit entspr. Nachweisen oben, S. 83.

487 Dazu oben, S. 53.

488 Dazu mit entspr. Nachweisen oben, S. 107ff., 114ff.

ten ist dabei, dass für die Bejahung des Zweckbezugs der Daten das Geschäftsmodell des verarbeitenden Unternehmens von zentraler Bedeutung ist. Erst der mit den Vermessungsdaten verfolgte Zweck der Verarbeitung führt nämlich dazu, dass sie das allgemeine Persönlichkeitsrecht des Eigentümers betrifft. Das beim Scoring produzierte Ergebnis hat dagegen bereits für sich genommen Inhaltsbezug.[489]

Hinsichtlich der im zweiten Schritt für den Personenbezug von Art. 4 Nr. 1 DS-GVO vorausgesetzten Identifizierbarkeit des betroffenen Landwirts bzw. Grundstückseigentümers werden richtigerweise nach derzeitiger Rechtslage als Mittel, die zu dessen Identifizierung wahrscheinlich genutzt werden, aus der Perspektive des verantwortlichen Agrarunternehmens sowohl eigene als auch Informationen Dritter gezählt, sofern Letztere ohne einen unverhältnismäßigen Aufwand an Zeit, Kosten und Arbeitskraft faktisch, d. h. ohne Rücksicht auf die Legalität oder Illegalität, hinzuziehbar sind. Indem sowohl das Vorhandensein eigener Informationen als auch der Aufwand für das Hinzuziehen von Drittinformationen auf diese Weise aus einer subjektiven Perspektive beurteilt werden, kann die Identifizierbarkeit ebenso wie die Beziehbarkeit nur einzelfallbasiert und nicht abstrakt beurteilt werden. Hieran zeigt sich erneut die Wichtigkeit der von *Härtel*, *Kritikos* und *Martínez* betonten Einzelfallbetrachtung.[490] Von Bedeutung sind dafür jedenfalls die klassische Auswertung und Verknüpfung bereits im jeweiligen Unternehmen vorhandener Datensätze, der (unmittelbare oder mittelbare) Zugang zu Registerinformationen, die unternehmensübergreifende Kooperation beim Austausch von Daten (z. B. über entsprechende Plattformen) sowie deren Auswertung unter Anwendung von Big Data-Technologien. Je umfangreicher und ausgefeilter die einem Unternehmen zur Verfügung stehenden Datenquellen und Auswertungstechnologien sind, desto eher ist im Zweifel von einer Identifizierbarkeit des betroffenen Landwirts bzw. Grundstückseigentümers auszugehen.[491]

Vor diesem Hintergrund kann hinsichtlich der im Einzelnen betrachteten Bodendatenarten resümiert werden, dass insb. mithilfe von Drohnen aufgenommene Orthofotografien im Kontext der Landwirtschaft 4.0 in einer großen Zahl der Fälle als personenbezogen qualifiziert werden können. Bei ihnen liegt die Beziehbarkeit regelmäßig in Form des Inhalts- oder Ergebnisbezugs zum Betroffenen vor. Die Identifizierbarkeit wird häufig gegeben sein, weil der Landwirt dem Hersteller der Drohne bzw. dem Betreiber der datenspeichernden Plattform für die Benutzung der Anwendungen entsprechende Angaben zur Verfügung stellt.[492]

489 Dazu mit entspr. Nachweisen oben, S. 105ff.
490 Dazu mit entspr. Nachweisen oben, S. 83.
491 Dazu insg. mit entspr. Nachweisen oben, S. 98ff., 118ff.
492 Dazu insg. mit entspr. Nachweisen oben, S. 111ff., 119f.

Auf Vermessungsdaten bzgl. eines landwirtschaftlich genutzten Grundstücks ist die DS-GVO dann anwendbar, wenn sie zur Bewertung seines Eigentümers verwendet werden (sollen). Für diese Beurteilung und die der Identifizierbarkeit des Betroffenen muss das Geschäftsmodell des verarbeitenden Unternehmens – und damit auch der von ihm verfolgte Verarbeitungszweck – im Einzelfall bekannt sein, um den Personenbezug »von außen« beurteilen zu können. Ist dies der Fall, so ist die Beurteilung dieser Kategorie von Bodendaten wohl am wenigsten problematisch. In denjenigen Fällen, in denen weder der Verarbeitungszweck auf die Beurteilung des Landwirts oder Eigentümers gerichtet ist, noch eine Verknüpfung mit anderen Daten stattfindet, handelt es sich bei Vermessungsdaten um reine Sachdaten ohne Personenbezug. Werden diese Daten als Input für Scoring-Verfahren eingesetzt, kommt dem Output allerdings Inhaltsbezug zu; für diesen ist das Geschäftsmodell nicht von Bedeutung.[493]

Ähnlich sind schließlich Daten einzuordnen, die Auskunft über die Bodenbeschaffenheit geben. Auch sie beziehen sich nur dann auf eine Person (in der Regel den Landwirt), wenn sie mit weiteren Daten kombiniert werden und hierdurch Rückschlüsse auf dessen Bewirtschaftungsverhalten erlauben. Werden sie isoliert als Rohdaten verarbeitet, sind sie dagegen als bloße Sachdaten ohne Personenbezug zu betrachten, da sie lediglich über den Status quo der jeweiligen Teilfläche informieren. Gleiches gilt ferner für Daten über Bodeneigenschaften, die von vornherein keiner Veränderung durch Bewirtschaftungsverhalten zugänglich sind. Eine Verarbeitung dieser Daten ist aber wiederum – wie auch bei Vermessungsdaten – zu Scoring-Zwecken denkbar, wodurch letztlich wieder ein Zweckbezug zur Person hergestellt würde. Insofern ist auch hier das Geschäftsmodell des im Einzelfall verantwortlichen Unternehmens von maßgeblicher Bedeutung.[494]

Vor dem Hintergrund dieser Ergebnisse lässt sich insgesamt keine allgemeingültige Einordnung der einzelnen Bodendatenarten als personenbezogen oder nicht personenbezogen vornehmen. Eine Tendenz hin zur regelmäßigen Bejahung von Personenbezug kann wohl insb. bei drohnengenerierten Orthofotografien gesehen werden.

III. Betroffenenrechte des Landwirts als Rechtsfolge

Geht man auf Grundlage der Ergebnisse von einem oftmals zu bejahenden Personenbezug landwirtschaftlicher Bodendaten aus, stehen dem Landwirt bzw. Grundeigentümer die Betroffenenrechte der Art. 12ff. DS-GVO zu. Aus Sicht des betroffenen Landwirts ist dabei möglicherweise der Zugang zu den Daten besonders

493 Dazu mit entspr. Nachweisen oben, S. 105ff.

494 Dazu mit entspr. Nachweisen oben, S. 107ff.

interessant. In dieser Hinsicht ist zunächst das Auskunftsrecht nach Art. 15 DS-GVO zu betrachten. Gemeinsam mit den Informationsrechten der Art. 13 und 14 DS-GVO erlaubt es dem Betroffenen einen Überblick über verarbeitete Daten und eine Prüfung der Rechtmäßigkeit der Verarbeitung, um hiervon ausgehend weitere Ansprüche geltend machen zu können.[495] Neben der Pflicht des verantwortlichen Unternehmens, die Verarbeitung personenbezogener Daten über den Betroffenen zu bestätigen und unter anderem über Verarbeitungszwecke sowie eine etwaige Offenlegung gegenüber Dritten bzw. Weitergabe an diese zu informieren, normiert die Vorschrift ein Recht des Betroffenen auf Datenkopie (Abs. 3 Satz 1). Hiernach hat der Verantwortliche dem Betroffenen eine Kopie derjenigen personenbezogenen Daten, die Gegenstand der Verarbeitung sind, zur Verfügung zu stellen, d. h. zugänglich zu machen. Im Folgenden soll erstens mit Blick auf kombinierten Daten untersucht werden, welche Daten durch den Verantwortlichen zu »kopieren« sind und zweitens, was unter einer »Kopie« in diesem Sinne überhaupt zu verstehen ist.

Als eine weitere Grundlage für ein Zugangsrecht kommt darüber hinaus auch das in Art. 20 DS-GVO normierte Recht auf Datenportabilität in Betracht. Hiernach hat der Betroffene das Recht, die personenbezogenen Daten, die er dem Verantwortlichen bereitgestellt hat, von jenem in einem strukturierten, gängigen und maschinenlesbaren Format zu erhalten, um sie ggf. an ein anderes Unternehmen zu übermitteln.

Im Anschluss an die Prüfung von etwaigen Zugangsansprüchen wird untersucht, ob dem Landwirt nach der DS-GVO zudem das Recht zusteht, die Verarbeitung von Bodendaten durch verantwortliche Unternehmen insgesamt zu verbieten, oder ob er auf die sonstigen Betroffenenrechte, die in der DS-GVO normiert sind, beschränkt ist. Zuletzt wird noch auf die Frage eingegangen, ob auf Grundlage des Datenschutzrechts eine Beteiligung am Erlös aus der Verwertung der personenbezogenen Daten verlangt werden kann.

1. Anspruch auf Zugang zu Bodendaten?

Die Untersuchung hat gezeigt, dass der Personenbezug eines Bodendatums in vielen Fällen von dessen Verknüpfung mit weiteren Daten abhängt. Zwar können für den Landwirt auch die bloßen Rohdaten von Interesse sein, um sich über den Status quo seiner Flächen informieren zu können. Die mit ihnen ggf. zusammen-

495 DS-GVO, ErwGr. 63 S. 1. Aus diesem Grund werden die von Art. 13, 14 und 15 DS-GVO gemeinsam als »Magna Charta der Betroffenenrechte« bezeichnet, vgl. *Bienemann*, in: Sydow/Marsch, DS-GVO, Art. 15 Rn. 1; *Schmidt-Wudy*, in: BeckOK DatenschutzR, DS-GVO, Art. 15 Rn. 2.

gezogenen (Kombinations-)Daten sowie das Ergebnis dieser Kombination versprechen für ihn aber einen weit darüber hinaus gehenden Erkenntnisgewinn. Erschöpft sich die Kombination nämlich nicht in einem bloßen Betrachten der Daten nebeneinander, sondern erfolgt durch die Erzeugung neuer Daten aus den Rohdaten, würden jedenfalls die erzeugten Daten ohne die Verarbeitung der Rohdaten durch das verantwortliche Unternehmen gar nicht existieren. So sind bspw. über die Größe seines Grundstücks Auskunft gebende Vermessungsdaten für den Landwirt schon für sich genommen aufschlussreich. Darüber hinaus kann für ihn aber auch von Interesse sein, wie das Ergebnis dieser Bewertung ausfällt.[496] Auf ähnliche Weise vermitteln Daten über die Beschaffenheit des Bodens, z. B. die Bodenfeuchtigkeit, für den Landwirt bereits in ihrer Rohfassung hilfreiches Wissen. Noch weitaus wertvoller werden sie für ihn typischerweise aber dann, wenn er sie – wie zuvor dargestellt – nicht bloß in Rohdatenfassung erhält, sondern mit ihnen auch Kombinationsdaten, die in ihrem Kontext betrachtet werden können, um die beschriebenen Rückschlüsse auf sein Bewässerungsverhalten ziehen zu können.[497]

a) Zugangsanspruch nach Art. 15 Abs. 3 DS-GVO

Eine Möglichkeit, Zugang zu den auf ihn bezogenen Bodendaten zu erlangen, bietet dem Landwirt grundsätzlich der Auskunftsanspruch nach Art. 15 DS-GVO. Dieser sieht in Abs. 3 Satz 1 eine Pflicht des Verantwortlichen vor, dem Betroffenen eine Kopie der personenbezogenen Daten, die Gegenstand der Verarbeitung sind, zur Verfügung zu stellen. Hängt der Personenbezug eines Bodendatums von dessen Kombination mit anderen Daten ab, stellt sich allerdings die Frage, erstens von welchen Daten konkret und zweitens in welcher Form das verantwortliche Unternehmen dem Landwirt eine Kopie zur Verfügung stellen muss. Auswirkungen dieser Frage sind vor allem in Fällen denkbar, in denen unter anderem personenbezogene Daten von einem Agrarunternehmen zur Erbringung einer Dienstleistung genutzt werden. Bietet ein Landmaschinenhersteller bspw. zu der von ihm an einen Landwirt verkauften Maschine softwarebasierte Zusatzfunktionen[498] gegen Aufpreis oder eine monatliche Zahlung an und verarbeitet hierfür unter anderem personenbezogene Daten in zuvor beschriebener Weise, könnte der Landwirt seine Zahlungspflicht vermeiden, wenn das Unter-

496 Hierzu oben, S. 105ff.

497 Hierzu oben, S. 107ff.

498 Ein naheliegendes und einfach gelagertes Beispiel wäre z. B. die Erstellung eines Geländeprofils, das sowohl Auskunft über die Maße des Ackerschlags auf Grundlage von Basisdaten gibt als auch über Schädlingsbefall einzelner Zonen des Schlags informiert und auf dieser Grundlage Empfehlungen für Bewässerungs- und Düngeverhalten ausspricht.

nehmen ihm ohnehin eine originalgetreue Kopie dieser Zusatzleistung aufgrund des Art. 15 Abs. 3 Satz 1 DS-GVO zur Verfügung stellen müsste.[499]

aa) Systematisches Verhältnis von Art. 15 Abs. 1 zu Abs. 3 Satz 1 DS-GVO

Ob dem Landwirt diese Möglichkeit tatsächlich eröffnet wird, hängt von dem Inhalt und Umfang des Anspruchs nach Art. 15 Abs. 3 Satz 1 DS-GVO ab. Dieser ist Gegenstand einer umfangreichen Diskussion, die verschiedene Fragen in Bezug auf Art. 15 DS-GVO insgesamt betrifft, auch wenn zum Teil einzig auf eine extensive und restriktive Auslegung der Vorschrift Bezug genommen wird.[500] Das wird zu Recht in anderen Teilen des Schrifttums kritisiert,[501] denn diese weite oder enge Auslegung betrifft hauptsächlich die Frage, ob bloß eine Zurverfügungstellung des jeweiligen personenbezogenen Datums erfolgen muss, oder ob auch das gesamte Dokument, in dem das personenbezogene Datum enthalten ist, kopiert und herausgegeben werden muss.[502] Davon zu trennen ist aber die gedanklich vorgelagerte Frage, was überhaupt Gegenstand der Kopie nach Abs. 3 Satz 1 ist – mit anderen Worten: Welche sind die Daten, die dem Betroffenen als Kopie zur Verfügung gestellt werden müssen?[503]

Die Antwort darauf gibt richtigerweise Abs. 1, sodass der Kopieanspruch aus Abs. 3 Satz 1 diejenigen verarbeiteten personenbezogenen Daten umfasst, die Abs. 1 zum Gegenstand des Auskunftsanspruchs macht.[504] Im Hinblick auf das systematische Verhältnis beider Absätze zueinander ergibt sich aus dieser inhaltlichen Kongruenz zugleich, dass es sich letztlich um denselben Anspruch handelt, auch wenn sich die einzelnen Standpunkte hier teilweise in Nuancen unterscheiden.[505] Diesen Standpunkt hat jüngst auch der EuGH eingenommen, der sich in

499 Anstoß zu dieser Überlegung gab mir *J. Pusch* im persönlichen Gespräch.

500 Vgl. z. B. *Schmidt-Wudy*, in: BeckOK DatenschutzR, DS-GVO, Art. 15 Rn. 85; ähnlich *Bienemann*, in: Sydow/Marsch, DS-GVO, Art. 15 Rn. 47–49, welche beide Standpunkte jedoch um eine vermittelnde Ansicht ergänzt.

501 Vgl. zutr. *Peisker*, Der datenschutzrechtliche Auskunftsanspruch, S. 265ff.

502 *Peisker*, Der datenschutzrechtliche Auskunftsanspruch, S. 266; *Schmidt-Wudy*, in: BeckOK DatenschutzR, DS-GVO, Art. 15 Rn. 85; ähnlich *Bienemann*, in: Sydow/Marsch, DS-GVO, Art. 15 Rn. 47–49.

503 *Peisker*, Der datenschutzrechtliche Auskunftsanspruch, S. 265f.

504 *Paal*, in: Paal/Pauly, DS-GVO, Art. 15 Rn. 33, der darauf hinweist, dass das »Recht auf Kopie (...) in seiner materiellen Reichweite keinesfalls über das in Abs. 1 geregelte Auskunftsrecht hinausgehen« könne; *Zikesch/Sörup*, ZD 2019, 239 (240).

505 *Peisker*, Der datenschutzrechtliche Auskunftsanspruch, S. 125; vgl. dazu *Dix*, in: NK-DatenschutzR, DS-GVO, Art. 15 Rn. 28 m. w. N., nach dem die Kopie bloße eine Variante der Auskunft und damit nicht von Abs. 1 zu trennen sei; *Franck*, in: Gola/Heckmann, DS-GVO, Art. 15 Rn. 36; *Paal*, in: Paal/Pauly, DS-GVO, Art. 15 Rn. 33; *Peisker*, Der datenschutzrechtliche Auskunftsanspruch, S. 125, der Abs. 3 als Rechtsfolgenvorschrift zu Abs. 1 einordnet; in diese Richtung geht auch das BVerwG, das mit Blick auf ausländische Sprachfassungen bei Art. 15 DS-GVO von einem »einheitlichen Informationszugangsanspruch« ausgeht, dessen Rechtsfolgen in Abs. 1 und 3 unterschiedlich ausgestaltet sind, vgl. BVerwG, Urt.

seiner *Österreichische Datenschutzbehörde*-Entscheidung zur Auslegung des Art. 15 Abs. 3 DS-GVO zunächst mit dem Verhältnis von Abs. 3 zu Abs. 1 befasste und feststellte, dass es sich bei Abs. 3 lediglich um die Erfüllungsmodalität der Auskunft nach Abs. 1 handele.[506] Diese Deckungsgleichheit beider Absätze führt aber unweigerlich zu der Vermengung der verschiedenen Problemfragen. Auch der EuGH trennt in seinem Urteil nicht streng hierzwischen und entscheidet in einem Zuge über Fragen, die gleichzeitig sowohl die inhaltliche Reichweite des Kopieanspruchs als auch das Format der Kopie betreffen. Im Folgenden soll dennoch der Inhalt des Kopieanspruchs vorgezogen werden, um den Umfang des Anspruchs des Landwirts bzw. Grundstückseigentümers zu bestimmen. Anschließend wird die damit zusammenhängende Frage nach dem Format der Kopie erörtert.[507]

bb) *Inhalt der Kopie: Sind auch Scoring-Output und Kombinationsdaten umfasst?*

Damit Daten von dem Auskunftsanspruch aus Art. 15 Abs. 1 DS-GVO – und damit nach hier befürwortetem Verständnis auch von dem Zugangs- bzw. Kopieanspruch nach dessen Abs. 3 – erfasst sind, muss es sich bei ihnen erstens um personenbezogene Daten handeln, die zweitens von dem Verantwortlichen verarbeitet wurden.[508] Hierbei erweisen sich vor allem zwei der hier betrachteten Bodendaten bzw. Verarbeitungskontexte als problematisch: Zum einen sind dies Vermessungsdaten, die z. B. über Größe und Grenzen des Grundstücks Auskunft geben und ihren Personenbezug insb. in Scoring-Konstellationen erlangen. Bei ihnen ist hinsichtlich der Art des Personenbezugs zwischen Daten-Input und Daten-Output zu unterscheiden.[509] Es stellt sich bei ihnen die Frage, ob lediglich der Daten-Input oder auch der Daten-Output, d. h. das Scoring-Ergebnis, zugänglich gemacht werden muss. Zum anderen sind dies Daten über die Bodenbeschaffenheit, die als Rohdaten reine Sachdaten sind, durch die Kombination bzw. Kontextualisierung mit anderen Daten aber Personenbezug erlangen.[510] Bei ihnen

---

v. 30.11.2022 – 6 C 10.21 = NJW 2023, 1079 (1082); *Zikesch/Sörup*, ZD 2019, 239 (240); a. A. *Härting*, CR 2019, 219 (220f.); *Koreng*, NJW 2021, 2692 (2693), die Abs. 3 Satz 1 als eigenständigen Anspruch ggü. Abs. 1 ansehen, wenngleich *Koreng* wiederum relativierend einräumt, dass die Ansprüche sich jdf. auf Tatbestandsseite auf denselben Gegenstand beziehen.

506 Vgl. EuGH, Urt. v. 04.05.2023 – C-487/21 = NJW 2023, 2253 (2254f.) – *Österreichische Datenschutzbehörde.*

507 Diese Zweiteilung entspricht daher grob – unter Ausblendung der dort sonst thematisierten Fragen – der Darstellung *Peiskers*, der unter C) II. zunächst »Die tatbestandlichen Voraussetzungen des Auskunftsrechts« sowie anschließend unter C) III. »Die Rechtsfolgen des Auskunftsrechts« erörtert, vgl. *Peisker*, Der datenschutzrechtliche Auskunftsanspruch, S. 10, 12.

508 *Engeler/Quiel*, NJW 2019, 2201 (2202).

509 Dazu oben, S. 105ff.

510 Dazu oben, S. 107ff.

stellt sich die Frage, ob auch zu den Kombinationsdaten Zugang gewährt werden muss.

(1) Scoring-Fälle: Daten-Input und Daten-Output

Im Hinblick auf Scoring-Sachverhalte, für die die hier betrachteten Vermessungsdaten beispielhaft sind, ist die bereits angesprochene Unterscheidung zwischen Eingangsdaten (Daten-Input) und Ausgabedaten (Daten-Output) sehr bedeutsam. Für diese Fälle wird in der Literatur teilweise angenommen, dass zwar der für das Scoring genutzte Daten-Input zu beauskunften sei, das Scoring-Ergebnis als Daten-Output hingegen nicht, auch wenn es für sich genommen ein personenbezogenes Datum darstelle.[511] Begründet wird dies vor allem mit dem Wortlaut des Art. 15 Abs. 1 DS-GVO: Die Verwendung des Wortes »diese« – gemeint sind die von Abs. 1 zuvor angesprochenen personenbezogenen Daten, die Gegenstand der Verarbeitung sind – verdeutliche die Intention des Verordnungsgebers, den Umfang des Auskunftsanspruchs auf den Dateninput zu beschränken, da nur dieser Gegenstand der Verarbeitung sei. Der Betroffene könne daher auch nur verlangen, darüber aufgeklärt zu werden, welche Daten über ihn verarbeitet werden. Das (End-)Ergebnis dieses Verarbeitungsprozesses sei davon jedoch nicht erfasst, da es sich bei diesem nicht um ein »verarbeitetes« Datum handele.[512]

Ein solches Verständnis erweist sich angesichts des Wortlauts und der Systematik der Vorschrift indes als zu eng. Es verkennt nämlich, dass auch der bei Scoring-Verfahren produzierte Daten-Output im Sinne des Art. 4 Nr. 2 DS-GVO »verarbeitet« wird, da hierfür bereits das bloße Erfassen bzw. Abspeichern eines Datums auf einem Datenträger genügt.[513] Auch könnte man argumentieren, dass das Scoring-Ergebnis als Daten-Output aus den Eingabedaten »erhoben« wird, sodass ebenfalls eine Verarbeitung nach Art. 4 Nr. 2 Var. 1 DS-GVO zu bejahen wäre. Unter einem Erheben ist nämlich jegliches gezielte Beschaffen von Daten zu verstehen.[514] Indem der Verordnungsgeber in Art. 15 Abs. 1 DS-GVO nicht auf eine bestimmte Verarbeitungsvariante abstellt, gibt er zu erkennen, dass er sämtliche Umgangsformen mit personenbezogenen Daten – und damit auch deren bloßes Vorhalten – als vom Auskunftsanspruch erfasst ansieht.[515]

511 Vgl. *Martini*, Blackbox Algorithmus, S. 201. Damit ist an dieser Stelle nicht die i. Ü. diskutierte Frage nach der Pflicht, auch den Rechenweg (die sog. Scoreformel) zu beauskunften, gemeint; dazu *Leistner/Antoine/Sagstetter*, Big Data, S. 300f.

512 Vgl. zum Vorstehenden insg. *Martini*, Blackbox Algorithmus, S. 199ff.

513 *Arning/Rothkegel*, in: Taeger/Gabel, DS-GVO, Art. 4 Rn. 73, 76; in diesem Sinne auch *Bäcker*, in: Kühling/Buchner, DS-GVO, Art. 15 Rn. 9; *Franck*, in: Gola/Heckmann, DS-GVO, Art. 15 Rn. 22.

514 *Arning/Rothkegel*, in: Taeger/Gabel, DS-GVO, Art. 4 Rn. 70; *Ernst*, in: Paal/Pauly, DS-GVO, Art. 4 Rn. 23; *Roßnagel*, in: NK-DatenschutzR, DS-GVO, Art. 4 Nr. 2 Rn. 15.

515 Jdf. i. E. auch *Bäcker*, in: Kühling/Buchner, DS-GVO, Art. 15 Rn. 9, der das Scoring-Ergebnis jdf. als vom Anspruch erfasst ansieht; *Engeler/Quiel*, NJW 2019, 2201 (2202), die sich gegen

Die Gegenauffassung versucht diesem Verständnis des Auskunftsanspruchs wiederum mit dem Argument entgegenzutreten, dass es letztlich zu einer grenzenlosen Offenlegungspflicht führe, welche, da Art. 15 DS-GVO nicht zwischen verschiedenen Verarbeitungsarten unterscheide, sogar die Gedankenwelt einer Person umfasse, insb. deren Meinungen in Bezug auf eine andere Person. Dies sei eine Verletzung von Meinungsfreiheit und Privatautonomie, die vom Verordnungsgeber aber offensichtlich nicht beabsichtigt sei.[516] Das ist in dieser Dramatik allerdings überzogen. Zu Recht wird zum Teil bereits im Grundsatz angezweifelt, dass es sich bei dem Einprägen von Informationen um deren Verarbeitung im Sinne der DS-GVO handelt.[517] Selbst wenn man dies anders beurteilen wollte, wäre die DS-GVO im Ergebnis aber dennoch nicht anwendbar. Denn mangels Hinzuziehung informationstechnischer Hilfsmittel würde es sich dabei nämlich um eine nicht automatisierte Verarbeitung handeln,[518] auf welche die DS-GVO nach Art. 2 Abs. 1 Halbsatz 2 nur dann anwendbar ist, wenn die Daten in einem Dateisystem gespeichert sind bzw. werden sollen. Hierunter versteht Art. 4 Nr. 6 DS-GVO »jede strukturierte Sammlung personenbezogener Daten, die nach bestimmten Kriterien zugänglich sind, unabhängig davon, ob diese Sammlung zentral, dezentral oder nach funktionalen oder geografischen Gesichtspunkten geordnet geführt wird«. Es ist sehr fernliegend, dass der Verordnungsgeber bei Erlass dieser Definition das menschliche Gehirn als solch eine »strukturierte Sammlung« vor Augen hatte. Dagegen sprechen auch die im Kontext dieses Merkmals sonst diskutierten Beispiele (z. B. in Papier geführte Akten und Krankenblätter[519] sowie Briefe und Gehaltslisten[520]). Das Argument der vermeintlichen Pflicht zur Offenlegung von Gedankeninhalten ist daher nicht geeignet, eine restriktive Auslegung des Art. 15 Abs. 1 DS-GVO zu begründen.

Für ein solches Verständnis spricht sich – wenngleich implizit – auch der EuGH in seiner jüngst getroffenen *Österreichische Datenschutzbehörde*-Entscheidung aus. Darin hat der EuGH im Hinblick auf Art. 15 Abs. 3 DS-GVO festgestellt, dass bei »personenbezogene[n] Daten[, die] aus anderen Daten generiert werden

jegliche enge Auslegung auf Tatbestandsseite, und damit auch gegen die des Merkmals der Verarbeitung, aussprechen; *Peisker*, Der datenschutzrechtliche Auskunftsanspruch, S. 177, 185.

516 Vgl. *Martini*, Blackbox Algorithmus, S. 200f.

517 Vgl. *Ernst*, in: Paal/Pauly, DS-GVO, Art. 4 Rn. 24; *Conrad*, DuD 2021, 605 (608); a. A. *Reimer*, in: Sydow/Marsch, DS-GVO, Art. 4 Rn. 48; nicht ganz eindeutig *Roßnagel*, in: NK-DatenschutzR, DS-GVO, Art. 4 Nr. 2 Rn. 15, nach dem ein Erheben auch dann anzunehmen sei, wenn ein Mensch sich Informationen merke und diese anschließend in ein informationstechnisches System eingebe.

518 *Roßnagel*, in: NK-DatenschutzR, DS-GVO, Art. 2 Rn. 14.

519 Vgl. *Ernst*, in: Paal/Pauly, DS-GVO, Art. 2 Rn. 9; *Schild*, in: BeckOK DatenschutzR, DS-GVO, Art. 4 Rn. 83, 86; *Schmidt*, in: Taeger/Gabel, DS-GVO, Art. 2 Rn. 10.

520 Vgl. *Gola*, in: Gola/Heckmann, DS-GVO, Art. 4 Rn. 58.

(…) der Kontext, in dem diese [anderen] Daten Gegenstand der Verarbeitung sind«, mit zugänglich zu machen seien, wenn sie für das Verständnis der betroffenen Person zwingend erforderlich seien.[521] Zwar bezieht sich der EuGH hiermit eher auf die als Input eingegebenen Ausgangsdaten, die dem Output im Sinne der hier verstandenen Kombinationsdaten Kontext verleihen können.[522] Jedoch geht der EuGH damit zugleich auch davon aus, dass auch die durch die Verarbeitung von Daten neu geschaffenen Daten zugänglich zu machen sind. Übertragen auf den hier betrachteten Scoring-Output spricht daher auch die Position des EuGH gegen die restriktive Auslegung der Gegenauffassung.

Festzuhalten ist mithin für Fälle des Scorings, dass der Landwirt bzw. Grundstückseigentümer nicht nur die wegen ihres Zweckbezugs personenbezogenen Eingabedaten, sondern auch das wegen Inhaltsbezugs personenbezogene Scoring-Ergebnis von dem verantwortlichen Unternehmen beauskunftet und infolgedessen auch kopiert verlangen kann.

(2) Kombinationsdaten bei Daten über die Bodenbeschaffenheit

Daten über Bodenbeschaffenheit erlangen, wie zuvor dargestellt, vor allem im Wege der Kombination mit anderen Daten Personenbezug.[523] In dieser Kombination mit anderen Daten liegt auch ihre Verarbeitung i. S. d. Art. 4 Nr. 2 Var. 13 DS-GVO (Verknüpfung), weshalb jedenfalls sie von dem Auskunfts- und Zugangs- bzw. Kopieanspruch des Art. 15 Abs. 1, 3 DS-GVO umfasst sind. Nicht so eindeutig ist dies für die Kombinationsdaten selbst, wenn sie – was hier auch als Kombination verstanden werden soll[524] – nicht technisch mit den Bodenbeschaffenheitsdaten verbunden, sondern lediglich in Zusammenschau mit ihnen betrachtet werden. Erneut kann als Beispiel das der Bodenfeuchtigkeitsdaten dienen, welche, wenn sie sowohl mit historischen Daten, die Auskunft über die Feuchtigkeit des Bodens an derselben Stelle geben, als auch mit Wetterdaten kontextualisiert werden, Auskunft über das Bewässerungsverhalten des Landwirts geben und somit Personenbezug in Form des Inhaltsbezugs zu diesem aufweisen. Während die mit ihnen verknüpften anderen Bodenfeuchtigkeitsdaten für sich ebenfalls durch die Kombination als personenbezogen anzusehen sind, ist dies bei den Wetterdaten – jedenfalls bei deren isolierter Betrachtung – nicht der Fall.[525] Daher sind jene im Grund-

521 Vgl. ausdrückl. EuGH, Urt. v. 04.05.2023 – C-487/21 = NJW 2023, 2253 (2255) – *Österreichische Datenschutzbehörde.*

522 Dazu sogleich, S. 134ff.; allg. zu diesen bereits oben, S. 52f.

523 Dazu oben, S. 107ff.

524 Dazu oben, S. 52f.

525 *Kritikos*, Precision agriculture in Europe, S. 14; *Specht*, GRUR Int. 2017, 1040 (1042); *Specht-Riemenschneider*, in: Specht-Riemenschneider/Riemenschneider/Schneider, Internetrecht, S. 189; *ULD Schleswig-Holstein*, Datenschutzrechtliche Rahmenbedingungen für die Bereitstellung von Geodaten, S. 66; dazu – sowie zur (wohl) a. A. – bereits oben, S. 110 Fn. 431.

satz auch nicht von dem Auskunfts- und Kopieanspruch aus Art. 15 DS-GVO umfasst. Hierfür spricht auch, dass Art. 4 Nr. 2 DS-GVO, der die Verarbeitung legal definiert, sich bereits auf personenbezogene Daten bezieht und somit nicht personenbezogene Daten gar nicht als »verarbeitet« i. S. d. Art. 15 DS-GVO angesehen werden können.[526]

Der EuGH weist in seiner Rechtsprechung zu Art. 15 DS-GVO jedoch darauf hin, dass die Auslegung von Vorschriften des sekundären Unionsrechts nicht an deren Wortlaut stehen bleiben dürfe, sondern insb. auch deren Zweck berücksichtigen müsse.[527] Dieser liege bei Art. 15 DS-GVO darin, dem von der Verarbeitung Betroffenen die Möglichkeit zu geben, die Verarbeitung und die Richtigkeit der personenbezogenen Daten zu überprüfen, um ihm so ggf. die Geltendmachung weiterer Rechte zu ermöglichen. Unabdingbare Grundvoraussetzung dafür sei eine verständliche Darstellung der Daten für den Betroffenen, für die es – vor dem Hintergrund des Transparenzgebots aus Art. 12 DS-GVO – sogar notwendig sein könne, dem Betroffenen auch weitere Daten, die den personenbezogenen Daten Kontext verliehen, zugänglich zu machen. Dies komme insb. dann in Betracht, wenn die personenbezogenen Daten aus anderen Daten hergeleitet würden.[528] Personenbezogene Daten über die Bodenbeschaffenheit werden zwar nicht aus anderen Daten hergeleitet – hierin liegt der Unterschied zum soeben betrachteten Daten-Output bei Scoring-Verfahren –, wohl aber erlangen sie ihren Personenbezug erst durch die Betrachtung im Lichte der Kombinationsdaten.[529] Für die inhaltliche Nachvollziehbarkeit eines personenbezogenen Datums über die Bodenbeschaffenheit ist das Kombinationsdatum jedoch vergleichbar relevant, wie die Kenntnis des Daten-Inputs für die Verständlichkeit des Daten-Outputs bei Scoring-Verfahren. Bei Bodenbeschaffenheitsdaten zeigt sich ihr Inhaltsbezug zu der betroffenen Person nämlich erst durch die Betrachtung in Verbindung mit den Kombinationsdaten, während bei Scoring-Verfahren jedenfalls das Scoring-Ergebnis für sich genommen ohne Weiteres hinsichtlich seines Inhaltsbezugs zu der betroffenen Person verständlich ist.[530] Wertungsmäßig besteht also kein Anlass für eine unterschiedliche Behandlung beider Bodendatenarten bzw. Sachverhalte. Vielmehr erscheint es gerade im Sinne der Rechtsprechung des EuGH zu sein, Kombinationsdaten, die den Daten über die Bodenbeschaffenheit ihre Personenbezug erst durch die Kontextualisierung vermitteln, als vom Zugangsanspruch umfasst anzusehen. Zwar bezog der EuGH seine Auffassung

526 In diesem Sinne *Peisker*, Der datenschutzrechtliche Auskunftsanspruch, S. 276.

527 Vgl. EuGH, Urt. v. 04.05.2023 – C-487/21 = NJW 2023, 2253 (2254) – *Österreichische Datenschutzbehörde.*

528 EuGH, Urt. v. 04.05.2023 – C-487/21 = NJW 2023, 2253 (2255) – *Österreichische Datenschutzbehörde.*

529 Dazu oben, S. 107ff.

530 Genauer dazu oben, S. 105ff., 107ff.

auf die Kopieverpflichtung aus Abs. 3 Satz 1.[531] Da er jedoch, wie zuvor dargelegt, davon ausgeht, dass es sich bei Abs. 1 und Abs. 3 Satz 1 inhaltlich um denselben Anspruch handelt, kann davon ausgegangen werden, dass er sie für Abs. 1 alleine ebenso getroffen hätte. Vor dem Hintergrund der Rechtsprechung des EuGH ist somit davon auszugehen, dass auch diejenigen Kombinationsdaten, die den Personenbezug bei Bodendaten, insb. Daten über die Bodenbeschaffenheit, erst vermitteln, ebenfalls vom Zugangsanspruch des betroffenen Landwirts bzw. Grundstückseigentümers erfasst sind.

cc) *Format der Kopie: Was meint der Begriff der »Kopie« i. S. d. Abs. 3 Satz 1 und welche Daten umfasst er? – Überblick über den Meinungsstand im Schrifttum*

Damit ist in inhaltlicher Hinsicht klar, dass der Zugangsanspruch auch die Kombinationsdaten und den Daten-Output bei Scoring-Sachverhalten erfasst. Auch diese Daten sind dem betroffenen Landwirt bzw. Grundstückseigentümer mithin als Kopie zur Verfügung zu stellen. Die am kontroversesten diskutierte Frage ist aber nicht die nach dem Inhalt der Kopie, sondern die Frage, was überhaupt unter einer »Kopie« im Sinne des Abs. 3 zu verstehen ist.[532] Von dieser Frage hängt insb. ab, ob originalgetreue Dateien und Dokumente herausgegeben werden müssen, um die Verpflichtung zu erfüllen. Die dazu vertretenen Auffassungen können im Wesentlichen in ein restriktives, extensives und vermittelndes Verständnis unterteilt werden.[533]

(1) *Restriktives Verständnis*

Die – soweit ersichtlich nur von Praktikern aus der Anwaltschaft vertretene – restriktive Auffassung sieht den Kopieanspruch nach Abs. 3 Satz 1 gewissermaßen als schriftliche Version der Auskunft aus Abs. 1. Der Verantwortliche schulde daher lediglich eine zusammenfassende Übersicht über die verarbeiteten Daten, nicht jedoch die Herausgabe einzelner Daten oder gar gesamter Dokumente.[534] Von Vertretern dieser restriktiven Auffassung wird regelmäßig auf den erheblichen Aufwand verwiesen, den eine umfassende Pflicht zur Herausgabe einzelner

531 Vgl. EuGH, Urt. v. 04.05.2023 – C-487/21 = NJW 2023, 2253 (2254f.) – *Österreichische Datenschutzbehörde*.

532 *Bienemann*, in: Sydow/Marsch, DS-GVO, Art. 15 Rn. 31, 47; *Peisker*, Der datenschutzrechtliche Auskunftsanspruch, S. 283.

533 Die folgende Darstellung der Rechtsauffassungen beruht auf der von *Bienemann*, in: Sydow/Marsch, DS-GVO, Art. 15 Rn. 47–49. Dabei ist zu beachten, dass die Grenzziehung zwischen extensiver und vermittelnder Ansicht nicht immer trennscharf möglich ist.

534 Vgl. *Dausend*, ZD 2019, 103 (106f.); *Wybitul/Neu/Strauch*, ZD 2018, 202 (203); *Wybitul/Brams*, NZA 2019, 672 (676); *Zikesch/Sörup*, ZD 2019, 239 (243).

Daten(-sätze) aus Unternehmersicht bedeuten würde.[535] Diesen zu verhindern, oder jedenfalls auf ein Mindestmaß zu reduzieren, ist daher möglicherweise die Motivation für diese Auffassung.[536] Nach dieser Auffassung müsste dem Landwirt bzw. Grundstückseigentümer nur auflistungsartig mitgeteilt werden, dass personenbezogene Daten über ihn verarbeitet werden und welche dies sind. Deren inhaltliche Darstellung wäre dagegen nicht geschuldet.

Zur Begründung wird der Wortlaut des Abs. 3 Satz 1 herangezogen, der den Verantwortlichen zur Verfügungstellung »einer« Kopie der personenbezogenen Daten, die »Gegenstand« der Verarbeitung sind, verpflichtet. Die Vertreter dieser Auffassung leiten hieraus ab, dass es die Vorstellung des Verordnungsgebers sei, der Verantwortliche müsse eine einzige Übersicht, in welcher alle verarbeiteten Daten benannt werden, zur Verfügung stellen. Das Wort »eine« bezwecke also eine zahlenmäßige Beschränkung der Herausgabegegenstände, sodass einzig eine solche zusammenfassende Übersicht in Betracht komme.[537] Dies zeige sich auch an der Formulierung »Gegenstand« der Verarbeitung. Im allgemeinen Sprachgebrauch werde dieser Begriff nämlich auf abstrakter Ebene zur Beschreibung eines Themas verwendet, nicht aber zur Wiedergabe konkreter Inhalte. Es sei daher lediglich eine aufzählende Übersicht über die verarbeiteten personenbezogenen Daten zur Verfügung zu stellen, nicht aber eine konkrete inhaltliche Wiedergabe dieser Daten vorzunehmen oder gar die Daten selbst herauszugeben.[538] In Bezug auf den Sinn und Zweck der Vorschrift wird ferner behauptet, dass das Ziel, dem Betroffenen eine Rechtmäßigkeitsprüfung der Datenverarbeitung zu ermöglichen, bereits mit einer solchen Einzelübersicht über die verarbeiteten Daten erreicht werde, sodass es insb. der Herausgabe einzelner Daten(-sätze) gar nicht bedürfe.[539] Dafür wird mitunter ergänzend auf ein Urteil[540] des EuGH aus dem Jahr 2014 verwiesen, in dem das Gericht noch unter Geltung der Datenschutz-RL ein Recht auf Kopie einzelner Dokumente ablehnte.[541]

(2) Extensives Verständnis

Als Gegenentwurf zu dieser restriktiven Auslegung befürwortet die wohl noch herrschende Auffassung in der Literatur ein weites Verständnis des Kopiebegriffs. Deren Anforderungen genügt eine bloße Übersicht über verarbeitete personen-

535 Vgl. *Härting*, CR 2019, 219 (223); *Pauly/Mende*, CCZ 2022, 28 (31); *Wybitul/Brams*, NZA 2019, 672 (677).
536 So auch *Lembke*, NJW 2020, 1841 (1843); *Schulte/Welge*, NZA 2019, 1110 (1111).
537 Vgl. *Wybitul/Brams*, NZA 2019, 672 (676).
538 *Zikesch/Sörup*, ZD 2019, 239 (241).
539 Vgl. *Wybitul/Brams*, NZA 2019, 672 (675f.); *Zikesch/Sörup*, ZD 2019, 239 (243).
540 EuGH, Urt. v. 17.07.2014 – C-141/12 und C-372/12 = ZD 2014, 515ff. – *Y. S.*
541 Vgl. *Dausend*, ZD 2019, 103 (105); *Zikesch/Sörup*, ZD 2019, 239 (243).

bezogene Daten nicht.[542] Vielmehr verlange Art. 15 Abs. 3 DS-GVO von dem Verantwortlichen, die personenbezogenen Daten in der bei ihm vorliegenden Form zu duplizieren und unverändert sowie vollständig an den Betroffenen herauszugeben. Je nachdem, in welcher Darstellungsform sie bei dem Verantwortlichen vorgehalten würden, sei daher auch die Herausgabe einer Reproduktion eines Textdokuments oder einer Grafik, in dem das personenbezogene Datum enthalten sei, geschuldet.[543] Würden die personenbezogenen Daten über eine Computerdatei dargestellt, sei auch eine solche – ggf. sogar samt Ausführungsprogramms – herauszugeben, um dem Betroffenen dieselbe Ansichtsmöglichkeit des Datums wie dem Verantwortlichen zu verschaffen. Die Herausgabepflicht umfasse nämlich auch Daten, die sich auf das jeweilige personenbezogene Datum beziehen, wenn sie für dessen Inhalt und Nachvollziehbarkeit bedeutsam seien (sog. Informationsumfeld[544]).[545] Insofern bestehe ein grundsätzlich vollständiger Anspruch auf Zurverfügungstellung originalgetreuer Reproduktionen von Dokumenten. Die Grenze hierfür stellten Rechte Dritter im Sinne des Art. 15 Abs. 4 DS-GVO dar.[546]

Zur Begründung dieses weiten und zur Ablehnung des restriktiven Verständnisses des Kopiebegriffs wird neben dem Wortlaut auch auf den Sinn und Zweck des Abs. 3 Satz 1 abgestellt: Anders als von Vertretern des restriktiven Ansatzes behauptet, erlaube dessen Wortlaut keinen Rückschluss auf eine angebliche Intention des Verordnungsgebers, den Kopiebegriff inhaltlich und zahlenmäßig auf eine abstrakte Übersicht über die verarbeiteten Daten zu reduzieren. Vielmehr lege ein Vergleich mit fremdsprachigen Fassungen des Art. 15 Abs. 3 Satz 1 DS-GVO genau das Gegenteil nahe: In der englischsprachigen Version heiße es nämlich »[t]he controller shall provide a copy of the personal data undergoing processing« und somit gerade nicht »[t]he controller shall provide one copy«. Es sei daher gerade nicht davon auszugehen, dass der Verordnungsgeber damit festlegen wollte, der Verantwortliche könne seine aus Art. 15 Abs. 3 DS-VO entsprin-

542 Vgl. *Bäcker*, in: Kühling/Buchner, DS-GVO, Art. 15 Rn. 40aff., 40g.; *Franck*, in: Gola/Heckmann, DS-GVO, Art. 15 Rn. 37; *Härting*, CR 2019, 219 (221); *Koreng*, NJW 2021, 2692 (2694); *Kremer*, CR 2018, 560 (563f.), jew. m. w. N.

543 *Engeler/Quiel*, NJW 2019, 2201 (2202f.); *Härting*, CR 2019, 219 (221); *Koreng*, NJW 2021, 2692 (2694); *Kremer*, CR 2018, 560 (563f.).

544 Dieser auch im Folgenden verwendete Begriff wurde geprägt von *Bienemann*, in: Sydow/Marsch, DS-GVO, Art. 15 Rn. 32.

545 *Engeler/Quiel*, NJW 2019, 2201 (2203); *Franck*, in: Gola/Heckmann, DS-GVO, Art. 15 Rn. 37f.; *Koreng*, NJW 2021, 2692 (2694).

546 *Bäcker*, in: Kühling/Buchner, DS-GVO, Art. 15 Rn. 40c, 42; *Bienemann*, in: Sydow/Marsch, DS-GVO, Art. 15 Rn. 49; *Engeler/Quiel*, NJW 2019, 2201 (2203); *Franck*, in: Gola/Heckmann, DS-GVO, Art. 15 Rn. 37; *Koreng*, NJW 2021, 2692 (2694); *Kremer*, CR 2018, 560 (563f.); *Lembke*, NJW 2020, 1841 (1844f.).

gende Pflicht mit nur einem (Übersichts-)Dokument erfüllen.[547] Der Vergleich mit der englischsprachigen Fassung entziehe zugleich der Auffassung, das Wort »Gegenstand« in Art. 15 Abs. 3 Satz 1 DS-GVO deute nach allgemeinem Sprachgebrauch auf eine abstrakte Übersicht hin, die Grundlage: Wäre dies nämlich vom Verordnungsgeber so gemeint gewesen, hieße die englischsprachige Fassung an dieser Stelle vermutlich »[t]he controller shall provide a copy of the personal data which are subject to processing«.[548] Richtigerweise sei die Kopie aber sowohl inhaltlich als auch umfänglich ein »Mehr« gegenüber der bloßen Auskunft nach Abs. 1 und solle dem Betroffenen nicht nur ermöglichen zu wissen, welche Daten überhaupt verarbeitet werden, sondern zudem Klarheit dahingehend zu verschaffen, was deren Inhalt ist. Hiermit solle ihm nämlich zugleich ermöglicht werden, die ggf. zuvor erfolgte Auskunft auf ihre Richtigkeit hin überprüfen zu können. Dafür bedürfe es jedoch zwingend einer inhaltlichen Reproduktion der Daten selbst, weshalb eine Kopie im Sinne des Art. 15 Abs. 3 DS-GVO genau als solche verstanden werden müsse.[549]

(3) Vermittelnde Auffassung

Als Kompromiss zwischen diesen beiden konträren Positionen wird vermittelnd vertreten, dass der Verantwortliche die personenbezogenen Daten nicht in der bei ihm vorliegenden Fassung zu duplizieren und herauszugeben habe, weshalb auch das Duplizieren vollständiger Dokumente im Grundsatz nicht geschuldet sei. Den Verantwortlichen treffe vielmehr nur die Pflicht, die personenbezogenen Daten zu extrahieren und dem Betroffenen zur Verfügung zu stellen.[550] Hierfür spreche sowohl die Unterscheidung zwischen Daten und Dokumenten[551] als auch die historische Entscheidung des Verordnungsgebers, ein solches Recht auf Herausgabe von Dokumentenkopien nicht aufzunehmen, obwohl die Frage hiernach bereits in der zuvor erwähnten Rechtssache *Y. S.* unter Geltung der Datenschutz-RL aufkam.[552] Da nach dieser Auffassung nur das Extrahieren der Daten und ggfs. sam-

547 Vgl. dazu, sowie zum Vorstehenden insg., insb. *Peisker*, Der datenschutzrechtliche Auskunftsanspruch, S. 271.

548 *Bäcker*, in: Kühling/Buchner, DS-GVO, Art. 15 Rn. 40a; *Härting*, CR 2019, 219 (221).

549 Zum Vorstehenden insg. *Bäcker*, in: Kühling/Buchner, DS-GVO, Art. 15 Rn. 40c; *Engeler/Quiel*, NJW 2019, 2201 (2203); *Härting*, CR 2019, 219 (220f.); *Lembke*, NJW 2020, 1841 (1843); i. E. auch *Bäcker*, in: Kühling/Buchner, DS-GVO, Art. 15 Rn. 40; *Koreng*, NJW 2021, 2692 (2693); wohl auch *Mester*, in: Taeger/Gabel, DS-GVO, Art. 15 Rn. 19; *Schulte/Welge* NZA 2019, 1110 (1111).

550 Vgl. *Bäcker*, in: Kühling/Buchner, DS-GVO, Art. 15 Rn. 40df., der i. Ü. eher der extensiven Auffassung folgt; *Laoutoumai/Hoppe*, K&R 2019, 296 (297ff.); *Peisker*, Der datenschutzrechtliche Auskunftsanspruch, S. 313.

551 *Laoutoumai/Hoppe*, K&R 2019, 296 (298); *Peisker*, Der datenschutzrechtliche Auskunftsanspruch, S. 288.

552 *Laoutoumai/Hoppe*, K&R 2019, 296 (298); *Peisker*, Der datenschutzrechtliche Auskunftsanspruch, S. 293f.

meln in einer Übersicht geschuldet ist, muss dem Betroffenen das nicht personenbezogene Informationsumfeld nach dieser Ansicht nicht mit zur Verfügung gestellt werden.[553] Nichtsdestotrotz kann auch nach dieser Ansicht die kopieweise Zugänglichmachung vollständiger Dokumente und Dateien geschuldet sein, nämlich dann, wenn deren Inhalt insgesamt als personenbezogen einzustufen ist.[554]

(4) Österreichische Datenschutzbehörde-*Rechtsprechung des EuGH*

Der EuGH sprach sich in der *Österreichische Datenschutzbehörde*-Entscheidung deutlich gegen das restriktive Verständnis aus: Eine aggregierte und abstrakte Übersicht, in welcher lediglich eine Auflistung der personenbezogenen Daten ohne deren inhaltliche Wiedergabe erfolge, genüge den Anforderungen der Vorschrift in keinem Fall. Vielmehr sei dem Betroffenen mit einer Kopie, wie schon der allgemeine Sprachgebrauch suggeriere, eine »originalgetreue Reproduktion oder Abschrift« der personenbezogenen Daten zur Verfügung zu stellen.[555] Die für die Abgrenzung der extensiven von der vermittelnden Ansicht zentrale Frage, ob Abs. 3 Satz 1 auch von dem Verantwortlichen verlange, ganze Dokumente kopieweise herauszugeben, verneint der EuGH im Grundsatz: Weder eine am Wortlaut, der sich nur auf personenbezogene Daten beziehe, orientierte noch eine historische Auslegung[556] könne ein derartiges Verständnis stützen.[557] In Fällen, in denen die Verständlichkeit der kopieweise zur Verfügung gestellten Daten für den Betroffenen es erfordere, sei freilich – wie oben bereits i. R. d. Anspruchsumfangs dargestellt – auch deren Informationsumfeld zur Verfügung zu stellen, was vor allem bei Daten, die aus anderen (Ausgangs-)Daten hergeleitet werden, anzunehmen sei. Dass die Kopiepflicht aus Abs. 3 Satz 1 somit auch andere als die eigentlich verarbeiteten personenbezogenen Daten an sich erfassen könne, begründet der EuGH – wie ebenfalls bereits dargelegt – mit dem in Art. 12 Abs. 1 DS-GVO geregelten Transparenzgebot. In Ausnahme zu dem zuvor genannten Grundsatz könne dieses von dem Verantwortlichen zudem sogar verlangen, die Dokumente, die die perso-

553 *Bienemann*, in: Sydow/Marsch, DS-GVO, Art. 15 Rn. 48; *Peisker*, Der datenschutzrechtliche Auskunftsanspruch, S. 299, der in dieser Hinsicht anschaulich von einem »copy and paste«-Verfahren spricht.

554 BGH, Urt. v. 15.06.2021 – VI ZR 576/19 = NJW 2021, 2726 (2728); *Laoutoumai/Hoppe*, K&R 2019, 296 (297, 299); *Peisker*, Der datenschutzrechtliche Auskunftsanspruch, S. 300, 302, 313.

555 Vgl. ausdrückl. EuGH, Urt. v. 04.05.2023 – C-487/21 = NJW 2023, 2253 (2254) – *Österreichische Datenschutzbehörde.*

556 Der EuGH rekurriert hierfür auf »die Europäische Kommission in ihren schriftlichen Erklärungen«, in denen die Kommission betont habe, dass die »Kopie« sich nicht auf das Dokument, sondern einzig auf die darin enthaltenen personenbezogenen Daten beziehe. Um welche Erklärungen es sich handeln soll, verrät der Gerichtshof dabei nicht, vgl. EuGH, Urt. v. 04.05.2023 – C-487/21 = NJW 2023, 2253 (2255) – *Österreichische Datenschutzbehörde.*

557 EuGH, Urt. v. 04.05.2023 – C-487/21 = NJW 2023, 2253 (2254f.) – *Österreichische Datenschutzbehörde.*

nenbezogenen Daten samt Informationsumfeld transportieren, ganz oder teilweise zu reproduzieren und dem Betroffenen als solche zur Verfügung zu stellen. Voraussetzung dafür sei jedoch, dass die Zurverfügungstellung der Dokumente sich für das Verständnis der darin enthaltenen personenbezogenen Daten für den Betroffenen als »unerlässlich erweis[e]«.[558] Genauere Anhaltspunkte für die Bejahung/Verneinung einer solchen Unerlässlichkeit liefert der EuGH indes nicht.[559]

(5) Stellungnahme

Mit den aufgezeigten Argumenten des Schrifttums und der Rechtsprechung des EuGH kann das restriktive Verständnis des Kopiebegriffs als verfehlt abgelehnt werden. Die von seinen Befürwortern vorgetragenen Argumente beziehen sich ausschließlich auf den Wortlaut der Vorschrift und legen diesen zudem denkbar eng aus. Dass dies nicht überzeugt, haben der EuGH und die Befürworter der extensiven Auffassung im Schrifttum insb. mit dem Verweis auf die englischsprachige Sprachfassung der Vorschrift sowie deren Sinn und Zweck überzeugend dargelegt.

Der Standpunkt des EuGH lässt sich im Übrigen nicht eindeutig in das dargestellte Meinungsspektrum einordnen. Dies ist jedoch insofern wenig erstaunlich, als selbst die Standpunkte einzelner Vertreter im Schrifttum sich nicht immer nahtlos darin einfügen.[560] Dies liegt vor allem daran, dass die extensive und vermittelnde Auffassung sich letztlich nur in Details unterscheiden. Gegen die vermittelnde und für die extensive Sichtweise kann dabei der Gedanke sprechen, dass ein Extrahieren der Daten durch den Verantwortlichen praktisch wohl nicht immer möglich sein wird. Dies mag zwar in Fällen plausibel sein, in denen personenbezogene Daten in Schriftdokumenten enthalten sind (und diese hatte die Diskussion offensichtlich vor Augen, wie sich an der steten Abgrenzung zwischen Daten und Dokumenten zeigt). In anderen Fällen, wie z. B. Audio- oder Bilddateien, kommt ein Extrahieren dagegen möglicherweise nicht in jedem Fall in Betracht.

558 Vgl. zum Vorstehenden insg. EuGH, Urt. v. 04.05.2023 – C-487/21 = NJW 2023, 2253 (2255) – *Österreichische Datenschutzbehörde*; zust. BGH, Urt. v. 27.09.2023 – IV ZR 177722 = NJW 2023, 3490 (3494f.) sowie jüngst BGH, Urt. v. 06.02.2024 – VI ZR 15/23 = CR 2024, 398.

559 Diesbzgl. krit. *Eichelberger*, BKR 2023, 640 (641).

560 Vgl. z. B. *Bäcker*, in: Kühling/Buchner, DS-GVO, Art. 15, der vertritt, dass die Daten zwar so, wie sie bei dem Verantwortlichen vorliegen, reproduziert und herausgegeben werden müssten (Rn. 40c a. a. O.), was der extensiven Ansicht zuzuordnen ist, gleichzeitig aber sagt, es bestehe das Recht des Verantwortlichen, das Informationsumfeld zu entfernen (Rn. 41 a. a. O.), was wiederum für die vermittelnde Ansicht spricht. *Härting*, CR 2019, 219 (223), vertritt hinsichtlich des Formats der Kopie zwar, dass eine Pflicht zur vollständigen Duplikation und Herausgabe des jeweiligen Dokuments bestehe, inhaltlich beschränke sich diese aber auf »signifikante biographische Informationen«.

Eine Tendenz des EuGH zur extensiven Ansicht jedenfalls kann darin gesehen werden, dass nach Auffassung des Gerichthofs eine inhaltlich originalgetreue Reproduktion der Daten erfolgen muss und auch das sog. Informationsumfeld von der Kopiepflicht mitumfasst sein kann. Letzteres soll allerdings nur unter der Beschränkung gelten, dass die Verständlichkeit der Datenkopie die Zurverfügungstellung seines Informationsumfelds erfordert. Gegen eine Zuordnung zur extensiven Ansicht spricht wiederum, dass die Reproduktion eines die Daten enthaltenden Dokuments nach Auffassung des Gerichtshofs nur in Ausnahmefällen geschuldet sein soll. Indem der EuGH die Kriterien für solche Ausnahmefälle aber nicht näher darlegt, dürfte in der Praxis bereits die bloße Behauptung eines Betroffenen, eine Kopie des Dokuments sei für ein Verständnis der Daten zwingend nötig, mangels Überprüfbarkeit dazu führen, dass ein solcher Ausnahmefall zu bejahen ist.[561] In der Gesamtbetrachtung steht der EuGH wohl zwischen der vermittelnden und extensiven Auffassung.

Tendenziell lässt sich der Standpunkt des EuGH aber wohl am ehesten der extensiven Position zuordnen,[562] welche auch hier aus soeben genannten Gründen befürwortet wird. Dabei soll jedoch die vom EuGH gemachte Einschränkung gelten, dass jedenfalls ganze Dokumente und Dateien, die die personenbezogenen Daten enthalten, nur dann vom Betroffenen herausverlangt werden können, wenn dies für das Verständnis der Daten seitens des Betroffen notwendig ist.

dd) Anwendung auf agrarische Bodendaten

Für die Antwort auf die eingangs gestellte Frage, was der betroffene Landwirt von einem Agrarunternehmen, das auf ihn bezogene Bodendaten verarbeitet, nach Art. 15 Abs. 3 DS-GVO verlangen kann, kann auf Grundlage der hier befürworteten, soeben dargestellten extensiven Auffassung zum Kopiebegriff und der Rechtsprechung des EuGH festgehalten werden, dass der Landwirt bzw. Grundstückseigentümer einen Anspruch auf Herausgabe einer originalgetreuen Reproduktion der Bodendaten als solchen, grundsätzlich nicht aber ganzer Dateien und Dokumente, hat. Eine bloße Übersicht über verarbeitete Daten, ohne deren Inhalte originalgetreu wiederzugeben, genügt jedenfalls nicht.[563]

Im Hinblick auf den Inhalt der Kopie sind auf Grundlage des zuvor Gesagten nicht nur das konkrete Bodendatum, sondern auch die Kombinationsdaten als Informationsumfeld, die im Verarbeitungsprozess mit den Bodendaten verknüpft werden, um ihnen ihren personenbezogenen Aussagegehalt zu vermitteln, vom Anspruch erfasst. Dies gilt auch in Fällen, in denen bspw. die wirtschaftliche Lage

561 *Eichelberger*, BKR 2023, 640 (641).

562 So auch *Sandhu*, EuZW 2023, 579; *Schmidt-Wudy*, in: BeckOK DatenschutzR, DS-GVO, Art. 15 Rn. 85.

563 Dazu oben, S. 137ff., 141f.

des Landwirts oder Grundstückseigentümers in einem Scoring-Verfahren bewertet werden soll. Hier sind sowohl sämtliche Daten herauszugeben, die rechnerischen Einfluss auf die Bewertung hatten (Daten-Input), als auch das Scoring-Ergebnis (Daten-Output) selbst.[564]

Werden somit bspw. Vermessungsdaten über die landwirtschaftlich genutzten Flächen als Daten-Input in diese Bewertung einbezogen, sind auch sie dem Betroffenen zugänglich zu machen. Dies ergibt sich bereits aus dem Umstand, dass sie nach hier vertretener Auffassung bereits für sich genommen als personenbezogen anzusehen sind: Werden sie nämlich mit der Intention verarbeitet, für Scoring genutzt zu werden, kommt ihnen Zweckbezug zu, sodass ihr Verarbeitungskontext als personenbezogen anzusehen ist. Das Scoring-Ergebnis an sich ist ohnehin aufgrund seines Inhaltsbezuges als personenbezogen zu qualifizieren und dem Landwirt bzw. Grundstückseigentümer damit zugänglich zu machen.[565]

Ähnlich ist dies im Ergebnis bei Daten über die Bodenbeschaffenheit. Diese erlangen ihren Personenbezug (in Form des Inhaltsbezugs) regelmäßig erst durch ihre Verknüpfung mit anderen Daten, welche ihrerseits isoliert ebenfalls nicht als personenbezogen anzusehen wären (z. B. Wetterdaten[566]).[567] Auf Grundlage der hier befürworteten Auffassungen sind diese zur Herstellung des Personenbezugs hinzugezogenen Kombinationsdaten als sog. Informationsumfeld von dem verantwortlichen Agrarunternehmen ebenfalls originalgetreu zu reproduzieren und dem Betroffenen zugänglich zu machen. Dies gilt jedenfalls dann, wenn der Landwirt nur mit ihnen die auf ihn bezogenen Aussagen des Datums über die Bodenbeschaffenheit in gleicher Weise wie das Unternehmen inhaltlich nachvollziehen kann, auch wenn sie für sich genommen nicht als personenbezogene Daten zu qualifizieren sein sollten.[568]

Bei Orthofotografien besteht auf Grundlage der (im Wesentlichen) extensiven Auffassung ein Anspruch auf Reproduktion und Herausgabe der vollständigen Bilddatei. Sieht man eine Bilddatei als Dokument an, das die syntaktische Information der Farbanordnung enthält,[569] gilt dies nach der Rechtsprechung des EuGH, wie dargestellt, nur dann, wenn es für das Verständnis des Betroffenen von Daten zwingend erforderlich ist.[570] Gerade dies wird bei Bilddaten regelmä-

564 Dazu oben, S. 131ff.
565 Zum Personenbezug bei Vermessungsdaten und Scoring oben, S. 105ff.
566 *Kritikos*, Precision agriculture in Europe, S. 14; *Specht*, GRUR Int. 2017, 1040 (1042); *Specht-Riemenschneider*, in: Specht-Riemenschneider/Riemenschneider/Schneider, Internetrecht, S. 189; *ULD Schleswig-Holstein*, Datenschutzrechtliche Rahmenbedingungen für die Bereitstellung von Geodaten, S. 66; a. A. *Ehmann*, in: Ehmann/Selmayr, DS-GVO, Art. 15 Rn. 31; *Weichert*, DuD 2007, 113 (117); dazu bereits oben, S. 110 Fn. 431.
567 Dazu oben, S. 107ff.
568 Dazu soeben, S. 134ff.
569 Dazu oben, S. 43f.
570 Dazu soeben, S. 140f.

ßig aber zu bejahen sein. Denn einer alternativen Wiedergabe der darin enthaltenen Informationen (z. B. Beschreibung des Bildinhalts mit Worten) käme nicht derselbe Informationswert wie dem Bild an sich zu und würde daher dem Transparenzgebot aus Art. 12 Abs. 1 DS-GVO nicht genügen. Werden in der jeweiligen Orthofotografie allerdings auch an die fotografierten Flächen angrenzende, von Dritten bewirtschaftete Flächen (teilweise) dargestellt, müssen diese Bereiche ggf. weggeschnitten oder auf andere Weise unkenntlich gemacht werden. Ihrer Herausgabe an den Betroffenen steht sonst gemäß Art. 15 Abs. 4 DS-GVO das Datenschutzrecht des Dritten entgegen.[571] Zudem kommt ein Lichtbildschutz des Herstellers der Orthofotografie nach § 72 UrhG in Betracht.[572] Einem Zugangsanspruch in Bezug auf grafische Überarbeitungen der Aufnahmen oder die anfangs erwähnten,[573] mithilfe der Bodendaten entwickelten, softwarebasierten Zusatzfunktionen steht dagegen wohl ein Urheberrecht des Agrarunternehmens nach Art. 15 Abs. 4 DS-GVO entgegen. Gleiches kann für den etwaige Geschäftsgeheimnisse des verantwortlichen Agrarunternehmens gelten. Auch sie sind nämlich als einer Herausgabe ggf. entgegenstehende Rechte Dritter im Rahmen einer Interessenabwägung zu berücksichtigen.[574] Dies kann insb. relevant werden bei Rohdaten, die Rückschlüsse über die Funktionsweise der verwendeten Maschine zulassen,[575] sowie der Frage nach der Pflicht zur Zugänglichmachung der sog. Scoring-Formel, in der bei Scoring-Sachverhalten aus dem Daten-Input der Daten-Output berechnet wird.[576]

ee) Fazit zum Zugang nach Art. 15 Abs. 3 DS-GVO

Die Ausführungen haben gezeigt, dass der Zugangsanspruch nach Art. 15 Abs. 3 DS-GVO äußerst weitreichend ist und im Wesentlichen alle hier betrachteten Arten von agrarischen Bodendaten umfasst. Sie alle sind als originalgetreue Reproduktion herauszugeben, eine übersichtsartige oder inhaltlich verkürzte Dar-

571 In diesem Sinne *Bäcker*, in: Klar/Kühling, DS-GVO, Art. 15 Rn. 41; *Bienemann*, in: Sydow/Marsch, DS-GVO, Art. 15 Rn. 49; *Dix*, in: NK-DatenschutzR, DS-GVO, Art. 15 Rn. 33; *Härting*, CR 2019, 219 (221); *Mester*, in: Taeger/Gabel, DS-GVO, Art. 15 Rn. 20; *Leistner/Antoine/Sagstetter*, Big Data, S. 304f.; *Schulte/Welge*, NZA 2019, 1110 (1113). Dass eine solche Orthofotografie Personenbezug auch zu dem Nachbarn haben kann, wurde im Beispielsfall auf S. 120 dargestellt.

572 Dazu näher unten, S. 201ff.

573 Dazu oben, S. 129 Fn. 498.

574 DS-GVO, ErwGr. 63 S. 5; *Ehmann*, in: Ehmann/Selmayr, DS-GVO, Art. 15 Rn. 73; *Franck*, in: Gola/Heckmann, DS-GVO, Art. 15 Rn. 49; *Härtel*, Regeln für Agrardaten, S. 31; *Paal*, in: Paal/Pauly, DS-GVO, Art. 15 Rn. 42.

575 *Grapentin*, RDi 2023, 173 (175).

576 *Franck*, in: Gola/Heckmann, DS-GVO, Art. 15 Rn. 49, Art. 13 Rn. 31; zur Pflicht, diese Formel zugänglich zu machen, jüngst EuGH, Urt. v. 07.12.2023 – C-634/21 = MMR 2024, 153 (154) – *SCHUFA Holding (Scoring)*; allg. in diese Richtung auch *Härtel*, Regeln für Agrardaten, S. 31.

stellung ist nicht ausreichend. Bei Orthofotografien wird regelmäßig sogar die Herausgabe einer Reproduktion der Bilddatei als solcher geschuldet sein.

b) Zugangsanspruch nach Art. 20 Abs. 1 DS-GVO

Neben dem Datenzugang über den Auskunfts- und Kopieanspruch nach Art. 15 Abs. 3 DS-GVO ist das Recht auf Datenportabilität nach Art. 20 Abs. 1 DS-GVO eine naheliegende Grundlage für einen Zugangsanspruch. Hiernach hat die betroffene Person das Recht, die sie betreffenden personenbezogenen Daten, die sie einem Verantwortlichen bereitgestellt hat, in einem strukturierten, gängigen und maschinenlesbaren Format zu erhalten. Der Anspruch aus Art. 20 Abs. 1 DS-GVO steht neben dem aus Art. 15 DS-GVO.[577] Während die Ausführungen zum Anspruch nach Art. 15 Abs. 3 DS-GVO einige Unklarheiten und Unwägbarkeiten im Hinblick auf seinen Inhalt und Umfang erkennen lassen, ist die Rechtsfolge i. R. d. Art. 20 Abs. 1 DS-GVO jedenfalls vergleichsweise klar geregelt: Der Betroffene hat einen Anspruch darauf, die ihn betreffenden Daten zu »erhalten«. Untechnisch formuliert ist damit ein Herausgabeanspruch gemeint; dem Betroffenen muss mithin z. B. das Abspeichern der Daten ermöglicht werden.[578] Eine Parallele zum Datenzugang nach Art. 15 Abs. 3 DS-GVO ist, dass auch nach Art. 20 Abs. 1 DS-GVO lediglich eine Datenkopie herausverlangt werden kann. Eine Pflicht zur Löschung der Daten beim Verantwortlichen ist daher nicht vom Anspruch umfasst.[579] Im Hinblick auf die Modalität der Gewährung der Kopie bestehen jedoch Unterschiede. Während die Daten nach Art. 15 Abs. 3 Satz 3 DS-GVO in einem gängigen elektronischen Format herausgegeben werden müssen, setzt Art. 20 Abs. 1 DS-GVO ein strukturiertes, gängiges und maschinenlesbares Format der Daten voraus. Daran zeigt sich die unterschiedliche Schutzrichtung beider Vorschriften: Während Art. 15 DS-GVO darauf abzielt, dem Betroffenen Kenntnis von den auf ihn bezogenen Daten und deren Inhalt zu verschaffen,[580] soll die Datenportabilität nach Art. 20 Abs. 1 DS-GVO dem Betroffenen ermögli-

---

577 *Kamann/Braun*, in: Ehmann/Selmayr, DS-GVO, Art. 20 Rn. 8; *Kamlah*, in: Plath, DSGVO, Art. 20 Rn. 2, der Art. 20 als Spezialfall von Art. 15 ansieht; *v. Lewinski*, in: BeckOK DatenschutzR, DS-GVO, Art. 20 Rn. 112f.; *Spindler/Dalby*, in: Spindler/Schuster, Recht der elektronischen Medien, DS-GVO, Art. 20 Rn. 2.

578 *Kamann/Braun*, in: Ehmann/Selmayr, DS-GVO, Art. 20 Rn. 22; *v. Lewinski*, in: BeckOK DatenschutzR, DS-GVO, Art. 20 Rn. 54; *Piltz*, in: Gola/Heckmann, DS-GVO, Art. 20 Rn. 10; *Strubel*, ZD 2017, 355 (356).

579 *Jülicher/Röttgen/v. Schönfeld*, ZD 2016, 358 (360); *Kamann/Braun*, in: Ehmann/Selmayr, DS-GVO, Art. 20 Rn. 22; *v. Lewinski*, in: BeckOK DatenschutzR, DS-GVO, Art. 20 Rn. 59; *Schmitz*, in: Hoeren/Sieber/Holznagel, HdB. Multimedia-Recht, Teil 16.2 Rn. 217.

580 *Ehmann*, in: Ehmann/Selmayr, DS-GVO, Art. 15 Rn. 1ff.; *Schmidt-Wudy*, in: BeckOK DatenschutzR, DS-GVO, Art. 15 Rn. 2, 15; dazu bereits oben, S. 127f.

chen, die ihm zu übermittelnden Daten bei einem Dritten Anbieter unmittelbar weiterzuverwenden.[581]

aa) »Bereitstellung« als begrenzendes Kriterium

Damit ist die Rechtsfolge des Art. 20 Abs. 1 DS-GVO im Unterschied zu Art. 15 Abs. 3 DS-GVO vergleichsweise klar: Der Betroffene hat einen Anspruch auf Übermittlung aller ihn betreffenden personenbezogenen Daten gegen den Verantwortlichen. Dies gilt allerdings nur für diejenigen Daten, die erstens automatisiert verarbeitet wurden, Art. 20 Abs. 1 lit. b) DS-GVO, und der Betroffene dem Verantwortlichen zweitens bereitgestellt hat, Art. 20 Abs. 1 DS-GVO. Insbesondere dem Bereitstellungserfordernis kommt das Potenzial zu, den Anspruchsumfang erheblich zu beschränken, was durch den Umstand verschärft wird, dass die DS-GVO den Bereitstellungsbegriff nicht definiert.[582] Schon seit ihrem Inkrafttreten ist daher umstritten, welche Daten als »bereitgestellt« i. S. d. Art. 20 Abs. 1 DS-GVO zu qualifizieren sind.[583] Im Ausgangspunkt werden dabei noch zwei jeweils gegensätzliche Konstellationen einheitlich beurteilt: Zum einen werden solche Daten, die aktiv und willentlich vom Betroffenen an den Verantwortlich übermittelt wurden, als bereitgestellt angesehen.[584] Als Beispiele werden dafür insb. Nutzerstammdaten genannt, die bspw. in Anmeldemasken eingetragen werden müssen.[585] Zum anderen werden, gleichermaßen unstreitig, aus anderen Daten hergeleitete Daten als nicht bereitgestellt i. S. d. Vorschrift qualifiziert, wofür insb. Scoring-Sachverhalte oder sonstige Verarbeitungen und Auswertungsergebnisse genannt werden.[586] Ei-

581 Zum Vorstehenden insg. *Kamann/Braun*, in: Ehmann/Selmayr, DS-GVO, Art. 20 Rn. 8; *Piltz*, in: Gola/Heckmann, DS-GVO, Art. 20 Rn. 2f.; prägnant ferner *v. Lewinski*, in: BeckOK DatenschutzR, DS-GVO, Art. 20 Rn. 114, nach dem Art. 15 DS-GVO »[M]enschenverständlich[keit]«, Art. 20 DS-GVO »dagegen [M]aschinenverständlich[keit]« bezwecke.

582 *v. Lewinski*, in: BeckOK DatenschutzR, DS-GVO, Art. 20 Rn. 38; *Paal/Götz*, ZD 2023, 67 (68 Fn. 8), die diesbzgl. jew. zutr. darauf hinweisen, dass die von Art. 4 Nr. 2 DS-GVO genannte Bereitstellung nicht die Bereitstellung durch den Betroffenen (was aber Art. 20 Abs. 1 DS-GVO meint) beschreibt, sondern die Bereitstellung der Daten durch den Verantwortlichen.

583 Die Darstellung des Meinungsbildes orientiert sich gleichermaßen an den Darstellungen von *Paal*, in: Paal/Pauly, DS-GVO, Art. 20 Rn. 17; *Paal/Götz*, ZD 2023, 67 (68); *Uphues*, in: Hoeren/Sieber/Holznagel, HdB. Multimedia-Recht, Teil 15.3 Rn. 18.

584 *Elfering*, Data Portability, S. 27; *v. Lewinski*, in: BeckOK DatenschutzR, DS-GVO, Art. 20 Rn. 41; *Paal*, in: Paal/Pauly, DS-GVO, Art. 20 Rn. 17; *Westphal/Wichtermann*, ZD 2019, 191 (192).

585 Vgl. *Kamlah*, in: Plath, DSGVO, Art. 20 Rn. 6; *v. Lewinski*, in: BeckOK DatenschutzR, DS-GVO, Art. 20 Rn. 41; *Piltz*, in: Gola/Heckmann, DS-GVO, Art. 20 Rn. 18; *Schmitz*, in: Hoeren/Sieber/Holznagel, HdB. Multimedia-Recht, Teil 16.2 Rn. 215; *Uphues*, in: Hoeren/Sieber/Holznagel, HdB. Multimedia-Recht, Teil 15.3 Rn. 18; *Westphal/Wichtermann*, ZD 2019, 191 (192).

586 Vgl. zum Vorstehenden insg. *Artikel-29-Datenschutzgruppe*, WP 242, S. 11f.; *Drexl*, Data Access and Control in the Era of Connected Devices, S. 109; *Kamann/Braun*, in: Ehmann/Selmayr, DS-GVO, Art. 20 Rn. 14; *Kamlah*, in: Plath, DSGVO, Art. 20 Rn. 6; *Klink-*

gentlicher Gegenstand der Diskussion ist die Frage, ob auch solche Daten als »bereitgestellt« anzusehen sind, die durch bloßes Beobachten des Betroffenen generiert werden, also durch dessen lediglich passives Mitwirken. Insbesondere die bei der Nutzung von IoT-Technologien generierten Daten bzgl. des Nutzungsverhaltens werden dabei als Veranschaulichungsbeispiel genannt.[587]

Gegen die Qualifikation derartig generierter Daten als »bereitgestellt« führen Befürworter einer restriktiven Auslegung den Wortlaut des Art. 4 Nr. 2 DS-GVO an. Darin wird das Bereitstellen als Variante der Datenverarbeitung definiert. Die Gesamtbetrachtung mit allen übrigen Verarbeitungsvarianten zeige, dass der Verordnungsgeber von einem aktiven Handeln ausgehe. Mithin könne das bloß passive Dulden einer Datenerhebung über ihn nicht als Bereitstellung durch den Betroffenen angesehen werden; vielmehr sei ein aktives Handeln vorauszusetzen.[588] Auch der Vergleich zu Art. 15 DS-GVO, der keine Bereitstellung der Daten durch den Betroffenen voraussetze, zeige die gesetzgeberische Intention, das Recht auf Datenübertragbarkeit enger zu fassen als dasjenige auf Auskunft und Kopieherausgabe. Ansonsten ergäbe die Unterscheidung beider Rechte keinen Sinn. Daher spreche auch die systematische Auslegung für ein enges Verständnis des Bereitstellungsbegriffs. Eine Absenkung des Schutzniveaus sei mit diesem engen Verständnis nicht verbunden, denn dem Betroffenen stehe es offen, die Daten über den parallel bestehenden Anspruch nach Art. 15 Abs. 3 DS-GVO herauszuverlangen.[589]

Die wohl herrschende Literaturauffassung spricht sich demgegenüber für ein extensives Verständnis des Bereitstellungsbegriffs aus: Das Ergebnis der grammatikalischen Auslegung der Gegenauffassung wird dabei zu Recht mit dem Hinweis entkräftet, dass Art. 4 Nr. 2 DS-GVO sich bei der Definition des Bereitstellens als Variante der Verarbeitung auf die Person des Verantwortlichen, nicht des Betrof-

---

Straub/Straub, ZD 2018, 459 (461); *Leistner/Antoine/Sagstetter*, Big Data, S. 318; *v. Lewinski*, in: BeckOK DatenschutzR, DS-GVO, Art. 20 Rn. 47; *Paal*, in: Paal/Pauly, DS-GVO, Art. 20 Rn. 17; *Piltz*, in: Gola/Heckmann, DS-GVO, Art. 20 Rn. 18; *Rudolph*, in: Schwartmann et al., DS-GVO, Art. 20 Rn. 58; *Spindler/Dalby*, in: Spindler/Schuster, Recht der elektronischen Medien, DS-GVO, Art. 20 Rn. 8.

587 Vgl. statt aller *Artikel-29-Datenschutzgruppe*, WP 242, S. 11f.; *Drexl*, Data Access and Control in the Era of Connected Devices, S. 108.

588 Vgl. *Kamann/Braun*, in: Ehmann/Selmayr, DS-GVO, Art. 20 Rn. 14; *Piltz*, in: Gola/Heckmann, DS-GVO, Art. 20 Rn. 17; *Rudolph*, in: Schwartmann et al., DS-GVO, Art. 20 Rn. 54; *Schmitz*, in: Hoeren/Sieber/Holznagel, HdB. Multimedia-Recht, Teil 16.2 Rn. 212f.; *Strubel*, ZD 2017, 355 (357f.); *Westphal/Wichtermann*, ZD 2019, 191f.

589 Vgl. zum Vorstehenden insg. *Piltz*, in: Gola/Heckmann, DS-GVO, Art. 20 Rn. 17; *Schmitz*, in: Hoeren/Sieber/Holznagel, HdB. Multimedia-Recht, Teil 16.2 Rn. 213f.; *Stiftung Datenschutz*, Praktische Umsetzung des Rechts auf Datenübertragbarkeit, S. 248; *Strubel*, ZD 2017, 355 (358); *Westphal/Wichtermann*, ZD 2019, 191 (192).

fenen bezieht.[590] Es leuchtet vor dem Hintergrund des Erfordernisses der Rechtsklarheit ein, dass für die Bejahung einer Verarbeitung durch den Verantwortlichen (z. B. in Form des Bereitstellens der Daten) ein aktives Handeln gefordert wird, denn hieran werden schließlich Pflichten des Verantwortlichen geknüpft. Das kann jedoch nicht ohne Weiteres auch für ein Bereitstellen durch den Betroffenen gesagt werden, auch wenn der allgemeine Sprachgebrauch, auf den ebenfalls hingewiesen wird,[591] tatsächlich auf ein aktives Handeln seitens des Betroffenen hindeutet.[592] Nichtsdestotrotz spricht, auch darin ist dem wohl herrschenden Schrifttum zuzustimmen, eine am Sinn und Zweck orientierte Auslegung für ein anderslautendes Verständnis des Bereitstellungsbegriffs: Die Vorschrift bezweckt eine Verbesserung der Stellung des Betroffenen und damit verbunden die Verschärfung der Pflichten von Verantwortlichen. Forderte man ein aktives Tun für ein Bereitstellen, würde man die Hürde für das Vorliegen des Übermittlungsanspruchs unangemessen hoch ansetzen.[593] Vor allem bei der im Fokus stehenden Nutzung von IoT-Geräten hätte dies zur Folge, dass seitens des Betroffenen – außerhalb des Art. 15 DS-GVO – keine Kontrolle über die Daten bestünde und damit gerade das mit Art. 20 DS-GVO verfolgte Ziel der Stärkung der Position des Betroffenen durch Vermeidung von lock-in-Effekten verfehlt würde.[594] Wie insb. *Spindler* und *Dalby* betonen, ginge ein Verständnis des Bereitstellens in dem Sinne, dass ein »Knopf zur Übermittlung [gedrückt]« werden müsste, an den technischen Realitäten der Gegenwart vorbei, weshalb eine zeitgemäße teleologische Auslegung gegen das Erfordernis eines aktiven Handelns spricht.[595] In dieser Hinsicht ist zudem Erwägungsgrund 68 zu berücksichtigen. Nach diesem soll der Anspruch aus Art. 20 Abs. 1 DS-GVO nur dann bestehen, »wenn die betroffene Person die personenbezogenen Daten mit ihrer Einwilligung zur Verfügung gestellt hat«.[596] Es erscheint daher naheliegend, dass der Verordnungsgeber die Erteilung

590 Vgl. *Kamlah*, in: Plath, DSGVO, Art. 20 Rn. 6; *v. Lewinski*, in: BeckOK DatenschutzR, DS-GVO, Art. 20 Rn. 38; *Paal/Götz*, ZD 2023, 67 (68 Fn. 8).

591 Vgl. *Strubel*, ZD 2017, 355 (357).

592 Dies räumen z. B. auch *Spindler/Dalby*, in: Spindler/Schuster, Recht der elektronischen Medien, DS-GVO, Art. 20 Rn. 7, ein.

593 In diesem Sinne *Artikel-29-Datenschutzgruppe*, WP 242, S. 11; *Elfering*, Data Portability, S. 27; *Jülicher/Röttgen/v. Schönfeld*, ZD 2016, 358 (361), in Bezugnahme auf DS-GVO, ErwGr. 11; i. E. auch *Janal*, ZGE 15 (2023), 1 (18f.), die allerdings den Anspruchsumfang nach dem Grundsatz der Verhältnismäßigkeit beschränken möchte; *Leistner/Antoine/Sagstetter*, Big Data, S. 318; *Schweitzer*, GRUR 2019, 569 (574).

594 *Elfering*, Data Portability, S. 27; *Janal*, JIPITEC 8 (2017), 59 (61); *Leistner/Antoine/Sagstetter*, Big Data, S. 318; *Schweitzer*, GRUR 2019, 569 (574).

595 Vgl. ausdrückl. *Spindler/Dalby*, in: Spindler/Schuster, Recht der elektronischen Medien, DS-GVO, Art. 20 Rn. 7; in diesem Sinne auch *Elfering*, Data Portability, S. 27.

596 Vgl. ausdrückl. DS-GVO, ErwGr. 68 S. 3.

der Einwilligung als ausreichenden Mitwirkungsbeitrag des Betroffenen ansieht und keine darüber hinausgehende Bereitstellungshandlung erforderlich ist.[597]

Auch wenn die überzeugenderen Argumente damit für ein extensives Verständnis der Bereitstellung sprechen, kann diese Frage auf Grundlage des aktuellen Schrifttums nicht letztverbindlich beantwortet werden. Erstens deshalb, weil die wohl noch herrschende Auffassung im Schrifttum quantitativ nur geringfügig überlegen ist, und zweitens, weil eine höchstrichterliche Klärung der Auslegung durch den EuGH bislang noch nicht stattgefunden hat. Im Folgenden wird das extensive Verständnis zugrunde gelegt, um abzubilden, zu welchen Bodendaten der Landwirt bzw. Grundstückseigentümer maximal Zugang verlangen kann.

bb) Anwendung auf agrarische Bodendaten

Überträgt man das Vorangegangene auf die untersuchungsgegenständlichen landwirtschaftlichen Bodendaten, so kommt es vor allem auf die Frage der Bereitstellung der jeweiligen Daten an. Dass der Landwirt zu allen Stammdaten, die er für die Benutzung einer smarten Landmaschine oder eines damit verbundenen Services an ein Agrarunternehmen übermittelt, Zugang verlangen darf, kann vor dem Hintergrund des Gesagten als Ausgangspunkt festgehalten werden. Für die Betrachtung der einzelnen Datenarten wird ferner unterstellt, dass deren Verarbeitung stets automatisiert erfolgt, wie von Art. 20 Abs. 1 lit. b) DS-GVO gefordert.

Die geringsten Probleme bereitet zunächst die Bejahung eines Zugangsanspruchs zu mithilfe von Drohnen aufgenommenen Orthofotografien. Ihnen kommt regelmäßig Personenbezug in Form des Inhalts- und/oder Ergebnisbezugs zum Landwirt und/oder Grundstückseigentümer zu.[598] Werden sie bspw. während der Verwendung einer Drohne zur Ausbringung von Düngemitteln im Hintergrund aufgenommen und beim Agrarunternehmen gespeichert, so sind sie nach hier befürwortetem extensivem Verständnis als vom Landwirt bereitgestellt i. S. d. Art. 20 Abs. 1 DS-GVO anzusehen. Dies gilt erst Recht dann, wenn der Landwirt die Drohne gerade zum Zweck der Aufnahme von Orthofotografien verwendet.

Bezüglich des Zugangs zu Vermessungsdaten, die über Größe, Grenzen und Lage des Grundstücks Auskunft geben, ist zu differenzieren: Ihnen kommt regelmäßig nur dann Personenbezug – in Form des Zweckbezugs – zu, wenn sie für Scoring-Zwecke eingesetzt werden, um den Grundstückseigentümer, bspw. in seiner wirtschaftlichen Leistungsfähigkeit und Verhandlungsstärke, zu bewer-

597 *Drexl*, Data Access and Control in the Era of Connected Devices, S. 108; *Elfering*, Data Portability, S. 28; *Janal*, JIPITEC 8 (2017), 59 (61); *Jülicher/Röttgen/v. Schönfeld*, ZD 2016, 358 (361); *Spindler/Dalby*, in: Spindler/Schuster, Recht der elektronischen Medien, DS-GVO, Art. 20 Rn. 7; so jdf. i. E. auch *Klink-Straub/Straub*, ZD 2018, 459 (461).

598 Dazu oben, S. 111ff.

ten.[599] Werden die Vermessungsdaten dafür entweder dem Agrarunternehmen aktiv vom Landwirt mitgeteilt oder bei der Benutzung einer smarten Landmaschine im Hintergrund erhoben, sind sie – nach dem hier zugrunde gelegten extensiven Verständnis[600] – als vom Landwirt dem Agrarunternehmen bereitgestellter Daten-Input anzusehen. Diese Vermessungsdaten kann der Landwirt mithin herausverlangen; zu ihnen besteht ein Zugangsanspruch nach Art. 20 Abs. 1 DS-GVO. Ein anderes Ergebnis ergibt sich womöglich dann, wenn nicht das die Daten erhebende Agrarunternehmen selbst die Daten zu Scoring-Zwecken erhebt, sondern diese an ein Drittunternehmen weitergibt,[601] welches wiederum das Scoring durchführt. In einem solchen Fall haben die Vermessungsdaten zwar weiterhin Zweckbezug, an einer Bereitstellung durch den Landwirt i. S. d. Art. 20 Abs. 1 DS-GVO ggü. dem Drittunternehmen dürfte es dann jedoch fehlen. Dem Daten-Output als Ergebnis des Scoring-Verfahrens kommt darüber hinaus zwar ebenfalls Personenbezug (in Form des Inhaltsbezugs) zu.[602] Jedoch wird der Daten-Output bei Scoring-Verfahren, wie soeben i. R. d. Meinungsstands dargestellt, einhellig als nicht vom Betroffenen i. S. d. Art. 20 Abs. 1 DS-GVO bereitgestellt angesehen.[603] Zum Scoring-Ergebnis gewährt Art. 20 Abs. 1 DS-GVO dem Landwirt bzw. Grundstückseigentümer mithin in keinem Fall Zugang.

Komplexer ist schließlich die Beurteilung des Zugangsanspruchs zu Daten, die Auskunft über die Bodenbeschaffenheit geben. Sie sind für sich genommen als bloße Sachdaten zu qualifizieren, erlangen jedoch insb. dann Personenbezug – häufig in Form des Inhaltsbezugs –, wenn sie mit anderen Daten kombiniert werden.[604] Auch für sie gilt das zuvor zu Orthofotografien Gesagte, nämlich dass sie bei sensorbasierter Aufnahme im Hintergrund der Verwendung einer smarten Landmaschine als vom Landwirt bereitgestellt anzusehen und damit Gegenstand des Zugangsanspruchs nach Art. 20 Abs. 1 DS-GVO sind. Fraglich ist jedoch, ob die Kombinationsdaten, die den Daten über die Bodenbeschaffenheit ihren Personenbezug überhaupt erst vermitteln, für sich genommen aber nicht personenbezogen sind (z. B. Wetterdaten[605]), ebenfalls zugänglich gemacht werden müssen.

599 Dazu oben, S. 105ff.

600 Dazu soeben, S. 147ff.

601 Was vor dem Hintergrund des datenschutzrechtlichen Zweckbindungsgebots freilich problematisch wäre, *Martínez*, in: H. Wilhelm Schaumann Stiftung, Hülsenberger Gespräche 2018, S. 148.

602 Dazu oben, S. 106f.

603 Dazu soeben, S. 146.

604 Dazu oben, S. 107ff.

605 *Kritikos*, Precision agriculture in Europe, S. 14; *Specht*, GRUR Int. 2017, 1040 (1042); *Specht-Riemenschneider*, in: Specht-Riemenschneider/Riemenschneider/Schneider, Internetrecht, S. 189; *ULD Schleswig-Holstein*, Datenschutzrechtliche Rahmenbedingungen für die Bereitstellung von Geodaten, S. 66; a. A. *Ehmann*, in: Ehmann/Selmayr, DS-GVO, Art. 15 Rn. 31; *Weichert*, DuD 2007, 113 (117); dazu bereits oben, S. 110 Fn. 431.

Insofern stellt sich i. R. d. Art. 20 Abs. 1 DS-GVO eine ähnliche Frage wie bereits i. R. d. Art. 15 Abs. 1, 3 DS-GVO.[606] Dort wie hier ist festzuhalten, dass sie mangels eigenen Personenbezugs nicht Gegenstand des Anspruchs nach Art. 20 Abs. 1 DS-GVO sind, wenngleich auch sie möglicherweise durch den Landwirt i. S. d. Vorschrift »bereitgestellt« worden sind.[607]

Im Unterschied zu Art. 15 DS-GVO existiert zudem keine Rechtsprechung des EuGH dahingehend, dass Daten, die dem zugänglich zu machenden Datum Kontext verleihen, ebenfalls zugänglich zu machen wären, um dem Betroffenen dessen Verständnis zu erleichtern.[608] Eine solche Auslegung wäre auch inkonsequent, führt man sich den bereits erwähnten Zweck des Art. 20 Abs. 1 DS-GVO vor Augen: Dieser liegt vor allem darin, dem Betroffenen eine unkomplizierte Weiterverwendung der Daten bei einem anderen Anbieter zu ermöglichen und damit sog. lock-in-Effekte zu vermeiden.[609] Dagegen zielt Art. 15 DS-GVO darauf ab, dem Betroffenen Kenntnis von der Verarbeitung personenbezogener Daten und deren Inhalt zu verschaffen.[610] Geht man vor diesem Hintergrund mit *v. Lewinski* davon aus, dass Art. 20 DS-GVO anders als Art. 15 DS-GVO keine »[M]enschen- [sondern] [M]aschinenverständlich[keit]« der zugänglich gemachten Daten erfordert,[611] erscheint es sachgerecht, den Verantwortlichen lediglich zur Herausgabe der personenbezogenen Daten als solchen, nicht aber auch des sog. Informationsumfelds zu verpflichten. Dementsprechend sind nicht personenbezogene Kombinationsdaten, die Daten über die Bodenbeschaffenheit zum Personenbezug verhelfen, nicht über Art. 20 Abs. 1 DS-GVO zugänglich zu machen.

cc) Fazit zum Zugang zu Bodendaten nach Art. 20 DS-GVO

Legt man eine enge Auslegung des Begriffs der Bereitstellung i. S. d. Art. 20 Abs. 1 DS-GVO zugrunde, so ist dem Betroffenen kaum ein Bodendatum hierüber zugänglich zu machen. Geht man hingegen von einem – wohl vorzugswürdigen – weiten Verständnis aus, ist umfangreicher Zugang zu ihnen zu gewähren. Insbesondere Orthofotografien sind dem Betroffenen uneingeschränkt zugänglich zu

---

606 Dazu oben, S. 134ff.

607 Auch hier erneut der Verweis auf die wohl a. A. von *Weichert*, DuD 2007, 113 (117), und *Ehmann*, in: Ehmann/Selmayr, DS-GVO, Art. 15 Rn. 31; dazu bereits oben, S. 110 Fn. 431.

608 Vgl. bzgl. Art. 15 DS-GVO EuGH, Urt. v. 04.05.2023 – C-487/21 = NJW 2023, 2253 (2255) – *Österreichische Datenschutzbehörde*, dazu bereits oben, S. 140f.

609 Statt aller *Elfering*, Data Portability, S. 18; *v. Lewinski*, in: BeckOK DatenschutzR, DS-GVO, Art. 20 Rn. 11; *Piltz*, in: Gola/Heckmann, DS-GVO, Art. 20 Rn. 2f.; *Specht-Riemenschneider*, in: Specht-Riemenschneider/Riemenschneider/Schneider, Internetrecht, S. 235.

610 Statt vieler EuGH, Urt. v. 04.05.2023 – C-487/21 = NJW 2023, 2253 (2255) – *Österreichische Datenschutzbehörde*; *Ehmann*, in: Ehmann/Selmayr, DS-GVO, Art. 15 Rn. 1ff.; *Schmidt-Wudy*, in: BeckOK DatenschutzR, DS-GVO, Art. 15 Rn. 2; *Paal*, in: Paal/Pauly, DS-GVO, Art. 15 Rn. 3.

611 Vgl. ausdrückl. *v. Lewinski*, in: BeckOK DatenschutzR, DS-GVO, Art. 20 Rn. 114.

machen. Gleiches gilt für Daten über die Bodenbeschaffenheit. Nicht davon umfasst sind jedoch die Kombinationsdaten, die jenen den Personenbezug vermitteln. Bei (z. B. Vermessungs-)Daten, die für Scoring-Zwecke verwendet werden, ist zwischen Daten-Input und Daten-Output zu differenzieren: Ersterer ist nach Art. 20 Abs. 1 DS-GVO an den Betroffenen zu übermitteln, Letzterer hingegen nicht. An den Einschränkungen bzgl. der Kombinationsdaten und des Daten-Outputs beim Scoring zeigt sich, dass der Zugangsanspruch nach Art. 20 Abs. 1 DS-GVO selbst bei Zugrundelegung eines extensiven Verständnisses seiner Voraussetzungen deutlich hinter dem Umfang des von Art. 15 Abs. 3 DS-GVO gewährten Datenzugangs zurückbleibt. Dementsprechend überrascht es nicht, dass seine Praxisrelevanz im Schrifttum bisweilen als gering bewertet wird.[612]

2. Verhinderung der Bodendatenverarbeitung durch Unterlassungsanspruch?

Die Darstellung der Akzeptanzhindernisse der Landwirte zu Beginn der Untersuchung hat gezeigt, dass sich Landwirte von ihrer sog. Datenhoheit versprechen, einer Datennutzung durch Dritte zustimmen zu müssen sowie ggf. Löschung bereits erhobener Daten verlangen zu können.[613] Während in der DS-GVO zugunsten eines Betroffenen sowohl Einwilligungserfordernisse (Art. 6 Abs. 1 lit. a) DS-GVO) als auch Löschansprüche (Art. 17 Abs. 1 DS-GVO) und Widerspruchsrechte (Art. 21 DS-GVO) enthalten sind, findet sich in ihr – jedenfalls ausdrücklich – kein Unterlassungsanspruch gegen die Verarbeitung von Daten. Ein solcher Anspruch stärkt die Rechtsposition seines Inhabers durch die Möglichkeit, bereits präventiv Kontrolle über sein Recht auf informationelle Selbstbestimmung auszuüben und ergänzt insofern die repressiven Kontrollrechte des Betroffenen. Auch wenn die praktische Relevanz des zuvor dargestellten Zugangsanspruchs größer sein dürfte, kann ein Bedürfnis sowohl des Landwirts als auch des Grundstückseigentümers nach einem Unterlassungsanspruch jedoch nicht von vornherein ausgeschlossen werden. Zu denken ist an den bereits zuvor als Beispiel erwähnten Fall, in dem Landwirt A mithilfe einer mit Kamerasystemen ausgestatteten Drohne Orthofotografien seines Grundstücks anfertigt, hierbei aber auch Teile des von Landwirt B bewirtschafteten Nachbargrundstücks ablichtet.[614] Möchte der darin beschriebene Landwirt A die Aufnahmen der Nachbarflächen nutzen, um bspw. die Bodenverhältnisse des Grundstücks des benachbarten Landwirts B auszukundschaften, wird

612 Vgl. dazu *Metzger/Schweitzer*, ZEuP 2023, 42 (44); *Schwamberger*, in: Bernzen/Grisse/Kaesling, Immaterialgüter und Medien im Binnenmarkt, S. 96f.

613 Siehe dazu oben S. 35f.

614 Siehe zu diesem (hier etwas abgewandelten) Beispiel oben, S. 120.

jener ein Interesse haben, dieses Verhalten des Landwirts A zukünftig zu unterbinden. Diesem Begehren entspricht materiell-rechtlich ein gegen den Landwirt A[615] gerichteter Unterlassungsanspruch.

a) »Ob« eines Unterlassungsanspruchs

Die Frage, ob ein datenschutzrechtlicher Unterlassungsanspruch überhaupt existiert und woraus er sich ergibt, wird in Rechtsprechung und Literatur seit Inkrafttreten der DS-GVO kontrovers diskutiert.[616] Die wohl umstrittenste Frage ist dabei die nach der Anwendbarkeit von §§ 823, 1004 BGB analog zur Begründung eines neben den Regeln der DS-GVO stehenden Unterlassungsanspruchs.[617] Diese Streitigkeit wird dabei aber oft nicht losgelöst von der Fragestellung, ob überhaupt ein Unterlassungsanspruch im Anwendungsbereich der DS-GVO existieren kann, betrachtet. Stattdessen wird diese übergeordnete Frage bisweilen verneint, indem die analoge Anwendbarkeit von §§ 823, 1004 BGB abgelehnt wird.[618] Streng genommen handelt es sich dabei aber um zwei getrennt zu beantwortende Fragen,[619] wenngleich sie sich gegenseitig bedingen.

aa) Entwicklung der nationalen Rechtsprechung

Die allgemeine Frage nach einem Unterlassungsanspruch im Kontext der DS-GVO wurde insb. in den ersten Jahren nach ihrem Inkrafttreten vor allem in untergerichtlichen Entscheidungen bisweilen vollständig verneint.[620] Mit einer zunehmenden Zahl obergerichtlicher und höchstrichterlicher Entscheidungen zu dieser Frage hat sich in der Rechtsprechung der jüngeren Vergangenheit jedoch die klare Tendenz zur Bejahung eines allgemeinen datenschutzrechtlichen Unter-

---

615 Dieser kann auch als natürliche Person verantwortlich i. S. d. Art. 4 Nr. 7 DS-GVO und damit Anspruchsgegner sein.

616 Die folgende Auswahl der Auffassungen zu dieser Frage und damit notwendigerweise auch die Streitdarstellung beruht auf der umfassenden Darstellung von *Leibold/Laoutoumai*, ZD-Aktuell 2021, 05583, *passim*. Auf sie wird für einen umfassenden Überblick über das zu dieser Streitfrage vertretene Meinungsspektrum verwiesen.

617 *Halder/Walker*, ZD 2020, 605; *Leibold/Laoutoumai*, ZD-Aktuell 2021, 05583; *Nink*, ZD 2022, 239.

618 Vgl. z. B. OLG Dresden, Urt. v. 14.03.2023 – 4 U 1377/22 = GRUR-RS 2023, 6302; VG Regensburg, Gerichtsbescheid v. 06.08.2020 – RN 9 K 19.1061 = ZD 2020, 601 (602ff.); *Nink*, ZD 2022, 239f.; a. A. *Engelbrecht*, ZD 2023, 573 (574), der §§ 823, 1004 BGB analog bejaht, aber ansonsten ebenso wenig auf die Problematik des Unterlassungsanspruchs eingeht.

619 So auch *Halder/Walker*, ZD 2020, 605f.; *Leibold/Laoutoumai*, ZD-Aktuell 2021, 05583. Letztere verdeutlichen dies bereits mit ihrem Aufbau, der zwischen den einzelnen Fragen differenziert. Hieran orientiert sich demnach auch die hiesige Darstellung des Problems.

620 Vgl. z. B. VG Regensburg, Gerichtsbescheid v. 06.08.2020 – RN 9 K 19.1061 = ZD 2020, 601 (602); aus jüngerer Zeit noch LG Wiesbaden, Urt. v. 20.01.2022 – 10 O 14/21 = ZD 2022, 238f.

lassungsanspruchs herauskristallisiert.[621] Im Zuge dieser Entwicklung wurden viele erstinstanzliche Entscheidungen, die einen Unterlassungsanspruch gänzlich ablehnten, durch Urteile der Berufungsinstanzen aufgehoben.[622] In der obergerichtlichen Rechtsprechung steht einem allgemeinen Unterlassungsanspruch, soweit ersichtlich, nur noch das OLG Frankfurt a. M. kritisch gegenüber. Eine vollständig ablehnende Haltung nimmt aber auch dieses nicht ein. Stattdessen differenziert das Gericht zwischen einer Speicherung von Daten einerseits und der Übermittlung von Daten an Dritte andererseits. Einzig gegen die Speicherung von Daten könne im Wege eines Unterlassungsanspruchs vorgegangen werden, gegen eine Datenübermittlung sei ein Unterlassungsanspruch hingegen nicht möglich.[623] Auch der BGH erkennt einen datenschutzrechtlichen Unterlassungsanspruch an. Dabei betreibt er keinen großen Begründungsaufwand hinsichtlich der Frage des »Ob« eines Unterlassungsanspruchs, sondern geht im Wesentlichen direkt zur inhaltlichen Prüfung der Anspruchsvoraussetzungen über.[624] In dieser Hinsicht ist jedoch zu berücksichtigen, dass sich der BGH in diesen Fällen stets nur mit Auslistungen aus Suchmaschinen befasst hat, bei denen stets auch eine Löschung der Daten verlangt und nicht bloß ein isoliertes Unterlassen geltend gemacht wurde.[625]

bb) Argumente gegen Anerkennung eines Unterlassungsanspruchs

Während sich damit in jüngster Zeit jedenfalls in der Rechtsprechung ein im Wesentlichen einheitlich bejahendes Meinungsbild zu dieser Frage zu ergeben scheint,[626] sprechen sich im Schrifttum vereinzelte Stimmen weiterhin grundsätz-

---

621 So auch *Leibold/Laoutoumai*, ZD-Aktuell 2021, 05583; vgl. dazu jüngst BayVGH, Urt. v. 30.05.2023 – 5 BV 20.2104 = ZD 2023, 569 (570f.); OLG Frankfurt a. M., Urt. v. 14.04.2022 – 3 U 21/20 = NJW-RR 2022, 1608 (1609); OLG Dresden, Urt. v. 14.12.2021 – 4 U 1278/21 = ZD 2022, 235 (237); OLG Stuttgart, Urt. v. 18.05.2021 – 12 U 296/20 = ZD 2022, 105f.; VG Wiesbaden, Beschl. v. 01.12.2021 – 6 L 738/21.WI = ZD 2022, 177 (178f.).

622 So z. B. der Gerichtsbescheid des VG Regensburg v. 06.08.2020 – RN 9 K 19.1061 = ZD 2020, 601, durch das Urteil des BayVGH v. 30.05.2023 – 5 BV 20.2104 = ZD 2023, 569ff., sowie zuvor das Urteil des LG Frankfurt a. M. v. 13.12.2019 – 2–25 O 136/19 = BeckRS 2019, 60467, durch das Urteil des OLG Frankfurt a. M. v. 14.04.2022- 3 U 21/20 = NJW-RR 2022, 1608ff.

623 Vgl. zum Vorstehenden insg. OLG Frankfurt a. M., Urt. v. 30.03.2023 – 16 U 22/22 = GRUR 2023, 904 (905) – *Google Fonts*.

624 Vgl. BGH, Urt. v. 27.07.2020 – VI ZR 405/18 = GRUR 2020, 1331 (1333) – *Recht auf Vergessenwerden*; BGH, Urt. v. 12.10.2021 – VI ZR 489/19 = GRUR 2022, 258 (259) – *Ärztebewertung V*; BGH, Urt. v. 13.12.2022 – VI ZR 60/21 = NJW-RR 2023 – 259 (260) – *jameda.de*; BGH, Urt. v. 23.05.2023 – VI ZR 475/18 = GRUR 2023, 1218 (1221) – *Recht auf Vergessenwerden II*; a. A. *Koetsier/Kremer*, CR 2023, 359 (361f.), die in der Rechtsprechung des BGH nicht die Anerkennung eines Unterlassungsanspruchs, sondern eine konsequente Anwendung des Löschanspruchs sehen.

625 Dies betonen *Eichelberger*, RDi 2024, 89 (92); *Kugelmann*, in: Schwartmann et al., DS-GVO, Art. 17 Rn. 47; ähnlich auch *Koetsier/Kremer*, CR 2023, 359 (361f.).

626 So i. E. auch *Leibold/Laoutoumai*, ZD-Aktuell 2021, 05583.

lich gegen einen Unterlassungsanspruch des Betroffenen aus.[627] Zur Begründung verweisen sie vor allem auf das Fehlen einer ausdrücklichen Normierung eines Unterlassungsanspruchs in der DS-GVO, was aufgrund des abschließenden Charakters der Aufzählung der Betroffenenrechte gegen einen Unterlassungsanspruch innerhalb der DS-GVO spreche.[628] Ein Rückgriff auf Vorschriften außerhalb ihres Regelungsrahmens, wie z. B. §§ 823, 1004 BGB analog, sei wiederum aufgrund der vollharmonisierenden Wirkung der Verordnung ebenfalls verwehrt.[629] Dieses Ergebnis werde gestützt von Art. 79 Abs. 1 DS-GVO, der einem Betroffenen, zusätzlich zu den Rechten des Kapitels III der DS-GVO, einzig verwaltungsgerichtliche oder außergerichtliche Rechtsbehelfe vermittle. Die Ermöglichung eines auf dem Zivilrechtsweg durchzusetzenden individuellen Unterlassungsanspruchs sei vom Verordnungsgeber somit gerade nicht beabsichtigt gewesen.[630] Zu einer Absenkung des Schutzniveaus der Verordnung führe die Ablehnung eines Unterlassungsanspruchs nicht. Schließlich stehe dem Betroffenen gemäß Art. 77 Abs. 1 DS-GVO die Möglichkeit offen, Beschwerde bei der Aufsichtsbehörde einzulegen und gegen deren Entscheidung ggf. gerichtlich Rechtsschutz zu suchen, Art. 78 DS-GVO.[631]

Dieses restriktive Verständnis der Vorschriften der DS-GVO findet im ganz überwiegenden Schrifttum und der Rechtsprechung richtigerweise keinen Zuspruch: Zunächst könne aus der Tatsache, dass die DS-GVO einen Unterlassungsanspruch nicht explizit enthalte, nicht der Schluss auf einen entsprechenden Willen des Verordnungsgebers gezogen werden.[632] Das Vorhandensein eines Unterlassungsanspruchs gegen die rechtswidrige Verarbeitung von Daten sei vielmehr eine Notwendigkeit, die bereits von der in Art. 79 Abs. 1 DS-GVO enthaltenen Rechtsschutzgarantie vorausgesetzt werde.[633] Die Vorschrift könne daher gerade nicht so verstanden werden, dass die dem Betroffenen gegen den Verantwortlichen zustehenden Rechte auf die in Kapitel III der DS-GVO genannten

---

627 Vgl. *Koetsier/Kremer*, CR 2023, 359 (362) und *passim*; *Kreße*, in: Sydow/Marsch, DS-GVO, Art. 79 Rn. 10–12, 29f.; *Nink*, ZD 2022, 239ff.; wohl auch *Weller*, GRUR-Prax 2023, 436.

628 Vgl. *Kreße*, in: Sydow/Marsch, DS-GVO, Art. 79 Rn. 10; in diese Richtung auch *Weller*, GRUR-Prax 2023, 436.

629 *Koetsier/Kremer*, CR 2023, 359 (362), die dies aber nicht mit der Sperrwirkung, sondern einer anderen Stoßrichtung des § 1004 BGB begründen; *Kreße*, in: Sydow/Marsch, DS-GVO, Art. 79 Rn. 30; *Nink*, ZD 2022, 239 (240); *Meents/Hinzpeter*, in: Taeger/Gabel, DS-GVO, Art. 17 Rn. 26; allg. so auch *Specht-Riemenschneider*, in: Specht-Riemenschneider/Riemenschneider/Schneider, Internetrecht, S. 235, die allerdings einen vorbeugenden Unterlassungsanspruch nach allg. Regeln für weiterhin möglich hält.

630 *Koetsier/Kremer*, CR 2023, 359 (364); *Nink*, ZD 2022, 239f.; *Weller*, GRUR-Prax 2023, 436.

631 *Kreße*, in: Sydow/Marsch, DS-GVO, Art. 79 Rn. 12; *Nink*, ZD 2022, 239 (240); *Weller*, GRUR-Prax 2023, 436.

632 *Eichelberger*, RDi 2024, 89 (92); *Martini*, in: Paal/Pauly, DS-GVO, Art. 79 Rn. 17; *Schild*, DuD 2023, 513 (516).

633 *Martini*, in: Paal/Pauly, DS-GVO, Art. 79 Rn. 17.

Rechte beschränkt seien. Insofern sei auch die Behauptung der Gegenauffassung, eine analoge Anwendung von §§ 823, 1004 BGB komme von vornherein nicht in Betracht, unzutreffend.[634] Lehnte man einen Unterlassungsanspruch auf diese Weise generell ab, führte dies, anders als die Gegenauffassung meint, sehr wohl zu einer Lücke im Schutz personenbezogener Daten: Vorbeugender Rechtsschutz, dem zentrale Bedeutung für den Schutz des Rechts auf informationelle Selbstbestimmung zukomme, werde dem Betroffenen dadurch nämlich vorenthalten.[635] Diese Einbuße an Rechtsschutzmöglichkeiten werde auch nicht, wie von der Gegenauffassung behauptet, durch die Möglichkeit kompensiert, gemäß Art. 77 DS-GVO Beschwerde über den Verantwortlichen bei der Aufsichtsbehörde einzulegen. Es bestehe nämlich bloß ein Anspruch auf ermessensfehlerfreie Entscheidung, sodass keine Gleichwertigkeit mit einem direkt gegen den Verantwortlichen gerichteten, materiell-rechtlichen Unterlassungsanspruch gegeben sei.[636]

cc) Rechtsprechung des EuGH

Der EuGH hat sich bislang nicht ausdrücklich zu der Frage nach einem allgemeinen Unterlassungsanspruch im Kontext der DS-GVO geäußert.[637] Der BGH hat dem EuGH die Frage inzwischen zur Entscheidung vorgelegt.[638] Manche EuGH-Urteile der jüngeren Vergangenheit werden allerdings bereits jetzt als Anhaltspunkt für die Anerkennung eines Unterlassungsanspruchs durch den EuGH in Betracht gezogen.[639]

---

634 Zum Vorstehenden insg. BayVGH, Urt. v. 30.05.2023 – 5 BV 20.2104 = ZD 2023, 569 (570); *Mantz*, ZD 2014, 62 (65); *Martini*, in: Paal/Pauly, DS-GVO, Art. 79 Rn. 17, indes ohne auf § 1004 BGB analog einzugehen; VG Wiesbaden, Beschl. v. 01.12.2021 – 6 L 738/21.WI = ZD 2022, 177 (178).

635 BayVGH, Urt. v. 30.05.2023 – 5 BV 20.2104 = ZD 2023, 569 (570); OLG Dresden, Urt. v. 14.12.2021 – 4 U 1278/21 = ZD 2022, 235 (237); OLG Frankfurt a. M., Urt. v. 14.04.2022 – 3 U 21/20 = NJW-RR 2022, 1608 (1609); *Halder/Walker*, ZD 2020, 605; *Martini*, in: Paal/Pauly, DS-GVO, Art. 79 Rn. 17; *Schild*, DuD 2023, 513 (517).

636 OLG Dresden, Urt. v. 14.12.2021 – 4 U 1278/21 = ZD 2022, 235 (237); *Halder/Walker*, ZD 2020, 605 (606); *Schild*, DuD 2023, 513 (518).

637 Dies stellte der BGH, Beschl. v. 26.09.2023 – VI ZR 97/22 = GRUR 2023, 1724 (1725) – *Bewerbungsprozess*, jüngst fest und nahm dies zum Anlass, dem EuGH diese Frage vorzulegen. Auch *Eichelberger* betont in Bezug auf den Vorlagebeschluss des BGH die bislang fehlende Klärung durch den EuGH, vgl. *Eichelberger*, RDi 2024, 89 (92).

638 Vgl. BGH, Beschl. v. 26.09.2023 – VI ZR 97/22 = GRUR 2023, 1724 (1725f.) – *Bewerbungsprozess.*

639 Vgl. BGH, Beschl. v. 26.09.2023 – VI ZR 97/22 = GRUR 2023, 1724 (1725f.) – *Bewerbungsprozess*; *Halder*, jurisPR-ITR 1/2022, Anm. 2 S. 3; *Leibold/Laoutoumai*, ZD-Aktuell 2021, 05583; *Leutheusser-Schnarrenberger/Keppeler*, in: Schwartmann et al., DS-GVO, Art. 17 Rn. 47 (Fn. 46).

(1) Rechtssache TU, RE/Google

Zum einen betrifft das die Entscheidung des EuGH in der Rechtssache *TU, RE/ Google*. Auf diese Entscheidung beruft sich insb. der BGH in seinem jüngst erlassenen Vorlagebeschluss.[640] Hintergrund der Entscheidung des EuGH war ein gegen *Google* gerichtetes Begehren zweier Personen auf Auslistung von Sucheinträgen aus den Ergebnissen einer auf ihren Namen ausgerichteten *Google*-Suchanfrage. Die *Google*-Ergebnisse führten nämlich zu Artikeln, die mutmaßlich unwahre Tatsachenbehauptungen über die Betroffenen verbreiteten. In der Sache war der EuGH unter anderem mit der Frage konfrontiert, ob dem Steller eines Anspruchs auf Auslistung i. R. d. nach Art. 17 Abs. 3 DS-GVO vorzunehmenden Interessenabwägung die Pflicht aufzulegen ist, zu beweisen, dass die Aussagen, die auf der verlinkten Internetseite über ihn getätigt werden, tatsächlich falsch sind und, falls ja, welche Anforderungen für die Erbringung dieses Beweises an den Anspruchsteller gestellt werden müssten.[641] Der EuGH urteilte hierzu, dass der Suchmaschinenbetreiber dem Auslistungsbegehren ohne weitere eigene Untersuchung hinsichtlich der Richtigkeit der verlinkten Inhalte dann entsprechen dürfe, wenn der Anspruchsteller ihm Nachweise vorlege, die die Inhalte, auf die verlinkt wird, als im Wesentlichen offensichtlich unwahr erscheinen lassen.[642]

Der BGH zieht in seinem Vorlagebeschluss aus diesem Urteil des EuGH den Schluss, dass der EuGH, wie der BGH in der Vergangenheit auch, in seiner Entscheidung »offensichtlich« davon ausgehe, dass der Löschanspruch nach Art. 17 Abs. 1 DS-GVO auch ein Unterlassungsbegehren abdecke.[643] Mit der Frage nach einem Unterlassungsanspruch an sich setzt sich der EuGH in der Entscheidung jedoch nur sehr andeutungsweise auseinander, nämlich indem er feststellt, dass vonseiten des Klägers ein Unterlassungsanspruch geltend gemacht werde, den der BGH nun zu prüfen habe.[644] Ob das Urteil für sich genommen die Schlussfolgerung des BGH tatsächlich trägt, wird sich daher zeigen.[645] Es ist jedenfalls nicht von der Hand zu weisen, dass das EuGH-Urteil, auf das der BGH sich bezieht, ebenso wie die in der Vergangenheit vom BGH selbst ausgeurteilten Entscheidungen, Fälle betrafen, in denen nicht nur zukünftiges Unterlassen, sondern auch jet-

640 Vgl. BGH, Beschl. v. 26.09.2023 – VI ZR 97/22 = GRUR 2023, 1724 (1725f.) – *Bewerbungsprozess*.

641 EuGH, Urt. v. 08.12.2022 – C-460/20 = EuZW 2023, 139 (140) – *TU, RE/Google*.

642 Vgl. EuGH, Urt. v. 08.12.2022 – C-460/20 = EuZW 2023, 139 (143f.) – *TU, RE/Google*, zur ersten zweier Vorlagefragen.

643 Vgl. ausdrückl. BGH, Beschl. v. 26.09.2023 – VI ZR 97/22 = GRUR 2023, 1724 (1725f.) – *Bewerbungsprozess*; *Leutheusser-Schnarrenberger/Keppeler*, in: Schwartmann et al., DS-GVO, Art. 17 Rn. 47 (Fn. 46).

644 Vgl. EuGH, Urt. v. 08.12.2022 – C-460/20 = EuZW 2023, 139 (144) – *TU, RE/Google*.

645 Bzgl. der Deutung des BGH krit. *Kamann/Braun*, in: Ehmann/Selmayr, DS-GVO, Art. 17 Rn. 41.

ziges Löschen verlangt wurde.[646] Hiermit erklärt auch der BGH selbst seine Vorlage an den EuGH.[647] Es kann aber ebenso festgehalten werden, dass auch an anderen Stellen im Kontext von Auslistungsbegehren, die Gegenstand von Verfahren vor nationalen Gerichten und dem EuGH waren, von dem Löschanspruch des Art. 17 Abs. 1 DS-GVO als Unterlassungsanspruch gesprochen wird.[648]

(2) *Rechtssache* App-Zentrum

Zum anderen wird die Entscheidung des EuGH in der Rechtssache *App-Zentrum* teilweise als Anhaltspunkt für die Anerkennung eines allgemeinen Unterlassungsanspruchs durch den EuGH gesehen.[649] Darin befasst sich der Gerichtshof mit der bis dahin umstrittenen Frage, ob eine Verbandsklagebefugnis, welche die Erhebung von Unterlassungsklagen durch Verbände zum Zweck der Verfolgung von Datenschutzrechtsverstößen ermöglicht, mit der DS-GVO vereinbar ist, und bejaht dies im Ergebnis.[650] In der Literatur wurde im Vorfeld der Entscheidung anhand der Stellungnahme des Generalanwalts in dieser Rechtssache vertreten, dass der EuGH, sollte er die Verbandsklagebefugnis bestätigen, erst recht auch einen Unterlassungsanspruch des einzelnen Betroffenen bejahe.[651] In der Tat lässt die zwischenzeitlich erschienene Urteilsbegründung auf genau solch einen Standpunkt des EuGH schließen: Zur Begründung der Bejahung der Klagebefugnis verweist der Gerichtshof nämlich unter anderem darauf, dass eine verbandsmäßige Unterlassungsklage »unbestreitbar dazu bei[trägt], die Rechte der betroffenen Personen zu stärken und ihnen ein hohes Schutzniveau zu gewährleisten«. Sie ermögliche einen flächendeckenden Schutz zahlreicher potenziell Betroffener vor Verletzungen ihrer Rechte aus der DS-GVO und sei damit ggf. sogar rechtsschutzintensiver als eine »Klage, die eine einzelne (...) konkret betroffene Person gegen den Verletzer erheben kann«.[652]

Mit Blick auf einen (individuellen) Unterlassungsanspruch können dem Wortlaut der Passage zwei Aussagen entnommen werden: Erstens, dass ein Unterlassungsanspruch für einen umfassenden Schutz von personenbezogenen Daten

646 BGH, Beschl. v. 26.09.2023 – VI ZR 97/22 = GRUR 2023, 1724 (1726) – *Bewerbungsprozess*; *Eichelberger*, RDi 2024, 89 (92); *Leutheusser-Schnarrenberger/Keppeler*, in: Schwartmann et al., DS-GVO, Art. 17 Rn. 47; dazu bereits oben, S. 153f.

647 Vgl. BGH, Beschl. v. 26.09.2023 – VI ZR 97/22 = GRUR 2023, 1724 (1726).

648 Vgl. z. B. LG Frankfurt a. M., Urt. v. 06.09.2018 – 16 U 193/17 = GRUR 2018, 1283 (1285); implizit *Petri*, EuZW 2023, 147; *Worms*, in: BeckOK DatenschutzR, DS-GVO, Art. 17 Rn. 67a.

649 Vgl. *Halder*, jurisPR-ITR 1/2022, Anm. 2 S. 3; *Leibold/Laoutoumai*, ZD-Aktuell 2021, 05583.

650 Vgl. EuGH, Urt. v. 28.04.2022 – C-319/20 = GRUR 2022, 920 (921) – *App-Zentrum*.

651 Vgl. *Leibold/Laoutoumai*, ZD-Aktuell 2021, 05583; ähnlich *Halder*, jurisPR-ITR 1/2022, Anm. 2 S. 3; a. A. *Nink*, ZD 2022, 239 (240).

652 Vgl. ausdrückl. EuGH, Urt. v. 28.04.2022 – C-319/20 = GRUR 2022, 920 (923) – *App-Zentrum*.

auch nach Auffassung des EuGH von erheblicher Bedeutung ist (und somit gerade nicht durch bspw. die Inanspruchnahme aufsichtsbehördlicher Hilfe ersetzt werden kann). Zweitens, dass der EuGH offenbar selbst von der Existenz eines solchen Unterlassungsanspruchs zugunsten des einzelnen Betroffenen ausgeht. Auch wenn der Gerichtshof nicht konkret benennt, was für eine »Klage« der einzelne Betroffene erheben »kann«, ergibt sich aus dem Kontext zu der vorherigen Aussage, dass hiermit nur eine Unterlassungsklage gemeint sein kann.[653] Noch überzeugender gelangt man zu dieser Deutung des EuGH-Urteils aber mit einem von weiteren Befürwortern der herrschenden Auffassung vorgebrachten systematischen Argument: Indem der EuGH die verbandsmäßige Unterlassungsklage im Anwendungsbereich der DS-GVO erlaubt, legt er zugleich fest, dass ein individueller Unterlassungsanspruch zu den Betroffenenrechten gehört. Denn Art. 80 Abs. 1 DS-GVO ermöglicht eine Verbandsklage im Anwendungsbereich der DS-GVO nur für solche Rechte, die auch dem einzelnen Betroffenen nach Art. 77, 78 und 79 DS-GVO zustehen. Gehörte ein individueller Unterlassungsanspruch nicht dazu, könnte es auch keine verbandsmäßige Geltendmachung eines solchen geben. Im Umkehrschluss hat der EuGH also die Existenz eines individuellen Unterlassungsanspruchs mit der Anerkennung der Möglichkeit einer verbandsmäßigen Unterlassungsklage anerkannt.[654]

dd) Zwischenfazit

Jedenfalls der *App-Zentrum*-Entscheidung des EuGH lassen sich belastbare Hinweise dahingehend entnehmen, dass der Gerichtshof einen Unterlassungsanspruch im Kontext der DS-GVO allgemein anerkennt. Legt man dies – jedenfalls bis zur Entscheidung über die Vorlage des BGH – zugrunde, so befindet sich der EuGH mit der herrschenden Meinung, die einen materiell-rechtlichen Unterlassungsanspruch eines Betroffenen im Anwendungsbereich der DS-GVO bejaht, wohl auf einer Linie. Für diese Ansicht sprechen auch die besseren Argumente. Die Frage nach dem »Ob« eines datenschutzrechtlichen Unterlassungsanspruchs im Anwendungsbereich der DS-GVO ist daher im Ergebnis zu bejahen.

b) Ableitung aus Vorschriften innerhalb der DS-GVO?

Dass ein datenschutzrechtlicher Unterlassungsanspruch jedenfalls grundrechtlich durch Art. 7f. GRCh i. V. m. Art. 47 GRCh geboten ist, räumen auch Anhänger

653 So zum zweitgenannten jdf. i. E. auch *Schild*, DuD 2023, 513 (517); wenngleich zur vorherigen Stellungnahme des Generalanwalts *Halder*, jurisPR-ITR 1/2022, Anm. 2 S. 3; ebenso *Leibold/Laoutoumai*, ZD-Aktuell 2021, 05583.

654 Vgl. zum Vorstehenden insg. *Schild*, DuD 2023, 513 (517); so – wenngleich bzgl. der Stellungnahme des Generalanwalts in dieser Rs. – auch *Halder*, jurisPR-ITR 1/2022, Anm. 2 S. 3; ebenso *Leibold/Laoutoumai*, ZD-Aktuell 2021, 05583.

der Gegenfassung ein.[655] Mangels einer ausdrücklichen Regelung finde dieses Gebot aber letztlich keinen Niederschlag in der DS-GVO.[656] Dies sei gleichwohl beabsichtigt, denn ein Unterlassungsanspruch sei in der Entwurfsfassung der DS-GVO noch enthalten gewesen. Der Verordnungsgeber habe sich mit dessen Streichung in der finalen Fassung offenkundig gegen eine einfachgesetzliche Ausprägung dieses Gebots entschieden.[657] Dem treten Anhänger der herrschenden Auffassung entgegen: Die Streichung bringe keine ablehnende Haltung des Verordnungsgebers gegenüber einem Unterlassungsanspruch zum Ausdruck. Vielmehr zeuge sie von dessen Erkenntnis, dass es einer ausdrücklichen Normierung gar nicht bedürfe, weil der Unterlassungsanspruchs bereits implizit in den Vorschriften der DS-GVO enthalten sei. Es handele sich daher in Wahrheit um die Korrektur eines bis dahin bestehenden Redaktionsversehens.[658]

Auch wenn innerhalb dieser historisch-genetischen Betrachtung kein Überwiegen einer der Standpunkte für sich genommen auszumachen ist, stützen die zahlreichen Ansätze, mit denen ein Unterlassungsanspruch des Betroffenen unmittelbar aus den Vorschriften der DS-GVO abgeleitet werden kann, den Standpunkt der herrschenden Auffassung. Die vorgeschlagenen Herleitungsansätze sind dabei sehr vielseitig.[659] Gelegentlich wird vertreten, das Widerspruchsrecht des Betroffenen nach Art. 21 DS-GVO sei als Grundlage eines Unterlassungsanspruchs (und das in Art. 17 DS-GVO normierte Löschrecht als damit verbundener Folgenbeseitigungsanspruch) anzusehen,[660] während andere Teile der Literatur den Unterlassungsanspruch in Art. 79 Abs. 1 DS-GVO hineinlesen möchten.[661] Weitaus zahlreicher sind dagegen die Stimmen, die sich entweder für eine analoge Anwendbarkeit des Abwehranspruchs aus §§ 823, 1004 BGB aussprechen,[662] oder

655 Vgl. *Kreße*, in: Sydow/Marsch, DS-GVO, Art. 79 Rn. 29.

656 *Kreße*, in: Sydow/Marsch, DS-GVO, Art. 79 Rn. 10.

657 *Koetsier/Kremer*, CR 2023, 359 (365); *Kreße*, in: Sydow/Marsch, DS-GVO, Art. 79 Rn. 11; *Nink*, ZD 2022, 239 (240).

658 Vgl. allg. *Eichelberger*, RDi 2024, 89 (92); in Bezug auf Art. 76 Abs. 5 DS-GVO-E *Martini*, in: Paal/Pauly, DS-GVO, Art. 79 Rn. 17; in Bezug auf Art. 17 DS-GVO-E *Schild*, DuD 2023, 513 (516).

659 Die Auswahl der Auffassungen beruht auf *Leibold/Laoutoumai*, ZD-Aktuell 2021, 05583 (oben, Fn. 619).

660 Vgl. in diese Richtung *Caspar*, in: NK-DatenschutzR, DS-GVO, Art. 21 Rn. 7; *Kamann/Braun*, in: Ehmann/Selmayr, DS-GVO, Art. 17 Rn. 34 und Art. 21 Rn. 39f.

661 Vgl. *Halder/Walker*, ZD 2020, 605 (606); *Halder*, jurisPR-ITR 1/2022, Anm. 2 S. 3.

662 Vgl. OLG Frankfurt a. M., Urt. v. 14.04.2022 – 3 U 21/20 = NJW-RR 2022, 1608 (1609); OLG Dresden, Urt. v. 14.12.2021 – 4 U 1278/21 = ZD 2022, 235 (237); OLG Stuttgart, Urt. v. 18.05.2021 – 12 U 296/20 = ZD 2022, 105; VG Wiesbaden, Beschl. v. 01.12.2021 – 6 L 738/21.WI = ZD 2022, 177 (178); *Engelbrecht*, ZD 2023, 573 (574); *Nolte/Werkmeister*, in: Gola/Heckmann, DS-GVO, Art. 17 Rn. 73; *Schild*, DuD 2023, 513 (515); *Specht-Riemenschneider*, in: Specht-Riemenschneider/Riemenschneider/Schneider, Internetrecht, S. 235 (Fn. 192); *Worms*, in: BeckOK DatenschutzR, DS-GVO, Art. 17 Rn. 57a.

den Unterlassungsanspruch als Spielart des Löschrechts aus Art. 17 Abs. 1 DS-GVO ansehen.[663]

Ungeachtet der Argumente, die im Einzelnen für und gegen die jeweiligen Standpunkte sprechen,[664] erscheint das Abstellen auf Art. 17 Abs. 1 DS-GVO naheliegend: Zwar ist das Unterlassen nicht ausdrücklich vom Wortlaut der Vorschrift umfasst und ein aktives Löschen kann nicht per se mit einem passiven Unterlassen gleichgesetzt werden.[665] Dennoch ist in der Aufforderung eines Betroffenen, die ihn betreffenden personenbezogenen Daten zu löschen, auch die Aufforderung miteingeschlossen, diese fortan gar nicht erst (ggf. wieder) zu verarbeiten.[666] Der BGH betont insoweit die Notwendigkeit, Art. 17 Abs. 1 DS-GVO »nicht auf das schlichte Löschen von Daten zu verengen«.[667] Eine solche extensivere Lesart des Art. 17 DS-GVO wird auch von Erwägungsgrund 65 indiziert.[668] Darin wird Betroffenen das Recht zugesprochen »(...) dass ihre personenbezogenen Daten gelöscht und nicht mehr verarbeitet werden, wenn (...) die Verarbeitung (...) gegen diese Verordnung verstößt.«[669] Zu Recht weist *Schild* auf das absurde Ergebnis hin, zu dem ein anderes Verständnis der Vorschrift führen würde: Sähe man in Art. 17 DS-GVO keinen Anspruch auf Unterlassen, müsste ein Betroffener eine rechtswidrige Datenverarbeitung zunächst hinnehmen, um die erlittene Rechtsverletzung anschließend im Wege des Löschanspruchs beseitigen zu können, wobei gar nicht garantiert sei, dass ihm dies auch gelinge.[670]

663 Vgl. BGH, Urt. v. 27.07.2020 – VI ZR 405/18 = GRUR 2020, 1331 (1333) – *Recht auf Vergessenwerden*; BGH, Urt. v. 23.05.2023 – VI ZR 475/18 = GRUR 2023, 1218 (1221) – *Recht auf Vergessenwerden II*; *Eichelberger*, RDi 2024, 89 (92); *Heinzke*, GRUR-Prax 2019, 396; *Herbst*, in: Kühling/Buchner, DS-GVO, Art. 17 Rn. 42a; *Kamann/Braun*, in: Ehmann/Selmayr, DS-GVO, Art. 17 Rn. 13; wohl auch *Kamlah*, in: Plath, DS-GVO, Art. 17 Rn. 3; wohl auch *Leibold/Laoutoumai*, ZD-Aktuell 2021, 05583; OLG Frankfurt a. M., Urt. v. 30.03.2023 – 16 U 22/22 = GRUR 2023, 904 (905) – *Google Fonts*; OLG Frankfurt a. M., Urt. v. 14.04.2022 – 3 U 21/20 = NJW-RR 2022, 1608 (1609) m. w. N.; *Paal*, in: Paal/Pauly, DS-GVO, Art. 17 Rn. 30; *Schild*, DuD 2023, 513 (515).

664 Hierfür wird auf die Darstellung von *Leibold/Laoutoumai*, ZD-Aktuell 2021, 05583, auf welche, wie zuvor angekündigt (Fn. 659), auch die soeben dargestellte Auswahl der Auffassungen zurückgeht, verwiesen.

665 *Halder/Walker*, ZD 2020, 605; LG Wiesbaden, Urt. v. 20.01.2022 – 10 O 14/21 = ZD 2022, 238.

666 *Kamann/Braun*, in: Ehmann/Selmayr, DS-GVO, Art. 17 Rn. 13; OLG Frankfurt a. M., Urt. v. 30.03.2023 – 16 U 22/22 = GRUR 2023, 904 (905) – *Google Fonts*; OLG Frankfurt a. M., Urt. v. 14.04.2022 – 3 U 21/20 = NJW-RR 2022, 1608 (1609); *Paal*, in: Paal/Pauly, DS-GVO, Art. 17 Rn. 30; *Schild*, DuD 2023, 513 (516).

667 Vgl. jew. ausdrückl. BGH, Urt. v. 27.07.2020 – VI ZR 405/18 = GRUR 2020, 1331 (1333) – *Recht auf Vergessenwerden*; BGH, Urt. v. 23.05.2023 – VI ZR 475/18 = GRUR 2023, 1218 (1221) – *Recht auf Vergessenwerden II.*

668 So auch *Schild*, DuD 2023, 513 (515).

669 DS-GVO, ErwGr. 65 S. 2.

670 Vgl. *Schild*, DuD 2023, 513 (515).

c) Fazit zum Unterlassungsanspruch bei Bodendaten

Insgesamt ist damit im Einklang mit der überzeugenden herrschenden Literaturauffassung festzuhalten, dass ein Unterlassungsanspruch des Betroffenen im Anwendungsbereich der DS-GVO anzuerkennen ist. Die Gegenauffassung, die einen Unterlassungsanspruch des Betroffenen insgesamt ablehnt, ist nicht überzeugend. Auch die Rechtsprechung des EuGH, jedenfalls in der Rechtssache *App-Zentrum*, spricht zumindest andeutungsweise für die Sicht der herrschenden Auffassung. Dies gilt auch im Hinblick auf die »richtige« Anspruchsgrundlage: Die besseren Argumente sprechen dafür, auf Art. 17 Abs. 1 DS-GVO abzustellen. Nichtsdestotrotz ist zu berücksichtigen, dass dieses Ergebnis unter dem Vorbehalt der noch ausstehenden, aber bereits absehbaren Klärung durch den EuGH steht.

Die hier im Fokus stehende Frage, ob der betroffene Landwirt bzw. Grundstückseigentümer Unterlassung der Erhebung von personenbezogenen Bodendaten verlangen kann, ist daher jedenfalls in der Theorie zu bejahen. Inwieweit dies seine Rechtsstellung auch praktisch verbessert, kann ebenfalls nicht einheitlich beurteilt werden. Geht man mit dem zuvor zum Personenbezug von Bodendaten Gesagten bspw. davon aus, dass insb. Orthofotografien in den meisten Fällen Personenbezug aufweisen,[671] erscheint ein Anspruch auf Unterlassung ihrer Aufnahme praktisch sinnvoll und einigermaßen handhabbar. Bei Bodendaten, die dagegen z. B. Auskunft über Bodeneigenschaften geben, ist dies nicht so. In der (vor dem Hintergrund ihrer häufigen Verarbeitung in Echtzeit praktisch wohl nur noch juristischen) Sekunde, in der sie erhoben werden, handelt es sich bei ihnen noch um reine Sachdaten ohne Personenbezug. Erst durch ihre spätere Kombination mit anderen Daten erlangen sie ggf. Personenbezug.[672] Zu diesem Zeitpunkt sind die Daten jedoch bereits erhoben und verarbeitet. Da bei Big Data- und IoT-Technologien oftmals im Zeitpunkt der Datenerhebung noch gar nicht feststeht, zu welchem Zweck sie stattfindet,[673] gilt dies gleichermaßen auch für Vermessungsdaten. Diese erlangen ihren Personenbezug regelmäßig allein durch den auf die Bewertung des Betroffenen gerichteten Zweck ihrer Verarbeitung.[674] Steht dieser anfänglich noch gar nicht fest, besteht mangels Personenbezug des Verarbeitungskontexts auch kein Unterlassungsanspruch. Die praktische Bedeutung des – jedenfalls vorbeugenden – Unterlassungsanspruchs wird damit, sofern der EuGH ihn, wie dargelegt, überhaupt anerkennen sollte, in Abhängigkeit des Einzelfalls und der verarbeiteten Bodendatenart, mitunter sehr begrenzt sein. Daher dürfte die Bedeutung des – ausdrücklich in Art. 17 Abs. 1 DS-GVO normierten – Löschanspruchs vergleichsweise größer sein.

671 Dazu oben, S. 111ff.
672 Dazu oben, S. 107ff.
673 Dazu oben, S. 30.
674 Dazu oben, S. 105ff.

3. Beteiligung an Verwertungserlösen?

Die von Landwirten und Verbänden geforderte sog. Datenhoheit umfasst auch die Beteiligung des Landwirts an den Erlösen, die aus der Verwertung der Daten generiert werden.[675] Eine den im Anwendungsbereich des BGB für diese Zwecke insb. in Betracht kommenden §§ 812 Abs. 1 Satz 1 Alt. 2, 687 Abs. 2 BGB vergleichbare Vorschrift enthält die DS-GVO nicht. Hilfsweise könnte daher auf diese beiden Vorschriften abgestellt werden, um die mit der Verwertung der Bodendaten generierten Erlöse abzuschöpfen. Erforderlich ist dabei aber jeweils ein Eingriff in den Zuweisungsgehalt eines dem Landwirt bzw. Grundstückseigentümer ausschließlich zugewiesenen absoluten Rechts.[676]

a) Keine vermögensrechtliche Wertzuweisung durch Datenschutzrecht

Damit ein solches Teilhaberecht am Verwertungserlös besteht, muss dem Betroffenen indes das in den Bodendaten liegende ökonomische Potenzial zugewiesen sein. Eine ausdrückliche Zuweisung trifft die DS-GVO nicht. Auch die Absicht, eine implizite Zuweisung durch das Datenschutzrecht zu treffen, kann dem Verordnungsgeber nicht ohne Weiteres unterstellt werden. Der Grund dafür ist, dass das Datenschutzrecht – jedenfalls primär – abwehrrechtliche Funktionen erfüllen und keine güterrechtliche Zuweisung der Daten zu dem Betroffenen vornehmen soll.[677] Vielmehr zielt es auf den Schutz der Person, nicht aber auf den Schutz der auf sie bezogenen Daten ab.[678] Die von der DS-GVO verliehenen Rechte stehen daher in untrennbarem Zusammenhang mit der Persönlichkeit des Betroffenen, weshalb auch deren Übertragung nicht in Betracht kommt. Die Möglichkeit der Übertragung ist jedoch kennzeichnend für eine Rechtsposition, von der eine umfassende vermögensrechtliche Zuordnung eines Guts getroffen wird.[679] Im Fall des Datenschutzrechts kann daher nicht von einer originären Zuweisung der Daten bzw. ihres Werts ausgegangen werden.[680] Den vereinzelten Stimmen, die

675 Dazu oben, S. 35f.

676 *Schäfer*, in: MüKo BGB, § 687 Rn. 16, zu § 687 Abs. 2 BGB; *Schwab*, in: MüKo BGB, § 812 Rn. 295, zu § 812 Abs. 1 Satz 1 Alt. 2 BGB.

677 Zum Vorstehenden insg. *Becker*, Absolute Herrschaftsrechte, S. 386; *Berberich/Golla*, PinG 2016, 165 (166); *v. Dreusche*, Datenverträge in der Insolvenz, S. 144; *Haustein*, Möglichkeiten und Grenzen von Dateneigentum, S. 118; *Härting*, CR 2016, 646 (648).

678 *Becker*, Absolute Herrschaftsrechte, S. 386.

679 *Becker*, Absolute Herrschaftsrechte, S. 258, 386; *Jänich*, Geistiges Eigentum, S. 260; *Peukert*, Güterzuordnung als Rechtsprinzip, S. 60; *Zech*, CR 2015, 137 (141); *ders.*, Information als Schutzgegenstand, S. 77f.; *ders.*, ZGE 15 (2023), 53 (59).

680 *Becker*, Absolute Herrschaftsrechte, S. 386; *Martínez*, in: H. Wilhelm Schaumann Stiftung, Hülsenberger Gespräche 2018, S. 152; *Vogel*, in: Gandorfer et al., Digitalisierung für Mensch, Umwelt und Tier, S. 333; *Zech*, Information als Schutzgegenstand, S. 219; *Zech*, CR 2015, 137

eine umfassende Zuordnung aufgrund der zahlreichen Rechte, die das Datenschutzrecht einem Betroffenen gewährt, dennoch bejahen und dies vor allem mit einem Vergleich zum Urheberrecht begründen,[681] ist dabei zu entgegnen, dass die Zuweisung von Verwertungsrechten im Urheberrecht mit der schöpferischen Leistung des Urhebers zu erklären ist, an der es im Datenschutzrecht aber gerade fehlt, da dieses bloß an die persönliche Betroffenheit anknüpft.[682] Zwar ist auch das Urheberrecht an einem Werk, in Bezug auf die soeben genannte Übertragbarkeit als charakteristische vermögensrechtliche Eigenschaft, für sich genommen nicht rechtsgeschäftlich übertragbar, § 29 Abs. 1 Halbsatz 1 UrhG. Die Verkehrsfähigkeit und damit auch die Einordnung des Urheberrechts als Vermögensrecht in diesem Sinne wird aber dadurch erreicht, dass es jedenfalls vererblich ist, § 29 Abs. 1 Halbsatz 2 UrhG.[683] Von der vermögensrechtlichen Zuweisung des Werks an den Urheber zeugen auch die zu seinen Gunsten in §§ 15ff. UrhG normierten Verwertungsrechte. Vergleichbare Befugnisse fehlen innerhalb der Betroffenenrechte der Art. 12ff. DS-GVO.

Abseits dieser systematischen Erwägungen erscheint es auch praktisch gar nicht sinnvoll, eine umfassende Zuweisung des Werts eines Datums über das Kriterium des Personenbezugs anzunehmen: In Fällen wie den hier untersuchten landwirtschaftlichen Bodendaten ist die Frage nach dem Personenbezug derart einzelfallabhängig, dass der betroffenen Person oftmals überhaupt nicht bewusst – geschweige denn beweisbar – sein wird, ob das jeweilige Datum personenbezogen ist oder nicht. Knüpfte man die Zuweisung des wirtschaftlichen Werts eines Bodendatums an dieses Kriterium, wäre der Wert des inhaltlich selben Bodendatums in einem Fall einer Person zugewiesen, in einem anderen hingegen nicht, nur weil z. B. das Geschäftsmodell des verarbeitenden Unternehmens ein anderes ist und infolgedessen mangels Personenbezugs des Datums keine Zuweisung mehr erfolgt.[684] Der Personenbezug ist daher von vornherein kein geeignetes Kriterium,

---

(141); a. A. im Ansatz *Aliprandi*, Datenschutzrechtlicher Schadensersatz nach Art. 82 DS-GVO, S. 281f.; wohl auch *Buchner*, Informationelle Selbstbestimmung im Privatrecht, S. 228, der dies mit einem Vergleich zwischen Urheber- und Datenschutzrecht begründet; im Grds. auch *Haustein*, Möglichkeiten und Grenzen von Dateneigentum, S. 136, nach dem das Datenschutzrecht ein »Quasi-Verfügungsrecht an personenbezogenen Daten« schaffe; *Raue*, NJW 2019, 2425, der von einer »wenigstens reflexhaft[en] (...) ökonomische[n] Zuordnung« durch die DS-GVO ausgeht.

681 Vgl. *Buchner*, Informationelle Selbstbestimmung im Privatrecht, S. 227f.; *Kilian*, CR 2002, 921 (926); *ders.*, in: Garstka/Coy, GS Steinmüller, S. 207.

682 *Zech*, CR 2015, 137 (141); *ders.*, GRUR 2015, 1151 (1155).

683 *Jänich*, Geistiges Eigentum, S. 260; *Peukert*, Güterzuordnung als Rechtsprinzip, S. 59; *Zech*, Information als Schutzgegenstand, S. 77f.

684 In diesem Sinne zum Vorstehenden insg. *Kühling/Sackmann*, ZD 2020, 24 (26); *Specht*, GRUR Int. 2017, 1040 (1042); *Zech*, CR 2015, 137 (141).

um eine umfassende ökonomische Zuweisung zu begründen.[685] Selbst wenn man dies im Grundsatz anders sähe, wäre die Bezifferung des Umfangs der Erlösbeteiligung wohl ein kaum lösbares Problem, was ebenfalls gegen die Sinnhaftigkeit der Zuweisung spricht.[686]

Das in Art. 20 Abs. 1 DS-GVO normierte Recht auf Datenportabilität manifestiert richtigerweise ebenfalls, auch wenn bisweilen anderes behauptet wird,[687] keine vermeintliche Intention des Verordnungsgebers, dem Betroffenen die Daten vermögensrechtlich zuzuweisen. Die Vorschrift ist vielmehr (auch) wettbewerbsrechtlicher Natur und soll Betroffenen die Möglichkeit eröffnen, auf sie bezogene (Profil-)Daten zu neuen Anbietern zu übertragen.[688] Auf diese Weise sollen auf Mikroebene lock-in-Effekte zulasten von Nutzern und auf Makroebene marktbeherrschende Stellungen einzelner Unternehmen in Bezug auf das Vorhalten personenbezogener Daten vermieden werden.[689]

b) Erlösauskehr durch Schadensersatz?

Auch der in Art. 82 DS-GVO normierte Schadensersatzanspruch vermittelt keinen genuinen Anspruch auf Teilhabe an Verwertungserlösen. Es handelt sich vielmehr um eine deliktsrechtliche Haftungsvorschrift, auf deren Grundlage Schäden kompensiert werden sollen, welche auf ein gegen die DS-GVO verstoßendes Verhalten zurückgehen.[690] Dennoch besteht auch im Rahmen von Schadensersatzansprüchen generell die Möglichkeit, eine Erlösauskehr zu erreichen. Voraussetzung dafür ist, dass der Erlös des Schädigers deckungsgleich mit dem Nachteil des Geschädigten ist.[691] Dass eine derartige Einbuße aufseiten des Betroffenen tatsächlich gegeben sein muss und nicht der bloße Verstoß gegen die DS-GVO schon den Anspruch auslöst, dürfte im Datenschutzrecht seit der Entscheidung des EuGH in der Rechtssache *Österreichische Post* anerkannt sein.[692] Einen solchen materiellen Schaden sieht der überwiegende Teil des Schrifttums in Fällen der unbefugten Verwertung von Daten in dem vom Verantwortlichen er-

685 *Berberich/Golla*, PinG 2016, 165 (166); *Haustein*, Möglichkeiten und Grenzen von Dateneigentum, S. 136; *Specht*, GRUR Int. 2017, 1040 (1042); *Zech*, CR 2015, 137 (141).

686 *Specht*, GRUR Int. 2017, 1040 (1042).

687 Vgl. *Kilian*, in: Garstka/Coy, GS Steinmüller, S. 207 Fn. 40; im Ansatz auch *Härting*, CR 2016, 646 (648).

688 Zur zugangsgewährenden Funktion des Art. 20 DS-GVO oben, S. 145ff.

689 *v. Dreusche*, Datenverträge in der Insolvenz, S. 145; *Kamann/Braun*, in: Ehmann/Selmayr, DS-GVO, Art. 20 Rn. 3; i. E. auch *Kevekordes*, Daten als Gegenstand absoluter Zuordnung, S. 303f.; *Paal/Kumkar*, ZfDR 2021, 97 (123f.); *Schweitzer/Peitz*, NJW 2018, 275 (277).

690 *Aliprandi*, Datenschutzrechtlicher Schadensersatz nach Art. 82 DS-GVO, S. 96; *Moos/Schefzig*, in: Taeger/Gabel, DS-GVO, Art. 82 Rn. 3f., 21.

691 *Helms*, Gewinnherausgabe als haftungsrechtliches Problem, S. 4.

692 Vgl. EuGH, Urt. v. 04.05.2023 – C-300/21 = NJW 2023, 1930 (1932ff.) – *Österreichische Post*.

zielten Erlös. Der betroffenen Person werde nämlich die Möglichkeit genommen, die Daten selbst zu verwerten, weshalb ihr insoweit ein Gewinn entgehe.

Voraussetzung dafür sei jedoch erstens, dass dem Betroffenen selbst auch die Möglichkeit der Verwertung offen gestanden hätte und den Daten zweitens ein bezifferbarer Wert zukomme.[693] Zur Begründung wird dabei regelmäßig die Rechtsprechung des BGH in den Rechtssachen *Marlene Dietrich*[694] und *Rücktritt des Finanzministers*[695] herangezogen und behauptet, dass deren Aussagen uneingeschränkt auch für personenbezogene Daten im Allgemeinen gelten müssten.[696]

Die genannten Urteile des BGH betrafen die einwilligungslose Verwendung unter anderem von Bildern der Gesichter prominenter Personen zu Werbe- bzw. Marketingzwecken.[697] Dabei blieb der BGH seiner lange währenden Linie treu und stellte fest, dass dem allgemeinen Persönlichkeitsrecht neben seiner abwehrrechtlichen Funktion auch eine vermögensrechtliche Komponente zukomme. Insbesondere durch eine unbefugte kommerzielle Nutzung von Namen und Bildnissen werde dieser vermögensrechtliche Anteil des allgemeinen Persönlichkeitsrechts verletzt, was letztlich das Zusprechen eines Schadensersatzes in Höhe einer fiktiven Lizenzgebühr rechtfertige.[698] Auch wenn dem im Grundsatz nichts entgegenzusetzen ist, begegnen einer generellen Gleichstellung sämtlicher personenbezogener Daten mit Fotografien einer Person wertungsmäßig Bedenken. In der *Marlene Dietrich*-Entscheidung hat der BGH nämlich mehrfach betont, dass zu der vermögensrechtlichen Komponente des allgemeinen Persönlichkeitsrechts nicht nur das Recht am eigenen Bild oder das Namensrecht gehörten, sondern auch andere »kennzeichnende Persönlichkeitsmerkmale«.[699] Es erscheint im Kontext landwirtschaftlicher Bodendaten allerdings fraglich, ob bspw. das Düngeverhalten eines Landwirts, über welches kombinierte Bodenbeschaffenheitsdaten Auskunft

693 Vgl. *Aliprandi*, Datenschutzrechtlicher Schadensersatz nach Art. 82 DS-GVO, S. 280f., 284; *Gola/Piltz*, in: Gola/Heckmann, DS-GVO, Art. 82 Rn. 12; *Neun/Lubitzsch*, BB 2017, 2563 (2567); *Wandtke*, MMR 2017, 6 (9); in diese Richtung auch *Kreße*, in: Sydow/Marsch, DS-GVO, Art. 82 Rn. 5.

694 BGH, Urt. v. 01.12.1999 – I ZR 49/97 = NJW 2000, 2195ff. – *Marlene Dietrich*.

695 BGH, Urt. v. 26.10.2006 – I ZR 182/04 = NJW 2007, 689ff. – *Rücktritt des Finanzministers*.

696 Vgl. *Aliprandi*, Datenschutzrechtlicher Schadensersatz nach Art. 82 DS-GVO, S. 282; *Gola/Piltz*, in: Gola/Heckmann, DS-GVO, Art. 82 Rn. 12; *Strittmatter/Treiterer/Harnos*, CR 2019, 789 (793f.); *Zech*, GRUR 2015, 1151 (1154f.).

697 Vgl. BGH, Urt. v. 01.12.1999 – I ZR 49/97 = NJW 2000, 2195ff. – *Marlene Dietrich*; BGH, Urt. v. 26.10.2006 – I ZR 182/04 = NJW 2007, 689ff. – *Rücktritt des Finanzministers*.

698 Vgl. BGH, Urt. v. 01.12.1999 – I ZR 49/97 = NJW 2000, 2195 (2197) – *Marlene Dietrich*; BGH, Urt. v. 26.10.2006 – I ZR 182/04 = NJW 2007, 689 (690) – *Rücktritt des Finanzministers*; grundlegend BGH, Urt. v. 08.05.1956 – I ZR 62/54 = NJW 1956, 1554 (1555) – *Paul Dahlke*; nochmals best. durch BGH, Urt. v. 20.03.2012 – VI ZR 123/11 = NJW 2012, 1728 (1729).

699 Vgl. ausdrückl. BGH, Urt. v. 01.12.1999 – I ZR 49/97 = NJW 2000, 2195 (2197, 2198) – *Marlene Dietrich*; best. durch BGH, Urt. v. 20.03.2012 – VI ZR 123/11 = NJW 2012, 1728 (1729)

geben,[700] als derart kennzeichnend für dessen Persönlichkeit angesehen werden und so dem vermögensrechtlichen Teil von dessen Persönlichkeitsrecht zugeordnet werden kann. Insofern ist bereits im Ausgangspunkt sehr zweifelhaft, ob überhaupt von einer Vermögenseinbuße ausgegangen werden kann.

Auch aufgrund ungleich bestehender Kommerzialisierungsmöglichkeiten dürfte eine Übertragung der Rechtsprechung schwer fallen: Während die Möglichkeiten kommerzieller Verwertung von Fotografien bekannter Persönlichkeiten naheliegend sind und somit insb. auch den abgebildeten Personen selbst offenstehen (z. B. zum Verkauf an die Boulevardpresse), ist dies bei anderen Arten personenbezogener Daten nicht so selbstverständlich.[701]

In dieser Hinsicht ist mit Blick auf landwirtschaftliche Bodendaten schwer vorstellbar, dass ein Landwirt in vergleichbar einfacher Weise (oder überhaupt) einen zahlungsbereiten Abnehmer für Daten findet, die z. B. Auskunft über die Feuchtigkeit des von ihm bewirtschafteten Bodens geben. Dies liegt auch in dem Umstand begründet, dass Bodendaten, wie viele andere personenbezogene Daten auch, oftmals erst nach ihrer Aggregierung mit weiteren Daten für Unternehmen einen Wert haben, sodass ihnen isoliert gar kein bezifferbarer Wert zukommt und insofern auch keine Vermögenseinbuße für den Betroffenen beweisbar ist.[702] Noch deutlicher ist dies, wenn die Daten verwendet werden, um Dienstleistungen zu erbringen: Vermessungsdaten eines Grundstücks können bspw. verwendet werden, um in Kombination mit Bodenbeschaffenheits-, GPS- und Wetterdaten teilflächenspezifisch die Düngemittelausbringung zu planen. Diese sog. Applikationskarte kann dem Landwirt z. B. über eine Software gegen Zahlung einer Gebühr zur Verfügung gestellt werden.[703] Der auf diese Weise geschaffene Mehrwert ist dabei jedoch mehr als die Summe des Daten-Inputs. Vielmehr werden die Daten durch die Kombination miteinander auf eine neue Verarbeitungsstufe gehoben, was die Generierung des Erlöses überhaupt erst ermöglicht. Es wäre daher unbillig, demjenigen, der von z. B. den Bodenbeschaffenheitsdaten betroffen ist, den kompletten Erlös zuzusprechen, da er selbst den Erlös mit den ihm zur Verfügung stehenden Möglichkeiten faktisch gar nicht hätte realisieren können, so-

700 Dazu oben, S. 107ff.

701 *Aliprandi*, Datenschutzrechtlicher Schadensersatz nach Art. 82 DS-GVO, S. 289f.; *Schwab*, in: MüKo BGB, § 812 Rn. 335, in Bezugnahme auf BGH, Urt. v. 20.03.2012 – VI ZR 123/11 = NJW 2012, 1728 (1729), nach dem eine unbekannte Person keine Verwertungsmöglichkeit ihres Bildnisses gehabt habe, sodass keine Auskehr des Verwertungserlöses in Betracht komme.

702 *Aliprandi*, Datenschutzrechtlicher Schadensersatz nach Art. 82 DS-GVO, S. 290; zur Wertentwicklung durch Aggregierung oben, S. 45f.

703 In diese Richtung auch *Atik/Martens*, JIPITEC 12 (2021), 370 (373); siehe beispielhaft https://www.365farmnet.com/de/newsroom/duengung/ (zuletzt abgerufen am 17.11.2023).

dass es an der notwendigen Kongruenz zwischen Vermögenseinbuße einerseits und erzieltem Gewinn andererseits fehlt.[704]

In diese Richtung ist wohl auch die Gegenauffassung zu verstehen, welche die Herausgabe des Erlöses einer unbefugten Datennutzung über den Schadensersatz nach Art. 82 DS-GVO generell ablehnt: Von der bloßen Betrachtung des Gewinns des Verantwortlichen könne nämlich kein Rückschluss auf einen etwaigen Schaden des Betroffenen gezogen werden.[705] Wollte man dem Betroffenen wenigstens einen Anspruch auf anteilige Erlösauskehr im Wege des Schadensersatzes gegen das verantwortliche Unternehmen zugestehen, müsste man zunächst seinen Beitrag zu der Erzielung des Erlöses beziffern und sähe sich damit wieder bei der Ausgangsproblematik der Bezifferung des Werts einzelner Daten ausgesetzt.[706] Insgesamt ist die Übertragung der Rechtsprechung des BGH zur unberechtigten kommerziellen Verwertung von Fotos zwar theoretisch denkbar, praktisch aber mit kaum handhabbaren Problemen verbunden.[707]

Neben den genannten Schwierigkeiten bei der Begründung eines materiellen Schadens ist darauf hinzuweisen, dass Art. 82 DS-GVO als anspruchsbegründendes Verhalten einen Verstoß gegen die DS-GVO verlangt.[708] Liegt also ein Rechtfertigungsgrund i. S. d. Art. 6 Abs. 1 DS-GVO vor, könnte auch ungeachtet der dargestellten Schwierigkeiten keine Erlösbeteiligung im Wege des Schadensersatzes verlangt werden, obwohl hieran gerade auch in solchen Fällen ein Interesse vonseiten des Landwirts bestehen kann.

c) Fazit zum Anspruch auf Erlösbeteiligung

Insgesamt ist festzuhalten, dass dem betroffenen Landwirt bzw. Grundstückseigentümer aus datenschutzrechtlicher Perspektive kein Anspruch auf Teilhabe an bzw. Herausgabe von Erlösen, die aus der Verwertung von Bodendaten durch das verarbeitende Agrarunternehmen resultieren, zusteht. Einzig in (im Kontext der Landwirtschaft 4.0 wohl sehr seltenen) Fällen, in denen ihnen nachweislich die Möglichkeit der eigenen Verwertung genommen wurde, ihre Einbuße eindeutig bezifferbar ist und zudem kausal auf einen Verstoß des Verantwortlichen gegen die DS-GVO zurückgeht, kann ein Schadensersatzanspruch in Betracht kommen.

---

704 In diesem Sinne zum Vorstehenden insg. *Helms*, Gewinnherausgabe als haftungsrechtliches Problem, S. 2.

705 Vgl. *Moos/Schefzig*, in: Taeger/Gabel, DS-GVO, Art. 82 Rn. 30; a. A. im Allgemeinen wohl *Helms*, Gewinnherausgabe als haftungsrechtliches Problem, S. 5, der einen Rückschluss vom Erlös des Verletzers auf den Schaden des Betroffenen zur Bezifferung des Schadens nicht für gänzlich ungeeignet hält.

706 *Aliprandi*, Datenschutzrechtlicher Schadensersatz nach Art. 82 DS-GVO, S. 290; *Specht*, GRUR Int. 2017, 1040 (1042).

707 So i. E. auch *Aliprandi*, Datenschutzrechtlicher Schadensersatz nach Art. 82 DS-GVO, S. 291f.

708 *Moos/Schefzig*, in: Taeger/Gabel, DS-GVO, Art. 82 Rn. 21f.

IV. Ergebnisse zum Datenschutzrecht (§ 4)

Festzuhalten ist insgesamt, dass viele der in der Landwirtschaft 4.0 verarbeiteten Bodendaten Personenbezug aufweisen (können). Insofern stützen die Ergebnisse diejenigen Literaturstimmen, insb. die von *Härtel*, *Kritikos* und *Martínez*, welche die Anwendbarkeit der DS-GVO auf viele Arten von Agrardaten im Allgemeinen bejahen. Denjenigen Auffassungen, die den Personenbezug von Agrardaten kategorisch verneinen, ist daher jedenfalls in Bezug auf Bodendaten zu widersprechen. Dieses Ergebnis ist jedoch insoweit zu relativieren, als eine Einordnung von Bodendaten in die Dichotomie von personenbezogenen Daten einerseits und nicht personenbezogenen Daten andererseits nach derzeitiger Rechtslage wiederum nicht allgemeingültig möglich ist. Vielmehr ist die Beurteilung des Personenbezugs von mehreren Faktoren abhängig, die je nach Sachverhalt, Art des Bodendatums und Geschäftsmodell des verantwortlichen Unternehmens variieren. Ein bestimmtes Bodendatum kann demnach in einem Fall als personenbezogen zu qualifizieren sein, in einem anderen Fall dagegen – trotz gleichen Inhalts – als nicht personenbezogenes Sachdatum. Insofern bestätigt die Untersuchung auch die ebenfalls von *Härtel*, *Kritikos* und *Martínez* betonte Notwendigkeit einer einzelfallorientierten Beurteilung.[709]

Hinsichtlich der Tatbestandsvoraussetzung der Beziehbarkeit auf die betroffene Person i. S. d. Art. 4 Nr. 1 DS-GVO sind diese Faktoren neben dem inhaltlichen Aussagegehalt des jeweiligen Datums an sich erstens die Frage, ob das Datum mit weiteren Daten kombiniert wird, sowie zweitens der Zweck seiner Verarbeitung, welcher sich zumeist aus dem Geschäftsmodell des jeweils verantwortlichen Agrarunternehmens ergibt. Ein dritter Faktor ist die Frage, wer die betroffene Person ist, wenn Grundstückseigentümer und Landwirt personenverschieden sind. Die Untersuchung hat insoweit gezeigt, dass ein Datum z. B. im Ergebnis zwar keinen Inhaltsbezug zur Person des Landwirts aufweisen kann (weil es z. B. isoliert verarbeitet und nicht mit anderen Daten kombiniert wird), dasselbe Datum bei Zugrundelegung eines anderen Verwendungszwecks und Geschäftsmodells des Unternehmens aber Zweck- oder Ergebnisbezug zum Landwirt oder zum Grundstückseigentümer aufweisen kann, und damit dennoch als personenbezogen anzusehen ist.[710]

Noch schwerer fallen allgemeingültige Aussagen zu der Frage der Identifizierbarkeit des Landwirts oder Grundstückseigentümers als zweite Tatbestandsvoraussetzung des Art. 4 Nr. 1 DS-GVO. Grund dafür ist erstens die Offenheit der Definition der Identifizierbarkeit, zweitens die subjektive bzw. relative Beurteilungsperspektive und drittens der technologieneutrale Ansatz der DS-GVO. Da

709 Dazu mit entspr. Nachweisen oben, S. 83.

710 Dazu mit entspr. Nachweisen oben, S. 105ff., 107ff.

die Landwirtschaft 4.0 ein hochtechnisierter Bereich ist, in dem Daten massenhaft erhoben, ausgetauscht und analysiert werden, kann verallgemeinernd aber zumindest festgehalten werden, dass es kaum Bodendaten gibt, bei denen die Identifizierbarkeit des betroffenen Landwirts oder Grundstückseigentümers generell ausgeschlossen werden kann. Das Merkmal der Identifizierbarkeit (ebenso wie die Anonymisierung als ihr Gegenstück) wirkt daher auf Grundlage der derzeitigen Rechtslage und vorhanden technischen Mittel nicht mehr wirklich begrenzend auf den Anwendungsbereich der DS-GVO.[711] Im allgemeinen datenschutzrechtlichen Diskurs wird deswegen zum Teil sogar vertreten, dass sämtliche Daten Personenbezug aufweisen und die Unterscheidung zwischen personenbezogenen Daten einerseits und nicht personenbezogenen Daten andererseits in Big Data-Sachverhalten bedeutungslos geworden sei.[712]

Als Tendenz kann jedenfalls resümiert werden, dass der Personenbezug von Bodendaten in der Landwirtschaft 4.0 im Zweifel eher zu bejahen als zu verneinen ist. Lediglich in Fällen, in denen Bodendaten isoliert in ihrer Rohfassung verarbeitet werden, ist ihr Personenbezug – jedenfalls in Form des Inhaltsbezugs – oft zu verneinen, da keine inhaltliche Aussage über Personen getroffen wird.[713] Eine Rückausnahme dazu stellen wiederum Orthofotografien dar, die in den hier betrachteten Fällen auch bei isolierter Betrachtung regelmäßig personenbezogen sind.[714]

Die Folge dieser im Einzelfall weitreichenden Anwendbarkeit der DS-GVO sind die in ihr geregelten Betroffenenrechte, die Landwirten und Grundstückseigentümern gegenüber verarbeitenden Unternehmen zustehen. Neben den ausdrücklich normierten Rechten gehört dazu auch das Recht, Unterlassung der Erhebung und sonstigen Verarbeitung von Bodendaten zu verlangen. Nach hier befürworteter Auffassung ist dieses aus Art. 17 Abs. 1 DS-GVO abzuleiten. Der tatsächliche Mehrwert, insb. eines vorbeugenden Unterlassungsanspruchs, ist in der Praxis aber fraglich. Zudem steht die Klärung durch den EuGH noch aus.[715]

Darüber hinaus hat der Betroffene ein Recht auf Zugang zu den Bodendaten, einerseits aus Art. 15 Abs. 3 Satz 1 DS-GVO, andererseits aus Art. 20 Abs. 1 DS-GVO. Der Anspruch auf Zugang zu den personenbezogenen Bodendaten in Form der Herausgabe originalgetreuer Reproduktionen nach Art. 15 Abs. 3 DS-GVO reicht sehr weit. Er umfasst nicht nur die personenbezogenen Daten an sich, sondern nach hier befürworteter Auffassung auch diejenigen Daten, die ihnen Kontext verleihen und die Verständlichkeit für den Betroffenen fördern. Bei den hier be-

711 Dazu mit entspr. Nachweisen oben, S. 98ff., 118ff.
712 Dazu mit entspr. Nachweisen oben, S. 123f.
713 Dazu mit entspr. Nachweisen oben, S. 105ff.
714 Dazu mit entspr. Nachweisen oben, S. 111ff.
715 Dazu mit entspr. Nachweisen oben, S. 152ff.

trachteten Daten über die Bodenbeschaffenheit sind dies insb. die sog. Kombinationsdaten. Werden Bodendaten ferner, z. B. Vermessungsdaten eines Grundstücks, zu Scoring-Zwecken verarbeitet, sind nicht nur sie als Daten-Input, sondern auch das Scoring-Ergebnis als Daten-Output zu beauskunften und dem Betroffenen kopieweise zugänglich zu machen. Im Grundsatz geht der Anspruch dabei zwar wiederum nicht so weit, dass Kopien von Dateien und Dokumenten, die die personenbezogenen Daten enthalten, per se verlangt werden können. Wenn jedoch die Datei bzw. das Dokument entweder für sich genommen das personenbezogene Datum darstellt, oder aber das personenbezogene Datum ohne Zurverfügungstellung des Dokuments bzw. der Datei nicht in gleicher Weise verständlich wäre, ist sogar auch dieses Begehren ebenso von dem Kopieanspruch erfasst. Vor allem bei Orthofotografien kann aus diesem Grund regelmäßig die Herausgabe einer Kopie der Bilddatei verlangt werden.[716]

Der parallel bestehende Zugangsanspruch in Gestalt des Rechts auf Datenportabilität aus Art. 20 Abs. 1 DS-GVO bleibt dagegen jedoch hinter dem aus Art. 15 Abs. 3 DS-GVO zurück, da weder sog. Kombinationsdaten noch das Scoring-Ergebnis als Daten-Output bei Scoring-Verfahren zugänglich zu machen sind.[717] Die in Teilen durchaus umfangreichen Betroffenenrechte des Landwirts bzw. Grundstückseigentümers finden dort ihre Grenze, wo nach einer Beteiligung an Erlösen aus der Verwertung der Bodendaten gefragt wird. Weder regelt das Datenschutzrecht de lege lata nämlich eine umfassende Zuweisung des wirtschaftlichen Potenzials der Daten zugunsten des Betroffenen, noch lässt sich ein Anspruch auf (anteilige) Herausgabe des Verwertungserlöses im Wege des Schadensersatzes nach Art. 82 DS-GVO überzeugend und praktisch handhabbar begründen.[718]

Vor allem das Fehlen eines solchen Anspruchs auf Erlösbeteiligung hat zur Folge, dass die eingangs formulierte Frage, ob das Datenschutzrecht dem Landwirt eine Rechtsposition in Bezug auf Bodendaten verschafft, die ihrem Inhalt und Umfang nach dem entspricht, was zu Beginn der Untersuchung als Datenhoheit skizziert wurde, insgesamt zu verneinen ist. Die sonstigen Rechte, die die DS-GVO dem Landwirt verleiht, sind zum Teil für sich genommen zwar sehr weitreichend und können die Position des Landwirts gegenüber Agrarunternehmen erheblich stärken. Sie basieren aber wiederum auf dem wackligen Fundament des Personenbezugs, sodass letztlich die Details eines jeden Einzelfalls darüber entscheiden, ob dem Landwirt überhaupt datenschutzrechtliche Rechte zustehen oder nicht. Die dem Landwirt vom Datenschutzrecht vermittelte Rechtsposition ist mithin derart volatil, dass keineswegs von einer »Hoheit« über die Bodendaten gesprochen werden kann.

---

716 Dazu mit entspr. Nachweisen oben, S. 128ff.
717 Dazu mit entspr. Nachweisen oben, S. 145ff.
718 Dazu mit entspr. Nachweisen oben, S. 163ff.

§5: Grundeigentum als Basis für Rechte des Landwirts an Bodendaten?

Im Anschluss an das Datenschutzrecht soll im Folgenden der Frage nachgegangen werden, ob auch das Grundstückseigentum dem Landwirt Rechte vermittelt. Dabei soll, wie bereits mehrfach erwähnt, nicht im Vordergrund stehen, ob ein Eigentumsrecht an den Bodendaten selbst existiert, oder zumindest de lege ferenda begründet werden könnte. Vielmehr liegt der Fokus darauf, ob bereits das gesetzlich geregelte Eigentumsrecht am Grundstück dem Landwirt schon die ausschließliche Befugnis verleiht, Bodendaten zu erheben und anschließend über deren wirtschaftliche Verwertung zu bestimmen. Dies hätte zur Folge, dass die ungefragte Datenerhebung eine Beeinträchtigung des Grundstückseigentums darstellen würde, ohne dass es auf eine etwaiges Dateneigentum überhaupt ankäme. In einem solchen Fall könnte in einem nächsten Schritt auch über etwaige bürgerlich-rechtliche Zugangsrechte nachgedacht werden.

Im Falle des Vorliegens einer Eigentumsbeeinträchtigung stehen dem Eigentümer zahlreiche Ansprüche zur Verfügung. Dazu zählen insb. der Anspruch auf Schadensersatz (§ 823 Abs. 1 BGB), Herausgabe der Sache (§ 985 BGB), Herausgabe zu Unrecht gezogener Nutzungen (§§ 987ff. BGB) sowie auf Unterlassung einer bevorstehenden bzw. Beseitigung einer bereits erfolgten Beeinträchtigung (§ 1004 Abs. 1 BGB).[719] Die im Ausgangspunkt unbeschränkte Zuweisung von Nutzungs- und Ausschlussbefugnissen hat zur Folge, dass dem Eigentümer grundsätzlich auch die aus der Ausübung der ihm von § 903 Satz 1 BGB zugewiesenen Befugnisse resultierenden Vermögensvorteile zugewiesen sind, weshalb es ihm über die genuin eigentumsrechtlichen Ansprüche hinaus auch möglich ist, die von einem Dritten unter Anmaßung der eigentlich dem Eigentümer zustehenden Befugnisse erzielten Erlöse zu kondizieren (§ 812 Abs. 1 Satz 1 Alt. 2 BGB).[720]

Die im Folgenden vorgenommene Untersuchung soll zeigen, dass eine erhebliche Zahl von Landwirten zwar Eigentum an den von ihnen bewirtschafteten Flächen hat, ihr Eigentumsrecht am Grundstück aber de lege lata nicht so weit

719 *Althammer*, in: Staudinger BGB, 2020, § 903 Rn. 12.
720 *Ellger*, Bereicherung durch Eingriff, S. 489.

reicht, dass aus ihm Rechte an den Bodendaten begründet werden könnten. Sollte dies letztlich doch anders zu beurteilen sein, ist in einem nächsten Schritt zu beantworten, was gilt, wenn der Landwirt die Flächen bloß von dem Grundstückseigentümer gepachtet hat – wem stehen dann die etwaigen datenbezogenen Befugnisse zu?

I. Eigentumsschutz = Landwirteschutz?

Damit eine Auseinandersetzung mit der Frage nach Rechten an Bodendaten aus dem Grundeigentum überhaupt sinnvoll ist, darf die Annahme, der Landwirt sei auch Eigentümer der von ihnen bewirtschafteten Flächen, keine bloß theoretisch mögliche Fallgestaltung, sondern muss vielmehr eine Rechtstatsache sein. Dass Landwirte zunehmend nicht mehr ihre eigenen, sondern im Eigentum Dritter stehende Flächen bewirtschaften, wird häufig mit einem als Land Grabbing bezeichneten Phänomen in Verbindung gebracht. Darunter versteht man den umfangreichen Erwerb (zumeist) landwirtschaftlich genutzter Flächen durch – oftmals sektorfremde – Investoren, die mit dem Erwerb insb. darauf spekulieren, von den Wertsteigerungen der Flächen zu profitieren.[721] Während dabei traditionell Erwerbsvorgänge in Entwicklungsländern betrachtet werden,[722] ist Land Grabbing auch in Deutschland, insb. im Osten Deutschlands, zu beobachten.[723] Die unter anderem damit einhergehende Veränderung der Eigentumsverhältnisse an Agrarflächen ist auch messbar, wie einschlägige Untersuchungen zeigen: Im Jahr 2020 wurden dem agrarpolitischen Bericht der Bundesregierung 2023 rund 60 % der landwirtschaftlichen Flächen nicht von ihren Eigentümern, sondern von Pächtern bewirtschaftet.[724] Dabei bestehen regionale Diskrepanzen, denn in ostdeutschen Bundesländern ist dieser Anteil mit 68 % ersichtlich größer als in westdeutschen Bundesländern (54 %).[725] Während diese Unterschiede zwischen Ost und West abnehmen,[726] scheint sich die gesamtdeutsche Entwicklung weiter in diese Richtung fortzusetzen: Im Jahr 2016 lag der Pachtflächenanteil nach dem agrarpoliti-

721 *BMEL*, Agrarpolitischer Bericht 2023, S. 19; *Brunner*, GLOCON Country Report, No. 3, 2019, S. 8; *Dachler*, Welternährung, S. 61f.; *Wissenschaftliche Dienste des Deutschen Bundestags*, Infobrief WD 5 – 3010 – 204/11, S. 4.

722 Vgl. *Dachler*, Welternährung, S. 62; *Borras et al.*, The Journal of Peasant Studies 38 (2011), S. 209.

723 *Brunner*, GLOCON Country Report, No. 3, 2019, S. 5.

724 *BMEL*, Agrarpolitischer Bericht 2023, S. 19.

725 *BMEL*, Agrarpolitischer Bericht 2023, S. 18.

726 *BMEL*, Agrarpolitischer Bericht 2023, S. 18; diese Entwicklung ist insb. auf die Privatisierung der Eigentumsverhältnisse in den neuen Bundesländern nach 1990 zurückzuführen, BMEL, Agrarpolitischer Bericht 2019, S. 74.

schen Bericht der Bundesregierung 2019 und der Landwirtschaftszählung des Statistischen Bundesamts 2021 noch bei rund 59 %.[727]

Auch wenn somit eine Tendenz dahingehend zu bestehen scheint, dass Landwirte zunehmend nicht mehr Eigentümer der von ihnen bewirtschafteten Flächen sind, ist dennoch festzuhalten, dass die Entwicklung erstens nur langsam voranzuschreiten scheint und zweitens noch immer ein signifikanter Teil der Landwirte zugleich auch Eigentümer der von ihnen bewirtschafteten Flächen ist. Darüber hinaus sagen die Statistiken für sich genommen nichts Konkretes über die Personen der übrigen, nicht landwirtschaftlich tätigen, Eigentümer aus. Auch wenn derzeit keine repräsentative Untersuchung der Eigentümerstrukturen existiert,[728] wird es sich bei ihnen meist nicht um sektorfremde Investoren handeln.[729] Vielmehr kann wohl in vielen Fällen davon ausgegangen werden, dass Flächen bspw. noch im Eigentum der Elterngeneration stehen, aber bereits von Nachkommen bewirtschaftet und an diese verpachtet werden.[730] Insgesamt ist daher davon auszugehen, dass Landwirten Rechte in Bezug auf die Erhebung und Verwertung von Bodendaten aufgrund des Grundeigentums zumindest mittelbar zugute kämen, weshalb es lohnenswert und den rechtstatsächlichen Gegebenheiten zu entsprechen scheint, neben dem Datenschutzrecht auch hierauf einzugehen.

II. Relevante Szenarien in Bezug auf das Eigentum am Grundstück

Da das Eigentum am Grundstück somit in vielen Fällen nicht dem Landwirt zusteht, müssen dabei bestimmte Sachverhaltsgestaltungen auseinandergehalten werden. In Sachverhalten, in denen Landwirt und Grundstückseigentümer personenverschieden sind, ist die Interessenlage offensichtlich eine andere, als wenn dem Landwirt auch das Eigentum zusteht. Es lassen sich somit zwei Konstellationen ausmachen.

1. Landwirt und Eigentümer personenidentisch

Ist der Landwirt gleichzeitig auch Eigentümer des Grundstücks, so wird er sich im Regelfall nicht gegen die Datenerhebung an sich zur Wehr setzen wollen, obliegt

727 Vgl. *BMEL*, Agrarpolitischer Bericht 2019, S. 74; vgl. die Auswertung von Statistisches Bundesamt, Eigentums- und Pachtverhältnisse – Landwirtschaftszählung 2021 durch *Tietz/Neumann/Volkenand*, Thünen Report 85 (2021), S. 61.

728 *Tietz/Neumann/Volkenand*, Thünen Report 85 (2021), S. 58f.

729 BMEL, Agrarpolitischer Bericht 2019, S. 74f.

730 *Tietz/Neumann/Volkenand*, Thünen Report 85 (2021), S. 60.

ihm doch die Entscheidung, datenbasierte Smart Farming-Technologien zu nutzen, grundsätzlich selbst. Sein Interesse wird, wie schon zum Datenschutzrecht ausgeführt,[731] häufig vielmehr zum einen darauf gerichtet sein, überhaupt Zugang zu den Daten zu erhalten, sowie zum anderen an den Erlösen, die aus der weiteren Verwertung der Daten resultieren, beteiligt zu werden.[732] Damit einher kann aber auch das Interesse gehen, zwar nicht die Erhebung der Daten insgesamt, wohl aber deren weitere Verwendung bzw. bestimmte Verwendungsarten durch Drittunternehmen zu untersagen.[733]

2. Landwirt und Eigentümer personenverschieden

Ist der Landwirt hingegen nicht auch Eigentümer des Grundstücks, so werden allenfalls Letzterem durch das Grundeigentum Rechte in Bezug auf die Erhebung und Verwertung der Bodendaten vermittelt. Das Interesse des Eigentümers, der die Fläche an den Landwirt verpachtet hat, wird dabei typischerweise in zwei Richtungen gehen: Zum einen ist er womöglich mit der Tatsache, dass überhaupt eine Datenerhebung auf seinem Grundstück stattfindet, nicht einverstanden und wird sich gegen sie zur Wehr setzen wollen. Zum anderen kann sein Interesse aber auch darauf gerichtet sein, seinerseits an den Erlösen einer Verwertung der Bodendaten wirtschaftlich beteiligt zu werden,[734] insb. dann, wenn diese nicht durch den pachtenden Landwirt, sondern andere Akteure in der Wertschöpfungskette erfolgt.

Im erstgenannten Fall stellt sich, sofern die Bodendaten Personenbezug aufweisen und unterstellt wird, dass das Grundeigentum ebenfalls Rechte an ihnen vermittelt, die bereits zuvor[735] skizzierte Konfliktlage zum Datenschutzrecht: Willigt der pachtende Landwirt nach Art. 6 DS-GVO in die Erhebung der Bodendaten ein, während der verpachtende Eigentümer ihr nach §§ 1004 Abs. 1 BGB widerspricht, ist fraglich, wessen Rechtsposition der Vorrang einzuräumen ist. Dass sich diese Koordinationsfrage überhaupt stellt, hat seinen Grund nicht in der zuvor angesprochenen Mehrrelationalität[736] von Bodendaten. Vielmehr rührt diese potenzielle Konfliktlage daher, dass der Zugriff auf die Thematik durch das Datenschutzrecht einerseits und das Sachenrecht andererseits unterschiedlich ist: Während das Datenschutzrecht an den Inhalt einer Information anknüpft und

731 Dazu oben, S. 127f.
732 *Härtel*, Regeln für Agrardaten, S. 10; dazu bereits oben, S. 49, in datenschutzrechtlicher Hinsicht S. 163ff.
733 Dazu, in datenschutzrechtlicher Hinsicht, bereits oben, S. 128, 152ff.
734 *Härtel*, Regeln für Agrardaten, S. 10.
735 Dazu oben, S. 80.
736 Dazu oben, S. 53.

somit auf semantischer Ebene reguliert,[737] betrifft das Sachenrecht ausschließlich die Sache als körperlichen Gegenstand, ohne den Inhalt der von ihm ggfs. getragenen (strukturellen) Information überhaupt wahrzunehmen.[738] Die Betrachtung unterschiedlicher Gegenstände durch die jeweiligen Rechtsgebiete kann daher dazu führen, dass unterschiedliche Personen Ansprüche in Bezug auf denselben tatsächlichen Vorgang (die Datenerhebung und ggf. -verwertung) zugewiesen werden. Voraussetzung dafür ist indes, wie bereits erwähnt, die parallele Anwendbarkeit von Datenschutz- und Sachenrecht auf das jeweilige Bodendatum bzw. den Erhebungs- und/oder Verwertungsvorgang.

III. Eigentumsbeeinträchtigung durch Erhebung und Verwertung von Bodendaten

Voraussetzung für die Anwendbarkeit des Eigentumsrechts ist, dass entweder die Erhebung und bzw. oder die anschließende Verwertung der Bodendaten das Grundeigentumsrecht nach § 903 Satz 1 BGB beeinträchtigt. Zur Begründung der Beeinträchtigung kann dabei im Ausgangspunkt auf zwei Verhaltensweisen abgestellt werden: Zum einen die Erhebung der Daten an sich sowie zum anderen die dafür ggf. erforderliche tatsächliche (jedoch nicht zwingend körperliche) Kontaktaufnahme mit dem Grundstück, bspw. durch Betreten oder durch Überfliegen mit einer Drohne. In Smart-Farming-Sachverhalten finden diese Verhaltensweisen zwar gleichzeitig statt, rechtlich sollten sie aber getrennt beurteilt werden.[739] Im Folgenden soll untersucht werden, inwieweit diese Verhaltensweisen für den Zuweisungsgehalt des Eigentums relevant sind und dementsprechend als Beeinträchtigung des Eigentums zu qualifizieren sind.

1. Ausgangspunkt: Eigentum als umfassendstes Recht an einer Sache

Entscheidend für die Beurteilung sind der Inhalt und die Reichweite des Zuweisungsgehalts des Eigentums am Grundstück nach § 903 Satz 1 BGB. Dementsprechend wird im Folgenden ein kursorischer Überblick über den Zuweisungsgehalt

---

737 *Zech*, Information als Schutzgegenstand, S. 215; dazu bereits oben, S. 81.

738 *Zech*, Information als Schutzgegenstand, S. 265ff.; *Duden*, Digitale Sachherrschaft, S. 394, der von einer »Blindheit« des Sachenrechts für den »geistigen Gehalt« spricht (wenngleich in Bezug auf Software).

739 Auf die Notwendigkeit der eindeutigen Identifizierung der zu beurteilenden Handlung weist (hier statt vieler) insb. *Zech*, AcP 219 (2019), 488 (568, Fn. 269, 275) mit Nachdruck hin, bzgl. der Unterscheidung des Betretens eines Grundstücks einerseits und dem Fotografieren desselben andererseits *ders.*, AcP 219 (2019), 488 (573); dazu unten, S. 188f., 209ff.

gegeben. Dabei soll der Fokus insb. auf der Beschreibung der Bemühungen der Literatur liegen, die von § 903 Satz 1 BGB dem Eigentümer zugewiesenen Befugnisse zu bestimmen.

a) Kursorischer Überblick über den eigentumsrechtlichen Zuweisungsgehalt

Damit der Vorgang der Datenerhebung, die Datenerhebung als solche sowie die Verwertung eine Eigentumsbeeinträchtigung darstellen kann, müssten sie Handlungen darstellen, die § 903 Satz 1 BGB ausschließlich dem Grundstückseigentümer zuweist. § 903 Satz 1 BGB stellt hierzu allgemein fest, dass »der Eigentümer (...), soweit nicht das Gesetz oder Rechte Dritter entgegenstehen, mit der Sache nach Belieben verfahren und andere von jeder Einwirkung ausschließen« kann. Aufgrund dieser abstrakten Beschreibung der Befugnisse wird das Eigentum gemeinhin als das umfassendste Recht angesehen, das jemand an einer Sache haben kann.[740] Eine Aufzählung oder zumindest konkretere Beschreibung der positiven Befugnisse des Eigentümers erfolgt also nicht und wäre aufgrund der unzähligen Formen von Benutzung einer Sache auch gar nicht abschließend denkbar.[741] Im Schrifttum wird deshalb der Zuweisungsgehalt des Eigentums regelmäßig anhand von Beispielen aus der Rechtsprechung illustriert, ohne dass Aussagen zum positiven Gehalt des Eigentums auf abstrakter Ebene erfolgen.[742] Stattdessen wird sich dieser Frage häufig über eine zweifach negative Betrachtungsweise angenähert: Erstens wird auf die von § 903 Satz 1 BGB genannten Beschränkungen des Eigentumsrechts durch Gesetz oder Rechte Dritter, abgestellt. Diese bildeten den Rahmen für die Eigentümerbefugnisse, sodass zum Eigentum im Ausgangspunkt alles gehöre, was nicht durch Gesetz oder Rechte Dritter davon ausgenommen werde.[743] Falle in einem konkreten Sachverhalt eine einst bestehende Eigentumsbeschränkung weg, erweitere sich dadurch der Kreis der Eigentümerbefugnisse automa-

740 Vgl. statt vieler *Althammer*, in: Staudinger BGB, 2020, Einl. zu §§ 903ff. Rn. 6; *Baur*, in Soergel, § 903 Rn. 5; *Herrmann*, Kernstrukturen des Sachenrechts, S. 10; *Wieling*, Sachenrecht Bd. 1, S. 275; *Wilhelmi*, in: Erman, BGB, Vorbem. § 903 Rn. 2; *Kreutz*, RW 2022, 354 (360).

741 *Althammer*, in: Staudinger BGB, 2020, § 903 Rn. 10; *Herrmann*, Kernstrukturen des Sachenrechts, S. 10; *Mugdan*, Motive Bd. III, S. 145; *v. Bar*, Gemeineuropäisches Sachenrecht, Bd. I, S. 516; *Wieling*, Sachenrecht Bd. 1, S. 274.

742 Vgl. z. B. *Fritzsche*, in: BeckOK BGB, 01.05.2024, § 903 Rn. 18f.; *Lakkis*, in: BeckOGK BGB, 01.08.2024, § 903 Rn. 92–121.

743 *Zech*, AcP 219 (2019), 488 (530f.); vgl. zu der Vorgehensweise z. B. *Althammer*, in: Staudinger BGB, 2020, Einl. §§ 903ff. Rn. 56; *Berger*, in: Jauernig, BGB, § 903 Rn. 2ff.; *Herrmann*, Kernstrukturen des Sachenrechts, S. 8ff.; *Lakkis*, in: BeckOGK BGB, 01.08.2024, § 903 Rn. 94; *Mugdan*, Motive Bd. III, S. 145. Anders dagg. *Hofmann*, Der Unterlassungsanspruch als Rechtsbehelf, S. 183 m. w. N., nach dem die Eigentumsansprüche nicht den Inhalt des Eigentums ausgestalten, sondern ihm lediglich zur Geltung verhelfen.

tisch, weshalb oft von einer »Elastizität des Eigentumsrechts« gesprochen wird.[744] Diese Betrachtung des Eigentums als im Grundsatz unbeschränktes, jede Befugnis umfassendes Recht an einer Sache wird auf eine Kombination eines römischrechtlichen einerseits und vernunftrechtlichen Verständnisses von Eigentum andererseits zurückgeführt.[745]

Zweitens wird der Blick auf die negativen Ausschließungsbefugnisse des Eigentümers gerichtet, da diese spiegelbildlich zu den positiven Befugnissen stehen[746] und durch die Tatbestandsvoraussetzungen der bereits genannten Eigentümeransprüche, insb. § 985 BGB und § 1004 Abs. 1 BGB, inhaltlich weiter ausgestaltet werden.[747] Die Abgrenzung der Anwendungsbereiche beider Vorschriften ergibt sich dabei bereits aus dem Wortlaut von § 1004 Abs. 1 Satz 1 BGB: Bei einer Besitzentziehung ist § 985 BGB einschlägig, für alle anderen Fälle einer Eigentumsbeeinträchtigung hingegen § 1004 BGB. Zentrale Bedeutung kommt daher dem Begriff der (allgemeinen) Beeinträchtigung zu, der aber vom Gesetzgeber wiederum nicht legal definiert wurde. Über dessen Inhalt wiederum herrscht infolgedessen seit jeher Streit. Dabei stehen sich einerseits die Position der, auch von der Rechtsprechung vertretenen, herrschenden Meinung und andererseits die von Teilen des Schrifttums befürwortete Usurpationstheorie gegenüber.[748]

Nach der herrschenden Meinung liegt eine Beeinträchtigung vor, wenn ein »dem Inhalt des Eigentums (...) widersprechende[r] Zustand begründet« wird.[749] Der Kreis möglicher Beeinträchtigungen wird dadurch denkbar weit gezogen.[750] Dieser dem Inhalt des Eigentums widersprechende Zustand müsse ferner zurechenbar auf menschliches Verhalten oder menschlichen Willen zurückgehen und

---

744 Vgl. ausdrückl. *Althammer*, in: Staudinger BGB, 2020, Einl. §§ 903ff. Rn. 56; *Kern*, Typizität als Strukturprinzip, S. 112; *Lakkis*, in: BeckOGK BGB, 01.08.2024, § 903 Rn. 94f., im Anschluss an *v. Bar*, Gemeineuropäisches Sachenrecht, Bd. I, S. 514, welcher zwar nicht von Elastizität spricht, aber damit vergleichbar das Eigentumsrecht mit dem Fundament einer Pyramide vergleicht, dessen Oberfläche durch Belastungen verdeckt und bei Verschwinden einer Belastung wieder sichtbar werde.

745 Vgl. *Auer*, Der privatrechtliche Diskurs der Moderne, S. 104; *Zech*, AcP 219 (2019), 488 (528f.).

746 *Duden*, Digitale Sachherrschaft, S. 134, im Anschluss an *Althammer*, in: Staudinger BGB, 2020, § 903 Rn. 11.

747 *Brückner*, in: MüKo BGB, § 903 Rn. 22; *Herrmann*, Kernstrukturen des Sachenrechts, S. 11; vgl. dazu *Duden*, Digitale Sachherrschaft, S. 138ff.; *Berger*, in: Jauernig, BGB, § 903 Rn. 3; *Fritzsche*, in: BeckOK BGB, 01.05.2024, § 903 Rn. 20.

748 Statt vieler *Raff*, in: MüKo BGB, § 1004 Rn. 87.

749 Vgl. grundlegend BGH, V ZR 38/74 = NJW 1976, 416; BGH, V ZR 443/99 = NJW-RR 2001, 232; BGH, V ZR 142/04 = NJW 2005, 1366 (1367); *Berger*, in: Jauernig, BGB, § 1004 Rn. 4; *Fritzsche*, in: BeckOK BGB, 01.05.2024, § 1004 Rn. 32; *Thole*, in: Staudinger BGB, 2023, § 1004 Rn. 40.

750 *Fritzsche*, in: BeckOK BGB, 01.05.2024, § 1004 Rn. 32; *Spohnheimer*, in: BeckOGK BGB, 01.11.2024, § 1004 Rn. 32.

zudem im Zeitpunkt der Geltendmachung des Beseitigungsanspruchs noch fortdauern.[751] Die von der Gegenauffassung befürwortete Usurpationslehre zieht den Kreis enger und bejaht eine Beeinträchtigung nur in solchen Fällen, in denen die verantwortliche Person Befugnisse für sich in Anspruch nimmt, die tatsächlich aber nur dem Eigentümer der Sache zustehen und jenem dadurch faktisch die Möglichkeit genommen wird, seine Sachherrschaft frei auszuüben.[752] Die Unterschiede beider Ansichten zeigen sich vor allem auf Rechtsfolgenseite: Während es nach der Usurpationslehre zur Erfüllung des Anspruchs aus § 1004 Abs. 1 Satz 1 BGB bereits ausreicht, die Besetzung der Eigentümerbefugnisse aufzugeben (mit der Folge, dass der Eigentümer seine Befugnisse wieder frei ausüben kann), müssen nach der weiten Auffassung der herrschenden Meinung auch eventuell eingetretene Folgen der ursprünglichen Beeinträchtigung beseitigt werden, da diese für sich genommen wieder störend wirken.[753] Aus diesem Grund wird der herrschenden Auffassung vorgeworfen, keine klare Grenze zum verschuldensabhängigen Deliktsrecht ziehen zu können.[754]

Auf die Einzelheiten der Auffassungen soll an dieser Stelle nicht eingegangen werden. Der Überblick zeigt bereits, dass beide Auffassungen gleichermaßen in einem ersten Schritt voraussetzen, dass die Befugnisse des Eigentümers – ganz gleich, ob sie nun usurpiert oder auf sonstige Weise, solange zurechenbar, gestört werden – klar umrissen sind, weshalb es letztlich wieder auf die Frage ankommt, welche Befugnisse § 903 Satz 1 BGB dem Eigentümer positiv zuweist.[755] Dementsprechend finden sich in der Literatur auch zum Merkmal der Beeinträchtigung im Sinne des § 1004 Abs. 1 BGB – wie auch zum § 903 Satz 1 BGB insgesamt – häufig einzelfallbezogene Darstellungen.[756] Schon früh wurde diese Herangehensweise von *Picker* als »Flucht in das Paradigma« bezeichnet.[757]

Weder § 903 Satz 1 BGB an sich, noch die ihn konkretisierenden Anspruchsnormen geben damit unmittelbar Aufschluss über die positiven Befugnisse des

751 *Raff*, in: MüKo BGB, § 1004 Rn. 71, 83; *Schulte-Nölke*, in: HK-BGB, § 1004 Rn. 4; *Wieling/Finkenauer*, Sachenrecht, S. 470; a. A. bzgl. der Menschlichkeit der Handlung *Berger*, in: Jauernig, BGB, § 1004 Rn. 5.

752 Vgl. *Picker*, Der negatorische Beseitigungsanspruch, S. 50; zust. *Spohnheimer*, in: BeckOGK BGB, 01.11.2024, § 1004 Rn. 71; grds. auch *Raff*, in: MüKo BGB, § 1004 Rn. 67.

753 *Katzenstein*, AcP 211 (2011), 58 (77).

754 Vgl. *Fritzsche*, in: BeckOK BGB, 01.05.2024, § 1004 Rn. 33; *Katzenstein*, AcP 211 (2011), 58 (61), nach dem der Beseitigungsanspruch des § 1004 Abs. 1 BGB von der herrschenden Auffassung zu einem »kupierten Deliktstatbestand mit denselben Voraussetzungen wie § 823 Abs. 1 BGB, abgesehen vom Verschulden« gemacht werde; *Wollin*, Störerhaftung im Immaterialgüter- und Persönlichkeitsrecht, S. 188.

755 So auch *Duden*, Digitale Sachherrschaft, S. 140; *Peukert*, Güterzuordnung als Rechtsprinzip, S. 219; *Thole*, in: Staudinger BGB, 2023, § 1004 Rn. 43.

756 Vgl. z. B. *Raff*, in: MüKo BGB, § 1004 Rn. 112ff.; *Thole*, in: Staudinger BGB, 2023, § 1004 Rn. 44ff.

757 Vgl. ausdrückl. *Picker*, Der negatorische Beseitigungsanspruch, S. 22.

Grundstückseigentümers, sodass aus ihnen keine belastbaren Schlussfolgerungen für die Frage nach datenbezogenen Befugnissen gezogen werden können. Die behelfsmäßig vorgenommenen Einzelfallbetrachtungen führen ebenfalls nicht weiter, da sich die Rechtsprechung bislang, soweit ersichtlich, nicht mit der Frage nach datenbezogenen Befugnissen des Grundeigentümers[758] befasst hat. Überdies wird auch die dargestellte Herangehensweise im Schrifttum mit dem Argument kritisiert, dass es nicht genüge, bloß die Beschränkungen des Eigentumsrechts zu betrachten und im Übrigen zu sagen, dass alles, was nicht den Beschränkungen unterfällt, restlos vom Eigentum erfasst sei.[759] Auf diese Frage nach einer etwaigen Auffangfunktion des Eigentumsrechts wird an späterer Stelle noch zurückzukommen sein.[760]

b) Irrelevanz des Grundstücksverkehrsgesetzes

Auch die grundstücksbezogenen Vorschriften des besonderen Agrarrechts, insb. jene des Grundstücksverkehrsgesetzes, führen zu keiner weiteren Erkenntnis: Sie unterwerfen die Veräußerung eines landwirtschaftlichen Grundstücks einem Genehmigungserfordernis, § 2 Abs. 1 GrdstVG. Diese Genehmigung kann von der zuständigen Behörde nach § 9 Abs. 1 GrdstVG versagt werden, wenn die Veräußerung des Grundstücks zu einer ungesunden Verteilung von Grund und Boden führen würde (Nr. 1), räumlich oder wirtschaftlich zusammenhängende Grundstücke unwirtschaftlich verkleinert oder aufgeteilt würden (Nr. 2) oder zwischen dem Grundstückswert und der Gegenleistung ein grobes Missverhältnis besteht (Nr. 3). Das Genehmigungserfordernis als Kern der Regelungen des GrdstVG bezweckt die Verbesserung der Agrarstruktur insgesamt.[761] Dazu soll insb. erstens die Zersplitterung landwirtschaftlicher Grundstücke verhindert[762] sowie zweitens erreicht werden, dass hauptsächlich Landwirte Eigentümer landwirtschaftlicher Grundstücke sind.[763]

Auch wenn die dem Eigentümer unstreitig zustehende positive Befugnis, das Grundstück nach seinem Willen frei zu veräußern,[764] durch das Genehmigungs-

758 Zur Rechtsprechung des BGH zu Grundstücksfotografien jedoch sogleich, S. 184ff.

759 Vgl. *Zech*, AcP 219 (2019), 488 (493).

760 Dazu unten, S. 241ff.

761 *Gehrlein*, DZWIR 2023, 574 (575); *Jensen*, Die Privilegierung der Landwirtschaft, S. 138 m. w. N.

762 *Everts*, in: BeckNotar-HdB., § 1 Rn. 114.

763 *Gehrlein*, DZWIR 2023, 574 (575); *Halm*, Rechtsökonomie und Bodenmarkt, S. 225; *Everts*, in: BeckNotar-HdB, § 1 Rn. 114; *Jensen*, Die Privilegierung der Landwirtschaft, S. 138, 140; *Köhne*, in: *Martínez*, Der Schutz des leistungsfähigen landwirtschaftlichen Betriebes, S. 13.

764 *Althammer*, in: Staudinger BGB, 2020, § 903 Rn. 10; *Brückner*, in: MüKo BGB, § 903 Rn. 23; *Fritzsche*, in: BeckOK BGB, 01.05.2024, § 903 Rn. 19; *Lakkis*, in: BeckOGK BGB, 01.08.2024, § 903 Rn. 99ff.

erfordernis zwar eingeschränkt wird, verfolgt das GrdstVG nicht das Ziel, die Befugnisse des Grundstückseigentümers in Bezug auf landwirtschaftlich genutzte Grundstücke zu konkretisieren. Es handelt sich vielmehr um eine rein bodenrechtliche Regulierung, die – unter anderem – die bloße Verteilung von Eigentum zu steuern versucht,[765] ohne aber die Befugnisse des jeweiligen Eigentümers regeln zu wollen. Auch die Vorschriften des GrdstVG leisten daher im Ausgangspunkt keinen Beitrag zur Beantwortung der hier gestellten Frage.

2. Diskussion um das Bestehen datenbezogener Befugnisse des Sacheigentümers

Angesichts dieser unergiebigen Gesetzeslage überrascht es nicht, dass die Frage nach datenbezogenen Befugnissen des Eigentümers einer Sache vom Schrifttum aufgeworfen wurde. Die Diskussion, die in der Grundstücksfotografie-Rechtsprechung des BGH ihren Ausgang fand, befasst sich im Kern mit der Frage, wo die Trennlinie zwischen Befugnissen des Sacheigentümers einerseits und immaterialgüterrechtlichen Befugnissen andererseits zu ziehen ist, wenn die konkrete Nutzungshandlung keinen körperlichen Bezug zu der Sache aufweist.[766] Diese Rechtsprechung als Ausgangspunkt der Betrachtung zu wählen ist sinnvoll, weil es sich auch bei dem Inhalt von Fotografien um syntaktische Information und damit um Daten handelt.[767] Fotos sind allerdings nicht (mehr) die einzigen Datenarten, die für die hiesige Fragestellung relevant sind.

Ein Diskurs um die sachenrechtliche Bewältigung des technischen Fortschritts im Grenzbereich zwischen Körperlichkeit und Unkörperlichkeit[768] findet sich auch in anderen Anwendungsfällen des Internet of Things: Insbesondere Fälle des digitalen Fernzugriffs auf eine Sache, um deren Benutzbarkeit einzuschränken oder vollständig aufzuheben, sind Gegenstand umfangreicher Auseinandersetzung.[769] Neben vertragsrechtlichen Aspekten werden hier vor allem auch Fragen

765 *Halm*, Rechtsökonomie und Bodenmarkt, S. 223ff.

766 *Kreutz*, RW 2022, 354 (355f.); *Lauber-Rönsberg*, in: Hofmann/Raue/Zech, Eigentum in der digitalen Gesellschaft, S. 89.

767 *Zech*, Information als Schutzgegenstand, S. 39; dazu bereits oben, S. 43. Möglicherweise ist dies auch der Grund, wieso die Bundesregierung in ihrer Antwort auf die Kleine Anfrage der Opposition hinsichtlich der Datenhoheit im Agrarsektor ohne entspr. Nachweis auf die »hierzu existente[...] Rechtsprechung« verwies, vgl. ausdrückl. *BReg*, BT-Drs., 19/25414, S. 5; dazu bereits oben, S. 24f. Sollte damit tatsächlich die Grundstücksfotografie-Rechtsprechung des BGH gemeint gewesen sein, ließe dies aber die dargestellten Eigentumsverhältnisse an Landwirtschaftsflächen außer Betracht (s. o., S. 174f.). Denn die Rechtsprechung des BGH bezieht sich einzig auf den Eigentümer des Grundstücks.

768 Formulierung nach *Kreutz*, RW 2022, 354 (356).

769 So auch *Hofmann/Raue/Zech* in: dies., Eigentum in der digitalen Gesellschaft, S. 7.

des Besitz(-schutz-)rechts diskutiert.[770] Besondere Aufmerksamkeit zieht dabei die Frage auf sich, ob die Aufhebung der Funktionsfähigkeit einer Sache aus der Ferne, z. B. bei der Abschaltung eines gemieteten Fahrzeugs mithilfe einer App, eine Besitzbeeinträchtigung bzw. verbotene Eigenmacht darstellt: Teilweise wird dies mit Blick auf die fehlende Körperlichkeit des digitalen Fernzugriffs einerseits und der denkbaren Mitbesitzerstellung des aus der Ferne zugreifenden Akteurs andererseits verneint,[771] wogegen andere Autoren mit dem Argument, dass es für die grundsätzliche Frage der Besitzbeeinträchtigung wertungsmäßig keinen Unterschied machen dürfe, ob der Besitz auf digitale oder körperliche Weise gestört werde,[772] streiten.[773] Insbesondere die Vertreter der letztgenannten Auffassung gehen insofern von der Notwendigkeit einer extensiven Auslegung des Besitzbegriffs oder sogar dessen Fortentwicklung de lege ferenda aus, um bereits gegenwärtigen ebenso wie zukünftigen technischen Entwicklungen auch auf sachenrechtlicher Ebene begegnen zu können.[774]

Ähnlich beurteilen Teile des Schrifttums dies auch in Bezug auf das Eigentum, insb. das Grundeigentum, wenn sie zur Begründung datenbezogener Befugnisse die Erforderlichkeit seiner »zeitgemäße[n] teleologische[n] Weiterentwicklung« betonen.[775] Da sich die hierzu vertretenen Auffassungen, wie erwähnt, auf die Rechtsprechung des BGH zu Grundstücksfotografien beziehen, wenngleich in unterschiedlich großem Umfang, wird jene, inklusive der gegen sie vorgebrachten Kritik aus dem Schrifttum, vorab dargestellt. Im Anschluss wird untersucht, ob sich die Ergebnisse der Diskussion über Grundstücksfotografien auf die Frage nach der Eigentumsrelevanz der Erhebung und Verwertung von agrarischen Bodendaten uneingeschränkt übertragen lassen. Vor diesem Hintergrund werden sodann die in der aktuellen Diskussion vertretenen Auffassungen dargestellt. Auf dieser Grundlage soll schließlich die Frage beantwortet werden, ob (und falls ja: inwieweit) das Eigentum am Grundstück in den hier betrachteten Sachverhaltskonstellationen der Landwirtschaft 4.0 de lege lata Rechte bezüglich der Erhebung und/oder Verwertung von Bodendaten begründet oder nicht.

770 Vgl. *Duden*, Digitale Sachherrschaft, S. 31f. und *passim*; *Kuschel*, AcP 220 (2020), 98ff.; *Magnus*, Fernkontrolle im Internet der Dinge, S. 203ff.; *Oster*, ZfPW 2023, 387 (391ff.); *Paulus/Matzke*, CR 2017, 769 (772ff.); *Strobel*, NJW 2022, 2361ff.; *Wagner*, AcP 222 (2022), 56 (83ff.) sowie aus der Rechtsprechung jüngst BGH, Urt. v. 26.10.2022 – XII ZR 89/21 = NJW 2022, 3575ff.

771 Vgl. z. B. *Strobel*, NJW 2022, 2361 (2362f.).

772 Vgl. *Kuschel*, AcP 220 (2020), 98 (116); *Oster*, ZfPW 2023, 387 (392 f.) m. w. N.; *Wagner*, AcP 222 (2022), 56 (85) m. w. N.

773 Eine umfassende Darstellung des Meinungsspektrums in Rechtsprechung und Schrifttum zu dieser Frage gibt *Duden*, Digitale Sachherrschaft, S. 22ff.

774 Vgl. *Duden*, Digitale Sachherrschaft, S. 406; *Kuschel*, AcP 220 (2020), 98 (116); *Oster*, ZfPW 2023, 387 (392); *Paulus/Matzke*, CR 2017, 769 (776); *Wagner*, AcP 222 (2022), 56 (85).

775 Vgl. ausdrückl. *Raue*, NJW 2019, 2425.

a) Ausgangspunkt der Diskussion: Rechtsprechung des Bundesgerichtshofs zu Grundstücksfotografien

Der BGH war in der Vergangenheit mehrfach mit der Frage konfrontiert, ob das Fotografieren eines Grundstücks bzw. eines auf einem Grundstück stehenden Gebäudes einerseits sowie die anschließende Verwertung dieser Fotografien andererseits eine Beeinträchtigung des Eigentumsrechts an dem Grundstück darstellt. Die zugrunde liegenden Sachverhalte ähnelten einander dabei stark, ganz gleich, ob es um das *Humboldt*-Schloss in Berlin,[776] ein im friesischen Stil erbautes Haus auf Sylt,[777] oder das Schloss *Sanssouci* in Potsdam[778] ging: Stets wurde eine Fotografie des auf dem Grundstück stehenden Gebäudes von einem Dritten aufgenommen und zu kommerziellen Zwecken (z. B. dem Verkauf von Postkarten) verwendet, ohne dafür aber über eine Einwilligung des Grundstückseigentümers zu verfügen. Dabei wurde die Fotografie entweder auf dem jeweiligen Grundstück selbst aufgenommen (mit entsprechender Erlaubnis, die jedoch nur das Betreten und Fotografieren, nicht jedoch auch die Verwertung der Fotografien erfasste)[779] oder von außerhalb des Grundstücks, dann jedoch ohne jegliche Gestattung seitens des Eigentümers.[780] In sämtlichen Fällen verlangte dieser auf Grundlage seines Eigentumsrechts Unterlassung der Verwendung der Fotografien zu kommerziellen Zwecken,[781] teilweise auch Auskunft über den Umfang der mit der Verwendung erzielten Einnahmen,[782] oder sogar die Herausgabe des erzielten Gewinns.[783]

Im Fokus der Entscheidungen stand dabei weniger das Aufnehmen der Fotografien an sich als die Frage, ob deren anschließende Verwertung einen Eingriff in das Grundstückseigentum darstellt.[784] Der BGH bezog in dieser Frage, die den

776 Vgl. BGH, Urt. v. 20.09.1974 – I ZR 99/73 = NJW 1975, 778 – *Schloss Tegel.*

777 Vgl. BGH, Urt. v. 09.03.1989 – I ZR 54/87 = NJW 1989, 2251 – *Friesenhaus.*

778 Vgl. BGH, Urt. v. 17.12.2010 – V ZR 45/10 = NJW 2011, 749 – *Preußische Gärten und Parkanlagen I*; BGH, Urt. v. 01.03.2013 – V ZR 14/12 = NJW 2013, 1809 – *Preußische Gärten und Parkanlagen II.*

779 BGH, Urt. v. 20.09.1974 – I ZR 99/73 = NJW 1975, 778 – *Schloss Tegel*; BGH, Urt. v. 17.12.2010 – V ZR 45/10 = NJW 2011, 749 – *Preußische Gärten und Parkanlagen I*; BGH, Urt. v. 01.03.2013 – V ZR 14/12 = NJW 2013, 1809 – *Preußische Gärten und Parkanlagen II.*

780 Vgl. BGH, Urt. v. 09.03.1989 – I ZR 54/87 = NJW 1989, 2251 – *Friesenhaus.*

781 Vgl. BGH, Urt. v. 20.09.1974 – I ZR 99/73 = NJW 1975, 778 – *Schloss Tegel*; BGH, Urt. v. 09.03.1989 – I ZR 54/87 = NJW 1989, 2251 – *Friesenhaus*; BGH, Urt. v. 17.12.2010 – V ZR 45/10 = NJW 2011, 749 – *Preußische Gärten und Parkanlagen I*; BGH, Urt. v. 01.03.2013 – V ZR 14/12 = NJW 2013, 1809 – *Preußische Gärten und Parkanlagen II.*

782 Vgl. BGH, Urt. v. 17.12.2010 – V ZR 45/10 = NJW 2011, 749 – *Preußische Gärten und Parkanlagen I.*

783 Vgl. BGH, Urt. v. 09.03.1989 – I ZR 54/87 = NJW 1989, 2251 – *Friesenhaus.*

784 Vgl. ausdrückl. BGH, Urt. v. 20.09.1974 – I ZR 99/73 = NJW 1975, 778 – *Schloss Tegel.*

Grenzbereich zwischen Sachenrecht und Urheberrecht betrifft,[785] Position zugunsten des Grundstückseigentümers: Im *Schloss Tegel*-Urteil bejahte das Gericht den gegen die ungenehmigte Verwertung der Fotografien geltend gemachten Unterlassungsanspruch aus § 1004 Abs. 1 BGB. Es argumentierte, dass jegliche kommerzielle Nutzung des Grundstücks grundsätzlich dessen Eigentümer zustehe, schließlich habe jener auch die Errichtungs- und Unterhaltungskosten zu tragen. Dies gelte jedenfalls dann, wenn das vorherige Aufnehmen der Fotografie ein Betreten des Grundstücks erfordere. In einem solchen Fall werde durch die Verwertung »nach natürlicher Betrachtung ein[...] fremde[r] Vermögenswert nutzbar« gemacht. Daran ändere sich auch dann nichts, wenn das Fotografieren vom Eigentümer zuvor erlaubt worden sei. Denn aus einer solchen Erlaubnis könne nicht zulässigerweise der Schluss gezogen werden, dass auch die Verwertung der Fotografie vom Eigentümer erlaubt werde.[786]

In der späteren *Friesenhaus*-Entscheidung setzte der BGH seine in der *Schloss Tegel*-Entscheidung begründete Linie zwar im Grundsatz fort, verneinte aber die auf eine vermeintliche Eigentumsverletzung gestützten Ansprüche, da das Grundstück für die Anfertigung der Fotografie nicht betreten, sondern von einer öffentlichen Straße aus aufgenommen worden war.[787] Dabei ging das Gericht nicht nur auf die Frage nach der Verwertung, sondern auch auf die nach der vorgelagerten Aufnahme der Fotografie ein und verneinte die Frage, ob darin eine Eigentumsbeeinträchtigung liegen kann. Zur Begründung trug der BGH vor, dass sich der Schutzbereich des Eigentums, und damit die dessen Inhaber zugewiesenen Befugnisse, in ein rechtliches und ein tatsächliches Element unterteilen lasse. Die rechtliche Komponente betreffe die Befugnis des Eigentümers, über das Recht zu verfügen, während die tatsächliche Komponente auf die ihm grundsätzlich zugewiesene Sachherrschaft abziele. Weder das eine, noch das andere Element werde indes durch das Fotografieren berührt: Dem Eigentümer bleibe es unbenommen, über sein Eigentum zu verfügen, da das Fotografieren ein bloßer Realakt sei. Da das Foto von außerhalb des Grundstücks aufgenommen worden sei, wirke es sich ferner auch nicht auf die tatsächliche Komponente aus. Von einer solchen Beeinträchtigung könne einzig dann ausgegangen werden, wenn dem Eigentümer die Benutzung seiner Sache erschwert, das Grundstück also betreten werde. Die äußere Gestaltung der Sache, die durch eine Fotografie festgehalten werde, sei als »Ergebnis einer geistigen Schöpfung« demnach kein Gegenstand des Sacheigentums, sondern des Urheberrechts. Dementsprechend entziehe sich das Fotografieren den

785 *Lehment*, GRUR 2011, 327; *Elmenhorst*, GRUR 2013, 626.

786 Vgl. zum Vorstehenden insg. BGH, Urt. v. 20.09.1974 – I ZR 99/73 = NJW 1975, 778f. – *Schloss Tegel*.

787 Vgl. BGH, Urt. v. 09.03.1989 – I ZR 54/87 = NJW 1989, 2251 (2252) – *Friesenhaus*.

Befugnissen des Eigentümers. Auf die Regelung des § 59 UrhG[788] müsse daher gar nicht erst zurückgegriffen werden, wenngleich auch sie einen entsprechenden gesetzgeberischen Willen erkennen lasse. Aus denselben Gründen könne auch die spätere Verwertung der Aufnahme nicht als Eigentumsverletzung angesehen werden. Das Verwertungsrecht an einer Sachabbildung sei nach § 17 UrhG einzig dem Urheber, aber nicht dem Eigentümer der Sache zugewiesen. Eine abweichende Betrachtungsweise führe zu einer systemwidrigen Schaffung eines Ausschließlichkeitsrechts des Eigentümers an der äußeren Gestaltung seiner Sache.[789]

Die Entscheidungen *Preußische Gärten und Parkanlagen I* und *II* stellen den vorläufigen Schlusspunkt der Rechtsprechungsreihe dar. In ihnen kehrte der BGH zu seiner vor allem im *Schloss Tegel*-Urteil begründeten Linie zurück und wiederholte, unbeeindruckt von der zwischenzeitlich laut gewordenen Kritik aus dem Schrifttum,[790] seinen ursprünglichen Standpunkt: Sowohl das Fotografieren, als auch dessen spätere Verwertung stellen eine Beeinträchtigung des Eigentums dar, wenn das Grundstück für die Aufnahme der Fotografie betreten werden müsse.[791] Dabei komme es auch nicht darauf an, ob eine Substanzverletzung oder Nutzungsbeeinträchtigung zulasten des Eigentümers geschehe. Bereits die Nutzung der Sache »in einer dem Willen des Eigentümers widersprechenden Weise« an sich begründe die Eigentumsverletzung. Dies gelte jedenfalls dann, wenn das Fotografieren nur unter Betreten des Grundstücks möglich sei. In einem solchen Fall obliege es nämlich allein dem Eigentümer zu entscheiden, ob das Grundstück betreten, eine Fotografie angefertigt und diese schließlich verwertet werden könne. Seine Verwertungsbefugnis ergebe sich dabei insb. aus § 99 Abs. 3 BGB, der die Verwertung der Fotografien erfasse.[792] Gegen die Annahme einer Eigentumsbeeinträchtigung könne dabei ferner nicht vorgebracht werden, der Eigentümer habe das Betreten des Grundstücks zuvor erlaubt. Ihm stehe es nämlich frei, das Betreten durch Dritte zwar zu erlauben, sich darüberhinausgehende Nutzungsarten, wie z. B. das Fotografieren, aber weiter vorzubehalten. Fehle eine Erlaubnis vollständig, so stelle bereits das Fotografieren unter Betreten des Grundstücks eine Eigentumsverletzung dar, die durch die spätere Verwertung

788 Nach § 59 Abs. 1 UrhG dürfen an öffentlichen Wegen, Straßen und Plätzen befindliche Werke ohne Einwilligung des Urhebers durch Fotografie vervielfältigt und verbreitet werden.

789 Vgl. zum Vorstehenden insg. BGH, Urt. v. 09.03.1989 – I ZR 54/87 = NJW 1989, 2251 (2252f.) – *Friesenhaus.*

790 Dazu sogleich, S. 188ff.

791 Vgl. BGH, Urt. v. 17.12.2010 – V ZR 45/10 = NJW 2011, 749f. – *Preußische Gärten und Parkanlagen I.*

792 BGH, Urt. v. 17.12.2010 – V ZR 45/10 = NJW 2011, 749 (750) – *Preußische Gärten und Parkanlagen I.*

sogar noch weiter vertieft werde.[793] Ebenso wenig könne entgegengehalten werden, dass dem Fotografen das Urheberrecht an den Aufnahmen und mithin auch das Verwertungsrecht nach §§ 15ff. UrhG zustehe. Dieses urheberrechtliche Verwertungsrecht bestehe zwar unzweifelhaft zugunsten des Fotografen, könne aber im Verhältnis zum Eigentümer nicht rechtfertigend wirken und dazu führen, dass keine Eigentumsverletzung vorliege. Vielmehr verschaffe es dem Fotografen lediglich im Verhältnis zu Dritten ein Verwertungsrecht, nicht aber auch gegenüber dem Eigentümer.[794]

aa) Fortbestehende Maßgeblichkeit der Rechtsprechung

Die Rechtsprechung des BGH zur eigentumsrechtlichen Relevanz von Grundstücksfotografien fand in den Entscheidungen *Preußische Gärten und Parkanlagen I* und *II* ihren vorläufigen Abschluss. Auch im Nachgang daran hatte sich die – insb. obergerichtliche – Rechtsprechung gelegentlich zwar erneut mit dieser Frage zu beschäftigen, folgte dabei aber der dargestellten Auffassung des BGH uneingeschränkt.[795] Auch der BGH selbst war immer wieder mit der Frage nach Sachabbildungen konfrontiert, wenngleich zunächst nur in Bezug auf bewegliche Sachen. Die Frage nach etwaigen Abwehransprüchen aus dem Sacheigentum ließ das Gericht dabei allerdings stets offen und befasste sich zuletzt stattdessen einzig mit dem Lichtbildschutz nach § 72 UrhG.[796]

Jüngst hatte der BGH sich indes ein weiteres Mal mit Grundstücksfotografien auseinanderzusetzen. In der *Über alle Berge*-Entscheidung entschied er, dass mithilfe von Drohnen aufgenommene Luftbilder eines Grundstücks (inklusive der darauf stehenden Kunstwerke), nicht von der Panoramafreiheit des § 59 Abs. 1 UrhG gedeckt seien. Zwar habe sich das in dem dem Urteil zugrunde liegenden Sachverhalt fotografierte Grundstück durchaus »an öffentlichen Wegen, Straßen oder Plätzen« i. S. d. Vorschrift befunden. Die mit ihr verfolgte gesetzgeberische Intention, Vervielfältigungen von an allgemein zugänglichen Orten positionierten Kunstwerken ohne Rücksicht auf die Verwertungsrechte des Urheberrechts

793 BGH, Urt. v. 17.12.2010 – V ZR 45/10 = NJW 2011, 749 (750f.) – *Preußische Gärten und Parkanlagen I*; BGH, Urt. v. 01.03.2013 – V ZR 14/12 = NJW 2013, 1809 (1810) – *Preußische Gärten und Parkanlagen II.*

794 BGH, Urt. v. 17.12.2010 – V ZR 45/10 = NJW 2011, 749 (750) – *Preußische Gärten und Parkanlagen I*; BGH, Urt. v. 01.03.2013 – V ZR 14/12 = NJW 2013, 1809 (1811) – *Preußische Gärten und Parkanlagen II.*

795 Vgl. z. B. KG, Urt. v. 25.10.2012 – 10 U 136/12 = GRUR 2013, 628f. – *trainwriting in Berlin*; OLG Frankfurt a. M., Urt. v. 11.02.2019 – 16 U 205/17 = ZUM 2019, 439 (440f.).

796 Vgl. BGH, Urt. v. 19.12.2014 – V ZR 324/13 = NJW 2015, 2037 – *Preußische Kunstwerke*; BGH, Urt. v. 20.12.2018 – I ZR 104/17 = NJW 2019, 757 – *Museumsfotos*; krit. zur Auslassung der »heikelsten Frage« nach der Eigentumsrelevanz des Fotografierens in diesem Urteil *Zech*, GRUR 2019, 291.

auch allgemein zu erlauben,[797] erstrecke sich jedoch nur auf solche Aufnahmen, die das abbilden, was ohnehin von ebenjenen öffentlichen Wegen, Straßen oder Plätzen aus betrachtet werden könne. Eine andere, von dort nicht einnehmbare, Perspektive sei hingegen nicht erfasst. Aus diesem Grunde fielen mithilfe von Drohnen aufgenommene Bilder nicht unter den Ausnahmetatbestand der Panoramafreiheit.[798] Auf eine eigentumsrechtliche Relevanz der Aufnahme ging der BGH dagegen nicht ein. Die inzwischen über zehn Jahre alte Rechtsprechung *Preußische Gärten und Parkanlagen I* und *II* beinhaltet deshalb bis auf Weiteres den aktuellen Standpunkt des BGH.

bb) Kritik des Schrifttums

Während zumindest die *Schloss Tegel*-Rechtsprechung des BGH in frühen Beiträgen des sachenrechtlichen Schrifttums noch teilweise Zustimmung fand,[799] wurde die Kritik der (bisweilen fassungslosen[800]) immaterialgüterrechtlichen Literatur an der Rechtsprechung des BGH, mit Ausnahme der *Friesenhaus*-Entscheidung, über deren Verlauf hinweg zunehmend lauter. Dieser Umstand dürfte zugleich ursächlich für den sukzessive zunehmenden Begründungsaufwand seitens des BGH gewesen sein.[801] Im Folgenden wird der Versuch unternommen, die wesentlichen Kritikpunkt des Schrifttums geordnet darzustellen.

(1) Fehlende Differenzierung zwischen Betreten, Fotografieren und Verwerten

Bereits die Grundannahme des BGH stößt im Schrifttum, wenngleich nur vereinzelt, auf Widerspruch: Wie dargestellt knüpfte der BGH zur Begründung der Eigentumsverletzung – nicht nur durch das Fotografieren, sondern auch durch die

797 Grundlegend BGH, Urt. v. 24.01.2022 – I ZR 102/99 = NJW 2002, 2394 (2395) – *Verhüllter Reichstag*; best. durch BGH, Urt. v. 05.06.2003 – I ZR 192/00 = GRUR 2003, 1035 (1037) – *Hunderwasser-Haus*, jew. ausführend, dass ein Kunstwerk durch eine Positionierung an öffentlichen Wegen, Straßen oder Plätzen zu Quasi-Allgemeingut werde, was die Beschränkung der Verwertungsrechte des Urhebers rechtfertige; ferner *Dreier*, in: Dreier/Schulze, UrhG, § 59 Rn. 1; *Grübler*, in: BeckOK UrhR, UrhG, § 59 Rn. 1; *Vogel*, in: Schricker/Loewenheim, UrhG, § 59 Rn. 2.

798 Vgl. zum Vorstehenden insg. BGH, Urt. v. 13.10.2024 – I ZR 67/23 = GRUR 2024, 1707 (1708f.) – *Über alle Berge*.

799 *Ellger*, Bereicherung durch Eingriff, S. 533; *Kübler*, in: Grunsky, FS Baur, S. 52; jew. in Bezugnahme auf *Baur*, JZ 1975, 493, *Gerstenberg*, GRUR 1975, 502 und *Pfister*, JZ 1976, 156ff.; vgl. ferner *Bittner*, Das Fotografieren fremder Sachen, S. 100, der dem *Schloss Tegel*-Urteil des BGH in Bezug auf die Bejahung des Verwertungsrechts des Eigentümers zustimmt.

800 Vgl. z. B. *Schack*, JZ 2011, 375: »Es ist kaum zu glauben, was sich der (...) BGH hat einfallen lassen«.

801 So richtet sich der BGH zu Beginn der Begründung seines letzten Urteils ausdrücklich an die Kritiker und attestiert ihnen dabei »drei grundlegende Missverständnisse (...)«, vgl. auch *Wanckel*, NJW 2013, 1812 (1813) in Bezugnahme auf BGH, Urt. v. 01.03.2013 – V ZR 14/12 = NJW 2013, 1809 (1810) – *Preußische Gärten und Parkanlagen II.*

anschließende Verwertung der Fotografie – an das Betreten des Grundstücks als Verletzungshandlung an. Das Betreten des Grundstücks sei in den zu beurteilenden Fällen notwendige Voraussetzung für das Fotografieren sowie die spätere Verwertung gewesen und damit die entscheidende Verletzungshandlung.[802] Insbesondere *Zech* und mit ihm weitere Vertreter des Schrifttums kritisieren dies nachdrücklich: Das Fotografieren und das Verwerten der Fotografie müssten von dem Betreten des Grundstücks getrennt betrachtet werden. Aus einem möglicherweise rechtswidrigen Betreten könne nicht ohne Weiteres der Schluss gezogen werden, das Fotografieren oder gar das spätere Verwerten der Fotografie stelle eine Eigentumsbeeinträchtigung dar. Zwar sei diese bei einem unerlaubten Betreten ohne Zweifel zu bejahen. Das Fotografieren einerseits und das Verwerten der Fotografie andererseits stellten aber eigenständige Handlungen dar, die an das Betreten allenfalls faktisch, nicht aber rechtlich geknüpft seien.[803] Auch in der Kommentarliteratur findet dies Zustimmung. Dort wird, auch wenn sich bzgl. des Fotografierens und der Verwertung die Meinungen teilen, regelmäßig festgestellt, dass jedenfalls das unerlaubte Betreten des Grundstücks eine Eigentumsverletzung darstellt.[804]

Abseits dieser schon zweifelhaften Grundannahme des BGH fokussiert sich die Kritik des (zumindest dediziert auf die Urteile bezogenen) Schrifttums auf die aus seiner Sicht fehlerhafte Grenzziehung zwischen den Befugnissen des Sacheigentümers einerseits und denen des Urhebers andererseits.[805] Anders als der BGH annehme sei es nicht der Eigentümer, dem die Abbildung und Verwertung des äußeren Erscheinungsbilds einer Sache zuständen. Richtigerweise seien dies Befugnisse, welche dem Urheber von den §§ 15ff. UrhG zugewiesen seien, was auch § 44 Abs. 1 UrhG belege.[806]

---

802 Vgl. BGH, Urt. v. 17.12.2010 – V ZR 45/10 = NJW 2011, 749f. – *Preußische Gärten und Parkanlagen I*; dazu bereits oben, S. 186f.

803 Vgl. *Zech*, Information als Schutzgegenstand, S. 284f., 290f.; *ders.*, AcP 219 (2019), 488 (573, 575f.), jew. m. w. N.; ferner auch *v. Bressendorf*, Das private »Hausrecht«, S. 137f.; *Lauber-Rönsberg*, in: Hofmann/Raue/Zech, Eigentum in der digitalen Gesellschaft, S. 101; *Kianfar*, Sachfotografie und Hausrecht, S. 140, 192; *Lehment*, Das Fotografieren von Kunstgegenständen, S. 106; *Schack*, JZ 2011, 375 (376); *Weller*, ZUM 2018, 484 (488).

804 Vgl. *Spohnheimer*, in: BeckOGK BGB, 01.11.2024, § 1004 Rn. 136; wohl auch *Raff*, in: MüKo BGB, § 1004 Rn. 119.

805 Vgl. *Brückner*, in: MüKo BGB, § 903 Rn. 25; *Elmenhorst*, GRUR 2013, 626; *Kübler*, in: Grunsky, FS Baur, S. 58f.; *Lehment*, Das Fotografieren von Kunstgegenständen, S. 103; *ders.*, GRUR 2011, 327; *Schack*, ZEuP 2006, 149 (155f.); *ders.*, JZ 2011, 375; in der Sache auch *Stang*, Das urheberrechtliche Werk, S. 305; *Stieper*, ZUM 2011, 331 (332).

806 *Elmenhorst*, GRUR 2013, 626 (627); *Kübler*, in: Grunsky, FS Baur, S. 59; *Lauber-Rönsberg*, in: Hofmann/Raue/Zech, Eigentum in der digitalen Gesellschaft, S. 95; *Lehment*, Das Fotografieren von Kunstgegenständen, S. 103; *Schack*, JZ 2011, 375; *Voigt*, in: BeckOGK BGB, 01.07.2024, § 823 Rn. 147; *Wagner*, in: MüKo BGB, § 823 Rn. 307.

(2) Fotografieren als Urheber- anstatt Eigentümerbefugnis

Die konkret auf das Fotografieren bezogene Kritik des Schrifttums war vergleichsweise knapp. Zum Teil wurde lediglich festgestellt, dass sich durch das Fotografieren der immaterielle Wert zu eigen gemacht werde, was jedoch eine Urheber- nicht aber eine Eigentümerbefugnis sei.[807] Der Grund für die Knappheit der Ausführungen dürfte in der inhaltlichen Ausrichtung der Urteile des BGH gelegen haben. Wie zuvor beschrieben ging der BGH nämlich hauptsächlich auf die Frage nach dem Verwertungsrecht ein, weniger auf die nach dem Fotografieren an sich. Im später folgenden, insb. monografischen, Schrifttum und der Kommentarliteratur fand dagegen eine differenziertere Auseinandersetzung statt.[808]

(a) Fotografieren = Vervielfältigung i. S. d. § 15 Abs. 1 Nr. 1, § 16 UrhG

In urheberrechtlicher Hinsicht beschränken sich die Ausführungen vor diesem Hintergrund bisweilen auf die Feststellung, dass es dann eine ausschließlich dem Urheber zustehende Befugnis sei, wenn das äußere Erscheinungsbild der Sache das Ergebnis geistiger Schöpfung und damit ein Werk i. S. d. § 2 UrhG sei.[809] Die Kürze der Ausführungen ist vor dem Hintergrund nachvollziehbar, dass § 16 Abs. 2 UrhG klarstellt, dass auch die Übertragung eines Werks auf Bild- und Tonträger eine Vervielfältigung darstellt. Hierunter fällt auch die Aufnahme einer Fotografie, mit der erstmalig ein Bildträger hergestellt wird.[810] Stellt das fotografierte Objekt ein Werk i. S. d. § 2 UrhG dar, steht dessen Urheber das Vervielfältigungsrecht zu, § 15 Abs. 1 Nr. 1 i. V. m. § 16 UrhG. Unterstellt man in den hier betrachteten Fällen, dass die Gestaltung der abgelichteten Gebäude ein Werk in diesem Sinne darstellt, fallen das Eigentum am Grundstück und das urheberrechtliche Vervielfältigungsrecht auseinander, denn das Recht zur Abbildung steht dem Architekten und nicht dem Eigentümer zu.[811]

807 Vgl. *Schack*, JZ 2011, 375.

808 Vgl. bspw. *Kianfar*, Sachfotografie und Hausrecht, S. 117ff. und *passim*; *Prengel*, Bildzitate von Kunstwerken, S. 205ff.; *Zech*, Information als Schutzgegenstand, S. 279ff.

809 Vgl. in diese Richtung *Elmenhorst*, GRUR 2013, 626 (627); *Stieper*, ZUM 2011, 331 (332); dazu a. A. *Bittner*, Das Fotografieren fremder Sachen, S. 101, nach dem nicht zwischen der Sache und der äußeren Sachgestalt differenziert werden könne.

810 *Heerma*, in: Wandtke/Bullinger, UrhG, § 16 Rn. 14; *Lehment*, Das Fotografieren von Kunstgegenständen, S. 103; *Wiebe*, in: Spindler/Schuster, Recht der elektronischen Medien, UrhG, § 16 Rn. 7.

811 *Ellger*, Bereicherung durch Eingriff, S. 534; *Elmenhorst*, GRUR 2013, 626 (627); *Kübler*, in: Grunsky, FS Baur, S. 59; *Lauber-Rönsberg*, in: Hofmann/Raue/Zech, Eigentum in der digitalen Gesellschaft, S. 95; *Peukert*, Güterzuordnung als Rechtsprinzip, S. 220.

(b) Eigentumsrechtliche Bedeutungslosigkeit

Diejenigen Stimmen des Schrifttums, die sich der Frage nach dem Fotografieren (auch) aus sacheigentumsrechtlicher Perspektive widmen, sehen im Fotografieren dementsprechend keine Beeinträchtigung, sondern eine »eigentumsrechtlich neutrale Handlung«.[812] Zur Begründung wird sowohl auf die fehlende körperliche Einwirkung auf das Grundstück durch das Fotografieren[813] als auch auf den Umstand, dass dem Eigentümer seine Nutzungsmöglichkeit an dem Grundstück durch das Fotografieren nicht genommen werde[814] (oder auf beides[815]) abgestellt. Damit orientiert sich das Schrifttum erkennbar an den Erwägungen des BGH, die jener in der *Friesenhaus*-Entscheidung zugrunde gelegt hat, wonach durch das Fotografieren weder in die Sachsubstanz eingegriffen noch die dem Eigentümer zugewiesene Nutzungsmöglichkeit an der Sache beschränkt werde.[816]

Der *Friesenhaus*-Entscheidung waren allerdings schon *Grüning* und *Kübler* vorangegangen, die verdeutlichten, dass jedenfalls die Körperlichkeit der Einwirkung nicht von alleiniger Bedeutung sein könne. Bereits die Existenz der §§ 905, 906 BGB beweise, dass eine eigentumsrechtlich relevante Beeinträchtigung auch ohne jegliche Körperlichkeit bejaht werden könne. Vielmehr komme es entscheidend darauf an, dass dem Eigentümer die Möglichkeit der Nutzung seiner Sache genommen werde. Das Abstellen auf dieses Merkmal habe den Vorteil, die Gebrauchsbeeinträchtigung durch körperliche Einwirkungen einzubeziehen, gleichzeitig aber nicht auf sie beschränkt zu sein.[817]

Das (soweit ersichtlich) erstmals von *Grüning* und *Kübler* in dieser Diskussion vorgeschlagene Abstellen auf eine Beeinträchtigung der Nutzungsmöglichkeit des Eigentümers fand vor allem (wenngleich nicht nur) in der monografischen Auf-

812 Vgl. ausdrückl. *Lehment*, GRUR 2011, 327 (328); ähnlich *Lauber-Rönsberg*, in: Hofmann/Raue/Zech, Eigentum in der digitalen Gesellschaft, S. 95.

813 Vgl. *Elmenhorst*, GRUR 2013, 626 (628); *Kübler*, in: Grunsky, FS Baur, S. 57; *Schmieder*, NJW 1975, 1164.

814 Vgl. *Elmenhorst*, GRUR 2013, 626 (628); *Kübler*, in: Grunsky, FS Baur, S. 57; *Prengel*, Bildzitate von Kunstwerken, S. 213f.; *Wagner*, in: MüKo BGB, § 823 Rn. 307.

815 Vgl. *Althammer*, in: Staudinger BGB, 2020, § 903 Rn. 11; *Brückner*, in: MüKo BGB, § 903 Rn. 25; *Lehment*, Das Fotografieren von Kunstgegenständen, S. 102; *Schack*, ZEuP 2006, 149 (155f.); *Spohnheimer*, in: BeckOGK BGB, 01.11.2024, § 1004 Rn. 136; wohl auch *Stang*, Das urheberrechtliche Werk, S. 306f.; *Stieper*, ZUM 2011, 331 (332); *Thole*, in: Staudinger BGB, 2023, § 1004 Rn. 226; *Voigt*, in: BeckOGK BGB, 01.07.2024, § 823 Rn. 147; a. A. *Lakkis*, in: BeckOGK BGB, 01.08.2024, § 903 Rn. 116; ohne eindeutige Festlegung ferner *Fritzsche*, in: BeckOK BGB, 01.05.2024, § 903 Rn. 27.

816 Vgl. BGH, Urt. v. 09.03.1989 – I ZR 54/87 = NJW 1989, 2251 (2252) – *Friesenhaus*; zust. *Elmenhorst*, GRUR 2013, 626 (628); *Lehment*, GRUR 2011, 327 (328); *Peukert*, Güterzuordnung als Rechtsprinzip, S. 219; *Stieper*, ZUM 2011, 331; *Prengel*, in: Weller/Dreier/Kemle, Kunsthandel – Kunstvertrieb, S. 103.

817 Vgl. *Grüning*, Eigentumsfreiheitsklage, S. 23; *Kübler*, in: Grunsky, FS Baur, S. 54f., 57; zust. *Ellger*, Bereicherung durch Eingriff, S. 533f.; *Lehment*, Das Fotografieren von Kunstgegenständen, S. 102; *Prengel*, Bildzitate von Kunstwerken, S. 213.

arbeitung unter anderem der Grundstücksfotografie-Rechtsprechung Anklang.[818] Mehrere Autoren, insb. *Peukert* und *Zech*, griffen diese Überlegung auf und knüpften sie an das ökonomische Kriterium der rivalisierenden Nutzung.[819] Damit werden Nutzungshandlungen beschrieben, die nicht von einer Person vorgenommen werden können, ohne gleichzeitig eine andere Person bei der Vornahme der gleichen Nutzungshandlung zu stören.[820] Das Fotografieren des Grundstücks stelle keine solche rivalisierende Nutzung dar, denn die Möglichkeit des Eigentümers, seine Sache zu fotografieren, werde ihm nicht dadurch genommen, dass auch Dritte sie fotografierten. Es sei aus diesem Grund auch nicht als ausschließlich ihm zugewiesene Nutzungsmöglichkeit anzusehen.[821]

(3) Systemwidrige Zuweisung der Verwertungsbefugnis an den Eigentümer

(a) Umgehung der Wertungen des Urheberrechts

Aus Sicht des Schrifttums wurde nicht nur das Fotografieren an sich vom BGH fehlerhaft beurteilt. Auch die Einordnung der späteren Verwertung der Fotografie als Eigentümerbefugnis bezeuge die Fehlerhaftigkeit der Grenzziehung zwischen Sachen- und Urheberrecht.[822] Als Grund dafür wird vorgetragen, dass es nicht der Eigentümer sei, dem die Abbildung oder die Verwertung des äußeren Erscheinungsbilds einer Sache zuständen. Vielmehr sei dies, wie bereits beschrieben und anders als vom BGH angenommen, eine Befugnis, die die §§ 15ff. UrhG von Beginn an dem Urheber zuwiesen. Dies zeige sich auch an der Regelung des § 44 Abs. 1 UrhG.[823] Es werde im Fall des Fotografierens und seiner Verwertung nämlich nicht die körperliche Sache, sondern deren Erscheinungsbild genutzt, welche aber ein Ergebnis geistiger Schöpfung und mithin Regelungsgegenstand

818 Vgl. *Kianfar*, Sachfotografie und Hausrecht, S. 50ff.; *Lehment*, Das Fotografieren von Kunstgegenständen, S. 102; *ders.*, GRUR 2011, 327 (328); *Prengel*, Bildzitate von Kunstwerken, S. 214; *Schack*, ZEuP 2006, 149 (155f.); *Zech*, Information als Schutzgegenstand, S. 277f.; *ders.*, AcP 219 (2019), 488 (577ff.).

819 Vgl. *Peukert*, Güterzuordnung als Rechtsprinzip, S. 220; *Zech*, Information als Schutzgegenstand, S. 276ff., 286; *ders.*, AcP 219 (2019), 488 (577ff.) und *passim*; ferner auch *Berberich*, Virtuelles Eigentum, S. 120f.; *Kianfar*, Sachfotografie und Hausrecht, S. 52ff., 66.

820 Statt aller *Peukert*, Güterzuordnung als Rechtsprinzip, S. 220; *Zech*, AcP 219 (2019), 488 (514).

821 *Kianfar*, Sachfotografie und Hausrecht, S. 66; *Ohly*, in: Auer et al., FS Canaris, S. 1010; *Peukert*, Güterzuordnung als Rechtsprinzip, S. 220; *Zech*, Information als Schutzgegenstand, S. 286.

822 Vgl. *Elmenhorst*, GRUR 2013, 626 (627); *Lauber-Rönsberg*, in: Hofmann/Raue/Zech, Eigentum in der digitalen Gesellschaft, S. 95; *Lehment*, GRUR 2011, 327; *Schack*, JZ 2011, 375; *Stieper*, ZUM 2011, 331 (332f.).

823 Vgl. *Elmenhorst*, GRUR 2013, 626 (627); *Kübler*, in: Grunsky, FS Baur, S. 59; *Lauber-Rönsberg*, in: Hofmann/Raue/Zech, Eigentum in der digitalen Gesellschaft, S. 95; *Lehment*, Das Fotografieren von Kunstgegenständen, S. 103; *Schack*, JZ 2011, 375.

des Urheberrechts sei.[824] Dem entspreche auch der Umstand, dass die Verwertung der Fotografie, ebenso wie ihre Aufnahme, keine rivalisierende Handlung und mithin nicht dem Eigentümer zugewiesen sei.[825]

Legt man dies insgesamt zugrunde, ist der Klarheit halber zunächst zu beachten, dass bzgl. der Verwertung im Vergleich zur Einordnung des Fotografierens Unterschiede bestehen: Die Fotografie ist eine Vervielfältigung i. S. d. § 15 Abs. 1 Nr. 1 i. V. m. § 16 UrhG und steht dem Urheber des im abgebildeten Gebäude verkörperten Werkes zu, also dem Architekten.[826] Die Fotografie ist (hier) ihrerseits jedoch auch ein Werk, an dem – nach dem soeben Gesagten, dies verkennt der BGH – der Fotograf die Verwertungsrechte der §§ 15ff. UrhG innehat. Da aber auch die abgebildeten Gebäude für sich genommen Werke sind, bestehen an der Fotografie zugleich Verwertungsrechte des Urhebers des abgebildeten Gebäudes.[827]

Geht man hiervon aus, so geht der Vorwurf des BGH an seine Kritiker, diese gingen irrtümlich davon aus, das an den Fotografien bestehende Urheberrecht rechtfertige die begangene Eigentumsverletzung in Form ihrer Verwertung,[828] von vornherein ins Leere. Denn eine dem Eigentümer bereits gar nicht zustehende Verwertungsbefugnis kann nicht verletzt werden und bedarf daher auch keiner Rechtfertigung.[829] Wenn bereits das Fotografieren der Sache keine Eigentumsbeeinträchtigung ist, kann wiederum auch in der sich daran anschließenden Verwertung keine solche gesehen werden.[830] Das Schrifttum verdeutlicht hierzu überzeugend, dass diese vom Gesetzgeber vorgenommene Weichenstellung vom

---

824 *Grüning*, Eigentumsfreiheitsklage, S. 72, 74f.; *Peukert*, Güterzuordnung als Rechtsprinzip, S. 220; *Schack*, JZ 2011, 375; *Stang*, Das urheberrechtliche Werk, S. 307; *Zech*, Information als Schutzgegenstand, S. 288f.; a. A. *Bittner*, Das Fotografieren fremder Sachen, S. 100.

825 *Zech*, Information als Schutzgegenstand, S. 288; zust. *Wagner*, in: MüKo BGB, § 823 Rn. 307; im Ansatz auch *Kianfar*, Sachfotografie und Hausrecht, S. 104f.

826 *Ellger*, Bereicherung durch Eingriff, S. 543; *Elmenhorst*, GRUR 2013, 626 (627); *Kübler*, in: Grunsky, FS Baur, S. 59; *Peukert*, Güterzuordnung als Rechtsprinzip, S. 220; dazu schon oben, S. 190.

827 Allg. *Bisges*, in: Bisges, HdB. UrhR, Kap. 1 Rn. 128. Im Folgenden wird diese Unterscheidung der Einfachheit der Darstellung halber nicht weiter aufgegriffen, sondern neutral von einer Befugnis des Urhebers (oder vergleichbar) gesprochen, ohne Rücksicht darauf, um welchen Urheber es sich konkret handelt. Hierauf kommt es nämlich für die hiesige Fragestellung nicht an, da für deren Beantwortung einzig relevant ist, ob eine Befugnis dem Eigentümer zusteht oder nicht. Steht sie ihm nicht zu, ist aus dieser Perspektive gleich, wem konkret sie zusteht.

828 Vgl. BGH, Urt. v. 01.03.2013 – V ZR 14/12 = NJW 2013, 1809 (1811) – *Preußische Gärten und Parkanlagen II*.

829 In diesem Sinne auch *Stieper*, ZUM 2011, 331 (332); *Voigt*, in: BeckOGK BGB, 01.07.2024, § 823 Rn. 147.

830 *Elmenhorst*, GRUR 2013, 626 (628); *Kübler*, in: Grunsky, FS Baur, S. 60f.; *Lehment*, GRUR 2011, 327 (328); *Stieper*, ZUM 2011, 331 (332); *ders.*, ZUM 2013, 574 (576); *Zech*, Information als Schutzgegenstand, S. 289.

BGH verkannt und in ihr Gegenteil verkehrt werde, wenn er die Auffassung vertrete, dass nach Eintritt der Gemeinfreiheit nichts gegen die Zuweisung der Fotografie- und insb. deren Verwertungsbefugnis zum Eigentümer spreche.[831] Durch diese Argumentation kreiere der BGH nämlich faktisch ein Ausschließlichkeitsrecht des Sacheigentümers an dem äußeren Erscheinungsbild der Sache, welches in zeitlicher Hinsicht sogar umfangreicher als dasjenige des Urhebers sei. Letzteres finde nämlich in der Gemeinfreiheit nach § 64 UrhG zugunsten der freien Verwendbarkeit durch die Allgemeinheit seine Grenze. Diese zeitliche Einschränkung gelte für das Sacheigentum nicht, mit der Folge, dass der Eigentümer hinsichtlich des äußeren Erscheinungsbilds umfangreichere Rechte hätte als der Urheber, zumal ihm vor Ablauf der Schutzfrist richtigerweise überhaupt gar keine Rechte zuständen.[832]

(b) Keine Zuweisung der Verwertungserlöse über § 99 Abs. 3 BGB

Zu Recht konnte auch der Versuch des BGH, dem Grundstückseigentümer die Verwertungsbefugnis und -erlöse über § 99 Abs. 3 BGB zuzuweisen,[833] das überwiegende Schrifttum nicht überzeugen.[834] Dem BGH zufolge stellen die aus der Verwertung der Fotografien resultierenden Erträge eine mittelbare Rechtsfrucht[835] des Grundstückseigentums i. S. d. § 99 Abs. 3 BGB dar. Zur Begründung zieht der BGH einen Vergleich zu Erträgen, die aus der Vermietung eines Grundstücks generiert werden. Mit diesen seien die Verwertungserlöse gleichzustellen.[836]

---

831 Vgl. so aber BGH, Urt. v. 17.12.2010 – V ZR 45/10 = NJW 2011, 749 (750) – *Preußische Gärten und Parkanlagen I.*

832 Vgl. zum Vorstehenden insg. *Althammer*, in: Staudinger BGB, 2020, § 903 Rn. 11; *Elmenhorst*, GRUR 2013, 626 (627); *Ellger*, Bereicherung durch Eingriff, S. 534; *Kianfar*, Sachfotografie und Hausrecht, S. 139; *Lauber-Rönsberg*, in: Hofmann/Raue/Zech, Eigentum in der digitalen Gesellschaft, S. 96f.; *Lehment*, Das Fotografieren von Kunstgegenständen, S. 103, 107; *ders.*, GRUR 2011, 327f.; *Ohly*, in: Auer et al., FS Canaris, S. 1010; *Schack*, ZEuP 2006, 149 (155f.); *ders.*, JZ 2011, 375; *Spohnheimer*, in: BeckOGK BGB, 01.11.2024, § 1004 Rn. 136.2; *Stang*, Das urheberrechtliche Werk, S. 307f.; *Stieper*, ZUM 2011, 331 (333); *Thole*, in: Staudinger BGB, 2023, § 1004 Rn. 229f.; *Wagner*, in: MüKo BGB, § 823 Rn. 307.

833 Vgl. BGH, Urt. v. 17.12.2010 – V ZR 45/10 = NJW 2011, 749 (750) – *Preußische Gärten und Parkanlagen I.*

834 Vgl. *Elmenhorst*, GRUR 2013, 626 (627); *Schack*, JZ 2011, 375f.; *Spohnheimer*, in: BeckOGK BGB, 01.11.2024, § 1004 Rn. 136.2; *Stieper*, ZUM 2011, 331 (332); a. A. wohl *Fritzsche*, in: BeckOK BGB, 01.05.2024, § 99 Rn. 14; *Stresemann*, in: MüKo BGB, § 99 Rn. 6.

835 Zum Teil auch als mittelbare Früchte, vgl. *Fritzsche*, in: BeckOK BGB, 01.05.2024, § 99 Rn. 13, oder Rechtsverhältnisfrüchte, vgl. *Stieper*, in: Staudinger BGB, 2021, § 99 Rn. 18, bezeichnet.

836 Vgl. BGH, Urt. v. 17.12.2010 – V ZR 45/10 = NJW 2011, 749 (750) – *Preußische Gärten und Parkanlagen I* im Anschluss an *Prengel*, Bildzitate von Kunstwerken, S. 217.

Die Rechtsfrucht i. S. d. § 99 Abs. 3 BGB ist dabei insofern als mittelbar zu verstehen, als sie nicht aus der Sache selbst resultiert, sondern in Form eines Ertrags aus einem Rechtsverhältnis, das die Benutzung der Sache zum Gegenstand hat.[837] Auch wenn dieses Rechtsverhältnis nicht zwingend ein vertragliches sein muss,[838] sind Erlöse aus der Verwertung von Grundstücksfotografien hiermit nicht vergleichbar: Die im Schrifttum geläufigen Beispiele für Rechtsverhältnisfrüchte sind sowohl Darlehens- und Miet- bzw. Pachtzinsen, die für die Überlassung eines Darlehens bzw. einer Sache an den Darlehensgeber oder Vermieter bzw. Verpächter gezahlt werden,[839] als auch die Überlassung eines Rechts gegen Zahlung einer Lizenzgebühr.[840] Da die Rechtsverhältnisfrucht mithin den Charakter einer Gegenleistung für die Sachüberlassung hat, ist eine Gleichstellung mit Verwertungserlösen bei Grundstücksfotografien unpassend, denn es fehlt bereits an einem auf Überlassung der Sache gerichteten Rechtsverhältnis, da die betroffenen Grundstücke in den vom BGH zu beurteilenden Fällen für die Öffentlichkeit frei zugänglich waren.[841] Darüber hinaus geht die Argumentation des BGH auch in dieser Frage schon von einer falschen Grundannahme aus: § 99 Abs. 3 BGB beruht auf der Überlegung, dass die jeweilige Nutzungsmöglichkeit der Sache, die mithilfe des Rechtsverhältnisses dem Dritten gewährt wird und für die jener die Erträge als Gegenleistung an den Eigentümer abführen muss, im Ausgangspunkt dem Eigentümer zusteht. Übertragen auf die hier betrachteten Fälle ist die gewährte Nutzungsmöglichkeit das Fotografieren des Grundstücks. Dieses ist jedoch, wie soeben dargestellt, dem Eigentümer gar nicht ausschließlich zugewiesen, sodass der vom BGH gezogene Vergleich ins Leere geht.[842]

Den vorgenannten Argumenten gegen die Auffassung des BGH kann ferner hinzugefügt werden, dass auch die Personenkonstellation, auf die § 99 Abs. 3 BGB abzielt, eine ganz andere ist als die Vorliegende: Die Vorschrift legt, wie beschrieben, fest, dass bspw. der vom Mieter geschuldete Mietzins die Rechtsverhältnisfrucht des Vermieters ist. Diese Frucht resultiert somit aus dem Verhältnis zweier Personen, Mieter und Vermieter. Bei dem mit der Verwertung von Grundstücksfotografien erzielten Erlös ist dies jedoch anders: Dieser resultiert nämlich aus

837 BGH, Beschl. v. 24.04.2009 – BLw 21/08 = NJW-RR 2009, 1610; *Dörner*, in: HK-BGB, § 99 Rn. 5; *Stresemann*, in: MüKo BGB, § 99 Rn. 6; *Stieper*, in: Staudinger BGB, 2021, § 99 Rn. 18.

838 *Fritzsche*, in: BeckOK BGB, 01.05.2024, § 99 Rn. 13; *Mössner*, in: BeckOGK BGB, 15.03.2024, § 99 Rn. 15.

839 Vgl. *Fritzsche*, in: BeckOK BGB, 01.05.2024, § 99 Rn. 14; *Stresemann*, in: MüKo BGB, § 99 Rn. 6; *Stieper*, in: Staudinger BGB, 2021, § 99 Rn. 18.

840 Vgl. *Elmenhorst*, GRUR 2013, 626 (627).

841 *Elmenhorst*, GRUR 2013, 626 (627); *Lauber-Rönsberg*, in: Hofmann/Raue/Zech, Eigentum in der digitalen Gesellschaft, S. 97; *Schack*, JZ 2011, 375f.

842 Zum Vorstehenden insg. *Stieper*, ZUM 2011, 331 (332); *Lauber-Rönsberg*, in: Hofmann/Raue/Zech, Eigentum in der digitalen Gesellschaft, S. 97, die die Argumentation des BGH für zirkelschlüssig hält.

einem Vertragsverhältnis zwischen dem Fotografen und einem Dritten (demjenigen, der für die Aufnahmen bereit ist zu zahlen) und somit gerade nicht aus einem Verhältnis zwischen Eigentümer und Nutzer der Sache, wie es § 99 Abs. 3 BGB aber vorsieht. Dies gilt selbst dann, wenn zwischen dem Grundstückseigentümer und dem Fotografen ein Vertrag über das Betreten vorliegt.

(c) »Natürliche Betrachtungsweise« als untaugliches Argument

Wenn der BGH vorbringt, dass durch die Anfertigung und Verwertung der Fotografien bei »natürlicher Betrachtungsweise ein fremder Vermögenswert nutzbar gemacht« werde,[843] dann ändert dies nichts an der Fehlerhaftigkeit seiner Schlussfolgerungen. Denn sowohl ein Anspruch auf Unterlassung nach § 1004 Abs. 1 BGB als auch auf Erlösauskehr nach § 812 Abs. 1 Satz 1 Alt. 2 BGB oder § 687 Abs. 2 BGB setzen gleichermaßen den Eingriff in den Zuweisungsgehalt eines absoluten Rechts voraus; die bloße Nutzung eines fremden Vermögenswerts und der Verweis auf eine »natürliche Betrachtungsweise« alleine genügt dem gerade aber nicht.[844] Mit einer vergleichbar pauschalen Argumentation könnte sonst jede dem Willen des Eigentümers widersprechende, irgendwie geartete Nutzung einer Sache als Beeinträchtigung angesehen werden, was jedoch zu einem ausufernden Eigentumsschutz ohne sachliche Rechtfertigung führen würde.[845]

(4) Zwischenergebnis

Insgesamt ist dem – früheren wie heutigen – Schrifttum in seiner (nahezu einhellig) ablehnenden Haltung gegenüber der Rechtsprechung des BGH und den dafür vorgetragenen Argumenten vollumfänglich zuzustimmen. Der BGH hat in den Entscheidungen *Schloss Tegel* und *Preußische Gärten und Parkanlagen I* und *II* die Reichweite der Befugnisse des Urhebers zugunsten des Eigentümers der abgebildeten Grundstücke unzulässig eingeschränkt und sich dabei auf Erwägungen gestützt, die nicht überzeugen. Sowohl das Fotografieren der Gebäude als auch die spätere Verwertung der Fotografien sind keine dem Eigentümer zustehenden Handlungen, sondern richtigerweise als Urheberbefugnisse zu qualifizieren.

Der bis auf Weiteres aktuelle Standpunkt des BGH ist daher mit den dargestellten Argumenten des Schrifttums abzulehnen. Für den weiteren Gang der Unter-

---

843 Vgl. ausdrückl. BGH, Urt. v. 20.09.1974 – I ZR 99/73 = NJW 1975, 778 – *Schloss Tegel.*

844 *Ellger*, Bereicherung durch Eingriff, S. 535; *Kübler*, in: Grunsky, FS Baur, S. 62; *Peukert*, Güterzuordnung als Rechtsprinzip, S. 142f.; *Schäfer*, in: MüKo BGB, § 687 Rn. 16, m. w. N.; *Stieper*, ZUM 2011, 331 (332); in diesem Sinne auch *Jansen*, AcP 216 (2016), 112 (222); ebenso *Mestmäcker*, JZ 1958, 521 (523).

845 *Ellger*, Bereicherung durch Eingriff, S. 535; *Elmenhorst*, GRUR 2013, 626 (628); *Kübler*, in: Grunsky, FS Baur, S. 60; *Zech*, Information als Schutzgegenstand, S. 283; a. A. wohl *Raue*, in: Hofmann/Raue/Zech, Eigentum in der digitalen Gesellschaft, S. 116.

suchung ist demnach festzuhalten, dass das Fotografieren von Grundstücken und darauf stehenden Gebäuden, die als Werke i. S. d. § 2 UrhG zu qualifizieren sind, eine Urheberbefugnis ist und nicht dem Eigentümer des Grundstücks zusteht. Infolgedessen bestehen an solchen Fotografien auch keine Verwertungsrechte aufgrund des Eigentums am Grundstück.

b) Eingeschränkte Übertragbarkeit der Diskussion auf Frage nach Rechten an landwirtschaftliche Bodendaten

Zwar sind, wie bereits zu Beginn der Darstellung der Rechtsprechung erwähnt, fotografische Abbildungen auch Daten i. S. d. hier zugrunde gelegten Verständnisses.[846] Sowohl die von der Rechtsprechung betrachteten Fotografien an sich als auch deren Betrachtungsgegenstand (die jeweils abgelichteten Gebäude) waren aber als Werke i. S. d. Urheberrechts anzusehen. In diesem Bezug zum Urheberrecht liegt der Grund, warum die dargestellte Diskussion, die ausgetauschten Argumente und die gewonnenen Ergebnisse möglicherweise nur eingeschränkt auf die hier zu beantwortende Frage nach den Rechten des Landwirts bei der Erhebung und Verwertung von agrarischen Bodendaten übertragen werden können.[847] Denn wie im Folgenden gezeigt werden soll, kommt Bodendaten nur sehr vereinzelt urheberrechtliche Bedeutung zu. Deswegen können letztlich nur diejenigen Argumente aufgegriffen werden, die primär auf die Befugnisse des Eigentümers abzielen, nicht jedoch auf eine saubere Grenzziehung zwischen Urheberrecht einerseits und Sachenrecht andererseits.

aa) Bodendaten fehlt Werkqualität i. S. d. § 2 UrhG

Schutzgegenstand und -voraussetzung ist im Urheberrecht stets das »Werk«, für welches nach § 2 Abs. 2 UrhG, unabhängig von seiner konkreten Erscheinungsform, eine persönliche geistige Schöpfung vorliegen muss.[848] Anders als das Datenschutzrecht, das mit dem Erfordernis der Personenbezogenheit auf den Inhalt (d. h. die semantische Ebene) einer Information abstellt,[849] knüpft das Urheberrecht primär an die Syntaktik der Information an.[850] Beruht die informationstra-

846 *Zech*, Information als Schutzgegenstand, S. 39; dazu bereits oben, S. 43, 182.

847 Vgl. *Zech*, Information als Schutzgegenstand, S. 282, in Bezug auf die Argumentation des BGH in der *Friesenhaus*-Entscheidung, eine Eigentumsverletzung in Form der Verwertung der Fotografien mit § 59 UrhG abzulehnen: »Die Schwäche dieser Argumentation besteht vor allem darin, dass sie auf das Verhältnis zum Urheberrecht abhebt, das aber nur bei Verkörperungen von Werken einschlägig ist.«; in diesem Sinne auch *Lauber-Rönsberg*, in: Hofmann/Raue/Zech, Eigentum in der digitalen Gesellschaft, S. 95f.

848 *Bisges*, in: Bisges, HdB. UrhR, Kap. 1 Rn. 151; *Hofmann*, in: Pertot, Rechte an Daten, S. 22; *Schulze*, in: Dreier/Schulze, UrhG, § 2 Rn. 6.

849 *Zech*, Information als Schutzgegenstand, S. 215; dazu bereits oben, S. 81.

850 *Zech*, Information als Schutzgegenstand, S. 246f.

gende Zeichenanordnung – ganz gleich, ob in Gestalt von Buchstaben, Zahlen oder Farben[851] – auf einer geistig-schöpferischen Leistung, wird sie ihrem Erschaffer als »Werk« i. S. d. § 2 UrhG zugewiesen.[852] Geschützt wird durch das Urheberrecht demnach nicht der (Gedanken-)Inhalt, z. B. in Form einer Idee, sondern dessen Darstellung, durch die das Werk sinnlich wahrnehmbar ist.[853]

Im Ausgangspunkt ist bereits das Betrachtungsobjekt bei Bodendaten in dieser Hinsicht anders zu bewerten als diejenigen Betrachtungsobjekte, die in den Sachverhalten der dargestellten Diskussion um Grundstücksfotografien zu beurteilen waren: In jenen Fällen waren die abgebildeten Gebäude nämlich für sich genommen bereits Werke i. S. d. § 2 UrhG und damit urheberrechtlich geschützt, weshalb dem Architekten als Urheber auch das Recht zur Abbildung und Verwertung zukam.[854] Aber auch den Fotografien für sich genommen konnte als Lichtbildwerk i. S. d. § 2 Abs. 1 Nr. 5 UrhG urheberrechtlicher Schutz zukommen. Die schöpferische Leistung liegt bei ihnen vor allem in der Auswahl und Umsetzung des gestalterischen Rahmens, durch die die Fotografie zu mehr wird als eine bloß lichtbildartige Darstellung objektiver Gegebenheiten.[855] In Fällen wie denen der Grundstücksfotografien sind mithin Situationen denkbar, in denen sowohl die Abbildung als auch das Abgebildete jeweils urheberrechtlich geschützt und unterschiedlichen Personen zugewiesen ist.[856] Dies ist bei Bodendaten nicht der Fall: Egal, ob es sich um Vermessungsdaten über die Größe und Grenzen des jeweiligen Grundstücks, um Daten über die Bodenbeschaffenheit oder aber um Orthofotografien handelt; stets ist das Darstellungs- bzw. Betrachtungsobjekt – der landwirtschaftlich genutzte Grund und Boden – ein natürliches Objekt. Dieses ist jedoch kein Ergebnis persönlich geistiger Schöpfung, sondern von Naturprozessen und damit kein Werk i. S. d. § 2 UrhG. Zwar werden die Bodeneigenschaften mitunter auch durch das Bewirtschaftungsverhalten des Landwirts beeinflusst und sind damit in Teilen auch Ergebnis menschlichen Handelns.[857] Dies macht die betrachtete Ackerfläche aber dennoch nicht zu einem Werk i. S. d. § 2 UrhG.

---

851 *Zech*, Information als Schutzgegenstand, S. 39; dazu bereits oben, S. 43f.

852 *Zech*, Information als Schutzgegenstand, S. 246f., 353.

853 *Olbrich/Bongers/Pampel*, GRUR 2022, 870f.; *Peukert*, GRUR 2021, 1117 (1123); *Schulze*, in: Dreier/Schulze, UrhG, § 2 Rn. 13, 37.

854 *Ellger*, Bereicherung durch Eingriff, S. 534; dazu bereits oben, S. 190.

855 *Bisges*, in: Bisges, HdB. UrhR, Kap. 1 Rn. 128; *Loewenheim/Leistner*, in: Schricker/Loewenheim, UrhG, § 2 Rn. 212, die »Motiv, Aufnahmeort, Blickwinkel, Entfernung und Zeitpunkt der Aufnahme« nennen; so auch *Rauer/Bibi*, in: BeckOK UrhR, UrhG, § 2 Rn. 376; ähnlich auch *Schulze*, in: Dreier/Schulze, UrhG, § 2 Rn. 195, der aber die niedrige Schwelle der Bejahung der schöpferischen Leistung betont.

856 Allg. in diesem Sinne *Bisges*, in: Bisges, HdB. UrhR, Kap. 1 Rn. 128; *Zech*, Information als Schutzgegenstand, S. 354.

857 Dazu insg. oben, S. 107ff.

Erforderlich ist nämlich stets das Erreichen einer gewissen Schöpfungshöhe,[858] die aber bei der bloßen Bewirtschaftung einer Ackerfläche nicht gegeben ist. Bereits das Darstellungs- bzw. Betrachtungsobjekt agrarischer Bodendaten ist damit für sich genommen nicht urheberrechtlich geschützt.

Auch die den Boden abbildenden bzw. über seine Eigenschaften Auskunft gebenden Daten sind regelmäßig keine Werke i. S. d. § 2 UrhG.[859] Urheberrechtlicher Schutz kommt, wie zuvor beschrieben, nämlich nur dann in Betracht, wenn die Darstellungsweise der Information auf einer geistig-schöpferischen Leistung beruht.[860] »Geistig-schöpferisch« ist jedoch nur ein menschliches Gedankenprodukt.[861] Im Schrifttum wird daher auch von einer »anthropozentrische[n] Ausrichtung« des Urheberrechts gesprochen.[862] Als ein solches menschliches Gedankenprodukt werden agrarische Bodendaten in vielen Fällen jedoch nicht anzusehen sein: Die Art der Darstellung der Bodeninformationen, gleich ob in Form von Zahlenwerten oder Bildern, ist nämlich Ergebnis eines automatisiert ablaufenden Sammlungs- und Verarbeitungsprozesses.[863] Die Ergebnisse solch automatisiert ablaufender Prozesse sind in der Regel kein Produkt persönlicher (d. h. menschlicher) geistiger Schöpfung.[864] Deren Annahme steht die Verwendung technischer Hilfsmittel zwar nicht grundsätzlich entgegen.[865] Von einer nicht mehr schutzfähigen, rein technischen Schöpfung ist jedoch von dem Punkt an auszugehen, ab dem keine wesentliche gestalterische Einflussnahme des Verwenders auf das Endprodukt mehr erkennbar ist und er auch nicht zumindest den

858 BGH, Urt. v. 27.01.1983 – I ZR 177/80 = GRUR 1983, 377 (378f.) – *Brombeer-Muster*; *Olbrich/Bongers/Pampel*, GRUR 2022, 870; *Rauer/Bibi*, in: BeckOK UrhR, UrhG, § 2 Rn. 74f.; *Schulze*, in: Dreier/Schulze, UrhG, § 2 Rn. 16.

859 Dies gilt dabei nicht nur für agrarische Bodendaten, sondern für Daten allgemein. Auf den fehlenden urheberrechtlichen Schutz von Daten wird im einhelligen immaterialgüterrechtlichen Schrifttum hingewiesen, vgl. statt vieler nur *Sievering*, Schutz, Zuordnung und Verwertung von nicht-personenbezogenen Daten, S. 66ff.; *Wiebe*, GRUR 2017, 338; *Zech*, CR 2015, 137 (141), jew. m. w. N.

860 Statt aller *Zech*, Information als Schutzgegenstand, S. 248; im Kontext von Agrardaten *Martínez*, in: Wilhelm Schaumann Stiftung, Hülsenberger Gespräche 2018, S. 152; *Vogel*, in: Gandorfer et al., Digitalisierung für Mensch, Umwelt und Tier, S. 332.

861 *Dornis*, GRUR 2021, 784; *Loewenheim/Leistner*, in: Schricker/Loewenheim, UrhG, § 2 Rn. 38; *Rauer/Bibi*, in: BeckOK UrhR, UrhG, § 2 Rn. 47f.

862 Vgl. ausdrückl. *Dornis*, GRUR 2021, 784 (785); *Rauer/Bibi*, in: BeckOK UrhR, UrhG, § 2 Rn. 48.

863 Dies kann anders zu beurteilen sein bei der (manuellen) Erstellung von Landkarten; zu dieser, zeitlich aber weiter zurückliegenden, Thematik *Kriesten*, ZFV 2021, 343f.

864 Allg. in diesem Sinne *Wiebe*, GRUR 2017, 338; *Zech*, Information als Schutzgegenstand, S. 355; so, im Kontext von Agrardaten, auch *Vogel*, in: Gandorfer et al., Digitalisierung für Mensch, Umwelt und Tier, S. 332.

865 *Loewenheim/Leistner* in: Schricker/Loewenheim, UrhG, § 2 Rn. 40; *Rauer/Bibi*, in: BeckOK UrhR, UrhG, § 2 Rn. 51f.; *Schulze*, in: Dreier/Schulze, UrhG, § 2 Rn. 8.

Rahmen für den ansonsten automatisierten Schaffungsprozess vorgegeben hat.[866] Das bloße Bestimmen über das »Ob« des Hilfsmitteleinsatzes ist dafür aber nicht ausreichend, da hierdurch kein gestalterischer Einfluss auf die Darstellung der Bodendaten als Ergebnis des Sammlungs- und Verarbeitungsprozesses genommen wird.[867]

Bereits hieran scheitert die Gewährung urheberrechtlichen Schutzes bei vielen der hier betrachteten Bodendaten.[868] In Fällen wie dem eingangs skizzierten, in dem eine Landmaschine, die von einem Landwirt über den Acker gesteuert wird, parallel über Sensoren Informationen über Bodeneigenschaften erhebt und in Echtzeit verarbeitet,[869] liegt keine so wesentliche Einflussnahme auf den Erhebungs- und Verarbeitungsprozess vor, dass urheberrechtlicher Schutz in Betracht käme. Der Beitrag des Landwirts beschränkt sich nämlich alleine auf das Manövrieren der Maschine über den Acker. Auf den Informationssammlungs- und Verarbeitungsprozess, der zu den am Ende abrufbaren Bodendaten führt, nimmt er keinen Einfluss, zumal jenen auch nicht die erforderliche Gestaltungshöhe zukäme.

Bei Orthofotografien ist dies weniger eindeutig: Möchte ein Landwirt bspw. seinen Acker kartieren und steuert dazu eine mit Kameras ausgestattete Drohne über diesen, so könnte man von einem gewichtigeren Beitrag seinerseits ausgehen. Es ist zu differenzieren: Steuert sich die Drohne eigenhändig und nimmt auch die Fotografien automatisch auf, ist keine hinreichende gestalterische Einflussnahme des Landwirts auf den Vorgang gegeben. Der Beitrag des Landwirts beschränkt sich in diesem Fall (allenfalls) auf das Starten und Landen der Drohne.[870] Sofern sie die Aufnahmen dagegen nicht automatisch anfertigt, kann der Landwirt die Position, Höhe und ggfs. Neigung, aus denen die Aufnahme erfolgt, bestimmen. In diesem Fall ist zumindest im Ansatz denkbar, von einer wesentlichen gestalterischen Einflussnahme auf den Schaffungsprozess in Form der Auswahl und Umsetzung des gestalterischen Rahmens zu sprechen.[871] Allerdings müssten auch hier die weiteren Schutzvoraussetzungen, insb. eine entsprechende Gestaltungshöhe der erzeugten Aufnahmen, gegeben sein.[872] Diese

866 *Dornis*, GRUR 2021, 784 (785f., 788); *Loewenheim/Leistner*, in: Schricker/Loewenheim, UrhG, § 2 Rn. 40; *Rauer/Bibi*, in: BeckOK UrhR, UrhG, § 2 Rn. 52f.; *Schulze*, in: Dreier/Schulze, UrhG, § 2 Rn. 8.

867 Vgl. in diesem Sinne *Dornis*, GRUR 2021, 784 (789).

868 So bzgl. Agrardaten allg. auch *Martínez*, in: Wilhelm Schaumann Stiftung, Hülsenberger Gespräche 2018, S. 152; *Vogel*, in: Gandorfer et al., Digitalisierung für Mensch, Umwelt und Tier, S. 332.

869 Siehe oben, S. 28.

870 In diesem Sinne LG Berlin, Urt. v. 30.05.1989 – 16 O 33/89 = GRUR 1990, 270 – *Satellitenfoto*; *Rauer/Bibi*, in: BeckOK UrhR, UrhG, § 2 Rn. 53.

871 In diesem Sinne *Rauer/Bibi*, in: BeckOK UrhR, UrhG, § 2 Rn. 53.

872 *Rauer/Bibi*, in: BeckOK UrhR, UrhG, § 2 Rn. 60; so wohl auch *Dornis*, GRUR 2021, 784 (788).

fehlt ihnen jedoch, da sie sich auf die Abbildung objektiver Gegebenheiten der Ackerfläche beschränken.[873] Hier wirkt sich die fehlende Schutzwürdigkeit des Darstellungsobjekts (der Ackerboden) mittelbar auch auf die Frage nach der Schutzwürdigkeit des Bodendatums an sich aus. *Zech* beschreibt dies damit, dass ein »Minimum an semantischer Information über den Schöpfer« vorhanden sein müsse, obwohl urheberrechtlicher Schutz primär an die Syntaktik der Information anknüpfe.[874] Bei Orthofotografien ist ein solcher Rückbezug zum Landwirt aber nicht erkennbar, da, wie beschrieben, nur objektive Gegebenheiten abgebildet werden. Es bleibt im Ergebnis somit auch in diesem Fall dabei, dass die Aufnahme mangels Vorliegens der sonstigen Schutzvoraussetzungen nicht als Lichtbildwerk i. S. d. § 2 Abs. 1 Nr. 5 UrhG anzusehen ist.

Festzuhalten ist damit, dass agrarische Bodendaten nicht als Werk i. S. d. § 2 UrhG zu qualifizieren und somit urheberrechtlich nicht geschützt sind. Grund dafür ist in vielen Fällen, in denen die Erhebung und Verarbeitung der Informationen automatisiert abläuft, das Fehlen eines notwendigen menschlichen Beitrags zum jeweiligen Bodendatum als Endprodukt. Ist dieser in Ausnahmefällen dennoch zu bejahen, fehlt dem Bodendatum dennoch regelmäßig die erforderliche Schöpfungshöhe.

bb) Kein Leistungsschutz nach §§ 87aff. UrhG

Auch von dem Schutzrecht des Datenbankherstellers nach den §§ 87a, 87b UrhG sind Bodendaten nicht erfasst. Dieses bereits in dem Überblick über die Diskussion um ein absolutes Recht an Daten aufgegriffene[875] Leistungsschutzrecht knüpft, anders als z. B. nach § 72 UrhG, in keiner Weise an eine schöpferische Leistung, sondern vielmehr an die Investition des Datenbankherstellers in die Erstellung einer Datensammlung an.[876] Während die Gesamtheit der in der Datenbank enthaltenen zumindest reflexartig geschützt wird, kommt dem jeweiligen Einzeldatum kein Schutz zu.[877]

cc) Partieller Leistungsschutz nach § 72 UrhG

In Bezug auf Orthofotografien ist allerdings festzuhalten, dass an ihnen zumindest ein Leistungsschutzrecht nach § 72 UrhG bestehen kann. § 72 UrhG stellt

873 Allg. *Bisges*, in: Bisges, HdB. UrhR, Kap. 1 Rn. 128.

874 Vgl. ausdrückl. *Zech*, Information als Schutzgegenstand, S. 355.

875 Dazu oben, S. 61f.

876 *Hermes*, in: Wandtke/Bullinger, UrhG, § 87a Rn. 2; *Specht*, CR 2016, 288 (293ff.); *Vohwinkel*, in: BeckOK UrhR, UrhG, § 87a Rn. 2; *Wiebe*, in: Spindler/Schuster, Recht der elektronischen Medien, UrhG, § 87a Rn. 1; *Zech*, GRUR 2015, 1151 (1156f.).

877 *Hermes*, in: Wandtke/Bullinger, UrhG, § 87a Rn. 4f.; *Martínez*, in: H. Wilhelm Schaumann Stiftung, Hülsenberger Gespräche 2018, S. 152f.; *Specht*, CR 2016, 288 (293ff.); *Wiebe*, GRUR 2017, 338 (339, 345); *Vogel*, in: Schricker/Loewenheim, UrhG, § 87a Rn. 38.

Lichtbilder und Erzeugnisse, die ähnlich wie Lichtbilder hergestellt werden, unter Schutz und weist dafür dem Lichtbildner als Rechtsinhaber insb. Verwertungsrechte zu. Mit Ausnahme der kürzeren Schutzdauer von 50 (§ 72 Abs. 3 UrhG) statt 70 Jahren (§ 64 UrhG) ist der Schutz nahezu identisch zu dem, der dem Urheber von Lichtbildwerken i. S. d. § 2 Abs. 1 Nr. 5 UrhG zukommt.[878]

(1) Orthofotografien als Lichtbilder i. S. d. § 72 Abs. 1 UrhG

Als Lichtbilder und ähnliche Erzeugnisse i. S. d. § 72 Abs. 1 UrhG werden dabei sämtliche Aufnahmen verstanden, die unter Einsatz strahlender Energie erzeugt werden, wobei die konkret verwendete Technik unerheblich ist.[879] Darunter fallen neben »herkömmlichen« Fotografien auch Thermografie-, Röntgen- und Infrarot- sowie mit sonstigen Techniken angefertigte Aufnahmen.[880] Auch die bereits erwähnten[881] Multispektralkameraaufnahmen zur Erfassung von Bodenwerten fallen somit unter diesen Begriff.[882] Lichtbilder i. S. d. § 72 UrhG unterscheiden sich dabei insofern von Lichtbildwerken i. S. d. § 2 Abs. 1 Nr. 5 UrhG, als das Erfordernis des Erreichens einer gewissen Schöpfungshöhe bei ihnen gänzlich entfällt, sodass grundsätzlich auch rein technische Erzeugnisse vom Begriff des Lichtbilds erfasst sein können.[883] Damit ist nicht die Aussage zu verwechseln, dass bloße »technische Reproduktionen« nicht vom Lichtbildbegriff erfasst seien.[884] Hiermit ist nämlich nicht die rein technische Herstellungsweise der Aufnahme gemeint, sondern Situationen, in denen bereits existente Lichtbilder oder andere urheberrechtlich geschützte Werke, z. B. durch Scans oder abfotografieren, vervielfältigt werden.[885] Der Lichtbildbegriff erfasst nach wohl herrschender Auffassung mithin nur solche Aufnahmen, die einen Betrachtungsgegenstand erstmalig

878 *Lauber-Rönsberg*, in: BeckOK UrhR, UrhG, § 72 Rn. 27; *Thum*, in: Wandtke/Bullinger, UrhG, § 72 Rn. 58.

879 BGH, Urt. v. 27.02.1962 – I ZR 118/60 = GRUR 1962, 470 (472) – *AKI*; BGH, Urt. v. 20.12.2018 – I ZR 104/17 = GRUR 2019, 284 (286) – *Museumsfotos*; *Gomille*, JZ 2019, 969 (971); *Lauber-Rönsberg*, in: BeckOK UrhR, UrhG, § 72 Rn. 12; *Schulze*, in: Dreier/Schulze, UrhG, § 72 Rn. 3f., 6.

880 *Lauber-Rönsberg*, in: BeckOK UrhR, UrhG, § 72 Rn. 13; *Schulze*, in: Dreier/Schulze, UrhG, § 72 Rn. 6; *Vogel*, in: Schricker/Loewenheim, UrhG, § 72 Rn. 26.

881 Dazu oben, S. 28.

882 *Lauber-Rönsberg*, in: BeckOK UrhR, UrhG, § 72 Rn. 13; *Vogel*, in: Schricker/Loewenheim, UrhG, § 72 Rn. 26.

883 BGH, Urt. v. 08.11.1989 – I ZR 14/88 = GRUR 1990, 669 (673) – *Bibelreproduktion*; *Vollrath*, in: Bisges, HdB. UrhR, Kap. 10 Rn. 108, 111; *Schulze*, in: Dreier/Schulze, UrhG, § 72 Rn. 1; *Lauber-Rönsberg*, in: BeckOK UrhR, UrhG, § 72 Rn. 1; *Vogel*, in: Schricker/Loewenheim, UrhG, § 72 Rn. 32.

884 Vgl. z. B. *Lauber-Rönsberg*, in: BeckOK UrhR, UrhG, § 72 Rn. 17; *Thum*, in: Wandtke/Bullinger, UrhG, § 72 Rn. 13.

885 *Lauber-Rönsberg*, in: BeckOK UrhR, UrhG, § 72 Rn. 17; *Schulze*, in: Dreier/Schulze, UrhG, § 72 Rn. 9.

abbilden, nicht aber ihrerseits Abbildungen einer bereits vorhandenen Abbildung sind (sog. Urbild-Theorie).[886]

Nach herrschender Auffassung ebenfalls nicht als Lichtbilder oder ähnliche Erzeugnisse anzusehen sind ferner computergenerierte Bilder und Grafiken.[887] Ihr Herstellungsprozess ist mit dem bei Lichtbildern nicht vergleichbar, da hier die Bearbeitungs- und Programmierkomponente im Vordergrund steht, während bei der Lichtbildaufnahme die »Verarbeitung eines Lichtreizes« im Vordergrund steht.[888]

Wird demnach z. B. eine Orthofotografie automatisiert aufgenommen und daraufhin so bearbeitet, dass einzelne Teilflächen des abgebildeten Ackers unterschiedlich eingefärbt werden, um damit bspw. Unterschiede im Nährstoffgehalt des Bodens deutlich zu machen, ist dieses grafische Endprodukt nicht mehr vom Lichtbildschutz nach § 72 UrhG erfasst. Einzig die unbearbeitete Orthofotografie stellt ein Lichtbild i. S. d. Vorschrift dar und fällt mithin in deren Schutzbereich.[889]

(2) Erforderliches Mindestmaß menschlicher Leistung

Neben der bloßen Einordnung als solches muss das Lichtbild nach herrschender Auffassung zusätzlich auf einem Mindestmaß an menschlicher (nicht aber schöpferischer) Leistung beruhen.[890] Zweck dieser zusätzlichen Schutzvoraussetzung ist zum einen die als notwendig erachtete Begrenzung des Anwendungsbereichs des Leistungsschutzrechts[891] sowie zum anderen die Identifizierung des Rechtsinha-

886 Vgl. BGH, Urt. v. 08.11.1989 – I ZR 14/88 = GRUR 1990, 669 (673) – *Bibelreproduktion*; BGH, Urt. v. 20.12.2018 – I ZR 104/17 = GRUR 2019, 284 (286) – *Museumsfotos*; *Lauber-Rönsberg*, in: BeckOK UrhR, UrhG, § 72 Rn. 17; *Schulze*, in: Dreier/Schulze, UrhG, § 72 Rn. 9f.; *Thum*, in: Wandtke/Bullinger, UrhG, § 72 Rn. 16; *Vogel*, in: Schricker/Loewenheim, UrhG, § 72 Rn. 33; *Zech*, Information als Schutzgegenstand, S. 375.

887 Vgl. *Maamar*, Computer als Schöpfer, S. 202; *Vogel*, in: Schricker/Loewenheim, UrhG, § 72 Rn. 28; *Vollrath*, in: Bisges, HdB. UrhR, Kap. 10 Rn. 113; a. A. *Schulze*, in: Dreier/Schulze, UrhG, § 72 Rn. 8.

888 *Maamar*, Computer als Schöpfer, S. 202; *Vollrath*, in: Bisges, HdB. UrhR, Kap. 10 Rn. 113.

889 Zum Vorstehenden in diesem Sinne allg. auch *Vogel*, in: Schricker/Loewenheim, UrhG, § 72 Rn. 30; *Katzenberger*, GRUR Int. 1989, 116 (118); jew. in Bezug auf sog. kartographische Orthofotos.

890 Vgl. BGH, Urt. v. 08.11.1989 – I ZR 14/88 = GRUR 1990, 669 (673) – *Bibelreproduktion*; BGH, Urt. v. 20.12.2018 – I ZR 104/17 = GRUR 2019, 284 (286) – *Museumsfotos*; *Lauber-Rönsberg*, in: BeckOK UrhR, UrhG, § 72 Rn. 18; *Thum*, in: Wandtke/Bullinger, UrhG, § 72 Rn. 22; *Vogel*, in: Schricker/Loewenheim, UrhG, § 72 Rn. 34; *Vollrath*, in: Bisges, HdB. UrhR, Kap. 10 Rn. 114; a. A. *Maamar*, Computer als Schöpfer, S. 203, der diese Eingrenzung erst i.R.d. Frage nach der Rechtsinhaberschaft, nicht aber schon i. R. d. sachlichen Schutzbereichs vornehmen will.

891 *Vollrath*, in: Bisges, HdB. UrhR, Kap. 10 Rn. 114.

bers.[892] An deren Bejahung werden dabei freilich keine hohen Anforderungen gestellt, die erst recht nicht so weit gingen, dass sie an die Schwelle zur geistig-schöpferischen Leistung heranreichten.[893] Vielmehr wird – insb. auch im Hinblick auf Luft- bzw. Drohnenaufnahmen – bereits das Bedienen der Technik alleine für schutzbegründend gehalten, sofern dadurch der zeitliche, örtliche und perspektivische Rahmen für die Aufnahme gesetzt wird.[894] Dabei soll sogar die bloße zeitlich vorgelagerte Veranlassung des Aufnahmeprozesses[895] genügen, auch wenn anschließend keinerlei Einfluss mehr auf ihn ausgeübt werde.[896]

Vor diesem Hintergrund kann ein Mindestmaß menschlicher Leistung bei landwirtschaftlichen Orthofotografien wohl auch dann bejaht werden, wenn sich die Handlung eines Landwirts darauf beschränkt, den Start der Drohne auszulösen. Unproblematisch zu bejahen ist das Mindestmaß menschlicher Leistung jedenfalls dann, wenn der Landwirt die Drohne selbst über das Feld steuert oder sogar die Fotografien im Einzelnen mit ihr aufnimmt.

(3) Landwirt als Rechtsinhaber

Derjenige, der das nach herrschender Auffassung nötig Mindestmaß menschlich-geistiger Leistung aufbringt, ist als Lichtbildner i. S. d. § 72 Abs. 2 UrhG Inhaber des Leistungsschutzrechts.[897] Maßgeblich ist dabei, wer als »Herr der Aufnahme« anzusehen ist.[898] Entscheidend dafür ist wiederum, wer das zuvor dargestellte Mindestmaß menschlich-geistiger Leistung aufbringt.[899] Irrelevant für die Rechtsinhaberschaft ist dagegen, wem das Eigentum am Aufnahmegerät zusteht, oder ob

892 *Lauber-Rönsberg*, in: BeckOK UrhR, UrhG, § 72 Rn. 20, die dies beiläufig erwähnt; *Thum*, in: Wandtke/Bullinger, UrhG, § 72 Rn. 22.

893 *Lauber-Rönsberg*, in: BeckOK UrhR, UrhG, § 72 Rn. 15; *Vollrath*, in: Bisges, HdB. UrhR, Kap. 10 Rn. 114f.

894 BGH, Urt. v. 20.12.2018 – I ZR 104/17 = GRUR 2019, 284 (286f.) – *Museumsfotos*; *Katzenberger*, GRUR Int. 1989, 116 (118); *Lauber-Rönsberg*, in: BeckOK UrhR, UrhG, § 72 Rn. 20; *Thum*, in: Wandtke/Bullinger, UrhG, § 72 Rn. 23f., 26; *Vogel*, in: Schricker/Loewenheim, UrhG, § 72 Rn. 27, 34; *Zech*, Information als Schutzgegenstand, S. 373f.

895 Formulierung nach *Maamar*, Computer als Schöpfer, S. 203.

896 Vgl. *Gomille*, JZ 2019, 969 (971); *Katzenberger*, GRUR Int. 1989, 116 (118); *Lauber-Rönsberg*, GRUR 2019, 244 (248); *dies.*, in: BeckOK UrhR, UrhG, § 72 Rn. 20; allg. so auch *Maamar*, Computer als Schöpfer, S. 203; mit leichten Einschränkungen auch *Thum*, in: Wandtke/Bullinger, UrhG, § 72 Rn. 26; a. A. wohl LG Hamburg, Urt. v. 04.04.2003 – 308 O 515/02 = ZUM 2004, 675 (677).

897 LG Berlin, Urt. v. 30.05.1989 – 16 O 33/89 = GRUR 1990, 270 – *Satellitenfoto*; *Thum*, in: Wandtke/Bullinger, UrhG, § 72 Rn. 109f.

898 Vgl. ausdrückl. *Schulze*, in: Dreier/Schulze, UrhG, § 72 Rn. 33.

899 LG Düsseldorf, Urt. v. 10.05.2017 – 12 O 282/13 = ZUM-RD 2018, 16 (20); vgl. auch LG Berlin, Urt. v. 30.05.1989 – 16 O 33/89 = GRUR 1990, 270 – *Satellitenfoto*; *Lauber-Rönsberg*, in: BeckOK UrhR, UrhG, § 72 Rn. 38; *Schulze*, in: Dreier/Schulze, UrhG, § 72 Rn. 32f.; *Thum*, in: Wandtke/Bullinger, UrhG, § 72 Rn. 109f., 112; *Vogel*, in: Schricker/Loewenheim, UrhG, § 72 Rn. 57; i. E. auch *Zech*, Information als Schutzgegenstand, S. 377.

Immaterialgüterrechte an der Software bestehen.[900] Stellen Orthofotografien Lichtbilder i. S. d. Vorschrift dar (liegt also eine hinreichende menschliche Einflussnahme auf die Aufnahme im zuvor beschriebenen Sinne vor), wird der Landwirt regelmäßig als Lichtbildner i. S. d. § 72 Abs. 2 UrhG anzusehen sein. Ihm obliegt nämlich die Entscheidung über das »Ob« und »Wie« des Einsatzes der Drohne zwecks Aufnahme von Orthofotografien, sodass er als »Herr der Aufnahme« anzusehen ist.

(4) Zwischenergebnis

Es ist somit festzuhalten, dass zumindest für Orthofotografien urheberrechtlicher Schutz in Form des Leistungsschutzrechts nach § 72 UrhG bestehen kann. Dieser ist dabei freilich auf die originäre Aufnahme beschränkt. Spätere Verarbeitungsstufen bzw. -produkte, wie z. B. mithilfe der Aufnahme erstellte grafische Applikationskarten, sind dagegen nicht vom Schutz erfasst.

dd) Zwischenergebnis: Argumente nur teilweise übertragbar

Zusammenfassend bleibt es bei der zu Beginn geäußerten Annahme, dass das Urheberrecht für Bodendaten, anders als für die von der Rechtsprechung behandelten Grundstücksfotografien, in der überwiegenden Zahl der Fälle bedeutungslos ist. In kaum einer vorstellbaren Situation sind sie als Werke i. S. d. § 2 UrhG zu qualifizieren. Auch urheberrechtliche Leistungsschutzrechte kommen allenfalls partiell, namentlich für Orthofotografien, in Betracht. Auch dies gilt freilich nur mit Einschränkungen, denn einzig solche Orthofotografien werden vom Lichtbildschutz nach § 72 UrhG erfasst, die keinerlei grafische Bearbeitung erfahren haben, also in ihrer Rohfassung verbleiben.

In der Gesamtbetrachtung der hier zu beurteilenden Sachverhalte kommt diesen seltenen Fällen, in denen Bodendaten in den Anwendungsbereich des UrhG fallen, somit nur eine geringe Relevanz zu. Es kann daher gesagt werden, dass bei Bodendaten keine mit den Fällen der Grundstücksfotografien vergleichbare Kollisionslage zwischen Urheberbefugnissen einerseits und Befugnissen des Grundeigentümers andererseits besteht. Für die Beantwortung der Frage, ob die Erhebung und Verwertung von Bodendaten das Grundeigentum beeinträchtigt, kommt es mithin nicht in gleichem Maße auf die Grenzziehung zwischen den beiden Rechtsgebieten an. Die zu dieser Frage i. R. d. Diskussion ausgetauschten Argumente führen für die hier zu beantwortende Frage deshalb nicht gleichermaßen weiter.

Es werden im Folgenden daher nur diejenigen Argumente und Ergebnisse aus der Diskussion um Grundstücksfotografien für die hiesige Fragestellung berück-

900 LG Düsseldorf, Urt. v. 10.05.2017 – 12 O 282/13 = ZUM-RD 2018, 16 (20); *Thum*, in: Wandtke/Bullinger, UrhG, § 72 Rn. 112; *Vogel*, in: Schricker/Loewenheim, UrhG, § 72 Rn. 57.

sichtigt, die primär die Befugnisse des Eigentümers zum Gegenstand haben, ohne aber auf deren Abgrenzung zu den Befugnissen des Urhebers nach §§ 15ff. UrhG zu blicken. Dazu zählt erstens die Feststellung, dass jedenfalls das unerlaubte Betreten des Grundstücks an sich als Eigentumsbeeinträchtigung anzusehen ist. Zweitens, dass § 99 Abs. 3 BGB nicht jedweden wirtschaftlichen Vorteil, der aus der Nutzung einer Sache resultieren kann, deren Eigentümer zuweist und dass die aus Fotografien des Grundstücks erzielten Erlöse keine Rechtsverhältnisfrüchte i. S. d. Vorschrift darstellen. Drittens, dass das Kriterium der Körperlichkeit einer Nutzung für die Frage der Eigentumsbeeinträchtigung nicht allein maßgeblich sein kann, sondern vielmehr (auch) die Nutzungsbeeinträchtigung ausschlaggebend ist. Das damit angesprochene Rivalitätskriterium, welches die Eigentümerbefugnisse ohne Abgrenzung zu anderen absoluten Rechten definieren können soll, spielt in der sogleich darzustellenden aktuellen Diskussion um datenbezogene Befugnisse des Sacheigentümers erneut eine zentrale Rolle.

c) Meinungsstand der aktuellen Diskussion

Die in jüngerer Zeit im Schrifttum aufgekommene Diskussion knüpft, wie erwähnt, an die dargestellte Rechtsprechung des BGH zu Grundstücksfotografien und, in Teilen, an die Kritik der Literatur an. Die Autoren ziehen jedoch unterschiedliche Schlüsse aus der Diskussion um Grundstücksfotografien, was zu abweichenden Auffassungen bzgl. der Frage nach datenbezogenen Befugnissen des Sacheigentümers führt. Die sich gegenüberstehenden Positionen können dabei grob in eine weite und eine enge Auffassung unterteilt werden. Die weite Auffassung folgt im Wesentlichen der Rechtsprechung des BGH zu Grundstücksfotografien und spricht sich damit für ein umfangreiches Verständnis der Eigentümerbefugnisse aus. Die Gegenauffassung sieht darin eine sowohl systematisch nicht begründbare als auch ökonomisch nicht sinnvolle Ausgestaltung der Eigentümerbefugnisse und spricht sich daher gegen Rechte des Sacheigentümers bzgl. der Erhebung und Verwertung von Daten aus. Nach einer Darstellung der Auffassungen und einer Stellungnahme soll untersucht werden, inwieweit sie für die hier zu beurteilenden Szenarien bei der Datenerhebung i. R. d. Smart Farmings zu unterschiedlichen Ergebnissen kommen.

aa) Raues *extensives Verständnis*

Die hauptsächlich von *Raue* vertretene weite Auffassung spricht sich für die Anerkennung eines sog. »Rechts am (sachbasierten) Datenerhebungsvorgang« aus und orientiert sich dabei erkennbar an der Argumentation des BGH in dessen Rechtsprechung zu Grundstücksfotografien. Das Recht am Datenerhebungsvorgang sei nicht als Zuweisung der über eine Sache erhobenen Daten zu verstehen (diese wird vielmehr ausdrücklich abgelehnt), sondern lediglich des zeitlich vorgelagerten Erhebungsprozesses.[901] Voraussetzung dafür sei aber die »physische Fühlungnahme« mit dem Grundstück, also dessen Betreten. Nutzungshandlungen ohne solch eine Fühlungnahme seien nicht von der Zuweisung umfasst.[902] Das Eigentum weise dem Inhaber nämlich sämtliche rivalisierenden Nutzungshandlungen zu. Hierunter falle jedenfalls das Betreten des Grundstücks, da dieses, zumindest im Hinblick auf eine konkrete Stelle, nicht mehreren Personen gleichzeitig möglich sei. Sinn und Zweck dieser Zuweisung sei es erstens, zu gewährleisten, dass alle wirtschaftlichen Vorteile, die nur unter Betreten des Grundstücks erlangt werden könnten, auch dem Eigentümer zukämen.[903] Die bereits aus der Diskussion um Grundstücksfotografien herausgearbeitete Annahme, dass das Eigentum jedenfalls rivalisierende Nutzungshandlungen umfasse,[904] teilt somit auch *Raue* im Ausgangspunkt. Zweitens verfolge diese Zuweisung den Zweck, die freiheitssichernde Funktion des Eigentums zu verwirklichen. Der Eigentümer müsse sich vor ungewollten Datenerhebungshandlungen, sofern sie eine »physische Fühlungnahme« erforderten, wirksam schützen können, indem er sie verbiete. Hierdurch ergänze das Eigentumsrecht des BGB die Vorschriften der DS-GVO um einen »Vorfeldschutz«.[905]

(1) »Aufspaltungsbefugnis« bei Anschlusshandlungen

Zur Erreichung dieser Zwecke ist *Raue* zufolge der Befugnis, das Betreten des Grundstücks zu erlauben oder zu verbieten, auch die Befugnis inhärent, über Anschlusshandlungen zu entscheiden, welche das Betreten voraussetzen. Dem Eigentümer stehe innerhalb des »räumlichen Schutzbereichs [der Sache eine] umfassende Ausschließungsbefugnis« zu, die es ihm erlaube, »feingranular mit dinglicher Wirkung [zu] steuern, welche einzelnen Nutzungshandlungen er Dritten erlauben und welche er sich mit dinglicher Wirkung vorbehalten möchte.« Weder § 903 BGB noch einer anderen Gesetzesvorschrift lasse sich nämlich entnehmen, dass der Eigentümer die Benutzung seiner Sache entweder ganz oder gar nicht genehmigen bzw. entweder ganz oder gar nicht in die Einschränkung seiner Nutzungs- und Ausschlussbefugnis einwilligen könne. Es stehe ihm demnach frei, Dritten das Betreten grundsätzlich zu erlauben, einzelne Anschlusshandlungen,

901 Vgl. ausdrückl. *Raue*, NJW 2019, 2425 (2426); *ders.*, in: Hofmann/Raue/Zech, Eigentum in der digitalen Gesellschaft, S. 109f.

902 *Raue*, NJW 2019, 2425 (2426); *ders.*, in: Hofmann/Raue/Zech, Eigentum in der digitalen Gesellschaft, S. 113.

903 *Raue*, NJW 2019, 2425 (2426); *ders.*, in: Hofmann/Raue/Zech, Eigentum in der digitalen Gesellschaft, S. 112f.

904 Dazu oben, S. 191f.

905 *Raue*, in: Hofmann/Raue/Zech, Eigentum in der digitalen Gesellschaft, S. 114.

z. B. die Datenerhebung, jedoch von dieser Erlaubnis auszunehmen.[906] *Raue* geht somit gewissermaßen von einer »Aufspaltungsbefugnis«[907] des Eigentümers aus, die allerdings zwei Einschränkungen unterliege: Erstens umfasse die allgemeine Erlaubnis, das Grundstück zu betreten, vorbehaltlich einer ausdrücklichen Untersagung, automatisch sämtliche Anschlusshandlungen, die als verkehrsüblich anzusehen seien. Zweitens könnten nur »klar abgrenzbare, wirtschaftlich-technisch einheitliche und selbstständige« Anschlusshandlungen von der allgemeinen Erlaubnis ausgenommen werden.[908]

Erfolgt eine Datenerhebung unter Betreten des Grundstücks ohne bzw. unter Überschreitung der vom Eigentümer erklärten Erlaubnis, liegt nach dieser Auffassung eine Eigentumsbeeinträchtigung vor. Auf Rechtsfolgenseite zieht sie *Raue* zufolge einen Anspruch auf Unterlassung der Verwendung sowie auf Löschung der erhobenen Daten nach sich. Ein Anspruch auf Herausgabe der erhobenen Daten bestehe allerdings nicht, da dies eine Zuweisung der Daten an den Eigentümer bedeutete, was aber gerade nicht von dem Sinn und Zweck der Zuweisung erfasst sei. Die Untersagungs- und Löschansprüche hingegen seien notwendig, um die Folgen der begangenen Eigentumsverletzung zu beseitigen, denn ansonsten sei kein effektiver Rechtsgüterschutz gewährleistet. Sie seien daher als Naturalrestitution i. S. d. § 249 Abs. 1 BGB anzusehen.[909] Ein Anspruch auf Schadensersatz in Geld komme darüber hinaus nach den Grundsätzen der Lizenzanalogie in Betracht. Berechnungsgrundlage für die Anspruchshöhe sei dabei nicht der Marktwert der erhobenen Daten, sondern der Wert der Betretungserlaubnis. Verwertungserlöse könnten schließlich über § 687 Abs. 2 BGB herausverlangt werden.[910]

(2) Schutzzweckzusammenhang bei anvisierter Datenerhebung

Der erforderliche – von *Raue* auf Rechtsfolgenseite i. R. d. haftungsausfüllenden Kausalität angesprochene – Schutzzweckzusammenhang zwischen dem Betreten des Grundstücks und der Existenz der erhobenen Daten sei, anders als die Gegenauffassung behaupte, generell zu bejahen, wenn das Betreten des Grundstücks auf die Datenerhebung abziele. In diesem Fall würden dem Eigentümer nämlich die

906 Zum Vorstehenden insg. und z. T. ausdrückl. *Raue*, NJW 2019, 2425 (2429); *ders.*, in: Hofmann/Raue/Zech, Eigentum in der digitalen Gesellschaft, S. 119f.

907 *Raue*, in: Hofmann/Raue/Zech, Eigentum in der digitalen Gesellschaft, S. 120; ähnl. (»Aufspaltungsmöglichkeit«) *ders.*, NJW 2019, 2425 (2429); dieser Begriff wird auch im Folgenden zur Beschreibung von *Raues* Ansatz verwendet.

908 Vgl. zum Vorstehenden insg. *Raue*, NJW 2019, 2425 (2429); *ders.*, in: Hofmann/Raue/Zech, Eigentum in der digitalen Gesellschaft, S. 119f.

909 Vgl. zum Vorstehenden *Raue*, NJW 2019, 2425 (2427f.); *ders.*, in: Hofmann/Raue/Zech, Eigentum in der digitalen Gesellschaft, S. 122, m. w. N.

910 *Raue*, in: Hofmann/Raue/Zech, Eigentum in der digitalen Gesellschaft, S. 128f.

wirtschaftlichen Vorteile, deren Erlangung das Betreten des Grundstücks ermögliche und darüber dem Eigentümer zugewiesen werden, vorenthalten. Demgegenüber fehle der Schutzzweckzusammenhang (nur) dann, wenn die Datenerhebung bloß »bei Gelegenheit« erfolge und gerade nicht darauf abziele, dem Eigentümer die wirtschaftlichen Vorteile, die das Betreten eröffne, zu entziehen.[911]

(3) Normative Einschränkung auf Rechtsfolgenseite

Der angesichts dieser weitreichenden Eigentümerbefugnisse und daraus resultierenden -ansprüche drohenden Ausuferung des Eigentumsschutzes möchte *Raue* mit einer normativen Einschränkung auf Rechtsfolgenseite begegnen: Der Löschanspruch – und damit wohl auch der Unterlassungsanspruch – sei ausgeschlossen, wenn »ein überwiegendes Informationsinteresse der Allgemeinheit« bestehe.[912] Maßgebliche Abwägungskriterien seien dabei zum einen die Rechtmäßig- bzw. Rechtswidrigkeit der Datenerhebung sowie zum anderen die Art der beabsichtigten Weiterverwendung. Der wirtschaftlichen Verwertung zu eigenen Gunsten komme bei der Abwägung ein geringeres Gewicht zu als einer Verwendung im Allgemeininteresse, wenngleich für Letzteres ein »überragendes öffentliches Interesse« bestehen müsse, um die Ansprüche auszuschließen.[913] Als Vorbild dieser normativen Beschränkung der Ansprüche aus dem Eigentum dienen *Raue* sowohl die Rechtsprechung des BGH zum Schutz des Unternehmenspersönlichkeitsrechts[914] als auch die §§ 4, 5 GeschGehG. Auch in diesen Bereichen führe die unerlaubte Informationserlangung nämlich zu einem Verbot ihrer anschließenden Weiterverwendung, wenn nicht überwiegende Interessen dem Verbot entgegenstünden.[915]

bb) Restriktive systematisch-ökonomische Betrachtung Lauber-Rönsbergs *und* Zechs

Die insb. von *Zech* und *Lauber-Rönsberg* vertretene Gegenauffassung teilt im Ausgangspunkt *Raues* Standpunkt, nach dem das Sachenrecht die Lösung von Konflikten um die Nutzung knapper Güter beabsichtige und dem Eigentümer zu diesem Zweck rivalisierende Nutzungshandlungen zuweise.[916] Anders als *Raue*

---

911 Vgl. zum Vorstehenden insg. *Raue*, NJW 2019, 2425 (2428); *ders.*, in: Hofmann/Raue/Zech, Eigentum in der digitalen Gesellschaft, S. 124f.

912 Vgl. ausdrückl. *Raue*, in: Hofmann/Raue/Zech, Eigentum in der digitalen Gesellschaft, S. 125.

913 *Raue*, in: Hofmann/Raue/Zech, Eigentum in der digitalen Gesellschaft, S. 127f.

914 *Raue* bezieht sich insb. auf BGH, Urt. v. 10.04.2018 – VI ZR 396/16 = GRUR 2018, 648ff. – *Filmaufnahmen aus Bio-Hühnerställen.*

915 Vgl. *Raue*, NJW 2019, 2425 (2428); *ders.*, in: Hofmann/Raue/Zech, Eigentum in der digitalen Gesellschaft, S. 126f.

916 Vgl. *Lauber-Rönsberg*, in: Hofmann/Raue/Zech, Eigentum in der digitalen Gesellschaft, S. 103; *Zech*, Information als Schutzgegenstand, S. 276ff.; *ders.*, AcP 219 (2019), 488 (577); allg. so auch *Peukert*, Güterzuordnung als Rechtsprinzip, S. 219f.

ziehen sie den Kreis erfasster Nutzungshandlungen indessen enger, sodass im Ergebnis weniger Handlungen dem Eigentümer zugewiesen sein sollen, als von *Raue* vorgeschlagen. Dafür differenzieren sie strenger zwischen dem Betreten eines Grundstücks erstens, dem daran anknüpfenden Datenerheben zweitens sowie dem wiederum späteren Datenverwerten drittens und greifen damit die bereits an der Grundstücksfotografie-Rechtsprechung des BGH geäußerte Kritik erneut auf.[917] Zwar stelle das unerlaubte Betreten des Grundstücks unzweifelhaft eine Eigentumsbeeinträchtigung dar. Die anschließende Datenerhebungshandlung indes sei, ebenso wie das abermals spätere Verwerten der Daten, eine eigenständig zu beurteilende Nutzungshandlung, die rechtlich – alleine schon aus Publizitätsgründen – nicht automatisch dem Eigentümer zugewiesen sei, nur weil sie das Betreten des Grundstücks faktisch voraussetzten.[918]

(1) Rechtfertigungsbedürftigkeit von Eigentumszuweisungen

Hinter dieser Sichtweise steht die Auffassung der Autoren, jede Nutzungshandlung müsse einer isolierten Prüfung, ob sie in den Zuweisungsgehalt des Eigentums falle oder nicht, unterzogen werden. Dies sei erforderlich, weil die ausschließliche Zuweisung einer Handlung an den Eigentümer automatisch eine Beschränkung der allgemeinen Handlungsfreiheit Dritter in Bezug auf die Vornahme ebendieser Handlung bedeute. Jedwede derartige Einschränkung bedürfe indessen der Rechtfertigung, deren Prüfung sich wiederum an der Funktion des Eigentums zu orientieren habe.[919]

Den Grund dafür sieht jedenfalls *Zech* im *Nassauskiesungsbeschluss* des BVerfG[920]: Dieser habe ein Umdenken in der Eigentumsdogmatik dahingehend bewirkt, dass nicht mehr eine allumfassende Zuweisung einer Sache – und damit jeglicher, irgendwie denkbarer Befugnisse in Bezug auf diese – Inhalt des Eigentumsrechts sei.[921] Stattdessen sei das Eigentum als ein Bündel einzelner Rechte bzw. Befugnisse zu verstehen, die jeweils dem Eigentümer zustünden.[922] Jede dieser Befugniszuweisungen bedürfe dabei aus den genannten Gründen einer Recht-

---

917 Vgl. *Lauber-Rönsberg*, in: Hofmann/Raue/Zech, Eigentum in der digitalen Gesellschaft, S. 106; *Zech*, AcP 219 (2019), 488 (573); aus dem sonstigen Schrifttum ebenso *v. Bressendorf*, Das private »Hausrecht«, S. 137f.; in diese Richtung auch *Kianfar*, Sachfotografie und Hausrecht, S. 192; ferner *Lehment*, Das Fotografieren von Kunstgegenständen, S. 106; *Weller*, ZUM 2018, 484 (489); zur gleichlautenden Kritik an der Rechtsprechung des BGH oben, S. 188f.

918 *Lauber-Rönsberg*, in: Hofmann/Raue/Zech, Eigentum in der digitalen Gesellschaft, S. 102; *Zech*, Information als Schutzgegenstand, S. 284, 288; *ders.*, AcP 219 (2019), 488 (573).

919 Vgl. *Zech*, AcP 219 (2019), 488 (499f.); *ders.*, ZGE 15 (2023), 53 (74); zust. *Lauber-Rönsberg*, in: Hofmann/Raue/Zech, Eigentum in der digitalen Gesellschaft, S. 100; allg. so auch *Kianfar*, Sachfotografie und Hausrecht, S. 56, 60; *Peukert*, Güterzuordnung als Rechtsprinzip, S. 219.

920 BVerfG, Beschl. v. 15.07.1981 – 1 BvL 77/78 = NJW 1982, 745ff. – *Nassauskiesung*.

921 Vgl. *Zech*, AcP 219 (2019), 488 (503f.).

922 *Zech*, AcP 219 (2019), 488 (501, 503f., 506).

fertigung, welche sich wiederum am Zweck bzw. der Funktion des Sacheigentums zu orientieren habe.[923] Anders als zu der Zeit der Entstehung des BGB, in der das Eigentum noch primär der Ermöglichung personeller Freiheitsentfaltung zu dienen bestimmt war, sei der Zweck des Sacheigentums heutzutage vorwiegend in der Gewährleistung einer effizienten Güterzuordnung zu sehen. An dieser ökonomischen Funktion habe sich der Umfang der Zuweisungen demnach auszurichten, denn die Freiheitssicherung werde inzwischen primär von anderen Rechtsgebieten gewährleistet.[924] Demnach sei eine Befugniszuweisung an den Eigentümer nur dann gerechtfertigt, wenn sie ökonomisch sinnvoll sei.[925]

(2) Kriterium der Zuweisung: Rivalität einer Nutzungshandlung

Das Kriterium, das den Autoren zur Kennzeichnung von Eigentümerbefugnissen am geeignetsten erscheint, ist das bereits i. R. d. Diskussion um Grundstücksfotografien zur Widerlegung der Eigentumsrelevanz des Fotografierens eingeführte[926] Kriterium der Rivalität. Einzig bei solchen sachbezogenen Nutzungshandlungen, deren Ausübung die Vornahme derselben Handlung durch Dritte verhindere oder beeinträchtige (also rivalisierend sei), bestehe nämlich ein Nutzungskonflikt, dessen Lösung Aufgabe des Sachenrechts sei. Nur bei ihnen erfordere der beschriebene Zweck des Sachenrechts, eine effiziente Güterzuordnung zu gewährleisten, eine ausschließliche Zuweisung der Nutzungshandlung an den Eigentümer und rechtfertige die damit einhergehende Beeinträchtigung der Handlungsfreiheit Dritter. Als Eigentümerbefugnisse könnten demnach ausschließlich rivalisierende sachbezogene Nutzungshandlungen angesehen werden.[927]

(3) Einordnung datenbezogener Handlungen anhand des Rivalitätskriteriums

Die bereits erwähnte strikte Trennung zwischen dem Betreten des Grundstücks erstens, dem Datenerheben zweitens und dem Datenverwerten drittens durch die Vertreter dieser Auffassung erklärt sich vor dem Hintergrund der postulierten Rechtfertigungsbedürftigkeit einzelner Nutzungszuweisungen. Demnach müssen sämtliche Handlungen am Maßstab des Rivalitätskriteriums auf das Bestehen eines Nutzungskonflikts geprüft werden.

---

923 *Zech*, AcP 219 (2019), 488 (504); zust. – jedoch ohne Bezugnahme auf die Bündelmetapher – *Lauber-Rönsberg*, in: Hofmann/Raue/Zech, Eigentum in der digitalen Gesellschaft, S. 100.

924 *Zech*, AcP 219 (2019), 488 (510), der als Beispiel das Arbeitsrecht nennt.

925 *Zech*, AcP 219 (2019), 488 (510f., 515f.), der insoweit von einer »Zweckverschiebung« der Eigentumsrechtfertigung von der freiheitssichernden hin zur ökonomischen Funktion spricht, vgl. *ders.*, a. a. O., S. 507; *ders.*, ZGE 15 (2023), 53 (76f.).

926 Dazu oben, S. 190ff.

927 *Zech*, AcP 219 (2019), 488 (577ff.); *ders.*, ZGE 15 (2023), 53 (65); zust. *Lauber-Rönsberg*, in: Hofmann/Raue/Zech, Eigentum in der digitalen Gesellschaft, S. 103.

(a) Betreten des Grundstücks

Insbesondere *Lauber-Rönsberg* betont diesbezüglich, dass das Betreten eines Grundstücks zum Zweck der Datenerhebung für sich genommen zwar rivalisierend sei, diese Einordnung jedoch keine Aussage über die Zuweisung von Anschlusshandlungen beinhalte. Dies müsse bereits deshalb gelten, weil sonst jedwede Handlung, die noch so mittelbar das Betreten des Grundstücks voraussetze, eine Eigentumsverletzung darstellte, würde sie ohne Einwilligung des Eigentümers erfolgen. Die Folge wäre eine sachlich nicht gerechtfertigte Zuweisung sämtlicher, auch bloß sehr mittelbarer Vermögensvorteile an den Eigentümer. Zudem versage das Betreten als Anknüpfungskriterium für Zuweisungen bei beweglichen Sachen, sodass sich die Frage bei diesen erneut stellen würde. Das Betreten sei daher zwar an sich eine rivalisierende Nutzungshandlung und damit grundsätzlich auch dem Eigentümer zugewiesen (und damit ebenso die Entscheidung, Dritten das Betreten zu erlauben oder zu verbieten). Zu Anschlusshandlungen wie dem Datenerheben oder -verwerten bestehe jedoch kein Schutzzweckzusammenhang, sodass diese nicht von der Zuweisung mitumfasst seien.[928]

(b) Erheben, Kopieren, Bearbeiten und Löschen von Daten

Einigkeit besteht unter den Vertretern dieser Auffassung darüber hinaus hinsichtlich des Löschens und Bearbeitens von Daten, die rivalisierende Nutzungshandlungen und somit dem Eigentümer zugewiesen seien. Wichtig ist dabei, dass die Autoren sich nur auf solche Daten beziehen, die auf einem physischen Datenträger gespeichert sind. Das Bearbeiten oder Löschen dieser Daten bewirke eine Veränderung der physischen Struktur des Datenträgers. Ein nochmaliges Löschen oder Bearbeiten der Daten in derselben Weise sei daher nicht möglich, weshalb diese Handlung rivalisierend sei.[929]

Unterschiedlich beurteilen die Autoren dagegen das Kopieren von Daten von einem Datenträger. Während *Zech* mit vorgenannter Argumentation vertritt, dass das Kopieren die physische Struktur nicht verändere (also gleichermaßen von mehreren Personen und beliebig oft vorgenommen werden könne) und deshalb nicht als rivalisierende Nutzungshandlung am Datenträger zu qualifizieren sei,[930] vertritt *Lauber-Rönsberg* das Gegenteil und qualifiziert das Kopieren von Daten als rivalisierende Eigentümerbefugnis. Dies solle jedenfalls dann gelten, wenn der Zugriff auf den Datenträger nicht unbestimmt vielen Personen zugleich möglich sei, und deshalb eine Konkurrenzsituation bestehe.[931]

928 Vgl. zum Vorstehenden insg. *Lauber-Rönsberg*, in: Hofmann/Raue/Zech, Eigentum in der digitalen Gesellschaft, S. 101f., 102f.; *Zech*, AcP 219 (2019), 488 (570, 581).

929 Vgl. zum Vorstehenden insg. *Lauber-Rönsberg*, in: Hofmann/Raue/Zech, Eigentum in der digitalen Gesellschaft, S. 103; *Zech*, AcP 219 (2019), 488 (584).

930 Vgl. *Zech*, AcP 219 (2019), 488 (585).

931 Vgl. *Lauber-Rönsberg*, in: Hofmann/Raue/Zech, Eigentum in der digitalen Gesellschaft, S. 103f.

Ähnlich dazu scheinen die Ansichten bzgl. des Erhebens bzw. Auslesens von Daten voneinander abzuweichen. Während *Zech* diese Handlungen mit dem bloßen Beobachten einer Sache vergleicht und darin dementsprechend eine nichtrivalisierende Handlung sieht,[932] ist *Lauber-Rönsbergs* Standpunkt auf den ersten Blick nicht ganz eindeutig: Einerseits setzt sie das Erheben bzw. Auslesen von Daten mit dem Kopieren von Daten gleich und bejaht bei begrenztem Schnittstellenzugang dementsprechend dessen Rivalität.[933] Andererseits vertritt sie unmittelbar im Anschluss, dass die Datenerhebung mangels Rivalität keine Eigentümerbefugnis sei.[934] Zur richtigen Einordnung ihres Standpunkts ist wohl die erwähnte Fokussierung auf Datenträger bedeutsam. Nur bei solchen stellt sich überhaupt die Frage nach einem Schnittstellenzugang und der Veränderung einer physischen Struktur durch die Datenerhebung. In anderen Fällen, wie dem Fotografieren oder Datenerheben auf einem Grundstück, ist das Äquivalent zur Datenträgerschnittstelle die Stelle auf dem Boden, die zum Zwecke der Datenerhebung betreten werden muss. Damit ist aber wiederum das – auch von *Lauber-Rönsberg* betonte[935] – Gebot strikter Trennung des Datenerhebens einerseits vom Betreten des Grundstücks andererseits zu bedenken und damit festzuhalten, dass nur das Zugreifen auf die Schnittstelle bzw. das Betreten der jeweiligen Stelle des Grundstücks, nicht aber der Datenerhebungsvorgang als solcher rivalisierend ist.[936] Es ist vor diesem Hintergrund insgesamt wohl davon auszugehen, dass die Erhebung von Daten von den Autoren – jedenfalls im Grundsatz übereinstimmend – als nicht rivalisierende Nutzungshandlung und damit nicht als Eigentümerbefugnis qualifiziert wird.

(c) Verwerten von Daten

Auch das Verwerten von Daten wird – jedenfalls im Ergebnis – übereinstimmend als keine dem Eigentümer ausschließlich zustehende Befugnis qualifiziert. Zu diesem Ergebnis gelangen die Autoren jedoch mit unterschiedlichen Gründen: *Lauber-Rönsberg* geht zunächst davon aus, dass das Verwerten von Daten durchaus eine rivalisierende Handlung sei. Denn die Möglichkeit des Eigentümers, erhobene Daten zu gewinnbringend verwerten, werde dadurch beeinträchtigt, dass Dritte sie ebenfalls verwerten. Letztlich räumt sie jedoch ein, dass eine solche Betrachtung zu ausufernden Eigentümerbefugnissen führen würde und sieht die

932 Vgl. *Zech*, AcP 219 (2019), 488 (570 Fn. 275, 582f.); *ders.*, Information als Schutzgegenstand, S. 286.

933 Vgl. *Lauber-Rönsberg*, in: Hofmann/Raue/Zech, Eigentum in der digitalen Gesellschaft, S. 103f.

934 Vgl. *Lauber-Rönsberg*, in: Hofmann/Raue/Zech, Eigentum in der digitalen Gesellschaft, S. 104.

935 Dazu oben, S. 209f.

936 Zutr. *Zech*, AcP 219 (2019), 488 (570 Fn. 275).

Datenverwertung deshalb im Ergebnis nicht als eine solche an.[937] *Zech* dagegen qualifiziert die Verwertung – ebenso wie das vorangegangene Fotografieren bzw. die Datenerhebung – als nicht rivalisierend, da sie für sich genommen nicht einmal den Zugang zur Sache voraussetze.[938]

d) Bewertung

aa) Unterschiede und Gemeinsamkeiten der Standpunkte

Die Autoren wählen eine unterschiedliche Herangehensweise an die Fragestellung. Während *Lauber-Rönsberg* und *Zech* anhand des Merkmals der Rivalität positiv zu bestimmen versuchen, welche (datenbezogenen) Handlungen dem Eigentümer im Einzelnen nach § 903 Satz 1 BGB zugewiesen sind, fragt *Raue* vor allem negativ, durch welche Handlungen das Eigentumsrecht beeinträchtigt wird und geht dabei zunächst von dem – an sich unstreitig als Beeinträchtigung qualifizierbaren – Betreten des Grundstücks aus. *Raue* folgt damit der bereits erwähnten Vorgehensweise des sachenrechtlichen Schrifttums, den Umfang des Eigentumsrechts negativ zu bestimmen,[939] anstatt positive Festlegungen vorzunehmen. Gleichzeitig bewegt er sich sowohl inhaltlich als auch darstellungstechnisch auf der Linie des BGH in dessen Rechtsprechung zu Grundstücksfotografien, der ebenfalls auf das Betreten als Ausgangspunkt für weitere Befugnisse abstellt.[940]

Hinsichtlich der konkret dem Eigentümer zustehenden Befugnisse besteht dementsprechend unter den Autoren zunächst dahingehend Einigkeit, dass das Betreten des Grundstücks eine von § 903 S. 1 BGB umfasste Nutzungshandlung, das unerlaubte Betreten mithin eine Eigentumsbeeinträchtigung ist. Dies wird im Folgenden daher als gegeben unterstellt. Ebenfalls gehen (wohl) sämtliche Autoren übereinstimmend davon aus, dass dem Eigentümer kein Herausgabeanspruch an den über sein Grundstück erhobenen Daten an sich zusteht, da dies die Bejahung eines absoluten Rechts an ihnen bedeuten würde.[941]

Unterschiede zeigen sich demgegenüber im Hinblick auf datenbezogene Handlungen im Einzelnen. Viele dieser Handlungen, wie z. B. das Kopieren oder Löschen von Daten, werden nur von *Lauber-Rönsberg* und *Zech* näher betrachtet. Dies liegt vor allem an der erwähnten unterschiedlichen Herangehens-

937 Vgl. *Lauber-Rönsberg*, in: Hofmann/Raue/Zech, Eigentum in der digitalen Gesellschaft, S. 105f.

938 Vgl. *Zech*, Information als Schutzgegenstand, S. 288.

939 Dazu oben, S. 178ff.

940 Vgl. nur BGH, Urt. v. 17.12.2010 – V ZR 45/10 = NJW 2011, 749f. – *Preußische Gärten und Parkanlagen I*; dazu bereits oben, S. 186f.

941 Vgl. eindeutig *Raue*, in: Hofmann/Raue/Zech, Eigentum in der digitalen Gesellschaft, S. 122; implizit *Lauber-Rönsberg*, in: Hofmann/Raue/Zech, Eigentum in der digitalen Gesellschaft, S. 107f.; allg. ein solches ablehnend *Zech*, Information als Schutzgegenstand, S. 329.

weise an die Fragestellung. Sie sind nämlich weniger als *Raue* auf das Betreten eines Grundstücks fixiert und blicken vor allem auf Sachverhalte, in denen die Daten bereits auf Datenträgern gespeichert wurden. In den hier zu beurteilenden Sachverhalten ist dies jedoch gerade nicht der Fall, da es um das erstmalige Erheben bzw. Auslesen von Daten »aus« dem Boden geht.[942]

Die für die Zwecke dieser Untersuchung besonders zentralen Fragen sowohl nach dem Erheben bzw. Auslesen als auch dem Verwerten von Daten beantworten die Autoren aber ebenfalls unterschiedlich. *Lauber-Rönsberg* und *Zech* bewerten diese Handlungen mangels Rivalität als eigentumsrechtlich irrelevant und nicht von § 903 Satz 1 BGB erfasst.[943] *Raues* Ausführungen lassen in diesem zentralen Punkt dagegen Präzision vermissen: So qualifiziert er das Erheben und spätere Weiterverwenden von Daten einerseits offenbar als vom Schutzbereich des § 903 Satz 1 BGB umfasste Nutzungshandlungen.[944] Andererseits scheint er auf Rechtsfolgenseite ausschließlich von dem Betreten als Beeinträchtigungshandlung auszugehen, wenn es um die Begründung der Ansprüche auf Löschung der erhobenen Daten und Unterlassung deren weiterer Verwendung geht. Dabei ist auffällig, dass der konkreten Bezeichnung der vermeintlich eigentumsbeeinträchtigenden Handlung geradezu ausgewichen wird. So spricht *Raue* von »der [vorherigen] Eigentumsverletzung«, der »Rechtsverletzung« oder der »Verletzung des Ausschließ-

942 Deshalb sei nur am Rande auf eine Unstimmigkeit in *Lauber-Rönsbergs* Position hingewiesen: Sie vertritt, dass das Kopieren von Daten von einem Datenträger auf den anderen eine rivalisierende Nutzungshandlung sei und damit, falls unerlaubt geschehen, eine Verletzung des Eigentums am Datenträger, vgl. *Lauber-Rönsberg*, in: Hofmann/Raue/Zech, Eigentum in der digitalen Gesellschaft, S. 103f. Blickt man auf ihre sonstige Position, ist dies nicht konsequent: *Lauber-Rönsberg* begründet die (vermeintliche) Rivalität des Datenkopierens mit dem begrenzten Zugang zur Schnittstelle des Datenträgers, vgl. *Lauber-Rönsberg*, in: Hofmann/Raue/Zech, Eigentum in der digitalen Gesellschaft, S. 103f. Die Schnittstelle des Datenträgers ist jedoch ein physischer Anknüpfungspunkt. Der Zugriff auf diesen ist für mehrere gleichzeitig möglicherweise tatsächlich nicht möglich, sodass es sich insoweit sehr wohl um eine rivale Nutzungshandlung handelt. Dabei lässt *Lauber-Rönsberg* jedoch die von zuvor selbst betonte Notwendigkeit der Differenzierung einzelner Nutzungshandlungen außer Betracht: wertungsmäßig ist das Verknüpfen mehrerer Datenträger über Schnittstellen als körperliche Handlung mit dem Betreten des Grundstücks vergleichbar. Der anschließend stattfindende Kopiervorgang muss jedoch – so wie *Lauber-Rönsberg* selbst es fordert – davon differenziert betrachtet werden und ist für sich genommen nicht von der physischen Verknüpfung mit der Schnittstelle abhängig. Legt man dies zugrunde ist das Verknüpfen über die Schnittstelle zwar rival, das Datenkopieren für sich genommen aber nicht (in diesem Sinne auch *Zech*, AcP 219 (2019), 488 (582)).

943 Dazu oben, S. 212ff.

944 Vgl. z. B. *Raue*, in: Hofmann/Raue/Zech, Eigentum in der digitalen Gesellschaft, S. 116 (»Wer unbefugt auf einem fremden Grundstück (...) Daten erhebt, begeht eine Eigentumsverletzung in Form einer unzulässigen Gebrauchsanmaßung.«); auch die zu diesem Textabschnitt gehörende Überschrift («2. Schutzbereich des Sacheigentums«, S. 115 a. a. O.) verdeutlicht dies.

lichkeitsrechts«,[945] ohne genau zu sagen, auf welche Handlung konkret er seine Aussagen bezieht. Diese Darstellungsweise ist insgesamt schwer nachvollziehbar, da sich dem Leser nicht ohne Weiteres erschließt, worin genau die maßgebliche Eigentumsbeeinträchtigung gesehen werden und welche Rechtsfolgen an diese geknüpft werden sollen.

Im Folgenden wird zunächst das von allen Auffassungen zugrunde gelegte und zuvor bereits öfter erwähnte Rivalitätskriterium dargestellt und die daran gelegentlich geäußerte Kritik aus dem Schrifttum eingegangen. Es wird sich zeigen, dass schon die bisher in der Literatur geäußerten Argumente weitgehend ausreichen und nur geringfügiger Ergänzung bedürfen, um die Kritik zu entkräften und zu begründen, dass das Rivalitätskriterium eine taugliche Beschreibung der Eigentümerbefugnisse nach § 903 Satz 1 BGB ermöglicht. Im Anschluss daran wird aufgrund der geschilderten Unklarheiten, die *Raues* Darstellung aufwirft, zwischen der Tatbestands- und Rechtsfolgenseite eines Anspruchs auf Unterlassen unterschieden. Dabei wird zunächst für die Tatbestandsseite unterstellt, dass *Raue* tatsächlich davon ausgeht, dass das Datenerheben und spätere -verwerten vom Zuweisungsgehalt des § 903 Satz 1 BGB erfasste Handlungen sind. Anschließend wird für die Rechtsfolgenseite dagegen davon ausgegangen, dass *Raue* für die tatbestandlich notwendige Eigentumsbeeinträchtigung einzig auf das Betreten des Grundstücks abstellt. Im Ergebnis soll dadurch gezeigt werden, dass weder im Hinblick auf die Tatbestands- noch auf die Rechtsfolgenseite überzeugend begründbar ist, dass dem Eigentümer Ansprüche in Bezug auf die Erhebung und Verwertung von Daten zustehen.

bb) Das Rivalitätskriterium als gemeinsamer Nenner aller Auffassungen

Das allseits zugrunde gelegte Rivalitätskriterium beschreibt Nutzungshandlungen, die nicht von mehreren Personen parallel vorgenommen werden können, ohne dass die Nutzungshandlung des einen die Handlungsmöglichkeit des anderen einschränkt oder unmöglich macht. Nur solche Handlungen, die nicht parallel ohne gegenseitige Behinderung vorgenommen werden können, sollen exklusiv dem Eigentümer nach § 903 Satz 1 BGB vorbehalten sein.[946] Im Folgenden sollen die Hintergründe dieses bereits mehrfach erwähnten Kriteriums dargestellt und die Argumente, die dafür und dagegen vorgebracht werden, dargestellt werden. Dabei soll sich auf die wesentlichen Aspekte beschränkt werden, da das Krite-

945 Vgl. zum Vorstehenden insg. und jew. ausdrückl. *Raue*, in: Hofmann/Raue/Zech, Eigentum in der digitalen Gesellschaft, S. 122–124.

946 *Peukert*, Güterzuordnung als Rechtsprinzip, S. 220; *Raue*, NJW 2019, 2425 (2426); *ders.*, in: Hofmann/Raue/Zech, Eigentum in der digitalen Gesellschaft, S. 112; *Schäfer/Ott*, Ökonomische Analyse des Zivilrechts, S. 86; *Zech*, AcP 219 (2019), 488 (514); *ders.*, Information als Schutzgegenstand, S. 276ff.; *ders.*, ZGE 15 (2023), 53 (65).

rium, wie erwähnt, im Rahmen dieser Diskussion ohnehin von den Vertretern aller Auffassungen im Ausgangspunkt zur Lösung herangezogen wird.

(1) (Rechts-)ökonomischer Hintergrund

Es wurde bereits vom Schrifttum zutreffend herausgearbeitet, dass insb. rechtsökonomische Erwägungen für eine Berücksichtigung des Rivalitätskriteriums in der Sachenrechtsdogmatik sprechen. Vielfach wird nämlich (zumindest auch) die optimale Ressourcenallokation als Zweck des Sachenrechts angesehen.[947] Diese droht verfehlt zu werden, wenn unbegrenzt viele Personen ohne Einschränkungen auf eine Sache zugreifen könnten. In einem solchen Fall bestünde die Gefahr der Übernutzung einer Sache, da niemand den Anreiz hätte, in ihre Erhaltung zu investieren. Die Übernutzung wäre ein ökonomisch ineffizienter Zustand, da die Sache infolge ihrer Abnutzung letztlich von keinem mehr genutzt werden könnte (sog. *Tragedy of the Commons*).[948] Um dies zu verhindern, weist das Sachenrecht dem Eigentümer die ausschließliche Befugnis zu, die Sache zu nutzen und Dritte davon auszuschließen. Hierdurch wird deren Übernutzung verhindert und zugleich die Vornahme von Instandhaltungsmaßnahmen incentiviert, sodass im Ergebnis eine möglichst optimale Güterzuordnung erreicht wird.[949]

Das beschriebene Zuweisungs- und Ausschließungsbedürfnis besteht jedoch nur bei solchen Nutzungshandlungen, die überhaupt zu einer Übernutzung der Sache führen können. Umgekehrt formuliert bedarf es der Zuweisung nur bei solchen Gütern, die einer Übernutzung überhaupt zugänglich sind. Dieses Bedürfnis scheidet indes dann aus, wenn die Vornahme einer Nutzungshandlung nicht zur Beeinträchtigung Dritter in derselben Nutzungshandlung führt; in einem solchen Fall besteht nämlich kein Knappheitsproblem.[950] Hieraus wird der überzeugende Schluss gezogen, dass eine Anwendbarkeit des Sacheigentums nur für rivalisierende Nutzungshandlungen in Betracht komme, während nicht rivalisierende Nutzungshandlungen Regelungsgegenstand des Immaterialgüterrechts seien, da diese prinzipiell ohne gegenseitige Beeinträchtigung von mehreren Personen zu-

947 Vgl. *v. Bar*, Gemeineuropäisches Sachenrecht, Bd. I, S. 30; *Wellenhofer*, in: Hofmann/Raue/Zech, Eigentum in der digitalen Gesellschaft, S. 71; *Zech*, AcP 219 (2019), 488 (511f.); krit. ggü. einer rein ökonomischen Deutung des Zwecks *Heinze*, in: Staudinger BGB, 2018, Einl. Sachenrecht, Rn. 34; ebenso *Schermaier*, ZRG RA 134 (2017), 49 (62).

948 Zum Vorstehenden insg. *Berberich*, Virtuelles Eigentum, S. 120f.; *ders.*, WRP 2011, 543 (545); *Schäfer/Ott*, Ökonomische Analyse des Zivilrechts, S. 673; *Zech*, Information als Schutzgegenstand, S. 278f.; *ders.*, ZGE 15 (2023), 53 (65, 76).

949 *Berberich*, Virtuelles Eigentum, S. 121; *Lauber-Rönsberg*, in: Hofmann/Raue/Zech, Eigentum in der digitalen Gesellschaft, S. 106; *Raue*, NJW 2019, 2425 (2426); *Zech*, AcP 219 (2019), 488 (513, 580) m. w. N.; *ders.*, Information als Schutzgegenstand, S. 278, 328.

950 Zum Vorstehenden insg. *Berberich*, Virtuelles Eigentum, S. 121; *Zech*, Information als Schutzgegenstand, S. 278.

gleich genutzt werden könnten.[951] Zwar weist auch das Immaterialgüterrecht dem jeweiligen Inhaber Ausschließlichkeitsrechte zu. Der Grund dafür ist jedoch nicht in der Verhinderung von Übernutzung und Incentivierung von Instandhaltungsmaßnahmen zu sehen. Die Zuweisung ausschließlicher Rechte wirkt anreizgebend für die Schaffung von Innovation. Denn die künstliche Verknappung des Immaterialguts, zu welcher das Ausschließlichkeitsrecht führt, erlaubt dem Inhaber den Ausschluss Dritter von der Nutzung des Guts macht dieses dadurch verkehrsfähig. Anders als bei Sachen, deren Nutzung rivalisierend ist, ist diese Ausschließbarkeit und Verkehrsfähigkeit nämlich nicht schon auf natürliche Weise gegeben.[952] Hieran zeigt sich, dass die Schutzzwecke beider Regelungsbereiche aus ökonomischer Perspektive geradezu gegenläufig sind.[953]

(2) Übertragung auf § 903 Satz 1 BGB

Diese ökonomischen Erwägungen lassen sich, wie zahlreiche Vertreter des Schrifttums betonen, auch in die gesetzliche Regelung des § 903 Satz 1 BGB hineinlesen. Dessen zentraler Regelungsgegenstand, die Nutzung der Sache selbst, setzt nämlich den Besitz an jener voraus. Dieser kann aber nicht von mehreren Personen – jedenfalls nicht einer unbestimmten Zahl – gleichzeitig ausgeübt werden, ohne die übrigen Personen in ihrer Besitzausübung zu beeinträchtigen. Bei dem mithin implizit von § 903 Satz 1 BGB vorausgesetzten Besitz handelt es sich daher um den geradezu paradigmatischen Fall einer rivalisierenden Sachnutzung. Dies zeigt, dass man das Rivalitätskriterium als bereits in der gesetzlichen Regelung angelegt betrachten kann und das Eigentum mithin auf den Schutz rivalisierender Nutzungshandlungen abzielt.[954]

(a) Lösung von Altfällen und Abgrenzung zum Immaterialgüterrecht

Liest man somit in § 903 Satz 1 BGB (auch) das Rivalitätskriterium hinein, so zeigt ein Blick auf Beispiele aus der Rechtsprechung, dass sich einst problematische

951 Vgl. *Berberich*, Virtuelles Eigentum, S. 124f.; *ders.*, WRP 2011, 543 (544f.); *Lauber-Rönsberg*, in: Hofmann/Raue/Zech, Eigentum in der digitalen Gesellschaft, S. 103; *Ohly*, in: Auer et al., FS Canaris, S. 990, 1010; *ders.*, in: Hofmann/Raue/Zech, Eigentum in der digitalen Gesellschaft, S. 136f.; *Zech*, AcP 219 (2019), 488 (514, 577); *ders.*, Information als Schutzgegenstand, S. 278f.

952 Zum Vorstehenden insg. *Berberich*, WRP 2011, 543 (544f.); *Ohly*, in: in: Hofmann/Raue/Zech, Eigentum in der digitalen Gesellschaft, S. 137; *Zech*, AcP 219 (2019), 488 (580), *ders.*, ZGE 15 (2023), 52 (65ff.).

953 *Berberich*, Virtuelles Eigentum, S. 124; *ders.*, WRP 2011, 543 (545); *Zech*, AcP 219 (2019), 488 (581).

954 Vgl. zum Vorstehenden insg. *Berberich*, Virtuelles Eigentum, S. 124f.; *ders.*, WRP 2011, 543 (544f.), der sich auf die Abwehr der jeweiligen Nutzungen bezieht; *Peukert*, Güterzuordnung als Rechtsprinzip, S. 219f.; *Wellenhofer*, in: Hofmann/Raue/Zech, Eigentum in der digitalen Gesellschaft, S. 79; *Zech*, Information als Schutzgegenstand, S. 277f.

Fälle kohärent lösen lassen:[955] Dies gilt zunächst für die dargestellten Fälle der Grundstücksfotografie, auf die das Schrifttum bereits mit dem Vorschlag des Rivalitätskriteriums reagierte.[956] Vor allem *Zech* hat eingehend und überzeugend dargelegt, dass sich dies auch an anderen Fällen zeigen lässt. Neben den Fällen der Grundstücksfotografien bezieht er sich hierfür unter anderem auf das Einsperren von Schiffen und auf Fälle unkörperlicher Immissionen. Diese Fälle zeigen, dass entweder schon faktisch gar keine Abwehrbarkeit besteht, oder aber zumindest keine Berührung der Sache stattfindet, sodass das Kriterium der Körperlichkeit gar nicht oder nur unter deutlicher Verzerrung zum Ergebnis der Eigentumsrelevanz der jeweiligen Handlung gelangt.[957]

Eine weitere Stärke des Rivalitätskriteriums liegt in der bereits mehrfach erwähnten Gewährleistung einer trennscharfen Abgrenzung des Sachenrechts vom Immaterialgüterrecht.[958] Im Gegensatz zum Sachenrecht als, nach vorherigen Feststellungen, Regelungsbereich der rivalisierenden sachbezogenen Nutzungshandlungen betrifft das Immaterialgüterrecht, wie soeben erwähnt, nicht rivalisierende Güter und Nutzungshandlungen. Dies ergibt sich aus den unterschiedlichen Regelungsobjekten der körperlichen Gegenstände einerseits und unkörperlichen Güter andererseits. Denn anders als Sachen sind Immaterialgüter grundsätzlich auch gleichzeitig durch mehrere Personen in derselben Weise nutzbar.[959] Während die Unterschiedlichkeit der Regelungsobjekte – und damit letztlich das Körperlichkeitskriterium – zur Abgrenzung oft schon alleine für ausreichend erachtet wird,[960] zeigen die Fälle der Grundstücksfotografien, dass dem aber nicht in jedem Fall so ist.[961] Denn es ist nicht von der Hand zu weisen, dass in jenen Fällen, zumindest intuitiv, auch von einer Nutzung eines Schlosses als Objekt der Fotografie gesprochen werden kann.[962] Betrachtet man hingegen nicht das Regelungsobjekt Schloss, sondern die in Rede stehende Nutzungshandlung, z. B. das Foto-

955 Der folgende Überblick über die Kasuistik beruht auf *Zech*, AcP 219 (2019), 488 (581ff.).

956 Dazu oben, S. 191f.

957 Vgl. zum Vorstehenden insg. *Zech*, AcP 219 (2019), 488 (581ff.); zust. *Lauber-Rönsberg*, in: Hofmann/Raue/Zech, Eigentum in der digitalen Gesellschaft, S. 103.

958 *Zech*, AcP 219 (2019), 488 (583).

959 Zum Vorstehenden insg. *Berberich*, Virtuelles Eigentum, S. 124f.; *Ohly*, in: Auer et al., FS Canaris, S. 990; *ders.*, in: Hofmann/Raue/Zech, Eigentum in der digitalen Gesellschaft, S. 136; *Raue*, NJW 2019, 2425; *ders.*, in: Hofmann/Raue/Zech, Eigentum in der digitalen Gesellschaft, S. 123; *Zech*, AcP 219 (2019), 488 (581, 588f.).

960 Vgl. z. B. *Kreutz*, RW 2022, 354 (371), der den Sachbegriff des § 90 BGB für maßgeblich hält, den Umfang des Eigentums zu beschreiben; wohl auch *Jänich*, Geistiges Eigentum, S. 188; ferner wohl auch *Picker*, NJW 2015, 2304 (2305).

961 *Lauber-Rönsberg*, in: Hofmann/Raue/Zech, Eigentum in der digitalen Gesellschaft, S. 99.

962 Zutr. *Raue*, in: Hofmann/Raue/Zech, Eigentum in der digitalen Gesellschaft, S. 131; *Lauber-Rönsberg*, in: Hofmann/Raue/Zech, Eigentum in der digitalen Gesellschaft, S. 99.

grafieren, und unterzieht diese der Frage, ob sie rivalisierend ist oder nicht, so gelingt auch in Zweifelsfällen eine präzise Abgrenzung der beiden Regelungsbereiche.[963] Zudem wird die auf diese Weise vorgenommene Abgrenzung den unterschiedlichen ökonomischen Zwecken beider Rechtsgebiete gerecht.[964] Dass nicht rivalisierende Objekte und Nutzungshandlungen dadurch dem Sachenrecht entzogen werden, bedeutet nicht automatisch, dass sie stattdessen von einem Immaterialgüterrecht geschützt sind. Aus diesem Grund sind Daten regelmäßig gemeinfrei.[965]

(b) Notwendigkeit der Begrenzung

Einige Vertreter des Schrifttums betonen, dass das Rivalitätskriterium einer normativen Beschränkung bedürfe, um durchweg sachgerechte Ergebnisse produzieren zu können. Insbesondere aus Gründen der Rechtsklarheit und -sicherheit könne nämlich nicht jede noch so geringfügige rivalisierende Nutzungshandlung zu einer Eigentumsbeeinträchtigung und damit zu Beseitigungsansprüchen führen.[966] *Zech* charakterisiert die Rivalität insoweit als »graduelles« Kriterium.[967] Die unterbreiteten Vorschläge stellen dabei entweder auf die eigenständige wirtschaftliche Relevanz,[968] die Erheblichkeit[969] oder die Üblichkeit[970] einer rivalisierenden Nutzungshandlung ab. In dieser normativen Einschränkung des Schutzbereichs des § 903 Satz 1 BGB auf erhebliche bzw. wirtschaftlich selbständig relevante rivalisierende Nutzungshandlungen liegt eine Parallele zur Auffassung *Raues*, der verallgemeinernd nur »wirtschaftlich-technisch einheitliche und selbstständige« sowie »erhebliche« Nutzungshandlungen dem Eigentümer zugewiesen sehen möchte.[971] *Raue* bezieht sich dabei allerdings ausschließlich auf Anschlusshandlungen, die, wie noch zu zeigen sein wird,[972] von vornherein schon gar nicht in den Schutzbereich des § 903 Satz 1 BGB fallen.

963 Zum Vorstehenden insg. *Berberich*, Virtuelles Eigentum, S. 125; in diese Richtung auch *Ohly*, in: Auer et al., FS Canaris, S. 990; *ders.*, in: Hofmann/Raue/Zech, Eigentum in der digitalen Gesellschaft, S. 136; *Zech*, AcP 219 (2019), 488 (558).

964 *Berberich*, Virtuelles Eigentum, S. 124f.; *ders.*, WRP 2011, 543 (545); *Zech*, AcP 219 (2019), 488 (592).

965 *Ohly*, in: Hofmann/Raue/Zech, Eigentum in der digitalen Gesellschaft, S. 136f.

966 Vgl. *Kianfar*, Sachfotografie und Hausrecht, S. 55.

967 Vgl. ausdrückl. *Zech*, AcP 219 (2019), 488 (580).

968 Vgl. *Peukert*, Güterzuordnung als Rechtsprinzip, S. 223f.; allg. in diese Richtung wohl auch *Ellger*, Bereicherung durch Eingriff, S. 541, nach welchem dem Eigentümer nur solche Nutzungshandlungen zugewiesen sein sollten, die für die »ökonomischen Entscheidungen über die Sache in aller Regel [relevant] sind.«

969 Vgl. *Kianfar*, Sachfotografie und Hausrecht, S. 54ff.

970 Vgl. *Zech*, AcP 219 (2019), 488 (579f.).

971 Vgl. ausdrückl. *Raue*, NJW 2019, 2425 (2429); *ders.*, in: Hofmann/Raue/Zech, Eigentum in der digitalen Gesellschaft, S. 120.

972 Dazu unten, S. 230ff.

Die besseren Gründe sprechen wohl für eine rein quantitative Beschränkung des Rivalitätskriteriums im Sinne der von *Kianfar* vorgeschlagenen Erheblichkeit. Denn bei der alternativ vorgeschlagenen wirtschaftlichen Relevanz handelt es sich um ein zu einem gewissen Grad subjektives Kriterium, dessen Beurteilung zudem wandelbar ist. Das Abstellen auf die Erheblichkeit erlaubt dagegen grundsätzlich eine trennscharfe (und damit rechtssichere) Abgrenzung von nicht zu berücksichtigenden und zu berücksichtigenden Beeinträchtigungshandlungen.[973]

Freilich ist anzumerken, dass auch der Begriff der Erheblichkeit ausfüllungsbedürftig und zu einem gewissen Umfang auch subjektiv ist; eine weitere Konkretisierung wird allerdings nicht vorgenommen. Hierfür kann möglicherweise jedoch auf die Rechtsprechung des BGH zu Fällen der Eigentumsverletzung durch Nutzungsbeeinträchtigungen zurückgegriffen werden. Der BGH stellt in diesen Fällen nämlich auf die Intensität der Nutzungsbeeinträchtigung ab und bejaht eine Eigentumsverletzung erst dann, wenn die bestimmungsgemäße Verwendung der Sache durch die Nutzungsbeeinträchtigung schlechthin unmöglich gemacht wird.[974] In einem solchen Fall habe die Beeinträchtigung der Nutzung der Sache nämlich dieselbe Wirkung wie deren Wegnahme. Demgegenüber genüge die bloße Beschränkung einzelner Nutzungsmöglichkeiten nicht, denn die Nutzung der Sache bleibe für den Eigentümer im Übrigen gewahrt.[975] Diese Überlegung könnte zur Beschränkung des Rivalitätskriteriums auf »erhebliche« Fälle herangezogen werden. Möglicherweise ist sie aber auch zu weitgehend.

Für die Zwecke dieser Untersuchung braucht die Frage nach dem tauglichsten Kriterium zur Beschränkung des Rivalitätskriteriums indes nicht letztverbindlich beantwortet werden. Denn die vertretenen Auffassungen unterscheiden sich, wie dargelegt, vor allem in Bezug auf die Erfassung von Anschlusshandlungen, nicht aber hinsichtlich der Geltung des Rivalitätskriteriums an sich. Da jedenfalls die Datenerhebungs- und die Datenverwertungshandlung für sich genommen, wie *Lauber-Rönsberg* und *Zech* zutreffend begründet haben,[976] schon gar nicht rivalisierend sind, kommt es mithin auch nicht auf die Frage der weiteren Eingrenzung an.

973 *Kianfar*, Sachfotografie und Hausrecht, S. 59.

974 Vgl. grundlegend BGH, Urt. v. 21.12.1970 – II ZR 133/68 = NJW 1971, 886 (888); jüngst erneut best. durch BGH, Urt. v. 27.09.2022 – VI ZR 336/21 = NJW 2022, 3789 (3790); dazu *Wagner*, in: MüKo BGB, § 823 Rn. 311, m. w. N.

975 BGH, Urt. v. 21.06.2016 – VI ZR 403/14 = NJW-RR 2017, 219 (221), m. w. N.; BGH, Urt. v. 27.09.2022 – VI ZR 336/21 = NJW 2022, 3789 (3790).

976 Vgl. *Lauber-Rönsberg*, in: Hofmann/Raue/Zech, Eigentum in der digitalen Gesellschaft, S. 104; *Zech*, AcP 219 (2019), 488 (570 Fn. 275, 582f.); dazu bereits oben, S. 212ff.

(3) Kritik am Rivalitätskriterium aus dem Schrifttum

Auch außerhalb der hier dargestellten Diskussion um datenbezogene Befugnisse des Sacheigentümers hat das von der immaterialgüterrechtlichen Literatur in den Sachenrechtsdiskurs eingeführte Rivalitätskriterium kaum grundlegenden Widerspruch erfahren. Bisweilen geäußerte Skepsis bezieht sich auf den noch bestehenden Konkretisierungsbedarf bezüglich des Kriteriums,[977] der aber, wie erwähnt, auch von den Befürwortern des Kriteriums selbst eingeräumt wird. Tiefgreifendere Bedenken äußern, soweit ersichtlich, nur *Duden* und *Kreutz*. Dabei unterscheiden sich die vorgebrachten Gründe, aufgrund derer das Rivalitätskriterium abgelehnt wird. Während *Duden* lediglich die Überlegenheit des Rivalitätskriteriums gegenüber dem althergebrachten Körperlichkeitskriterium anzuzweifeln und damit dessen Existenzberechtigung in Abrede zu stellen scheint,[978] formuliert *Kreutz* eine fundamentale Kritik sowohl am Rivalitätskriterium an sich als auch an der jenem zugrunde liegenden ökonomischen Betrachtung des Eigentumsrechts insgesamt.[979]

(a) Duden: *Fehlender »Mehrwert« des Rivalitätskriteriums*

Neben einer allgemeinen Kritik an den aus seiner Sicht unklaren Ausführungen zum Rivalitätskriterium insgesamt[980] bezweifelt *Duden* die Vorteilhaftigkeit des Rivalitätskriteriums gegenüber dem der Körperlichkeit. Er bezieht sich dabei auf die Diskussion um die Sacheigenschaft von Software und stellt zunächst fest, dass die Nutzung der Verkörperung der Software zwar durchaus rivalisierend sei, da nur eine begrenzte Zahl an Nutzern gleichzeitig auf den Datenträger, auf dem die Informationen enthalten sind, zugreifen könnten. Der bloßen Information an sich, also losgelöst von ihrer Speicherung auf einem Datenträger, fehle es aber schon an der für die Sachqualität nötige Körperlichkeit, sodass es auf eine etwaige Rivalität gar nicht mehr ankomme. Deren Kernaussage, nämlich die Konkurrenz in der Nutzung einer Sache, sei »schon eine logische Folge der Körperlichkeit« dieser Sache.[981]

Bei genauem Hinsehen fällt allerdings auf, dass *Dudens* Standpunkt der Auffassung der Befürworter des Rivalitätskriteriums in der Sache gar nicht widerspricht. Letztere betonen sogar, dass das Rivalitätskriterium in enger inhaltlicher Verbindung mit dem der Körperlichkeit stehe, dessen Konkretisierung diene und

---

977 Vgl. *Althammer*, in: Staudinger BGB, 2020, § 903 Rn. 2; in diese Richtung auch *Duden*, Digitale Sachherrschaft, S. 90.

978 Vgl. *Duden*, Digitale Sachherrschaft, S. 91; dazu sogleich.

979 Vgl. *Kreutz*, RW 2022, 354ff. und *passim*; dazu sogleich, S. 225ff.

980 Vgl. *Duden*, Digitale Sachherrschaft, S. 90.

981 Vgl. zum Vorstehenden insg. sowie zuletzt ausdrückl., *Duden*, Digitale Sachherrschaft, S. 91.

somit gerade nicht als Alternative zu ihm zu verstehen sei.[982] Wie bereits erörtert, wurde im Schrifttum dargelegt, dass das Rivalitätskriterium geeignet ist, althergebrachte Fallgestaltungen kohärent zu lösen.[983] Unter anderem *Zech* gelangt dabei zu der Schlussfolgerung, dass das Rivalitätskriterium in Wahrheit das dem Körperlichkeitskriterium – und damit auch der Sachherrschaft insgesamt – zugrunde liegende Konzept sei.[984] Geht man hiervon aus, so erscheint *Dudens* Aussage, die Konkurrenz in der Nutzung einer Sache sei »schon eine logische Folge [ihrer] Körperlichkeit«[985] plötzlich vielmehr als Zustimmung denn als Widerspruch gegenüber den Befürwortern des Rivalitätskriteriums zu sein. Letztlich wird hiermit nämlich dieselbe Beobachtung beschrieben.

Der von *Duden* ferner bezweifelte Mehrwert des Rivalitätskriteriums gegenüber dem der Körperlichkeit ist schließlich darin zu sehen, dass Ersteres über Letzteres hinausgeht.[986] In seltenen Fällen ist eine rivalisierende Sachnutzung nämlich auch auf unkörperliche Weise möglich.[987] Ein in dieser Hinsicht im Schrifttum vielzitiertes Beispiel ist ein Urteil des OLG Dresden, in welchem es um die Eigentumsrelevanz einer Lichtprojektion auf die Wand eines Gebäudes ging. Das OLG bejahte eine Eigentumsbeeinträchtigung mit dem Argument, die Projektion stelle einen »dem Inhalt des Eigentums widersprechende[n] Eingriff in die rechtliche und tatsächliche Herrschaftsmacht des Eigentümers« dar, die auch die dafür notwendige Bagatellgrenze überschreite. Dass diese Begründung kaum aussagekräftig ist, war im Ergebnis unschädlich, denn die Projektion war im konkreten Fall von der Meinungsfreiheit erfasst, weshalb die angenommene Eigentumsbeeinträchtigung nach Auffassung des OLG nach § 1004 Abs. 2 BGB gerechtfertigt war.[988] Dessen ungeachtet ist die Bejahung der Beeinträchtigung i. S. d. § 1004 Abs. 1 BGB richtig. Eine überzeugende Begründung wurde allerdings erst vom Schrifttum nachgereicht und ist darin zu sehen, dass die Hauswand nicht von mehreren Personen gleichzeitig als Projektionsfläche genutzt werden kann. Es handelt sich insoweit um eine rivalisierende Nutzungshandlung, auch wenn sie unkörperlich ist.[989] Auch wenn das OLG Dresden die Frage nach

982 Vgl. so *Kianfar*, Sachfotografie und Hausrecht, S. 54; in diesem Sinne auch *Berberich*, Virtuelles Eigentum, S. 125f. Fn. 44, m. w. N.; *Zech*, AcP 219 (2019), 488 (589).

983 Vgl. *Zech*, AcP 219 (2019), 488 (577, 582–587); dazu bereits oben, S. 218ff.

984 Vgl. *Zech*, AcP 219 (2019), 488 (562, 589); in der Sache auch *Kianfar*, Sachfotografie und Hausrecht, S. 54; krit. dagg. *Becker*, Absolute Herrschaftsrechte, S. 117.

985 Vgl. ausdrückl. *Duden*, Digitale Sachherrschaft, S. 91.

986 So (indes ohne Bewertung) auch *Becker*, Absolute Herrschaftsrechte, S. 117.

987 *Zech*, AcP 219 (2019), 488 (589); ähnlich auch *Berberich*, Virtuelles Eigentum, S. 125.

988 Vgl. zum Vorstehenden insg. OLG Dresden, Urt. v. 07.04.2005 – 9 U 263/05 = NJW 2005, 1871f.; darauf bezugnehmend z. B. *Peukert*, Güterzuordnung als Rechtsprinzip, S. 222; *Zech*, Information als Schutzgegenstand, S. 283f.; *ders.* AcP 219 (2019), 488 (581f.).

989 Vgl. *Kianfar*, Sachfotografie und Hausrecht, S. 54; *Peukert*, Güterzuordnung als Rechtsprinzip, S. 222 m. w. N.; *Zech*, Information als Schutzgegenstand, S. 283f.

der Eigentumsrelevanz im Ergebnis also zutreffend beantwortet hat, zeigt die Knappheit und Pauschalität der gegebenen Begründung, dass Fälle denkbar sind, in denen das klassischerweise herangezogene Körperlichkeitskriterium versagt.[990] Das Rivalitätskriterium erlangt dadurch, dass es neben den Fällen, die schon unter Heranziehung des Körperlichkeitskriteriums lösbar waren, auch weitere Fallgestaltungen einer sachgerechten Lösung zuführen kann, seine Daseinsberechtigung.[991]

Die vermeintlich bestehende Meinungsverschiedenheit bzgl. des Rivalitätskriteriums kann letztlich wohl auf die zuvor bereits knapp erwähnten[992] unterschiedlichen Perspektiven, aus denen die jeweiligen Autoren auf die Thematik blicken, zurückgeführt werden: Insbesondere *Dudens* Ausführungen müssen dafür im Kontext seiner Untersuchung betrachtet werden. Diese widmet sich an den referenzierten Textstellen der Frage, was Sachherrschaft und Sachqualität im Zusammenhang mit IoT-Anwendungen genau bedeuten.[993] *Duden* konzentriert sich dementsprechend, im Hinblick auf das Eigentum, auf das Regelungsobjekt des § 903 Satz 1 BGB, also die Sache i. S. d. § 90 BGB. Die Befürworter des Rivalitätskriteriums widmen sich dagegen weniger dem Begriff der Sache als vielmehr der Frage, welche Nutzungshandlungen mit bzw. an ihr allein dem Eigentümer vorbehalten sein sollen.[994] Deshalb sprechen auch die im Schrifttum genannten Beispiele für Güter, die zwar unkörperlich und damit keine Sache i. S. d. § 90 BGB sind, deren Nutzung mitunter rivalisierend ist (z. B. Domains[995], Energie[996], Wind[997]), nicht gegen die hier im Fokus stehende Frage danach, welche Nut-

990 *Zech*, AcP 219 (2019), 488 (574).

991 In diesem Sinne *Zech*, AcP 219 (2019), 488 (577), der das Rivalitätskriterium insoweit als eine »konsequente Weiterentwicklung des Sachherrschaftsdenkens in der Eigentumsdogmatik, zugleich aber auch als notwendiger Abschied« von diesem charakterisiert.

992 Oben, S. 219f.

993 Vgl. *Duden*, Digitale Sachherrschaft, S. 65–97.

994 So auch *Berberich*, Virtuelles Eigentum, S. 125: »Die Erkenntnis, dass ein gewichtiger funktionaler Anhaltspunkt für die gedankliche Einordnung in die Kategorien Immaterialgüterrecht und Sachenrecht weniger die Frage nach Körperlichkeit oder Unkörperlichkeit sein sollte, als vielmehr die Unterscheidung zwischen rivalisierender und nichtrivalisierender Nutzung, wird dadurch erschwert, dass sich auch beide Regelungsregime dieser Unterscheidung gleichsam »von hinten« über das Rechtsobjekt nähern.« Ähnlich ferner *Zech*, AcP 219 (2019), 488 (558): »Wegen des Fokus auf den Sachbegriff ist es auch kein Zufall, dass die Zuweisung unkörperlicher Nutzungen vor allem als Frage des Schutzgegenstands diskutiert wird.«

995 Vgl. *Becker*, Absolute Herrschaftsrechte, S. 117.

996 Vgl. *Becker*, Absolute Herrschaftsrechte, S. 117; *Lahusen*, AcP 221 (2021), 1 (2ff.); *Patt*, Speicherung von Strom, S. 227; *Peukert*, Güterzuordnung als Rechtsprinzip, S. 217f.; *Wellenhofer*, in: Hofmann/Raue/Zech, Eigentum in der digitalen Gesellschaft, S. 73; *Zech*, Information als Schutzgegenstand, S. 329ff.

997 In diese Richtung, ohne ausdrückl. von Rivalität zu sprechen, *Bäumler*, ZUR 2017, 667 (668f.).

zungs*handlungen* an einer Sache i. S. d. § 90 BGB in den Schutzumfang des § 903 Satz 1 BGB fallen und damit ihrem Eigentümer vorbehalten sind. Auch vor diesem Hintergrund erweist sich *Dudens* Kritik am Rivalitätskriterium letztlich als nicht so grundlegend, wie es zunächst den Anschein erweckt.

(b) Kreutz: *Aus historischen Gründen weder Bündeltheorie noch Rivalität*

Mit einiger Vehemenz und beachtlichen Argumenten stellt demgegenüber *Kreutz* die Tauglichkeit des Rivalitätskriteriums zur Bestimmung der dem Eigentümer nach § 903 Satz 1 BGB zustehenden Befugnisse in Abrede. Seine Kritik betrifft dabei gleich mehrere Aspekte, die zum Teil – zum Teil richtigerweise aber auch nicht – miteinander inhaltlich verknüpft sind. Zentrale Bezugspunkte seiner Kritik sind dabei zunächst die Untersuchungen von *Auer* und *Zech*, die einerseits ein Verständnis des Eigentums als Rechtebündel und, hierauf aufbauend, andererseits Befugniszuweisungen zugunsten des Eigentümers anhand des Rivalitätskriteriums vorschlagen.[998] Gegen ein derartiges Eigentumsverständnis richtet sich *Kreutz* entschieden, denn es beschneide die Befugnisse des Eigentümers von vornherein übermäßig und sei mit dem historisch gewachsenen Verständnis des Eigentums im BGB nicht zu vereinbaren. Es führe in der Sache sogar zu der mittelalterlichen Rechtsfigur des sog. Nutzeigentums zurück, welches jedoch »eine längst überwundene Schwundstufe« des Eigentums darstelle.[999] Schon die Grundannahme der Betrachtung des Eigentums als Rechtebündel und der Beschränkung des § 903 Satz 1 BGB auf rivalisierende Nutzungshandlungen, die in der ökonomischen Sichtweise auf das Eigentum liegt, hält *Kreutz* für wenig überzeugend: *Zech* begründet sie, wie bereits dargelegt, mit einer »Zweckverschiebung« des Eigentums weg von der Sicherung personeller Freiheit, hin zu dem Zweck, eine möglichst optimale Güterallokation zu gewährleisten und einen Anreiz für die Erhaltung von Gütern zu geben.[1000] Diese ökonomische Sichtweise auf das Eigentum bedingt *Zech* zufolge insoweit ein Verständnis dessen als Rechtebündel, als Ausschließlichkeitsrechte ökonomisch als bloße Zuweisung von Handlungsbefugnissen qualifiziert werden.[1001] *Kreutz* begegnet der Annahme einer solchen Zweckverschiebung und der damit einhergehenden Betrachtung des Eigentums als Rechtebündel mit Skepsis, denn historisch seien solch »fundamentale Umwälzungen der Eigentumsdoktrin (...) allein im Kontext grundstürz-

998 Vgl. *Kreutz*, RW 2022, 354 (356 Fn. 14), in Bezugnahme auf *Auer*, Der privatrechtliche Diskurs der Moderne, S. 120 einerseits und *Zech*, AcP 219 (2019), 488ff. *passim* andererseits.

999 Vgl. ausdrückl. *Kreutz*, RW 2022, 354 (377f.).

1000 Vgl. ausdrückl. *Zech*, AcP 216 (2016), 488 (507); in diesem Sinne *ders.*, ZGE 15 (2023), 53 (76f.); dazu bereits oben, S. 210f.

1001 Vgl. *Zech*, AcP 219 (2019), 488 (501, 503f., 506); *ders.*, ZGE 15 (2023), 53 (63 Fn. 24), bezugnehmend auf *Schäfer/Ott*, Ökonomische Analyse des Zivilrechts, S. 76; allg. in diese Richtung auch *Ellger*, Bereicherung durch Eingriff, S. 541f.

ender gesellschaftlicher Umbrüche erfolgreich« gewesen, die aber im Hinblick auf die aktuelle Fragestellung nicht erkennbar seien.[1002]

Auch unabhängig von diesen grundlegenden Zweifeln seien die Ausführungen seiner Befürworter zum Rivalitätskriterium an sich inhaltlich fragwürdig. Denn es könnten grundsätzlich zwar unbeschränkt viele Personen das als Ausgangsbeispiel dienende Schloss *Sanssouci* fotografieren. Dies sei jedoch nur bis zu dem Punkt möglich, an dem eine so große Zahl an Personen den Schlosspark betreten habe, dass keine weiteren mehr hinzukommen könnten mit der Folge, dass ein ungehindertes Fotografieren fortan ebenfalls nicht mehr möglich sei.[1003] Das Kriterium der Rivalität sei daher insgesamt zu konkretisierungsbedürftig und die mit ihm einhergehende strikte Trennung rivalisierender und nicht rivalisierender Handlungen viel zu unspezifisch, um für die Bestimmung der Befugnisse des Eigentümers nach § 903 Satz 1 BGB nützlich sein zu können.[1004] Welche Kriterien *Kreutz* zur Lösung der aufgeworfenen Problemfragen für am geeignetsten hält, wird nicht endgültig klar. Jedoch scheint er davon auszugehen, dass das Eigentum nicht als Recht der rivalisierenden Sachnutzungen, sondern als, römischrechtlicher Tradition folgend, ein unbeschränktes und im Grundsatz allumfassendes Recht an einer Sache anzusehen ist.[1005]

Im Hinblick auf seine historisch begründeten Zweifel ist *Kreutz* zunächst zwar zuzugestehen, dass das Eigentum des BGB nach römisch-rechtlichem Vorbild ausgestaltet ist.[1006] Allerdings ist die Aussagekraft dieser Tatsache begrenzt, denn, anders als *Kreutz* vorgibt, war auch das Eigentum des römischen Rechts keineswegs grenzenlos, sondern zahlreichen Beschränkungen unterworfen.[1007] Beizupflichten ist ihm dennoch in seiner grundlegenden Kritik daran, das Eigentum als bloßes Rechtebündel aufzufassen. Die die Bündeltheorie befürwortende Gegenauffassung begründet ihren Standpunkt mit dem *Nassauskiesungsbeschluss* des BVerfG.[1008] Im Zuge der darin vorgenommenen Neujustierung der Dogmatik von Inhalts- und Schrankenbestimmung i. S. d. Art. 14 Abs. 1 Satz 2 GG einerseits

---

1002 Vgl. zum Vorstehenden insg. und zum letzten ausdrückl. *Kreutz*, RW 2022, 354 (377).

1003 *Kreutz*, RW 2022, 354 (374).

1004 *Kreutz*, RW 2022, 354 (376f.).

1005 Vgl. *Kreutz*, RW 2022, 354 (360, 361f.).

1006 *Althammer*, in: Staudinger BGB, 2020, Einl. §§ 903ff. Rn. 58; *Brückner*, in: MüKo BGB, § 903 Rn. 8; *Jänich*, Geistiges Eigentum, S. 102f.; *Kern*, Typizität als Strukturprinzip, S. 111; *Lakkis*, in: BeckOGK BGB, 01.08.2024, § 903 Rn. 7.

1007 *Althammer*, in: Staudinger BGB, 2020, Einl. §§ 903ff. Rn. 59; *Herrmann*, Kernstrukturen des Sachenrechts, S. 11f., die auf insoweit von einer »Verfälschung des Geschichtsbildes« und einem »Widerspruch zur historischen Wahrheit« spricht, wenn davon gesprochen werde, dass der römische Eigentumsbegriff unbegrenzt gewesen sei; so auch *Honsell/Mayer-Maly/Selb*, Römisches Recht, S. 142, die zudem darauf (diesbzgl. statt vieler) hinweisen, dass das römische Recht ohnehin gar keine Eigentumsdefinition lieferte, diese sei vielmehr erst später von den Glossatoren *Bartolus* und *Baldus* entwickelt worden.

1008 Dazu oben, S. 210f.

und Enteignung i. S. d. Art. 14 Abs. 3 GG andererseits stellte das Gericht fest, dass eine wasserrechtliche Vorschrift, die einen Genehmigungsvorbehalt für die Nutzung des Grundwassers durch den Grundstückseigentümer vorsieht und jene insoweit den Rechten des Eigentümers nach § 903 Satz 1 BGB entzieht, um eine verfassungsgemäße Inhalts- und Schrankenbestimmung handle.[1009] Dabei traf das BVerfG im Hinblick auf den Umfang des bürgerlich-rechtlichen Eigentums folgende Aussage: »Welche Befugnisse einem Eigentümer in einem bestimmten Zeitpunkt konkret zustehen, ergibt sich vielmehr aus der Zusammenschau aller in diesem Zeitpunkt geltenden, die Eigentümerstellung regelnden gesetzlichen Vorschriften. Ergibt sich hierbei, daß (*sic*) der Eigentümer eine bestimmte Befugnis nicht hat, so gehört diese nicht zu seinem Eigentumsrecht.«[1010] Diese Passage nehmen die Anhänger der Bündeltheorie zum Anlass, um von einem verfassungsgerichtlich angeordneten Umdenken in der Eigentumsdogmatik auszugehen.[1011] Ob es jedoch wirklich die Intention des Gerichts war, mit dieser geradezu beiläufigen Umschreibung des bürgerlich-rechtlichen Eigentums im Vergleich zum Schutzbereich des verfassungsrechtlichen Eigentums i. S. d. Art. 14 Abs. 1 GG eine grundlegende Neuausrichtung der sachenrechtlichen Eigentumsdogmatik anzustoßen, kann durchaus bezweifelt werden.

Ein abseits dessen jedenfalls überzeugendes systematisches Argument gegen ein Verständnis des bürgerlich-rechtlichen Eigentums als Rechtebündel ist in der Regelung des § 80 Abs. 1 InsO zu sehen. Hiernach gehen sämtliche Befugnisse des Eigentümers einer insolvenzbefangenen Sache mit Eröffnung des Insolvenzverfahrens auf den Insolvenzverwalter über, ohne dass dieser jedoch Eigentum an jener Sache erlangt.[1012] In dieser Situation verbleibt dem Eigentümer ein gewissermaßen »leeres« Eigentumsrecht. Sähe man das Eigentum als bloßes Rechtebündel an, so wäre die in § 80 Abs. 1 InsO enthaltene Regelung nicht erklärbar.[1013] Es ist vor diesem Hintergrund nur konsequent, dass das Schrifttum ganz überwiegend der Auffassung ist, dass sich das Eigentum nicht als bloßes Bündel von Befugnissen charakterisieren lässt.[1014]

1009 Vgl. BVerfG, Beschl. v. 15.07.1981 – 1 BvL 77/78 = NJW 1982, 745 (750) – *Nassauskiesung*.

1010 Vgl. ausdrückl. BVerfG, Beschl. v. 15.07.1981 – 1 BvL 77/78 = NJW 1982, 745 (749) – *Nassauskiesung*.

1011 Vgl. *Auer*, Der privatrechtliche Diskurs der Moderne, S. 141 Fn. 85; *Rittstieg*, NJW 1982, 721 (722); in der Sache, wenngleich ohne ausdrückl. Bezugnahme auf die zitierte Beschlusspassage, auch *Zech*, AcP 219 (2019), 488 (503ff.); allg. ebenso *Ohly*, in: Auer et al., FS Canaris, S. 989 Fn. 12, der vorsichtig Zustimmung zur Bündeltheorie im Sacheigentum ausdrückt.

1012 Statt vieler *Mock*, in: Uhlenbruck, InsO, § 80 Rn. 11; *Riewe/Kaubisch*, in: BeckOK InsR, InsO, § 80 Rn. 64; *Vuia*, in: MüKo InsO, § 80 Rn. 6.

1013 *Klose*, Nudum Ius, S. 171, 212; zust. *Kreutz*, RW 2022, 354 (366).

1014 Vgl. *Althammer*, in: Staudinger BGB, 2020, § 903 Rn. 2; *Kern*, Typizität als Strukturprinzip, S. 112, m. w. N.; *Kianfar*, Sachfotografie und Hausrecht, S. 175; *Klose*, Nudum Ius, S. 174, m. w. N; *Wieling*, Sachenrecht Bd. 1, S. 274.

Letztlich soll und muss diese dogmatische Grundlagenfrage hier nicht abschließend beantwortet werden, denn – und hierin liegt eine zentrale Fehlannahme von *Kreutz* – eine Verwendung des Rivalitätskriteriums bedeutet nicht zwangsläufig die Zugrundelegung der Bündeltheorie. Dies zeigt sich schon daran, dass (mit Ausnahme von *Zech*) kaum einer der Befürworter des Rivalitätskriteriums die Bündeltheorie überhaupt erwähnt, geschweige denn ihr größere Bedeutung beimisst.[1015] Richtigerweise ist die Rivalität lediglich als ein ergänzendes Merkmal zu verstehen, das das Körperlichkeitskriteriums handhabbar machen und dessen Schwächen ausgleichen soll.[1016] Eine über die Kategorisierung der in Bezug auf eine Sache denkbaren Handlungen hinausgehende Funktion hat das Rivalitätskriterium damit nicht; es ist vielmehr rein deskriptiver Natur. Im Sinne der zuvor zitierten Passage aus dem *Nassauskiesungsbeschluss* des BVerfG könnte man demnach sagen, dass anhand des Rivalitätskriteriums lediglich greifbar gemacht wird, welche Befugnisse der Sacheigentümer hat (nämlich rivalisierende) und welche nicht (nämlich nicht rivalisierende, da diese nach gesetzgeberischem Vorstellungsbild Regelungsgegenstand des Immaterialgüterrechts sind).[1017]

Ein zusätzliches deskriptives Kriterium wie das der Rivalität ist auch deshalb sinnvoll, weil die Befugnisse des Eigentümers durch rein objektbezogene Kriterien wie das der Körperlichkeit nur unpräzise charakterisiert werden können. Die Sache als Regelungsobjekt des § 903 Satz 1 BGB ist zwar körperlich (§ 90 BGB) und das Körperlichkeitskriterium ist auf die Beschreibung dieses Regelungsobjekt zugeschnitten. Für auf die Sache bezogene Nutzungshandlungen kann das Kriterium jedoch nicht stets herangezogen werden, ohne Missverständnisse zu produzieren.[1018] Soll die Nutzungshandlung selbst körperlich sein (d. h. Besitz voraussetzen oder sogar in der Besitzausübung zu sehen sein), körperliche Auswirkungen haben (z. B. in Form einer Substanzbeeinträchtigung) oder lediglich auf Körperlichkeit zurückzuführen sein (wie z. B. in den Fällen der Verwertung von Grundstücksfotografien das vorherige Betreten)? Das zuvor dargestellte Beispiel aus der Rechtsprechung des OLG Dresden verdeutlicht diese Problematik.

1015 Vgl. soweit ersichtlich nur *Kianfar*, Sachfotografie und Hausrecht, S. 175, die sich – zumal nicht einmal im unmittelbaren Kontext des Rivalitätskriteriums – mit der Feststellung begnügt, die Bündeltheorie sei »bereits lange überwunden[...]«.

1016 In diesem Sinne auch *Kianfar*, Sachfotografie und Hausrecht, S. 54; *Lauber-Rönsberg*, in: Hofmann/Raue/Zech, Eigentum in der digitalen Gesellschaft, S. 103; i. E. letztlich auch *Zech*, AcP 219 (2019), 488 (592), der das Körperlichkeitskriterium als »erste Stufe« der Beeinträchtigungsprüfung ansieht und das Rivalitätskriterium als Konkretisierung dessen.

1017 Diese Dichotomie von rivalisierenden Sacheigentümerbefugnissen einerseits und nicht rivalisierenden Immaterialgüterrechtsbefugnissen andererseits befürworten bspw. *Berberich*, Virtuelles Eigentum, S. 124f.; *ders.*, WRP 2011, 543 (544f.); *Lauber-Rönsberg*, in: Hofmann/Raue/Zech, Eigentum in der digitalen Gesellschaft, S. 103, 105; *Ohly*, in: Auer et al., FS Canaris, S. 1010; *Zech*, AcP 219 (2019), 488 (514, 577).

1018 So insb. auch *Berberich*, Virtuelles Eigentum, S. 125. Dazu bereits oben, S. 222ff.

Mit Blick auf die von *Kreutz* am Rivalitätskriterium vorgenommene inhaltliche Kritik ist zunächst auf die im Einklang mit dem Schrifttum[1019] bereits mehrfach wiederholte Notwendigkeit der sauberen Trennung einzelner Nutzungshandlungen hinzuweisen. Wenn er aus der platzbedingten Kapazitätsgrenze eines Schlossparks ableitet, das Fotografieren des Schlosses selbst sei eine rivalisierende Nutzungshandlung,[1020] dann vermengt er nämlich, wie auch der BGH in seiner Grundstücksfotografie-Rechtsprechung,[1021] das Betreten einerseits mit dem Fotografieren andererseits. Es ist nicht das Fotografieren selbst, was andere am Fotografieren hindert, sondern richtigerweise das Betreten des Schlossparks und das Stehenbleiben an der jeweiligen Stelle.[1022] Dass das Betreten des Grundstücks rivalisierend und damit eine Eigentümerbefugnis ist, wird aber auch von allen übrigen Auffassungen so gesehen.[1023] Dieser Kritikpunkt geht mithin an der Frage nach der Beurteilung der hier eigentlich interessierenden Datenerhebungs- und -verwertungshandlungen vorbei.

Blickt man auf die oben dargestellte Entscheidung des OLG Dresden aus der Perspektive des Rivalitätskriteriums, so zeigt sich ferner, dass dieses – anders als von *Kreutz* behauptet – nicht zwingend zur Verkürzung der Eigentümerbefugnisse führt, sondern im Gegenteil sogar zu deren Ausweitung. Denn unterlegt man die Entscheidung des Gerichts mit dem Körperlichkeitskriterium anstatt dem der Rivalität, so wäre die Eigentumsbeeinträchtigung wohl schon tatbestandlich durch das Gericht abzulehnen gewesen. Auch wenn *Kreutz* somit zwar im Hinblick auf die Bündeltheorie in seiner ablehnenden Haltung zuzustimmen ist, ist ihm bei seiner inhaltlichen Kritik am Rivalitätskriterium für sich genommen zu widersprechen. Es ist nicht das Rivalitätskriterium, sondern allein die Bündeltheorie, die eine Rückkehr zu der von ihm befürchteten »Schwundstufe« bedeuten würde.

Wenn *Kreutz* schlussendlich behauptet, das Rivalitätskriterium sei zwar »im Tatsächlichen fraglos ein trefflicher Analysetopos«, in rechtlicher Hinsicht aber zur Beschreibung von Eigentümerbefugnissen ungeeignet,[1024] so ist ihm zu widersprechen. Denn auch das Kriterium der Körperlichkeit beschreibt letztlich ein tatsächliches Phänomen und wird dennoch für die Bestimmung von Eigentümer-

1019 Diese Notwendigkeit betonen (wenngleich unterschiedlich deutlich) *v. Bressendorf*, Das private »Hausrecht«, S. 137f.; *Kianfar*, Sachfotografie und Hausrecht, S. 192; *Lauber-Rönsberg*, in: Hofmann/Raue/Zech, Eigentum in der digitalen Gesellschaft, S. 101; *Lehment*, Das Fotografieren von Schutzgegenständen, S. 106; *Schack*, JZ 2011, 375 (376); *Weller*, ZUM 2018, 484 (488f.); *Zech*, Information als Schutzgegenstand, S. 284; *ders.* AcP 219 (2019), 488 (573).

1020 Vgl. *Kreutz*, RW 2022, 354 (374), dazu bereits oben, S. 226.

1021 Zu der dem BGH diesbzgl. vorgehaltenen Kritik oben, S. 188f.

1022 *Kianfar*, Sachfotografie und Hausrecht, S. 66; *Zech*, AcP 219 (2019), 488 (570 Fn. 275).

1023 Zu den jeweiligen Auffassungen oben, S. 206f., 212; 214.

1024 Vgl. ausdrückl. *Kreutz*, RW 2022, 354 (377).

befugnissen genutzt[1025] – erinnert sei dafür nur an die vielzitierte Aussage *Pickers*, dass die »physischen Grenzen [der Sache] grundsätzlich zugleich die rechtlichen Grenzen des Eigentums definieren«.[1026]

(4) Zwischenfazit

Zusammenfassend ist den Befürwortern des Rivalitätskriteriums in ihren Argumenten zuzustimmen und festzuhalten, dass das Rivalitätskriterium eine geeignete Beschreibung der (positiven) Befugnisse des Sacheigentümers nach § 903 Satz 1 BGB ermöglicht und insb. eine präzise Abgrenzung von denen des Inhabers eines Immaterialgüterrechts erlaubt. Die mit ihm erzielten Ergebnisse werden dabei den unterschiedlichen (vor allem ökonomischen) Zwecken der jeweiligen Rechtsgebiete gerecht. Die zum Teil in Bezug auf das Rivalitätskriterium geäußerte Kritik ist im Wesentlichen als nicht überzeugend zurückzuweisen und lässt sich an vielen Stellen bereits mit den schon im Schrifttum schon geäußerten Argumenten entkräften. Auch sprechen keine sachenrechtshistorischen Gründe gegen ein am Rivalitätskriterium orientiertes Eigentumsverständnis. Das Befürworten des Kriteriums geht zudem nicht zwingend mit der Zugrundelegung der – nur insoweit ist der Kritik zuzustimmen – abzulehnenden Bündeltheorie einher.

Da das Rivalitätskriterium nach dem hier zugrunde gelegten Verständnis vor allem auf die jeweilige Nutzungshandlung und nicht auf das Regelungsobjekt (Sache oder Immaterialgut) abstellt, können mit ihm auch Fälle überzeugend und kohärent gelöst werden, die unter Zugrundelegung des klassischerweise verwendeten Körperlichkeitskriteriums nur mit Anstrengung oder beinahe gar nicht lösbar waren. Dennoch führt das Rivalitätskriterium richtigerweise nicht zu einer Verdrängung des Körperlichkeits- bzw. Sachherrschaftsdenkens, sondern dient vielmehr als rein deskriptives, ergänzendes Kriterium zu dessen Konkretisierung. Denn auch die Rivalität knüpft letztlich an die Körperlichkeit als ein die Sachnutzung natürlicherweise begrenzendes Phänomen an.

cc) Anschlusshandlungen auf Tatbestandsseite nicht vom Betreten mitumfasst

Wie eingangs dargelegt, gehen alle Autoren im Ausgangspunkt davon aus, dass das Betreten des Grundstücks – sei es aufgrund seiner Rivalität oder seiner Körperlichkeit – eine von § 903 Satz 1 BGB erfasste, grundsätzlich dem Eigentümer vorbehaltene Nutzungshandlung ist.[1027] *Raue* geht jedoch hierüber hinaus und

---

1025 Vgl. z. B. implizit *Lauber-Rönsberg*, in: Hofmann/Raue/Zech, Eigentum in der digitalen Gesellschaft, S. 104; *Zech*, Information als Schutzgegenstand, S. 327; *ders.*, AcP 219 (2019), 488 (592); andeutungsweise *ders.*, ZGE 15 (2023), 53 (69); *Wellenhofer*, in: Hofmann/Raue/Zech, Eigentum in der digitalen Gesellschaft, S. 79.

1026 Vgl. ausdrückl. *Picker*, NJW 2015, 2304 (2305).

1027 Dazu oben, S. 206f., 209f., 212.

vertritt, dass zudem alle durch das Betreten ermöglichten Nutzungshandlungen vom Eigentümer verboten werden können. In der Sache unterstellt er damit alle Anschlusshandlungen ebenfalls dem Gewährleistungsumfang der Nutzungs- und Ausschlussbefugnis des Eigentümers nach § 903 Satz 1 BGB. Zur Begründung vertritt er, dass dem Eigentümer eine Aufspaltungsbefugnis zustehe, jener also zwar das Betreten erlauben, daran anknüpfende Handlungen aber verbieten könne. Die Zuwiderhandlung stelle ihrerseits eine Eigentumsverletzung dar.[1028] Diese Aufspaltungsbefugnis und die damit einhergehende Möglichkeit, nicht nur das Betreten an sich, sondern auch einzelne Anschlusshandlungen eigentumsrechtlich zu unterbinden, ist ein Eckpfeiler von *Raues* Auffassung. Um diesen zu untermauern, beruft er sich auf verschiedene Entscheidungen des BGH. Die Tauglichkeit mancher dieser Urteile als Beleg wird allerdings von Vertretern der Gegenauffassung bezweifelt.[1029] Im Folgenden soll gezeigt werden, dass dem zuzustimmen ist und richtigerweise keine der von *Raue* angeführten BGH-Entscheidungen geeignet ist, seine auf eine Aufspaltungsbefugnis und vom Betreten mitumfasste Anschlusshandlungen abzielende These zu stützen.

(1) Gasbelieferungs-*Entscheidungen des Bundesgerichtshofs*

Ein von *Raue* zur Begründung herangezogenes Beispiel sind die *Gasbelieferung I* und *II*-Entscheidungen des BGH.[1030] Den Entscheidungen lagen Fälle zugrunde, in denen ein Gaslieferant (Erstlieferant) seinem Kunden im Rahmen eines Gasbelieferungsvertrages einen in seinem Eigentum stehenden Flüssiggastank unter der vertraglichen Bedingung zur Verfügung stellte, dass der Kunde ausschließlich von ihm stammendes Gas in den Tank einfüllt. Der Kunde ließ später jedoch ohne die Einwilligung des Erstlieferanten von einem Zweitlieferanten Gas einfüllen. Diese Befüllung gegen den Willen des Erstlieferanten hat der BGH als Eigentumsbeeinträchtigung i. S. d. § 1004 Abs. 1 BGB qualifiziert und einen Unterlassungsanspruch des Erst- gegen den Zweitlieferanten bejaht. Der Erstlieferant sei auch nicht nach § 1004 Abs. 2 BGB zur Duldung verpflichtet. Denn die vom Kunden veranlasste Befüllung des Tanks durch den Zweitlieferanten sei »bestimmungswidrig«, da der Kunde aufgrund der vertraglichen Abrede mit dem Eigentümer in

1028 Vgl. *Raue*, in: Hofmann/Raue/Zech, Eigentum in der digitalen Gesellschaft, S. 119f.; dazu oben, S. 207f.; dazu ferner krit. *Hofmann*, in: Pertot, Rechte an Daten, S. 21 Fn. 77, der von »Folgenutzungen« spricht und die Auffassung *Raues* knapp als »zu weitgehend« abweist.

1029 Vgl. *Lauber-Rönsberg*, in: Hofmann/Raue/Zech, Eigentum in der digitalen Gesellschaft, S. 102, die einer »Aufspaltungsbefugnis« an sich kritisch gegenübersteht.

1030 Vgl. *Raue*, in: Hofmann/Raue/Zech, Eigentum in der digitalen Gesellschaft, S. 120 Fn. 63f., in Bezugnahme auf BGH, Urt. v. 15.09.2003 – II ZR 367/02 = GRUR 2004, 263ff. – *Gasbelieferung I*; BGH, Urt. v. 10.10.2005 – ZR 323/03 = GRUR 2006, 167 – *Gasbelieferung II*.

der Nutzung des Tanks eingeschränkt gewesen und daher nicht zur Veranlassung der Befüllung durch den Zweitlieferanten befugt gewesen sei.[1031]

Auf dieser Grundlage geht *Raue* davon aus, dass sämtliche Nutzungshandlungen, die gegen den Willen des Eigentümers mit der Sache vorgenommen werden, nicht nur eine vertragliche Pflichtverletzung, sondern stets auch eine Eigentumsverletzung darstellten und dementsprechend vom Eigentümer über § 1004 Abs. 1 BGB untersagt werden könnten. Dem Eigentümer stehe es aufgrund seines Eigentums zu, auch spätere Handlungen desjenigen, dem er die Sache überlasse, mit dinglicher Wirkung zu erlauben oder zu untersagen. Gleiches müsse konsequenterweise auch für unbewegliche Sachen gelten, sodass auch sämtliche an das Betreten anschließende Handlungen mit dinglicher Wirkung verboten werden könnten.[1032]

Lauber-Rönsberg kritisiert diese Schlussfolgerung. Sie argumentiert, das Urteil des BGH sei zwar »auch nach der [von ihr] vertretenen Ansicht richtig«, der Grund dafür sei jedoch weniger im entgegenstehenden Willen des Eigentümers (und der daraus vom BGH gefolgerten sog. Bestimmungswidrigkeit der Befüllung)[1033] als in der Vorenthaltung der dem Eigentümer zustehenden Nutzungsmöglichkeit am Tank durch den Zweitlieferanten zu sehen.[1034] Damit rekurriert sie abermals auf die Rivalität als maßgebliches Kriterium zur Bestimmung der Eigentümerbefugnisse und veranschaulicht damit, wie zuvor schon *Zech* in Bezug auf andere Beispiele aus der Rechtsprechung,[1035] dessen Tauglichkeit zur sachgerechten Lösung bereits aufgetretener Problemfragen. Weder *Raue* noch *Lauber-Rönsberg* haben dabei jedoch die Richtigkeit der Urteile hinterfragt und sich insb. nicht mit der zu den Urteilen ergangenen Kritik aus dem Schrifttum auseinandergesetzt. Damit die Rechtsprechung des BGH überhaupt als Stütze für *Raues* Auffassung in Betracht gezogen werden kann, muss sie ihrerseits zutreffend sein. Im Folgenden wird dargelegt, dass die Rechtsprechung für sich genommen zwar richtig ist, jedoch trotzdem nicht als Grundlage für *Raues* Standpunkt dienen kann und *Lauber-Rönsberg* somit im Ergebnis zuzustimmen ist.

Die Instanzgerichte und das überwiegende Schrifttum sprachen sich gegen die inhaltliche Richtigkeit der dargestellten *Gasbelieferungs*-Entscheidungen des BGH aus. Neben wettbewerbsrechtlichen Bedenken (denn der Unterlassungsanspruch

1031 Vgl. BGH, Urt. v. 15.09.2003 – II ZR 367/02 = GRUR 2004, 263f. – *Gasbelieferung I*; best. durch BGH, Urt. v. 10.10.2005 – ZR 323/03 = GRUR 2006, 167 – *Gasbelieferung II.*

1032 Vgl. zum Vorstehenden insg. *Raue*, NJW 2019, 2425 (2427); *ders.*, in: Hofmann/Raue/Zech, Eigentum in der digitalen Gesellschaft, S. 120.

1033 *Grotheer*, GRUR 2006, 110 (112).

1034 Vgl. ausdrückl. *Lauber-Rönsberg*, in: Hofmann/Raue/Zech, Eigentum in der digitalen Gesellschaft, S. 102; ähnlich, aber ohne nähere Begründung, auch *Peukert*, Güterzuordnung als Rechtsprinzip, S. 223f.

1035 Vgl. *Zech*, AcP 219 (2019), 488 (581ff.), dazu bereits oben, S. 218ff.

des Erst- gegen den Zweitlieferanten nach § 1004 Abs. 1 BGB sorgt faktisch für ein Wettbewerbshindernis) sorgten bei den Kritikern auch sachenrechtliche Aspekte für Zweifel: Die vom BGH angenommene Eigentumsbeeinträchtigung durch den Zweitlieferanten komme von vornherein nicht in Betracht. Denn die durch die Befüllung des Tanks bewirkte Vorenthaltung der Nutzungsmöglichkeit könne den Eigentümer gar nicht mehr i. S. d. § 1004 Abs. 1 BGB beeinträchtigen. Eine Beeinträchtigung der Nutzungsmöglichkeit käme nämlich nur dann in Betracht, wenn sie dem Erstlieferanten überhaupt noch zugestanden hätte. Dies sei zwar im Ausgangspunkt der Fall, da das in § 903 Satz 1 BGB Ausdruck findende gesetzliche Leitbild annehme, dass der Eigentümer zugleich auch unmittelbarer Besitzer der Sache und damit zur Ausübung der Benutzung berechtigt und faktisch imstande sei. Im vorliegenden Fall habe sich der Erstlieferant der Nutzungsmöglichkeit aber zugunsten des Kunden begeben. Die Nutzungsmöglichkeit knüpfe nämlich an den unmittelbaren Besitz an der Sache an und sei dementsprechend dann nicht mehr gegeben, wenn der Eigentümer diesen auf einen Dritten übertrage. Die Nutzungsmöglichkeit müsse demnach rein faktisch bestimmt werden und richte sich dementsprechend nicht nach den Vorgaben der zugrunde liegenden schuldrechtlichen Abrede. Durch die Besitzübertragung habe der Erstlieferant die Nutzungsmöglichkeit auf den Kunden übertragen, weshalb er in ihr nicht mehr durch den Zweitlieferanten verletzt werden könnte. Das Verbot, den Tank durch Dritte befüllen zu lassen, habe ausschließlich schuldrechtliche Wirkung, sodass ein Verstoß gegen sie lediglich eine Vertrags-, nicht aber eine Eigentumsverletzung begründen könne.[1036]

Nur vereinzelt findet sich im Schrifttum Widerspruch hiergegen. Soweit ersichtlich schließt sich einzig *Grotheer* der Rechtsprechung des BGH an.[1037] Ihm zufolge handelt es sich bei der Bejahung der Eigentumsbeeinträchtigung, anders als von der Gegenauffassung behauptet, nicht um eine systemwidrige Ausdehnung der rein schuldrechtlichen Nutzungsbeschränkung auf den nicht am Vertrag beteiligten Zweitlieferanten. Vielmehr sei zu berücksichtigen, dass § 903 Satz 1 BGB dem Eigentümer einen Umgang mit der Sache »nach Belieben« zuweise. Dementsprechend könne der Eigentümer innerhalb des Rahmens seiner Befugnisse durch Bestimmung selbst festlegen, worin eine Eigentumsbeeinträchtigung zu sehen sei, mithin auch die Befüllung des Tanks durch den Zweitlieferanten. Darüber hinaus sei auch die Annahme der Gegenauffassung, der Eigentümer könne durch die Befüllung des Tanks durch den Zweitlieferanten nicht in

1036 Vgl. zum Vorstehenden insg. OLG Oldenburg, Urt. v. 26.09.2002 – 1 U 42/02 = BeckRS 2002, 30285180; OLG Brandenburg, Urt. v. 16.07.2002 – 6 U 173/01 = BeckRS 2002, 30272640; best. durch OLG Brandenburg, Urt. v. 14.02.2003 – 6 U 62/02 = BeckRS 2003, 17767 Rn. 26f.; *König*, NJW 2005, 191 (192f.); *Löhnig*, JA 2004, 185 (187); in diese Richtung auch *Wolf*, LMK 2003, 242 (243f.).

1037 Vgl. *Grotheer*, GRUR 2006, 110ff., *passim*.

seiner Nutzungsbefugnis eingeschränkt werden, fehlerhaft. Denn die Übertragung des unmittelbaren Besitzes auf den Kunden und der damit verbundene faktische Verlust der Nutzungsmöglichkeit bedeute richtigerweise keine Übertragung der rechtlichen Nutzungsbefugnis des Eigentümers auf jenen. Eine andere Ansicht führe zu einer »Erschöpfung« des Eigentums durch Besitzaufgabe. Diese sei der Sacheigentumsdogmatik aber fremd, da gerade solche Handlungen, die nicht mit einem Besitzverlust aufseiten des Eigentümers einhergingen, eine Beeinträchtigung i. S. d. § 1004 Abs. 1 BGB darstellen könnten.[1038] Schließlich sei auch die von der Gegenauffassung postulierte, rein faktische Betrachtungsweise für die Beurteilung der Nutzungsbefugnis des Eigentümers aus § 903 Satz 1 BGB verfehlt. Käme es für die Frage, ob dem Eigentümer die Nutzungsbefugnis an der Sache (noch) zustehe oder nicht, allein auf dessen faktische Möglichkeit zur Nutzung an, wäre die Existenz der Besitzschutzansprüche aus §§ 861f. BGB nicht erklärbar. Denn richtigerweise knüpften nur diese an die faktische Möglichkeit des Besitzers zur Nutzung der Sache aufgrund seiner Sachherrschaft an.[1039]

Die Auffassung *Grotheers*, und damit zumindest im Ergebnis auch die Entscheidung des BGH, verdient insgesamt Zustimmung. Entgegen der Ansicht des überwiegenden Schrifttums verliert ein Eigentümer, der seinem Kunden im Rahmen eines Vertragsverhältnisses einen Flüssiggastank zur Verfügung stellt, nicht die ihm nach § 903 Satz 1 BGB zustehende Nutzungsbefugnis an den Kunden. Vielmehr kann in der Überlassung des Tanks an den Kunden gerade eine Ausübung der Nutzungsbefugnis durch den Eigentümer gesehen werden. Mit der Besitzüberlassung – in Verbindung mit dem zugrunde liegenden schuldrechtlichen Kausalgeschäft – erlaubt und ermöglicht der Eigentümer dem Kunden die Benutzung des Tanks und verzichtet seinerseits aufgrund der gewährten Gegenleistung dem Kunden gegenüber auf Geltendmachung seiner Eigentümerbefugnisse.[1040] Auf Dritte, also bspw. einen Zweitlieferanten, kann dieser Verzicht indes nicht erstreckt werden, da die Abrede nur relative Wirkung zwischen Eigentümer und dem Kunden entfaltet. Dies wird vom BGH gemeint sein, wenn er sagt, dass die Befüllung des Tanks durch den Zweitlieferanten »[a]ngesichts der vertraglich vereinbarten Beschränkung der Nutzung des Behälters nur zur Befüllung mit Flüssiggas der Kl. (...) bestimmungswidrig« gewesen sei.[1041] Die von der Gegenauffassung angenommene Übertragung der dinglichen Nutzungsbefugnis auf den Kunden ist abzulehnen. Denn sie führt genau genommen zu einer teilweisen Auf- bzw. Abspaltung der in § 903 Satz 1 BGB normierten Eigentümerbefugnisse. Ab-

1038 Vgl. zum Vorstehenden insg. *Grotheer*, GRUR 2006, 110 (112).

1039 *Grotheer*, GRUR 2006, 110 (113).

1040 Ähnlich, allerdings in Bezug auf die Bestellung von (Grund-)Dienstbarkeiten, *Lakkis*, in: BeckOGK BGB, 01.08.2024, § 903 Rn. 102f.; in diese Richtung bzgl. Nießbrauch auch *Wieling*, Sachenrecht Bd. 1, S. 274.

1041 Vgl. ausdrückl. BGH, Urt. v. 15.09.2003 – II ZR 367/02 = GRUR 2004, 263 – *Gasbelieferung I.*

seits der Einräumung beschränkt dinglicher Rechte ist dies mit dem Eigentumsverständnis des BGB aber nicht in Einklang zu bringen.[1042]

Auch wenn die Entscheidungsgründe knapp und wenig aufschlussreich formuliert sind, ist die Rechtsprechung des BGH somit, entgegen der überwiegenden Literaturansicht, als im Ergebnis zutreffend zu bewerten. Nichtsdestotrotz kann sie *Raues* Auffassung nicht stützen, weshalb wiederum auch *Lauber-Rönsberg* in ihrer Kritik beizupflichten ist: Zwar urteilt der BGH, wie dargestellt, dahingehend in *Raues* Sinne, dass der Eigentümer auch nach Überlassung des Besitzes (und damit der faktischen Nutzungsmöglichkeit) weitere Nutzungshandlungen mithilfe von § 1004 Abs. 1 BGB unterbinden kann, wenn sie seinem Willen widersprechen.[1043] Entscheidend für die korrekte Interpretation der Entscheidung ist jedoch die (recht beiläufige) Aussage *Grotheers*, nach der die Annahme einer Beeinträchtigung i. S. d. § 1004 Abs. 1 BGB aufgrund des entgegenstehenden Willens des Eigentümers allein »in den Grenzen des § 903 Satz 1 BGB« in Betracht komme.[1044] Eine Steuerung von Anschlusshandlungen ist demnach nur dann denkbar, wenn diese auch für sich genommen vom Eigentum umfasst sind bzw. es beeinträchtigen. Daher ist nicht jedwede Anschlusshandlung auch von den Eigentümerbefugnis umfasst, nur weil die vorangegangene Ausgangshandlung es ist. Vielmehr kann die Anschlusshandlung ihrerseits nur mit dinglicher Wirkung unterbunden werden, wenn auch sie in den Kreis der dem Eigentümer nach § 903 Satz 1 BGB zustehenden Handlungen fällt. Dies entspricht der von *Lauber-Rönsberg*, *Zech* und dem übrigen überwiegenden Schrifttum betonten gesonderten Prüfung einer jeden Nutzungshandlung dahingehend, ob sie in den Zuweisungsgehalt des Eigentums fällt oder nicht.[1045] Im *Gasbelieferungs*-Fall war dies unproblematisch, da das Befüllen des Tanks nach allen Ansichten – egal, ob man auf die Körperlichkeit oder die Rivalität einer Nutzungshandlung abstellt – eine im Ausgangspunkt dem Eigentümer zustehende Handlung ist. In der Folgeentscheidung hat der BGH zur Begründung der Eigentumsbeeinträchtigung darauf abgestellt, dass die vom Zweitlieferanten vorgenommene »unbefugte Fremdbefüllung die Sachherrschaft des Eigentümers (...) verkürzt«.[1046] Geht man diesbezüglich mit einigen Vertretern des Schrifttums davon aus, dass sich hinter dem Abgrenzungs-

---

1042 Allg. *Baur*, in: Soergel, § 903 Rn. 5; *Brückner*, in: MüKo BGB, § 903 Rn. 7f.

1043 Das ist gemeint, wenn der BGH von »Bestimmungswidrigkeit« spricht, *Grotheer*, GRUR 2006, 110 (112).

1044 Vgl. ausdrückl. *Grotheer*, GRUR 2006, 110 (112).

1045 Vgl. *v. Bressendorf*, Das private »Hausrecht«, S. 137f.; *Kianfar*, Sachfotografie und Hausrecht, S. 192; *Lauber-Rönsberg*, in: Hofmann/Raue/Zech, Eigentum in der digitalen Gesellschaft, S. 106; *Lehment*, Das Fotografieren von Kunstgegenständen, S. 106; *Weller*, ZUM 2018, 484 (488f.); *Zech*, AcP 219 (2019), 488 (573).

1046 Vgl. ausdrückl. BGH, Urt. v. 10.10.2005 – ZR 323/03 = GRUR 2006, 167 – *Gasbelieferung II*.

merkmal der Sachherrschaft das Rivalitätskriterium verbirgt,[1047] befindet sich der BGH argumentativ damit sogar auf der Linie von *Zech* und *Lauber-Rönsberg* und mithin gerade nicht aufseiten *Raues*, der eine Zuweisung jedweder Anschlusshandlung befürwortet. Es ist daher – in Übereinstimmung mit *Lauber-Rönsberg* – festzuhalten, dass die von *Raue* als Grundlage angeführten *Gasbelieferungs*-Entscheidungen nicht geeignet sind, um seine Auffassung zu stützen.

(2) Taschenkontrolle-*Entscheidung des Bundesgerichtshofs*

Auch die Eignung des von *Raue* ebenfalls als Beleg für seine Aussage, die Erlaubnis des Eigentümers, das Grundstück zu betreten, umfasse zudem (zugleich aber auch nur) »verkehrsübliche« Anschlusshandlungen,[1048] angeführten *Taschenkontrolle*-Urteils des BGH[1049] muss infrage gestellt werden. In der Entscheidung hat der BGH festgestellt, dass die Gestattung des Betretens eines Supermarkts nur für Kunden gelte, »die sich im Rahmen üblichen Käuferverhaltens bewegen«. Dem Supermarktbetreiber stehe es demnach frei, das Betreten von Bedingungen abhängig zu machen. Werde gegen diese verstoßen, könne der Besucher vom Zutritt ausgeschlossen werden.[1050] Hieraus folgert *Raue*, dass der Grundstückseigentümer das Betreten erstens unter die Einhaltung von Bedingungen stellen und sich zweitens weitere Handlungen, wie z. B. das Datenerheben, mit dinglicher Wirkung vorbehalten und daher verbieten oder erlauben könne.[1051]

Eine solche zweite Schlussfolgerung lässt das Urteil des BGH bei genauerer Betrachtung aber gar nicht zu. Der BGH bezieht sich in seiner Begründung auf das Hausrecht des Supermarktbetreibers, nicht auf das Eigentum am Grundstück. Dies ist für sich genommen zwar kein Problem, denn auch wenn die Rechtsfigur des Hausrechts insgesamt hinterfragt wird, ist die Auffassung, dass es – jedenfalls auch – aus dem Eigentum herzuleiten ist, weit verbreitet.[1052] Inhaltlich umfasst

---

1047 Vgl. *Kianfar*, Sachfotografie und Hausrecht, S. 54; *Zech*, AcP 219 (2019), 488 (562, 589); dazu bereits oben, S. 218, 222f.

1048 Vgl. ausdrückl. *Raue*, in: Hofmann/Raue/Zech, Eigentum in der digitalen Gesellschaft, S. 119f.

1049 BGH, Urt. v. 03.11.1993 – VIII ZR 106/93 = NJW 1994, 188 – *Taschenkontrolle im Supermarkt.*

1050 Vgl. ausdrückl. BGH, Urt. v. 03.11.1993 – VIII ZR 106/93 = NJW 1994, 188f. – *Taschenkontrolle im Supermarkt*, m. w. N.

1051 Vgl. *Raue*, in: Hofmann/Raue/Zech, Eigentum in der digitalen Gesellschaft, S. 119f.

1052 Vgl. z. B. BGH, Beschl. v. 14.03.1990 – KVR 4/88 = NJW 1990, 2815 (2817) – *Sportübertragungen*; BGH, Urt. v. 08.11.2005 – KZR 37/03 = NJW 2006, 377 (379) – *Hörfunkrechte* m. w. N.; OLG Frankfurt a. M., Urt. v. 11.02.2019 – 16 U 205/17 = ZUM 2019, 439 (441); *Althammer*, in: Staudinger BGB, 2020, § 903 Rn. 11; *Brückner*, in: MüKoBGB, § 903 Rn. 53; *Lakkis*, in: BeckOGK BGB, 01.08.2024, § 903 Rn. 113f.; *Peukert*, Güterzuordnung als Rechtsprinzip, S. 221; *Raff*, in: MüKoBGB, § 1004 Rn. 25f.; *Spohnheimer*, in: BeckOGK BGB, 01.11.2024, § 1004 Rn. 83.1; krit. *Hofmann*, JURA 2014, 141 (142f.); für eine ausführliche Darstellung des Meinungsstandes vgl. *v. Bressendorf*, Das private »Hausrecht«, S. 45ff.

das Hausrecht allerdings bloß einen Teilbereich der eigentumsrechtlichen Zuweisungen und ist weniger als ein eigenes Rechtsinstitut zu verstehen, denn als eine Sammelbeschreibung von Eigentümerbefugnissen, die eine bestimmten Zweck verfolgen.[1053] Dieser Zweck ist primär in der Regelung des Zugangs und des Aufenthalts innerhalb der räumlichen Sphäre des Grundstücks zu erblicken. Das Hausrecht dient damit in erster Linie der Herstellung geordneter Verhältnisse innerhalb der räumlichen Sphäre, auf die es sich bezieht. Kern der hausrechtlichen Befugnisse ist demzufolge die Entscheidung über den Zutritt und anschließenden Aufenthalt von Dritten innerhalb dieser räumlichen Sphäre.[1054] Hieraus resultiert auch die Befugnis zum Erlass einer sog. Hausordnung, mit der die Rahmenbedingungen des Aufenthalts konkretisiert werden können.[1055] Aus diesem Grund ist die mit der *Hörfunkrechte*-Entscheidung des BGH begründete Aussage *Raues*, der Eigentümer dürfe den Zutritt zum Grundstück auf bestimmte Zwecke beschränken,[1056] für sich genommen zwar zutreffend.[1057] Die Grenze zu den über das Hausrecht hinausgehenden Befugnissen des Eigentums insgesamt verläuft indes bei der Nutzungsbefugnis: Nicht die einzelne Sachnutzung ist Schutzgegenstand des Hausrechts, sondern lediglich deren Ermöglichung durch die Abwehr- und Ordnungsbefugnisse.[1058] Konsequenz dieses begrenzten Kreises von Befugnissen ist, dass ein Verstoß gegen hausrechtliche Zutritts- und/oder Aufenthaltsbedingungen einzig und allein dazu führt, dass der Hausrechtsinhaber das Verlassen der räumlichen Sphäre verlangen kann. Darüber hinausgehende Ansprüche können somit nicht auf Grundlage des Hausrechts geltend gemacht werden.[1059] Aus diesem Grunde ist die (von *Raue* nicht mehr berücksichtigte) Aussage des BGH, der Hausrechtsinhaber könne »demjenigen, der [die] Zutrittsbedingungen nicht erfüllen will, vom Zutritt ausschließen«,[1060] gerade wörtlich zu ver-

1053 *v. Bressendorf*, Das private »Hausrecht«, S. 119; *Hofmann*, JURA 2014, 141 (151).

1054 Zum Vorstehenden insg. *v. Bressendorf*, Das private »Hausrecht«, S. 113; *Schulze*, JZ 2015, 381 (385, 388); *Weller*, ZUM 2018, 484 (488).

1055 *Althammer*, in: Staudinger BGB, 2020, § 903 Rn. 10; *v. Bressendorf*, Das private »Hausrecht«, S. 119; *Schulze*, JZ 2015, 381 (388).

1056 Vgl. *Raue*, in: Hofmann/Raue/Zech, Eigentum in der digitalen Gesellschaft, S. 119, in Bezugnahme auf BGH, Urt. v. 08.11.2005 – KZR 37/03 = NJW 2006, 377 (379) – *Hörfunkrechte*.

1057 In diesem Sinne *Kianfar*, Sachfotografie und Hausrecht, S. 113.

1058 *Schulze*, JZ 2015, 381 (385); in diese Richtung wohl auch *Spohnheimer*, in: BeckOGK BGB, 01.11.2024, § 1004 Rn. 83.4; *Stang*, Das urheberrechtliche Werk, S. 308, m. w. N.

1059 Zum Vorstehenden insg. *Kianfar*, Sachfotografie und Hausrecht, S. 114, 190, 191f.; in diese Richtung auch *v. Bressendorf*, Das private »Hausrecht«, S. 138f.; *Peukert*, Güterzuordnung als Rechtsprinzip, S. 221f.; *Stang*, Das urheberrechtliche Werk, 308f.; a. A. OLG Frankfurt a. M., Urt. v. 11.02.2019 – 16 U 205/17 = ZUM 2019, 439 (442).

1060 Vgl. ausdrückl. BGH, Urt. v. 03.11.1993 – VIII ZR 106/93 = NJW 1993, 188 (189) – *Taschenkontrolle im Supermarkt*.

stehen und auch inhaltlich zutreffend, denn hierauf beschränken sich vor dem Hintergrund des Gesagten seine Befugnisse. Somit stützt auch dieses Urteil die dargestellte Auffassung *Raues* dahingehend, dass der Zutritt auch Anschlusshandlungen wie das Datenerheben und -verwerten umfasse und Verstöße gegen Zutritts- und Aufenthaltsbedingungen dementsprechend auch eigentumsrechtliche Folgeansprüche in Bezug auf die Erhebung oder Verwertung von Daten nach sich zögen, gerade nicht. Es bleibt damit bei der im Schrifttum vielfach betonten Beschränkung des Eigentümers auf die Befugnis, den Besucher des Grundstücks zu verweisen.[1061]

(3) Zwischenfazit

Insgesamt zeigt sich, dass die Auffassung, auch Anschlusshandlungen in Form des Datenerhebens und -verwertens seien von dem – unstreitig in den Schutzbereich des § 903 Satz 1 BGB fallenden – Betreten mitumfasst und könnten dementsprechend vom Eigentümer »feingranular mit dinglicher Wirkung [gesteuert werden]«,[1062] mit den von *Raue* angeführten Entscheidungen des BGH nicht begründet werden kann. Sie beruht auf einer überschießenden Interpretation der Aussagen des BGH, die bei genauerem Hinsehen in den Entscheidungsgründen gar keine Grundlage findet. Vielmehr deutet die Rechtsprechung, insb. die *Taschenkontrolle*-Entscheidung, sogar in die entgegengesetzte Richtung. Denn der BGH stellt ausdrücklich klar, dass die einzige Rechtsfolge eines Verstoßes gegen die Zutrittsbedingungen ist, dass das Verlassen des Grundstücks gefordert werden kann, unabhängig davon, worin der Verstoß gegen die Zutrittsbedingungen gelegen hat. Aus diesem Grunde ist *Raues* Standpunkt – bezogen auf die Tatbestandsseite der Eigentumsbeeinträchtigung – als unzutreffend abzulehnen. Sind Anschlusshandlungen wie das Datenerheben und -verwerten auf dieser Grundlage dementsprechend als nicht vom Betreten mitumfasst anzusehen, müssen sie konsequenterweise isoliert zu betrachtende Nutzungshandlungen darstellen. Zusammenfassend ist daher der ganz überwiegenden Meinung im Schrifttum, insb. *Lauber-Rönsberg* und *Zech*, zuzustimmen, die betonen, dass sie unabhängig voneinander auf ihre eigentumsrechtliche Relevanz hin zu bewerten seien.[1063]

1061 Vgl. *v. Bressendorf*, Das private »Hausrecht«, S. 138, in Bezug auf das Hausrecht; *Kianfar*, Sachfotografie und Hausrecht, S. 113, in Bezug auf das Hausrecht; andeutungsweise auch *Lauber-Rönsberg*, in: Hofmann/Raue/Zech, Eigentum in der digitalen Gesellschaft, S. 107; ebenfalls bzgl. des Hausrechts *Peukert*, Güterzuordnung als Rechtsprinzip, S. 221; andeutungsweise *Stang*, Das urheberrechtliche Werk, 308f.; *Stieper*, ZUM 2011, 331 (332); *Zech*, Information als Schutzgegenstand, S. 290.

1062 *Raue*, in: Hofmann/Raue/Zech, Eigentum in der digitalen Gesellschaft, S. 120.

1063 Dazu oben, S. 209f.

dd) *Fehlender Schutzzweckzusammenhang auf Rechtsfolgenseite*

Noch weitaus grundlegendere Bedenken gegenüber *Raues* Auffassung ergeben sich jedoch, wenn man unterstellt, dass alleine das unerlaubte Betreten des Grundstücks die tatbestandsseitig haftungsbegründende Eigentumsbeeinträchtigung ist, an die Löschungs- und Unterlassungsansprüche geknüpft werden sollen. Es ist nämlich zu beachten, dass Ansprüche, die auf den Schutz des Eigentums abzielen, stets an die jeweilige Beeinträchtigung anknüpfen und nur die Beseitigung derer Folgen bezwecken. Eine darüber hinausgehende Unterlassung, Beseitigung oder Wiederherstellung ist hingegen nicht geschuldet.[1064] Dieses Ergebnis wird bereits durch das Erfordernis des Schutzzweckzusammenhangs vorgegeben. Hierunter wird die, meist i. R. d. Schadensersatzrechts thematisierte, normative Verbindung zwischen der Rechtsgutsverletzung und den aus ihr resultierenden Folgen, die durch den Eigentumsanspruch unterbunden oder beseitigt werden sollen, beschrieben. Zweck dieser Zurechnungsbeschränkung ist, dass nicht sämtliche Folgen, die bloß kausal auf die Eigentumsverletzung zurückzuführen sind, Gegenstand der Haftung sein sollen. Vielmehr sollen nur diejenigen Verletzungsfolgen vermieden bzw. beseitigt werden, vor deren Eintritt durch die jeweilige Haftungsvorschrift gerade geschützt werden soll.[1065] Zur Prüfung des Schutzzweckzusammenhangs ist die zutreffende Bestimmung der Eigentumsbeeinträchtigung vor diesem Hintergrund unabdingbar. Insofern wird die bereits i. R. d. Grundstücksfotografie-Diskussion und auch danach geäußerte Kritik, es werde nicht hinreichend genau zwischen Betreten, Fotografieren und Verwerten der Fotografien unterschieden, zu Recht abermals aufgegriffen und *Raue* entgegengehalten.[1066] Geht man nämlich – wie hier unterstellt – vom unerlaubten Betreten des Grundstücks als maßgebliche Beeinträchtigungshandlung aus, so liegt im Aufenthalt innerhalb der Grundstücksgrenzen die Beeinträchtigungshandlung, deren Beseitigung und zukünftige Unterlassung (§ 1004 Abs. 1 BGB) jedenfalls verlangt werden kann. Die Existenz der erhobenen Daten sowie – erst recht – die mit deren späterer Verwendung ggf. erzielten Gewinne gehen hingegen nicht unmittelbar auf das Betreten des Grundstücks, sondern auf die daran anknüpfende Erhebungs- sowie die nochmal spätere Verwendungshandlung zurück. Bereits die Datenerhebungshandlung unterbricht deshalb wertungsmäßig den Kausalverlauf zwischen Betreten und späterer Verwertung, sodass der Schutzzweckzusammenhang und damit auch auf das Betreten gestützte Ansprüche auf Löschung und Unterlassung der weiteren Ver-

1064 Zum Vorstehenden insg. *Thole*, in: Staudinger BGB, 2023, § 1004 Rn. 368.

1065 Zum Vorstehenden insg. *Flume*, in: BeckOK BGB, 01.05.2024, § 249 Rn. 288; *Höpfner*, in: Staudinger BGB, 2021, § 249 Rn. 28; *Oetker*, in: MüKo BGB, § 249 Rn. 121.

1066 Vgl. dazu *Lauber-Rönsberg*, in: Hofmann/Raue/Zech, Eigentum in der digitalen Gesellschaft, S. 106; so auch *Zech*, Information als Schutzgegenstand, S. 289f.; *ders.*, AcP 219 (2019), 488 (573, 581).

wendung des Eigentümers nicht bestehen.[1067] Besonders deutlich wird die Problematik des Schutzzweckzusammenhangs dann, wenn die Verwertung nicht durch die das Grundstück betretende Person selbst, sondern durch einen Dritten erfolgt. Jenem kann das Betreten nämlich gar nicht zum Vorwurf gemacht werden.[1068]

Die zum Beweis des Gegenteils wiederum vorgebrachten Argumente sind zwar wertungsmäßig nachvollziehbar, dogmatisch aber nicht überzeugend. *Raue* zufolge sei der Schutzzweckzusammenhang sehr wohl jedenfalls dann gegeben, wenn die Eigentumsverletzung – das Betreten des Grundstücks – auf die Datenerhebung gerichtet sei und nicht bei bloßer Gelegenheit erfolge. Da das Eigentum dem Inhaber sämtliche mit dem Betreten verbundenen wirtschaftlichen Vorteile zuweise und die erhobenen Daten auf dieses Betreten zurückzuführen seien, seien Löschungs- und Unterlassungsansprüche gerade vom Schutzzweck erfasst.[1069] Diese Begründung ist erstens aus dem schon mehrfach erwähnten Grunde nicht überzeugend, dass auch bei ihr die verschiedenen Handlungen durcheinandergebracht werden. Die Daten beruhen nämlich in erster Linie auf dem Erheben. Wie dargestellt, ist das Datenerheben aber keine dem Betreten inhärente Anschlusshandlung.[1070] Legt man dies zugrunde, beschreibt die von *Raue* zwischen den Daten und dem Betreten hergestellte Verbindung genau genommen nur die äquivalente Kausalität, sagt aber nichts über den Schutzzweckzusammenhang aus. Zweitens begegnet die Beschränkung der Bejahung des Schutzzweckzusammenhangs auf Fälle, in denen das Betreten des Grundstücks auf die Datenerhebung abzielt, praktischen Schwierigkeiten. Auf der Hand liegt nämlich die damit einhergehende Beweisproblematik, sofern damit (auch) die Absicht des Handelnden gemeint sein sollte. Denn dann hinge die Zurechenbarkeit von einem subjektiven Merkmal ab. Besonders problematisch ist dies, wenn die Datenerhebung automatisiert erfolgt.

Praktisch zudem wohl nur schwer handhabbar ist die von *Raue* ferner vorgeschlagene Ausklammerung von Fällen, bei denen die erhobenen Daten inhaltlich »keinen spezifischen Bezug zum Grundstück (...) haben, weil sie ohne weiteres

---

1067 Zum Vorstehenden insg. *v. Bressendorf*, Das private »Hausrecht«, S. 136f.; *Kianfar*, Sachfotografie und Hausrecht, S. 192; *Lauber-Rönsberg*, in: Hofmann/Raue/Zech, Eigentum in der digitalen Gesellschaft, S. 106; *Lehment*, Das Fotografieren von Kunstgegenständen, S. 140; *Weller*, ZUM 2018, 484 (489); *Zech*, Information als Schutzgegenstand, S. 290; andeutungsweise *ders.*, AcP 219 (2019), 488 (581).

1068 In diesem Sinne *Ellger*, Bereicherung durch Eingriff, S. 535f.

1069 Vgl. *Raue*, in: Hofmann/Raue/Zech, Eigentum in der digitalen Gesellschaft, S. 124f.

1070 So auch *v. Bressendorf*, Das private »Hausrecht«, S. 137f.; *Lauber-Rönsberg*, in: Hofmann/Raue/Zech, Eigentum in der digitalen Gesellschaft, S. 106; *Weller*, ZUM 2018, 484 (488); *Zech*, Information als Schutzgegenstand, S. 290; *ders.*, AcP 219 (2019), 488 (581); dazu ausführlich oben, S. 230ff.

auch andernorts (...) hätten erhoben werden können«.[1071] Denn hiermit wird die Bejahung des Schutzzweckzusammenhangs von dem semantischen Gehalt der vom Datum transportierten Information abhängig gemacht. Dies wird mit Blick auf Grundstücksdaten dann zum Problem, wenn der anhaltende Fortschritt der Technik es ermöglicht, inhaltsgleiche Daten aus größeren (Drohnenüberflug) oder gar größten (z. B. per Flugzeug) Distanzen aufzunehmen, bei denen nicht mehr von einer »physischen Fühlungnahme«, wie *Raue* sie voraussetzt,[1072] mit dem Grundstück ausgegangen werden kann. In einem solchen Fall würde der technische Fortschritt den Umfang des Schutzbereichs des Sacheigentums vorgeben, was, wie auch vom Schrifttum allgemein zu bedenken gegeben wird, mit Blick auf das sachenrechtliche Publizitätsprinzip zu Abgrenzungsproblemen und damit zu Rechtsunsicherheit führen würde.[1073]

ee) Keine Auffangfunktion und Zuweisung von Verwertungserlösen

Mit dem Vorstehenden wurde festgestellt, dass sowohl eine Zuordnung von an das Betreten anknüpfenden Anschlusshandlungen in Gestalt der Datenerhebung und -verwertung zum Eigentümer des Grundstücks nicht überzeugend begründbar ist als auch der Schutzzweckzusammenhang, insb. zur Verwertung und den daraus erzielten Erlösen, fehlt, wenn man stattdessen alleine auf das Betreten des Grundstücks als Beeinträchtigungshandlung abstellt. Wenn *Raue* im Anschluss an den BGH schließlich vertritt, dass das Eigentum seinem Inhaber »alle wirtschaftlich wertvollen Handlungen zu[weist], die eine physische Fühlungnahme mit [der] Sache erfordern«,[1074] dann ist damit aber nicht lediglich die Zuweisung der Verwertungshandlung, sondern auch die Zuweisung der durch sie erzielten Erlöse verbunden.[1075] In dieser Hinsicht ist ihm zunächst zuzugestehen, dass die Verwertung der Sache bzw. die Entscheidung darüber durchaus eine dem Eigentümer zustehende Befugnis ist.[1076] Zu Recht wird jedoch von *Lauber-Rönsberg* die Frage aufgeworfen, ob diese grundsätzlich sachbezogene Verwertungsbefugnis

1071 Vgl. ausdrückl. *Raue*, in: Hofmann/Raue/Zech, Eigentum in der digitalen Gesellschaft, S. 125.

1072 Vgl. ausdrückl. *Raue*, in: Hofmann/Raue/Zech, Eigentum in der digitalen Gesellschaft, S. 113.

1073 Vgl. *Lauber-Rönsberg*, in: Hofmann/Raue/Zech, Eigentum in der digitalen Gesellschaft, S. 102; *Peukert*, Güterzuordnung als Rechtsprinzip, S. 220.

1074 Vgl. ausdrückl. *Raue*, in: Hofmann/Raue/Zech, Eigentum in der digitalen Gesellschaft, S. 124 Fn. 84, wohl in Bezugnahme *Raue*, a. a. O, S. 113 Fn. 19, dort wiederum in Bezugnahme auf BGH, Urt. v. 28.10.2010 – I ZR 60/09 = GRUR 2011, 436ff. – *Hartplatzhelden.de.*

1075 So auch *Lauber-Rönsberg*, in: Hofmann/Raue/Zech, Eigentum in der digitalen Gesellschaft, S. 105.

1076 *Walter*, ZEuP 2017, 863 (873f.); *Wilhelmi*, in: Erman, BGB, Vorbem. § 903 Rn. 2; krit. offenbar *Kianfar*, Sachfotografie und Hausrecht, S. 75f., nach der die Verwertung »keine selbständige Kategorie neben der tatsächlichen und rechtlichen Verwendung der Sache« darstellt.

derart allumfassend sein kann, dass sie auch mittelbare Verwertungshandlungen und die daraus erzielten Erlöse im Hinblick auf Daten *über* die Sache erfasst und dem Eigentümer zuweist.[1077] Im Folgenden wird gezeigt, dass gegen ein solches Verständnis der Eigentumszuweisungen gleich mehrere Gründe sprechen und *Raues* Auffassung daher auch in dieser Hinsicht in Übereinstimmung mit der überzeugenden Gegenauffassung[1078] abzulehnen ist.

(1) Systematische Argumente

Die Annahme einer in § 903 Satz 1 BGB enthaltenen allumfassenden Verwertungsbefugnis und Erlöszuweisung ist bereits aus systematischen Gesichtspunkten abzulehnen. Zwar ist im Hinblick auf die Unanwendbarkeit urheberrechtlicher Regelungen – jedenfalls bei den untersuchungsgegenständlichen landwirtschaftlichen Bodendaten – zuzugestehen, dass der i. R. d. Grundstücksfotografie-Diskussion vorgebrachte Einwand, durch die Bejahung einer Eigentumsbeeinträchtigung würden Verwertungsrechte des Urhebers einerseits und die Gemeinfreiheit als grundlegend zu beachtendes Prinzip andererseits umgangen,[1079] nicht trägt. Denn wenn das Urheberrecht insgesamt unanwendbar ist, kann diesen Fragen bereits von vornherein keine Bedeutung zukommen. Dennoch kann hieraus nicht der Schluss gezogen werden, dass der Zuweisung einer allumfassenden Verwertungsbefugnis und Gewinnzuweisung nichts entgegenstünde.[1080] Tatsächlich sprechen mehrere systematische Gründe gegen eine solche Sichtweise.

Zunächst ähnelt der von *Raue* geäußerte Gedanke der Annahme des BGH, das Herstellen und insb. das Verwerten von Fotografien bzw. Daten stelle eine Eigentumsverletzung dar, da bei »natürlicher Betrachtungsweise ein fremder Vermögenswert nutzbar gemacht« werde.[1081] Dort wie hier ist dem entgegenzuhalten, dass eine Eigentumsbeeinträchtigung nicht davon abhängt, ob eine durch das Betreten des Grundstücks ermöglichte Handlung – und die durch sie erzielten Ergebnisse – wertvoll ist. Einzig von Bedeutung ist, ob durch die Handlung in den Zuweisungsgehalt des Eigentums eingegriffen wird; ihr bloß ökonomischer Wert ist dafür aber an sich nicht relevant, da es sich beim Eigentum nicht um eine allge-

---

1077 Vgl. *Lauber-Rönsberg*, in: Hofmann/Raue/Zech, Eigentum in der digitalen Gesellschaft, S. 105.

1078 Vgl. zutr. insb. *Lauber-Rönsberg*, in: Hofmann/Raue/Zech, Eigentum in der digitalen Gesellschaft, S. 105f.

1079 Dazu oben, S. 192ff.

1080 Insofern prägnant *Althammer*, in: Staudinger BGB, 2020, § 903 Rn. 11 (im Anschluss an *Lehment*, GRUR 2011, 327f.) bzgl. Grundstücksfotografien: »Aus dem Fehlen konkreter Urheberrechte Dritter, welche eine fotografische Verwertung durch den Eigentümer verbieten, kann nicht umgekehrt ein Ausschließlichkeitsrecht des Sacheigentümers hergeleitet werden.»

1081 Vgl. dazu BGH, Urt. v. 20.09.1974 – I ZR 99/73 = NJW 1975, 778 – *Schloss Tegel*; dazu oben, S. 196.

meine Vermögenszuweisung handelt.[1082] Aus diesem Grund muss auch der Annahme *Lauber-Rönsbergs*, die Datenverwertung könne grundsätzlich durchaus als rivalisierende Nutzungshandlung (und damit als Eigentümerbefugnis) angesehen werden, da die drohende Konkurrenz bei der Verwertung durch Dritte zu einer Schmälerung der Gewinnchancen führe,[1083] eine Absage erteilt werden. Denn die konkurrenzbedingte Schmälerung von Gewinnchancen betrifft lediglich das Vermögensinteresse des Eigentümers, welches für sich genommen jedoch keinen eigentumsrechtlichen Schutz genießt.[1084] Es kommt auf Grundlage des zum hier befürworteten Rivalitätskriterium bereits Gesagten[1085] alleine auf die faktische Beeinträchtigung der jeweiligen Nutzungshandlung für die Qualifikation als Eigentümerbefugnis an. Etwaig bestehende Konkurrenz hindert jedoch nicht faktisch daran, die Daten zu verwerten, sodass die Verwertungshandlung richtigerweise als nicht rivalisierend anzusehen ist.[1086] Sollen Daten bspw. durch Rechtsgeschäft verwertet werden, ist der Inhaber der Daten nämlich auch durch ggf. bestehende Konkurrenz nicht daran gehindert, sie bspw. einem Datenhändler anzubieten. Im Unterbreiten eines Angebots liegt dabei bei genauer Betrachtung die Verwertungshandlung, denn aus dem hierauf geschlossenen Vertrag resultiert letztlich der (Anspruch auf) Erlös. Dass der Vertrag aus Gründen der Konkurrenz am Markt letztlich womöglich nicht zustande kommt, bedeutet nicht, dass die Angebots- oder Annahmehandlung faktisch be- oder verhindert würde. Die Erfolgswahrscheinlichkeit der Angebotshandlung ist schlicht gemindert. Ein anderes Verständnis würde die Außerkraftsetzung von Marktmechanismen durch die eigentumsrechtliche Absicherung von Geschäftsmöglichkeiten zur Folge haben.[1087] Das wäre insb. vor dem Hintergrund der auch von *Lauber-Rönsberg* selbst betonten ökonomischen Rechtfertigungsbedürftigkeit von Eigentumszuweisungen[1088] ein widersprüchliches Ergebnis.

1082 *Ellger*, Bereicherung durch Eingriff, S. 535; *Kübler*, in: Grunsky, FS Baur, S. 62; krit. auch *Peukert*, Güterzuordnung als Rechtsprinzip, S. 142f.; krit. auch *Stieper*, ZUM 2011, 331 (332); in diesem Sinne auch *Jansen*, AcP 216 (2016), 112 (222); *Mestmäcker*, JZ 1958, 521 (523); allg. zur Voraussetzung des Eingriffs in den Zuweisungsgehalt für die Erlösauskehr zu § 687 Abs. 2 BGB *Schäfer*, in: MüKo BGB, § 687 Rn. 16, m. w. N.; zu § 812 Abs. 1 Satz 1 Alt. 2 BGB *Schwab*, in: MüKo BGB, § 812 Rn. 295; zur Trennung von Eigentum und Vermögen *Kern*, Typizität als Strukturprinzip, S. 113; *Wagner*, in: MüKo BGB, § 823 Rn. 472f.

1083 Vgl. *Lauber-Rönsberg*, in: Hofmann/Raue/Zech, Eigentum in der digitalen Gesellschaft, S. 105.

1084 *Berberich*, WRP 2011, 543 (545); *Lehment*, Das Fotografieren von Kunstgegenständen, S. 102, m. w. N.; *Schack*, ZEuP 2006, 149 (155).

1085 Zum Inhalt des Kriteriums oben, S. 216ff.

1086 *Zech*, Information als Schutzgegenstand, S. 288f.; *Peukert*, Güterzuordnung als Rechtsprinzip, S. 220; *Stang*, Das urheberrechtliche Werk, S. 308.

1087 In diese Richtung auch *Kianfar*, Sachfotografie und Hausrecht, S. 79f.

1088 Vgl. *Lauber-Rönsberg*, in: Hofmann/Raue/Zech, Eigentum in der digitalen Gesellschaft, S. 100; dazu bereits oben, S. 210f.

Des Weiteren hätten eine derart umfassende Verwertungsbefugnis und Erlöszuweisung in systematischer Hinsicht zur Folge, dass die §§ 953ff. BGB obsolet wären. Denn es wäre ohnehin jeglicher Vermögenszuwachs, der äquivalent-kausal auf das Betreten des Grundstücks zurückgeführt werden kann, von § 903 Satz 1 BGB dem Eigentümer zugewiesen. Die Existenz der Regelungen ist jedoch nur dann erklärbar, wenn nicht sämtliche mit der Verwertung des Eigentums in Verbindung stehende Vermögensvorteile schon von vornherein dem Eigentümer zustehen. Denn wäre deren Zuweisung ein Automatismus, bedürfte es keiner Regelung, die dies anordnet.[1089] Dass ein solcher Automatismus im BGB aber nicht angelegt ist, zeigt auch ein Umkehrschluss aus der in § 987 Abs. 1 BGB enthaltenen Regelung. Danach stehen dem Eigentümer die Nutzungen, die ein gutgläubiger aber unrechtmäßiger Besitzer vor Rechtshängigkeit aus der Sache gezogen hat, nicht zu. Die Vorschrift ist mithin ein weiterer Beleg dafür, dass der Gesetzgeber dem Eigentümer nicht sämtliche Vorteile, deren Ziehung seine Sache ermöglicht, zuweisen möchte und nicht einmal eine unberechtigte Nutzung der Sache per se zur Herausgabe der Vorteile verpflichten soll.[1090]

Die von §§ 987 Abs. 1, 990 Abs. 1 Satz 1 BGB vorausgesetzte Gutgläubigkeit des Besitzers bzgl. seines fehlenden Besitzrechts und die daraus folgende Privilegierung, die gezogenen Nutzungen nicht herausgeben zu müssen,[1091] bringt zudem ein – auch hinter § 687 Abs. 2 BGB stehendes – allgemeines Prinzip zum Ausdruck: Hiernach ist derjenige, der vorsätzlich fremdes Recht gewinnbringend verwertet, zur Auskehr des Gewinns verpflichtet. Der vorsätzlich in den Zuweisungsgehalt Eingreifende muss mithin einem Treuhänder gleichgestellt werden, der ebenfalls nicht auf das Behaltendürfen des erzielten Gewinns vertrauen darf.[1092] Voraussetzung dafür ist jedoch wiederum der (zudem vorsätzliche) Eingriff in den Zuweisungsgehalt des jeweiligen Rechts. Bei nicht rivalisierenden Anschlusshandlungen ist dies jedoch aus den zuvor genannten Gründen gerade nicht der Fall, sodass eine Gewinnauskehr mithin ausscheiden muss.

(2) Wertende Argumente

Von den dargelegten systematischen Aspekten zu trennen, aber zum Teil doch von ihnen indiziert, sind ferner wertungsmäßige Gründe, die ebenfalls gegen die Annahme einer allumfassenden Verwertungsbefugnis und Gewinnzuweisung sprechen.

1089 Zum Vorstehenden insg. *Kianfar*, Sachfotografie und Hausrecht, S. 79f., in Bezugnahme auf § 100 BGB. Richtigerweise enthält dieser aber keine Aussage über die Zuweisung von Nutzungen; dies ist vielmehr Gegenstand der §§ 953ff. BGB.

1090 Allg. zum Vorstehenden insg. *Mestmäcker*, JZ 1958, 521 (523).

1091 Statt vieler nur *Raff*, in: MüKo BGB, § 993 Rn. 20f.

1092 Zum vorstehend beschriebenen Prinzip *Jansen*, AcP 216 (2016), 112 (200f.); m. w. N. in Bezug auf § 987 BGB so auch *Thole*, in: Staudinger BGB, 2023, § 987 Rn. 1.

War die Aussage *Lauber-Rönsbergs*, die Datenverwertung könne aufgrund der ggf. bestehenden Konkurrenzsituation als rivalisierende Nutzungshandlung angesehen werden,[1093] noch abzulehnen, ist ihr letztliches Abrücken hiervon mit dem Hinweis auf die Gefahr der Ausuferung der von § 903 Satz 1 BGB umfassten Befugnisse[1094] ein wertungsmäßig gewichtiger Grund. Denn die erwähnte, durch die Zuweisung einer allumfassenden Verwertungsbefugnis bedingte, eigentumsrechtliche Absicherung von Geschäftsmöglichkeiten würde letztlich auch die Zuweisung sämtlicher ökonomischer Vorteile bedeuten.[1095] Die Konsequenz wäre eine unbegrenzte Monopolisierung des gesamten der Sache innewohnenden – materiellen wie immateriellen – ökonomischen Potenzials zugunsten des Eigentümers.[1096] Mit Blick auf datenbasierte Geschäftsmodelle würde dies sowohl einen wettbewerbs- als auch innovationshemmenden Fehlanreiz setzen. Denn sämtliche Handlungen wären von der Einwilligung des Grundstückseigentümers abhängig bzw. stets der Gefahr von Unterlassungs- oder Schadensersatzansprüchen ausgesetzt.[1097] Ein solches Ergebnis kann vom Gesetzgeber jedoch nicht beabsichtigt gewesen sein.

Wenn man mit *Raue* verträte, dass das Eigentum seinem Inhaber »alle wirtschaftlich wertvollen Handlungen zu[weist], die eine physische Fühlungnahme mit [der] Sache erfordern«,[1098] dann betrachtete man, wie bereits im Hinblick auf den Schutzzweckzusammenhang betont,[1099] alleine die äquivalente Kausalität zwischen dem Betreten des Grundstücks und der späteren Verwertungshandlung. Die Folge einer auf dieser Grundlage exklusiv dem Eigentümer zugewiesenen Verwertungsmöglichkeit wäre, dass jegliches gewinnorientierte Handeln Dritter eine Eigentumsbeeinträchtigung bedeutete, wenn es äquivalent-kausal (wenngleich noch so entfernt) durch ein Betreten des Grundstücks ermöglicht wurde.[1100] In

1093 Vgl. *Lauber-Rönsberg*, in: Hofmann/Raue/Zech, Eigentum in der digitalen Gesellschaft, S. 105.

1094 Vgl. *Lauber-Rönsberg*, in: Hofmann/Raue/Zech, Eigentum in der digitalen Gesellschaft, S. 105; inhaltlich so auch *Kianfar*, Sachfotografie und Hausrecht, S. 80.

1095 *Kianfar*, Sachfotografie und Hausrecht, S. 79f.; *Stang*, Das urheberrechtliche Werk, S. 305 m. w. N.

1096 *Stang*, Das urheberrechtliche Werk, S. 306, 307f.; in diese Richtung auch *Lauber-Rönsberg*, in: Hofmann/Raue/Zech, Eigentum in der digitalen Gesellschaft, S. 102.

1097 Zum Vorstehenden insg. in diesem Sinne auch *Kianfar*, Sachfotografie und Hausrecht, S. 78, 80; *Peukert*, Güterzuordnung als Rechtsprinzip, S. 894; allg. in diesem Sinne auch *Heinze*, in: Staudinger BGB, 2020, Vorbem. §§ 953ff. Rn. 11.

1098 Vgl. ausdrückl. *Raue*, in: Hofmann/Raue/Zech, Eigentum in der digitalen Gesellschaft, S. 124.

1099 Dazu oben, S. 240.

1100 *Ellger*, Bereicherung durch Eingriff, S. 535f., der dies anhand des Beispiels eines Verlags verdeutlicht, der Fotos gewerblich verbreitet. Sei das Foto mithilfe einer Eigentumsverletzung durch den Fotografen entstanden, könne dies dem später das Foto verwertenden Verlag nicht zum Vorwurf gemacht werden, da ihm keine Eigentumsverletzung vorgewor-

einer arbeitsteiligen Welt, für welche die hier betrachtete Landwirtschaft 4.0 ein besonders geeignetes Beispiel ist, hätte dies zur Folge, dass sämtliche bodendatenbezogenen Handlungen entlang der gesamten Wertschöpfungskette eine Eigentumsbeeinträchtigung wären.[1101] Dies könnte drastische Folgen nach sich ziehen, wenn man bedenkt, dass spätere Akteure in der Wertschöpfungskette regelmäßig keine Kenntnis von zurückliegenden Eigentumsbeeinträchtigungen (in Form des unerlaubten Betretens des Grundstücks) haben werden.[1102] § 1004 Abs. 1 BGB setzt für die Störereigenschaft nämlich keinen Vorsatz voraus, was unter diesen Umständen zu erheblicher Rechtsunsicherheit führen würde.

Auch unabhängig von datenbezogenen Handlungen zeigt ein Beispiel von *Jansen*, dass unter Zugrundelegung von *Raues* Auffassung theoretisch die absurdesten Ergebnisse begründet werden könnten: »Wer schwarz zu einem Geschäftstermin fährt, wäre dem Verkehrsunternehmer [also dem Eigentümer der für den Weg dorthin genutzten Bahn] den Geschäftsgewinn schuldig, obgleich dieser damit nichts zu tun hat«.[1103]

e) Fazit

Das in *Raues* Auffassung zum Ausdruck kommende Bedürfnis nach einem absoluten Schutz gegen die ungewollte kommerzielle Verwendung des Eigentums durch Dritte ist an sich nachvollziehbar und berechtigt. Zu Recht weist er darauf hin, und charakterisiert die Problematik damit zugleich insgesamt treffend, dass der »Nutzungskonflikt nicht allein auf der immateriellen Ebene [verbleibt], sondern [zugleich einer] (...) der körperlichen Welt« ist.[1104] Vor allem der Umstand, dass in urheberrechtlicher Hinsicht, anders als in der vorausgehenden Diskussion um Grundstücksfotografien, nahezu kein Schutz gegen die Erhebung und Verwertung von Bodendaten besteht,[1105] lässt dieses Bedürfnis umso berechtigter erscheinen. Insbesondere in der Landwirtschaft 4.0 wird dies anschaulich, wenn mithilfe von Multispektralkameras sensorbasiert Informationen über die Beschaffenheit des Bodens erhoben werden, die ansonsten nur mit einer physischen Bodenprobe erlangt werden könnten. Die Entnahme einer physischen Bodenprobe

---

fen werden könne; in diesem Sinne auch *Mestmäcker*, JZ 1958, 521 (523), der die bloße Betrachtung von Kausalzusammenhängen kritisiert.

1101 In diesem Sinne auch *Kianfar*, Sachfotografie und Hausrecht, S. 78; *Lauber-Rönsberg*, in: Hofmann/Raue/Zech, Eigentum in der digitalen Gesellschaft, S. 102; *Lehment*, GRUR 2011, 327 (328).

1102 *Ellger*, Bereicherung durch Eingriff, S. 535f., siehe soeben S. 239f.

1103 Vgl. ausdrückl. *Jansen*, AcP 216 (2016), 112 (197).

1104 Vgl. ausdrückl. *Raue*, in: Hofmann/Raue/Zech, Eigentum in der digitalen Gesellschaft, S. 131.

1105 Dazu mit entspr. Nachweisen oben, S. 197ff.

wäre dabei – nach allen Ansichten unstreitig – eine Beeinträchtigung des Eigentums am Grundstück, sofern sie unerlaubt stattfindet.

Es erscheint jedoch voreilig, die sensorbasierte unkörperliche »Entnahme« dieser Informationen damit gleichzustellen, nur weil im Ergebnis inhaltlich dieselben Informationen erlangt werden. Denn der Grund für die unstreitige Bejahung einer Eigentumsbeeinträchtigung liegt bei der physischen Bodenprobe in der Verletzung der Integrität des Bodens als Sache und der Wegnahme des entnommenen Bodens, nicht in der späteren Informationserlangung im Wege der Probenanalyse. An diesem Beispiel zeigt sich abermals die (nicht nur, aber vor allem) von *Lauber-Rönsberg* und *Zech* betonte Notwendigkeit, präzise zwischen einzelnen Handlungen zu differenzieren und sie gesondert auf ihre eigentumsrechtliche Relevanz hin zu überprüfen.[1106] Nur durch die getrennte Betrachtung der einzelnen Handlungen lassen sich stimmige Ergebnisse erzielen. Das von *Raue* vorgeschlagene »sachbasierte Recht am Datenerhebungsvorgang»[1107] sieht sich jedoch genau diesem Vorwurf ausgesetzt. Denn, wie das übrige Schrifttum zu Recht kritisiert, es werden mit diesem Vorschlag verschiedene Handlungen »ineinsgestellt»[1108], obwohl sie richtigerweise einer getrennten Betrachtung bedürfen. In der Sache wird damit der – zumal immer noch nicht näher bestimmte – Schutzbereich des Eigentums von der körperlichen in die immaterielle Welt ausgedehnt, ohne dass wirksame Begrenzungskriterien bestünden, die aber, wie insb. *Lauber-Rönsberg* zu Recht betont, bereits aus Publizitätsgründen auch nach außen erkennbar sein müssen.[1109]

Die Rivalität einer Nutzungshandlung erweist sich für diese Bestimmung des (positiven wie negativen) Zuweisungsgehalts des Eigentums nach § 903 Satz 1 BGB als taugliches Kriterium und hat dementsprechend im Schrifttum inzwischen beachtliche Verbreitung gefunden. Es erlaubt nicht nur eine präzise Abgrenzung zu Befugnissen, die Gegenstand immaterialgüterrechtlicher Zuweisungen sind, sondern auch die kohärente Lösung ehemals problematischer Fälle aus der Rechtsprechung. Es ist insoweit als zusätzliches deskriptives Merkmal zu verstehen, das das an die Körperlichkeit der von § 903 Satz 1 BGB als Regelungsobjekt anvisierten Sache als Abgrenzungskriterium weiter konkretisieren und dessen Anwendung erleichtern (und gerade nicht verdrängen) soll. Dabei ist mit der einhelligen Meinung im Schrifttum davon auszugehen, dass das Kriterium normativ beschränkt werden sollte. Als Kriterium bietet sich dafür die Erheblichkeit an, um die Schwelle für eine Annahme einer Eigentumsbeeinträchtigung nicht zu

---

1106 Dazu mit entspr. Nachweisen oben, S. 209ff.
1107 *Raue*, NJW 2019, 2425 (2426).
1108 *Zech*, AcP 219 (2019), 488 (573).
1109 Dazu mit entspr. Nachweisen oben, S. 210.

niedrig anzusetzen. Dieses Kriterium hat nämlich der BGH schon in seiner bisherigen Rechtsprechung des BGH zu Eigentumsverletzungen angewendet.[1110]

Im Hinblick auf die hier betrachteten datenbezogenen Befugnisse des Betretens des Grundstücks, Erhebens von grundstücksbezogenen Daten und deren anschließender Verwertung ergibt sich damit auf Grundlage des § 903 Satz 1 BGB folgendes Bild: Nach allen Auffassungen ist das Betreten eines Grundstücks zum Zweck der Datenerhebung unstreitig eine von § 903 Satz 1 BGB erfasste Nutzungshandlung und steht daher unter dem Erlaubnisvorbehalt des Eigentümers. Ein unerlaubtes Betreten des Grundstücks ist daher als Eigentumsbeeinträchtigung anzusehen.[1111] Weder das durch das Betreten des Grundstücks ermöglichte Erheben von Daten noch deren wiederum anschließende Verwertung sind dagegen in Übereinstimmung mit den Stimmen der restriktiven Auffassung als von § 903 Satz 1 BGB erfasste Nutzungshandlung anzusehen. Der Grund dafür liegt in der fehlenden Rivalität dieser Nutzungshandlungen.[1112]

Nicht überzeugen kann die von *Raue* in der Sache vorgeschlagene Aufspaltungsbefugnis des Eigentümers, aufgrund derer alle datenbezogenen Anschlusshandlungen, die das Betreten des Grundstücks faktisch voraussetzen, in den Zuweisungsgehalt von § 903 Satz 1 BGB fallen sollen und daher ebenfalls die Einwilligung des Grundstückseigentümers erfordern. Die zur Begründung herangezogenen Urteile stützen seine Auffassung bei genauerer Betrachtung nicht und deuten sogar in die entgegengesetzte Richtung.[1113] Erachtet man demnach im Einklang mit der herrschenden Auffassung im Schrifttum richtigerweise nur das Betreten, nicht aber das anschließende Erheben und Verwerten der Daten als Eigentumsbeeinträchtigung, so fehlt es insb. im Verhältnis zu mit den erhobenen Daten später erzielten Verwertungserlösen am notwendigen Schutzzweckzusammenhang. Dieser wird durch das Erheben und die Verwertungshandlung unterbrochen. *Raues* Auffassung bleibt diesbezüglich bei der alleinigen Betrachtung von Kausalzusammenhängen stehen.[1114] Ihre Konsequenz ist die umfassende Zuweisung aller äquivalent-kausal auf das Betreten des Grundstücks zurückgehenden Vermögensvorteile. Eine solche generelle Zuweisung von Gewinnchancen ist der Eigentumsordnung nicht nur fremd, sondern würde auch innovations- und wettbewerbshindernd wirken. Auch aus systematischen und wertungsmäßigen Gründen ist sie daher abzulehnen.[1115]

Die zur Begründung dieses Ergebnisses herangezogenen Argumente zeigen, dass die i. R. d. Diskussion um die Grundstücksfotografie-Rechtsprechung des

1110 Dazu mit entspr. Nachweisen oben, S. 220f.
1111 Dazu mit entspr. Nachweisen oben, S. 206f., 212, 214.
1112 Dazu mit entspr. Nachweisen oben, S. 212ff., 230ff.
1113 Dazu mit entspr. Nachweisen oben, S. 230ff.
1114 Dazu mit entspr. Nachweisen oben, S. 239ff.
1115 Dazu mit entspr. Nachweisen oben, S. 241ff.

BGH von der (nahezu einhelligen) Literatur vorgebrachten eigentumsbezogenen Argumente im Wesentlichen auf die aktuelle Diskussion übertragen werden können. Aufgrund der weitgehenden Unanwendbarkeit urheberrechtlicher Vorschriften auf landwirtschaftliche Bodendaten sind die systematischen Argumente, die auf die Abgrenzung der Befugnisse konkret des Urhebers von denen des Eigentümers abzielen, dagegen nicht übertragbar.[1116]

Es bleibt mithin bei dem schon vielfach im Schrifttum geäußerten Ergebnis, dass eine gegen den Willen des Grundstückseigentümers vorgenommene Handlung einzig zur Folge haben kann, dass der Besucher des Grundstücks verwiesen wird. Ein Anspruch auf Löschung oder gar Beteiligung am Erlös aus der Verwertung erhobener Daten kommt nicht in Betracht. Dem Eigentümer steht einzig die Möglichkeit zur Verfügung, den Zugang zum Grundstück faktisch zu verwehren oder eine ggf. zuvor erteilte Gestattung wieder zu entziehen, um so die Möglichkeit der Datenerhebung und der späteren -verwertung mittelbar zu steuern.[1117]

3. Anwendung auf Smart Farming-Sachverhalte der Landwirtschaft 4.0

Im Folgenden werden die Ergebnisse aus der Diskussion um datenbezogene Befugnisse des Grundstückseigentümers auf die zu Beginn des Abschnitts dargestellten Sachverhaltskonstellationen angewendet. Um den unterschiedlichen rechtstatsächlichen Gegebenheiten im Hinblick auf die Eigentumslage[1118] Rechnung zu tragen, wird dabei zwischen den Fällen, in denen der das Grundstück bewirtschaftende Landwirt Eigentümer ist und denen, in denen er das Grundstück als Pächter bewirtschaftet, unterschieden. Auch wenn, wie zuvor erörtert, die restriktive Auffassung in Bezug auf datenbezogene Befugnisse des Grundstückseigentümers Zustimmung verdient, soll im Folgenden auch die von *Raue* vertretene extensive Gegenauffassung Berücksichtigung finden. Hierdurch soll gezeigt werden, dass die unterschiedlichen Auffassungen in einer großen Zahl von Smart Farming-Sachverhalten zu demselben Ergebnis gelangen – nämlich, dass keine Ansprüche des Landwirts in Bezug auf die Unterlassung der Erhebung, die Verwertung von Bodendaten oder auf Zugang zu ihnen bestehen.

a) Landwirt und Eigentümer personenidentisch

Am deutlichsten zeigt sich der Gleichlauf der Auffassungen in den Fällen, in denen der Landwirt zugleich Eigentümer der von ihm bewirtschafteten Flächen ist. Der

1116 Dazu mit entspr. Nachweisen oben, S. 197ff.
1117 Dazu mit entspr. Nachweisen oben, S. 238.
1118 Dazu oben, S. 174f.

gemeinsame Nenner der unterschiedlichen Auffassungen liegt nämlich darin, dass jedenfalls das unerlaubte Betreten des Grundstücks als Eigentumsbeeinträchtigung qualifiziert wird.[1119] Insbesondere *Raue* orientiert sich dabei erkennbar an den Sachverhalten der vorangegangenen Diskussion um Grundstücksfotografien, in denen ein Dritter das Grundstück betritt, Fotografien aufnimmt und diese anschließend verwertet.[1120] Sind Landwirt und Grundstückseigentümer jedoch personenidentisch, sind die Sachverhalte allerdings schon von vornherein nicht vergleichbar. Denn es fehlt am Betreten des Grundstücks durch einen Dritten, dem der Eigentümer das Betreten erlauben müsste oder verbieten könnte. Es gibt somit selbst bei Zugrundelegung der (im Übrigen abzulehnenden) extensiven Auffassung, nach der das bloße Betreten des Grundstücks ggf. auch sog. Anschlusshandlungen wie die Datenerhebung und -verwertung mitumfasst,[1121] keinen Anknüpfungspunkt für die Begründung einer Eigentumsbeeinträchtigung.

Nach der vorzugswürdigen restriktiven Auffassung, die Anschlusshandlungen nicht als vom Betreten mitumfasst ansieht, sondern präzise zwischen den einzelnen Handlungen differenziert,[1122] hat das – hier nicht gegebene – Betreten durch einen Dritten keine vergleichbar große Bedeutung. Dennoch kommt diese Auffassung zu demselben Ergebnis, denn das Auslesen der Bodendaten und deren spätere Verwertung sind für sich genommen nicht-rivalisierende Handlungen, sodass sie nicht dem Zuweisungsgehalt des § 903 Satz 1 BGB unterfallen.[1123]

Es ließe sich die Frage stellen, ob sich an dem Ergebnis dann etwas änderte, wenn man davon ausginge, dass die Datenerhebung durch die vom Landwirt verwendete Landmaschine automatisiert im Hintergrund erfolgte, d. h. ohne aktives Ingangsetzen durch den Landwirt. Man könnte den Hersteller der Landmaschine, der die entsprechende Programmierung vorgenommen hat,[1124] als handelnde Person ansehen. Auf Basis der vorzugswürdigen restriktiven Ansicht stellt sich diese Frage aber gar nicht. Denn die Datenerhebung – gleich, von wem oder was initiiert – stellt hiernach eine nicht rivalisierende und damit eigentumsrecht-

1119 Dazu und einem Vergleich der Auffassungen bereits oben, S. 214ff.

1120 Vgl. in diesem Sinne *Raue*, NJW 2019, 2425 (2426, 2429); *ders.*, in: Hofmann/Raue/Zech, Eigentum in der digitalen Gesellschaft, S. 109, 112f., 114; zur Einordnung der Auffassung *Raues* oben, S. 206f.; zur Grundstücksfotografie-Rechtsprechung oben, S. 184ff.

1121 Dazu oben, S. 207f.

1122 Dazu oben, S. 209ff.

1123 Bzgl. der Datenerhebung allg. *Lauber-Rönsberg*, in: Hofmann/Raue/Zech, Eigentum in der digitalen Gesellschaft, S. 104; *Zech*, AcP 219 (2019), 488 (570 Fn. 275, 582f.); *ders.*, Information als Schutzgegenstand, S. 286; bzgl. der Datenverwertung allg. *Lauber-Rönsberg*, in: Hofmann/Raue/Zech, Eigentum in der digitalen Gesellschaft, S. 104, 105f.; *Zech*, Information als Schutzgegenstand, S. 288; dazu insg. bereits oben, S. 212ff.

1124 Es sei unterstellt, dass dies den tatsächlichen Gegebenheiten entspricht.

lich irrelevante Handlung dar.[1125] Legt man hingegen *Raues* extensive Auffassung zugrunde, so ließe sich theoretisch über eine Eigenschaft des Maschinenherstellers als mittelbaren Handlungsstörer i. S. d. § 1004 Abs. 1 BGB nachdenken. Als solcher ist anzusehen, wer die Eigentumsbeeinträchtigung durch einen Dritten in adäquater Weise durch seine Willensbetätigung verursacht.[1126] Zwar kann man davon ausgehen, dass die Datenerhebung und -verarbeitung vom Willen des Maschinenherstellers abhängt und auf diesen zurückgeht. Da Anknüpfungspunkt für die Eigentumsbeeinträchtigung auf Grundlage der Ansicht *Raues* jedoch das Betreten des Grundstücks ist,[1127] muss die mittelbare Störereigenschaft verneint werden. Denn das Betreten bzw. Befahren des Grundstücks mit der Maschine erfolgt mangels Weisungsgebundenheit des Landwirts auf dessen eigenen Entschluss hin, nicht aber den des Maschinenherstellers, ganz gleich, auf wen die Datenerhebung oder -verwertung konkret zurückgeht.

Es zeigt sich damit, dass der mit dem Grundstückseigentümer personenidentische Landwirt nach keiner Auffassung gegen die Erhebung und die weitere Verwendung bzw. bestimmte Verwendungsarten durch Drittunternehmer auf Basis des § 1004 Abs. 1 BGB vorgehen kann. Aus demselben Grund fehlt es auch an einem Anspruch, bspw. aus § 812 Abs. 1 Satz 1 Alt. 2 BGB oder § 687 Abs. 2 BGB, auf Beteiligung an den mit der Verwertung der Daten erzielten Erlösen. Gleiches gilt für einen etwaigen Anspruch auf Zugang zu den erhobenen Daten, gleich, worauf dieser genau gerichtet sein oder woraus er sich ergeben mag.

b) Landwirt und Eigentümer personenverschieden

Einer differenzierteren Betrachtung bedarf dagegen die Konstellation, in der Landwirt und Grundstückseigentümer personenverschieden sind, der Landwirt also nicht seine eigenen, sondern gepachtete Flächen bewirtschaftet. In dieser Konstellation ist es also nicht der Landwirt, der etwaige Ansprüche aus dem Eigentum herleiten könnte, sondern einzig der Verpächter als Grundstückseigentümer. Anders als zuvor besteht in dieser Konstellation des gepachteten Grundstücks ein nach allen Ansichten grundsätzlich eigentumsrelevantes Verhalten, nämlich das Betreten des Grundstücks durch den Landwirt.

1125 Vgl. *Lauber-Rönsberg*, in: Hofmann/Raue/Zech, Eigentum in der digitalen Gesellschaft, S. 104; *Zech*, AcP 219 (2019), 488 (570 Fn. 275, 582f.); *ders.*, Information als Schutzgegenstand, S. 286; dazu oben, S. 212f.

1126 BGH, Urt. v. 07.04.2000 – V ZR 39/99 = NJW 2000, 2901 (2902); BGH, Urt. v. 09.02.2018 – V ZR 311/16 = NJW 2018, 1542 (1543); BGH, Urt. v. 19.07.2019 – V ZR 177/17 = BeckRS 2019, 22578 Rn. 13; *Fritzsche*, in: BeckOK BGB, 01.05.2024, § 1004 Rn. 18; *Thole*, in: Staudinger BGB, 2023, § 1004 Rn. 256; krit. *Raff*, in: MüKo BGB, § 1004 Rn. 161.

1127 Vgl. *Raue*, NJW 2019, 2425 (2426); *ders.*, in: Hofmann/Raue/Zech, Eigentum in der digitalen Gesellschaft, S. 112f.; dazu oben, S. 206ff.

aa) Lösung nach der vorzugswürdigen restriktiven Auffassung

Auf Grundlage der vorzugswürdigen restriktiven Literaturauffassung ergeben sich dennoch keine Unterschiede zur zuvor behandelten Konstellation. Denn auch wenn hier ein eigentumsrelevantes Betreten des Grundstücks durch einen Dritten, den Landwirt, gegeben ist, sind die Datenerhebung und die wiederum spätere -verwertung als Anschlusshandlungen nicht vom Betreten mitumfasst. Sie beeinträchtigen den Eigentümer auch für sich genommen nicht in seinen Befugnissen, da sie als nicht-rivalisierende Nutzungshandlungen dem Zuweisungsgehalt des § 903 Satz 1 BGB nicht unterfallen.[1128] Es bestehen infolge der fehlenden Eigentumsrelevanz dieser Handlungen weder Unterlassungsansprüche gegen das Erheben oder Verwerten der Daten, noch ein Anspruch auf Zugang zu diesen. Erfolgt das Betreten ohne Einwilligung des Eigentümers, sei es schon anfänglich oder aufgrund späteren Wegfalls jener (z. B. konkludent mit der Kündigung des Pachtvertrags, § 594a Abs. 1 BGB), kann der Eigentümer nach § 1004 Abs. 1 BGB einzig das Verlassen des Grundstücks verlangen und das Betreten für die Zukunft untersagen.[1129]

bb) Lösung nach der abzulehnenden extensiven Auffassung

Komplexer ist die Lage dagegen, wenn man mit der abweichenden Auffassung *Raues* davon ausgeht, dass das Betreten des Grundstücks als eigentumsrelevante Handlung auch die dadurch ermöglichte Datenerhebung und spätere -verwertung grundsätzlich mitumfasst und der Eigentümer sich diese Handlungen aufgrund seiner Aufspaltungsbefugnis mit dinglicher Wirkung vorbehalten kann.[1130] Auf dieser Grundlage kommt eine Eigentumsbeeinträchtigung in Betracht, wenn man davon ausgeht, dass dem Landwirt zwar das Betreten, nicht aber die Datenerhebung und -verwertung erlaubt wird. In der Folge könnte der Eigentümer nach § 1004 Abs. 1 BGB vom Landwirt deren Unterlassung (oder der Verwendung datenerhebender Technologien überhaupt) verlangen.

1128 Allg. *Lauber-Rönsberg*, in: Hofmann/Raue/Zech, Eigentum in der digitalen Gesellschaft, S. 104, 105f.; *Zech*, AcP 219 (2019), 488 (570 Fn. 275, 582f.); *ders.*, Information als Schutzgegenstand, S. 286, 288; dazu insg. bereits oben, S. 212ff.; zu den Anschlusshandlungen insb. S. 230ff.

1129 So allg. *v. Bressendorf*, Das private »Hausrecht«, S. 138; *Kianfar*, Sachfotografie und Hausrecht, S. 113; implizit *Lauber-Rönsberg*, in: Hofmann/Raue/Zech, Eigentum in der digitalen Gesellschaft, S. 107; implizit *Peukert*, Güterzuordnung als Rechtsprinzip, S. 221; andeutungsweise Stang, Das urheberrechtliche Werk, S. 308f.; *Stieper*, ZUM 2011, 331 (332); *Zech*, Information als Schutzgegenstand, S. 290; dazu bereits oben, S. 238.

1130 *Raue*, NJW 2019, 2425 (2429); *ders.*, in: Hofmann/Raue/Zech, Eigentum in der digitalen Gesellschaft, S. 119f.; dazu bereits oben, S. 206ff.

In Bezugnahme auf das (von ihm im Übrigen zu weitgehend interpretierte[1131]) *Taschenkontrolle*-Urteil des BGH[1132] geht *Raue* davon aus, dass der Eigentümer grundsätzlich alle Handlungen, die innerhalb der räumlichen Sphäre seines Grundstücks stattfinden, erlauben und verbieten könne. Die Erlaubnis zum Betreten des Grundstücks umfasse dabei grundsätzlich auch solche Anschlusshandlungen, die als verkehrsüblich anzusehen seien.[1133] Der BGH hat in seiner Entscheidung darauf abgestellt, ob sich das Verhalten des Betretenden »im Rahmen [des] üblichen« Verhaltens bewegt.[1134] Die Beurteilung der Üblichkeit eines Verhaltens als ausfüllungsbedürftiges Kriterium muss sich an den Umständen des Einzelfalls orientieren. In den hier betrachteten Sachverhaltskonstellationen erscheint ein Rückgriff auf den gesetzlichen Pflichtenkatalog des Landpachtrechts für diese Ausfüllung geeignet. Die in den §§ 581, 585 BGB geregelten Rechte und Pflichten des Pächters, insb. sein Nutzungsrecht (§§ 581 Abs. 1, 585 BGB), können nämlich als Ausdruck dessen betrachtet werden, was der Gesetzgeber als verallgemeinerungsfähig und damit wohl schlechthin verkehrsüblich ansieht. Legt man *Raues* Auffassung zugrunde, kommt dem landpachtrechtlichen Nutzungsrecht des Pächters damit eine Indizwirkung für die Auslegung der ihm erteilten dinglichen Betretungserlaubnis und somit für den Umfang des vom verpachtenden Eigentümer hinzunehmenden, nicht i. S. d. § 1004 Abs. 1 BGB beeinträchtigenden, Verhaltens des Pächters zu. Die Erlaubnis zum Betreten ist als Willenserklärung[1135] nämlich auch im Kontext der Begleitumstände, insb. etwaig bestehender Vertragsbeziehungen und des mit der Erklärung verfolgten Ziels, auszulegen.[1136] Damit der Pächter seine vertraglichen Pflichten erfüllen kann, muss vor diesem Hintergrund

1131 Dazu oben, S. 236ff.

1132 BGH, Urt. v. 03.11.1993 – VIII ZR 106/93 = NJW 1994, 188 – *Taschenkontrolle im Supermarkt.*

1133 Vgl. *Raue*, in: Hofmann/Raue/Zech, Eigentum in der digitalen Gesellschaft, S. 119f.; dazu oben, S. 207f.

1134 Vgl. BGH, Urt. v. 03.11.1993 – VIII ZR 106/93 = NJW 1994, 188 – *Taschenkontrolle im Supermarkt.*

1135 Im Schrifttum wird darauf hingewiesen, dass die Erlaubnis zum Betreten nicht notwendigerweise eine rechtsgeschäftliche Erklärung sein müsse, sondern auch ein rein tatsächlich wirkendes Einverständnis sein könne, vgl. *v. Bressendorf*, Das private »Hausrecht«, S. 113ff.; *Kianfar*, Sachfotografie und Hausrecht, S. 111ff.; *Raff*, in: MüKo BGB, § 1004 Rn. 209; krit. dagg. *Thole*, in: Staudinger BGB, 2023, § 1004 Rn. 543, 548, nach dem in einem solchen Fall »bei vernünftiger Auslegung« auch eine vertraglich begründete Duldungspflicht anzunehmen sei; zust. *Spohnheimer*, in: BeckOGK BGB, 01.11.2024, § 1004 Rn. 234. In den vorliegend zu beurteilenden Sachverhaltskonstellationen dürfte dieser Frage indes keine praktische Bedeutung zukommen. Denn in jedem Fall ist mit dem Abschluss eines Pachtvertrags und der damit einhergehenden Einräumung des Nutzungsrechts nach §§ 581 Abs. 1, 585 BGB die Begründung einer schuldrechtlichen Duldungspflicht i. S. d. § 1004 Abs. 2 BGB anzunehmen, vgl. dazu allg. *Raff*, in: MüKo BGB, § 1004 Rn. 207; *Spohnheimer*, in: BeckOGK BGB, 01.11.2024, § 1004 Rn. 230.

1136 Allg. und statt vieler *Busche*, in: MüKo BGB, § 133 Rn. 63.

auch die dingliche Betretungserlaubnis konsequenterweise entsprechend weit reichen. Denn sonst wäre der Pächter dem Verpächter gegenüber schuldrechtlich zu etwas verpflichtet, was dieser ihm dinglich aber verboten hat. Ein anderslautendes Auslegungsergebnis würde aufseiten des Verpächters den Vorwurf des widersprüchlichen Verhaltens (§ 242 BGB) nach sich ziehen.[1137]

(1) Smart Farming als ordnungsgemäße Bewirtschaftung i. S. d. § 586 BGB

Der Pächter ist gem. §§ 585 Abs. 1 Satz 1, 586 Abs. 1 Satz 3 BGB zur ordnungsgemäßen Bewirtschaftung des landwirtschaftlich genutzten Grundstücks als Pachtsache verpflichtet. Hierfür hat ihm der Verpächter nach §§ 585 Abs. 2, 581 Abs. 1 BGB dessen Gebrauch zu ermöglichen. Unter das den Anwendungsbereich der Vorschriften begrenzende Merkmal der Landwirtschaft wird die Bodenbewirtschaftung und die mit der Bodennutzung verbundene Tierhaltung zur Gewinnung pflanzlicher oder tierischer Erzeugnisse sowie die gartenbauliche Erzeugung gefasst, § 585 Abs. 1 Satz 2 BGB. Entscheidendes Abgrenzungskriterium für die Frage, ob eine Nutzung als Landwirtschaft i. d. S. anzusehen ist oder nicht, ist der Bodenbezug der Nutzung.[1138] Solange dieser gegeben ist, fällt grundsätzlich auch die Verwendung moderner Bewirtschaftungsmethoden unter den Begriff der Landwirtschaft.[1139] Vor diesem Hintergrund ist die Verwendung von Smart-Farming-Technologien ohne Weiteres als landwirtschaftliche Nutzung anzusehen.

Die in diesem Sinne landwirtschaftliche Nutzung muss auch eine i. S. d. § 586 Abs. 1 Satz 3 BGB ordnungsgemäße Bewirtschaftung des Grundstücks gewährleisten. Was darunter konkret zu verstehen ist, ist nicht explizit normiert, weshalb regelmäßig auf den Bedarf einer dahingehenden pachtvertraglichen Regelung und deren Auslegung zur Konkretisierung dieser Vorgabe hingewiesen wird.[1140] In Literatur und Rechtsprechung wird eine Bewirtschaftung allgemein dann als ordnungsgemäß angesehen, wenn sie nach den einschlägigen technischen und wirtschaftlichen Regeln substanzschonend und erhaltend durchgeführt wird.[1141] Dies ist mit Blick auf Fähigkeiten und Verantwortungsbewusstsein eines durch-

---

1137 Allg. so auch *Thole*, in: Staudinger BGB, 2023, § 1004 Rn. 546.

1138 *Harke*, in: MüKo BGB, § 585 Rn. 4; *Wiese*, in: BeckOGK BGB, 01.11.2022, § 585 Rn. 26.

1139 *Bleckwenn/v. Jeinsen*, in: Staudinger BGB, 2018, § 585 Rn. 24, in Bezugnahme auf BGH, Beschl. v. 19.11.1996 – BLw 12/96 = NJW 1997, 664 (665), der zur HöfeO feststellte, dass der Begriff der Landwirtschaft »vor dem Hintergrund geänderter Produktionsmethoden« weiter auszulegen sei und auch eine im Gewächshaus stattfindende Aufzucht von Zuchtpflanzen umfasse.

1140 Vgl. BGH, Urt. v. 28.04.2017 – LwZR 4/16 = NJW-RR 2017, 1046 (1048); *Schaub*, in: Staudinger BGB, 2018, § 581 Rn. 209; jew. m. w. N.

1141 Vgl. BGH, Urt. v. 16.06.2000 – LwZR 22/99 = NZM 2000, 1058 (1059); OLG Brandenburg, Urt. v. 17.01.2008 – 5 U (Lw) 138/07 = NJW 2008, 2127 (2128); *Leonhard*, in: BeckFormB BHW, Form. III. D.18., Anm. 9.

schnittlichen Landwirts zu beurteilen.[1142] Im Fokus steht damit vor allem die Nachhaltigkeit der Bewirtschaftung, um den Boden als Ertragsquelle zu sichern. Nur eine darauf ausgerichtete Bewirtschaftung ist lege artis und mithin als ordnungsgemäß anzusehen.[1143] Hieran gemessen ist der Einsatz von Smart-Farming-Technologien als Methode zur ordnungsgemäßen Bewirtschaftung i. S. d. Vorschrift einzustufen. Deren zu Beginn dieser Untersuchung beschriebenen Vorteile gegenüber traditionellen Bewirtschaftungsmethoden im Hinblick auf Produktivitätssteigerung einerseits bei gleichzeitiger Ressourcenschonung andererseits ermöglichen gerade eine nachhaltigere Landwirtschaft.[1144] Vor dem Hintergrund der oftmals bestehenden Akzeptanzhindernisse[1145] kann zwar bislang wohl nicht davon gesprochen werden, dass der durchschnittliche Landwirt diese Technologien verwendet. Jedoch müssen Bewirtschaftungsmethoden, die denjenigen Methoden, die diese Nachhaltigkeitsziele des Landpachtrechts erreichen, gleichwertig oder gar überlegen sind, ebenso – oder gar erst recht – als ordnungsgemäß i. S. d. § 586 Abs. 1 Satz 3 BGB angesehen werden.

(2) Rechte des Eigentümers

Die Verwendung von Smart-Farming-Technologien ist vor diesem Hintergrund als ordnungsgemäße Bewirtschaftung i. S. d. § 585 Abs. 1, 586 Abs. 1 Satz 3 BGB zu qualifizieren. Sie entspricht somit dem, was nach der gesetzgeberischen Vorstellung als (verkehrs-)übliches Nutzungsverhalten des Pächters anzusehen ist. Bei Zugrundelegung von *Raues* Auffassung ist sie demnach als eine von der dem Pächter erteilten Erlaubnis, das Grundstück zu betreten, mitumfasste Anschlusshandlung anzusehen. Im Hinblick auf einzelne Befugnisse des verpachtenden Eigentümers (Unterlassung der Erhebung und Verwertung erhobenen Daten sowie Zugang zu ihnen) gilt daher das Folgende.[1146]

1142 OLG Brandenburg, Urt. v. 17.01.2008 – 5 U (Lw) 138/07 = NJW 2008, 2127 (2128); *Bleckwenn/v. Jeinsen*, in: Staudinger BGB, 2018, § 586 Rn. 35; *Leonhard*, in: BeckFormB BHW, Form. III. D.18., Anm. 9; *Wagner*, in: BeckOK BGB, 01.08.2024, § 586 Rn. 3.

1143 OLG Brandenburg, Urt. v. 17.01.2008 – 5 U (Lw) 138/07 = NJW 2008, 2127 (2128); *Leonhard*, in: BeckFormB BHW, Form. III. D.18. Anm. 9; *Wagner*, in: BeckOK BGB, 01.08.2024, § 586 Rn. 3.

1144 Dazu oben, S. 32f.

1145 Dazu oben, S. 33ff.

1146 Dabei sei unterstellt, dass die Erhebungs- und Verwertungshandlungen durch den pachtenden Landwirt selbst vorgenommen werden. Sollte dies in der Realität – was wohl regelmäßig der Fall sein wird – anders sein, ändert dies am Ergebnis nichts. Denn geht die Datenerhebung und -verwertung bspw. auf den Maschinenhersteller zurück, so fehlt es nach der an dieser Stelle zugrunde gelegten Auffassung *Raues* schon an dem Betreten als notwendigen Anknüpfungspunkt für die Annahme einer Eigentumsbeeinträchtigung. Damit scheiden Ansprüche des Eigentümers gegen den Maschinenhersteller schon von Beginn an aus.

(a) Unterlassung der Datenerhebung

Die Erhebung der Bodendaten stellt keine Eigentumsbeeinträchtigung i. S. d. § 1004 Abs. 1 BGB dar. Sie ist charakteristisches Merkmal und essenziell für die Funktionsweise von Smart-Farming-Technologien. Sieht man deren Verwendung wie dargelegt als übliches Nutzungsverhalten und damit als von der Erlaubnis mitumfasste Anschlusshandlung an, so muss dies konsequenterweise auch für die davon inbegriffene Datenerhebung gelten. Deren Unterlassung kann der Eigentümer nicht nach § 1004 Abs. 1 BGB verlangen.

(b) Unterlassung der Datenverwertung und Erlösbeteiligung

Gleiches gilt auch für die Verwertung der Bodendaten. Bei ihr muss die Begründung indes differenzierter ausfallen. Sie ist, wie zu Beginn der Untersuchung umrissen, als jegliche Form der Verwendung zum Zweck des unmittelbaren oder mittelbaren »zu Geld machens« der Daten zu verstehen.[1147] Legt man ein besonders weitreichendes Verständnis dieses Begriffs zugrunde, ist auch ein Auswerten der zuvor erhobenen Daten durch den Landwirt zu dem Zweck, die zukünftige Produktivität der Bewirtschaftung und dadurch mittelbar die Erlöse zu steigern, als Datenverwertung anzusehen. Eine solche Art der Verwertung kann mit derselben Begründung, mit der auch die Qualifikation der Datenerhebung als Eigentumsbeeinträchtigung abgelehnt wurde, als nicht beeinträchtigend bewertet werden. Denn auch diese Anschlusshandlung – die ohnehin oftmals automatisiert erfolgen wird und daher praktisch wohl nicht vom Erhebungsvorgang getrennt werden kann – ist letztlich unabdingbare Funktionsvoraussetzung für Smart-Farming-Technologien.

Diese Argumentation trägt hingegen dann nicht, wenn die Verwertung der Daten durch Rechtsgeschäft erfolgt. Sie ist keine Funktionsvoraussetzung für Smart-Farming-Technologien und ist daher nicht ohne Weiteres als von der Betretungserlaubnis mitumfasste Anschlusshandlung anzusehen. Es bleibt daher diesbezüglich – nach der hier zugrunde gelegten Auffassung *Raues* – zunächst dabei, dass die Verwertungshandlung eine dem verpachtenden Eigentümer zustehende Handlung ist. Wenn *Raue*, wie dargestellt, vertritt, dass jede wirtschaftlich wertvolle Handlung und die durch sie erzielten Erlöse dem Eigentümer zustünden, wenn sie ein Betreten des Grundstücks voraussetzten,[1148] dann befindet er sich erkennbar auf einer Linie mit der Rechtsprechung des BGH zu Grundstücksfotografien,[1149] worin der BGH mehrfach ein Verwertungsrecht des Eigentümers

1147 Dazu oben, S. 54.

1148 Vgl. *Raue*, in: Hofmann/Raue/Zech, Eigentum in der digitalen Gesellschaft, S. 113, 124; dazu bereits oben, S. 207f.

1149 Zu dieser Einordnung bereits oben, S. 206f., 214.

an das Erfordernis des vorherigen Betretens geknüpft hat.[1150] Zur Begründung hat der BGH auch darauf abgestellt, dass dem Eigentümer die Früchte nach § 99 Abs. 3 BGB zustünden und die Erlöse aus der Verwertung von Fotografien als Früchte i. d. S. anzusehen seien.[1151] *Raue* übernimmt diese Begründung, soweit ersichtlich, nicht explizit. Unterstellt man dies aufgrund der im Übrigen bestehenden weitreichenden Übereinstimmung mit dem Standpunkt des BGH jedoch hypothetisch, so ergibt sich auch für die rechtsgeschäftliche Verwertung der Bodendaten, dass sie keine Eigentumsbeeinträchtigung i. S. d. § 1004 Abs. 1 BGB darstellen: Sieht man die Verwertungserlöse mit dem BGH als mittelbare Rechtsfrüchte nach § 99 Abs. 3 BGB an, so steht die auf deren Erzielung gerichtete Fruchtziehungshandlung wiederum nach § 581 Abs. 1 BGB dem pachtenden Landwirt zu. Somit gelangt man auf diesem Wege letztlich zu dem Ergebnis, dass es sich aufgrund der vertraglichen Verteilung von Rechten und Pflichten (und deren Indizwirkung für die dingliche Zutrittserlaubnis) auch bei der rechtsgeschäftlichen Verwertung der Bodendaten um eine (verkehrs-)übliche Handlung des Pächters und mithin nicht um eine Beeinträchtigung des Eigentümers in seinen Rechten gemäß § 1004 Abs. 1 BGB handelt. Auch ein Anspruch auf Herausgabe der damit erzielten Erlöse über § 687 Abs. 2 BGB oder § 812 Abs. 1 Satz 1 Alt. 2 BGB besteht dann mangels Eingriffs in den Zuweisungsgehalt nicht.

Unterstellt man die Übernahme dieses Teils der Argumentation des BGH dagegen nicht, so bleibt die Bejahung einer Beeinträchtigung durch rechtsgeschäftliche Verwertung der Bodendaten auf Grundlage der extensiven Auffassung möglich. Dabei ist jedoch fraglich, inwieweit die Verwertung wirklich durch den Landwirt selbst und nicht vielmehr durch Agrarunternehmen stattfindet. Letzteren wäre wiederum kein Betreten des Grundstücks anzulasten,[1152] sodass kein Anknüpfungspunkt für die Beeinträchtigung gegeben wäre.

(c) Anspruch auf Datenzugang

Einen Zugangsanspruch in dem hier verwendeten Sinne, dass Auskunft, Kenntnisnahme und/oder (ggf. kopieweise) Herausgabe der Daten verlangt werden könnte,[1153] kennt das Bürgerliche Recht nicht. Zwar sieht es mit den §§ 809, 810 BGB Hilfsansprüche auf Besichtigung bzw. Einsichtnahme vor, die wertungsmäßig durchaus jedenfalls mit einem Auskunftsanspruch vergleichbar sind. Jedoch knüpfen diese an die Sacheigenschaft des Besichtigungs- bzw. Einsichtnahmege-

1150 Vgl. BGH, Urt. v. 20.09.1974 – I ZR 99/73 = NJW 1975, 778f. – *Schloss Tegel*; BGH, Urt. v. 17.12.2010 – V ZR 45/10 = NJW 2011, 749 (750) – *Preußische Gärten und Parkanlagen I*; dazu bereits oben, S. 184ff.

1151 BGH, Urt. v. 17.12.2010 – V ZR 45/10 = NJW 2011, 749 (750) – *Preußische Gärten und Parkanlagen I*; zu dieser – abzulehnenden – Einordnung bereits oben, S. 186f., 194ff.

1152 In diesem Sinne *Ellger*, Bereicherung durch Eingriff, S. 535f.

1153 Dazu oben, S. 55ff.

genstands nach § 90 BGB an. Als Anspruchsgegner wird in beiden Fällen nämlich der Besitzer der zu besichtigenden Sache bzw. der Urkunde, in die Einsicht genommen werden soll, festgelegt. Schon hieran scheitert der Anspruch, denn die Daten sind infolge ihrer Unkörperlichkeit keine Sachen.[1154]

Versteht man einen Zugangsanspruch dagegen, in Anlehnung an das Datenschutzrecht,[1155] (auch) als Anspruch auf jedenfalls kopieweise Herausgabe der Daten, so kommen insb. die Herausgabeansprüche aus § 985 BGB und § 812 Abs. 1 Satz 2 Alt. 2 BGB in Betracht. Ein Anspruch aus § 985 BGB scheitert erstens an der fehlenden Sacheigenschaft der Daten[1156] und zweitens daran, dass die Bejahung des Herausgabeanspruchs eine Anerkennung eines Dateneigentums bedeuten würde, was aber auch von der an dieser Stelle zugrunde gelegten abweichenden Auffassung abgelehnt wird.[1157] Der bereicherungsrechtliche Herausgabeanspruch scheidet ebenfalls aus, da er nach der herrschenden Zuweisungstheorie einen Eingriff in den Zuweisungsgehalt eines subjektiven Rechts voraussetzt,[1158] der hier bereits im Hinblick auf die Erhebung der Daten nicht gegeben ist. Im Ergebnis bestehen damit auch keine Zugangsansprüche des Grundstückseigentümers.

c) Fazit

Nach den vorangegangenen Ausführungen kann festgehalten werden, dass das Grundstückseigentum nach § 903 Satz 1 BGB in Sachverhalten der Landwirtschaft 4.0 keine Ansprüche auf Unterlassung gegen die Erhebung und Verwertung von Bodendaten, keinen Anspruch auf Herausgabe des damit ggf. generierten Erlöses und auch keinen Anspruch auf Zugang zu den Bodendaten gewährt. Dieses Ergebnis hat nicht nur dann Bestand, wenn der Landwirt zugleich Eigentümer des von ihm bewirtschafteten Grundstücks ist und die Datenerhebung und spätere -verwertung durch den Landmaschinenhersteller erfolgt, sondern auch dann, wenn der Landwirt lediglich Pächter des von ihm bewirtschafteten Grundstücks ist und die Daten selbst erhebt und verwertet.

1154 Zum Vorstehenden insg. *Fest*, in: Staudinger BGB, 2023, § 809 Rn. 48; *ders.*, in: Staudinger BGB, 2023, § 810 Rn. 252; *Gehrlein*, in: BeckOK BGB, 01.08.2024, § 809 Rn. 2; *ders.*, in: BeckOK BGB, 01.08.2024, § 810 Rn. 1; *McGuire*, GRUR 2015, 424 (429).

1155 Dazu oben, S. 128ff.

1156 *Fritzsche*, in: BeckOK BGB, 01.05.2024, § 90 Rn. 27f.; *Haustein*, Möglichkeiten und Grenzen von Dateneigentum, S. 163f.; *Stieper*, in: Staudinger BGB, 2021, § 90 Rn. 12; *Stresemann*, in: MüKo BGB, § 90 Rn. 25.

1157 Vgl. *Raue*, in: Hofmann/Raue/Zech, Eigentum in der digitalen Gesellschaft, S. 122, m. w. N.

1158 Statt vieler *Schwab*, in: MüKo BGB, § 812 Rn. 295.

Anders als in den Fällen der Grundstücksfotografien, welche die Autoren der verschiedenen Auffassungen erkennbar vor Augen hatten, gibt es nur in der Begründung, nicht aber in den Ergebnissen, wesentliche Diskrepanzen zwischen den Ansichten. Die Hauptursache dafür, dass die unterschiedlichen Ansichten in sämtlichen Sachverhaltskonstellationen letztlich zu gleichen Ergebnissen führen, ist zum einen darin zu sehen, dass in den Konstellationen, in denen der Landwirt zugleich Eigentümer ist, das Betreten des Grundstücks durch einen Dritten als Anknüpfungspunkt für die Eigentumsbeeinträchtigung nicht gegeben ist. Zum anderen ist dann, wenn der Landwirt nicht Eigentümer, sondern nur Pächter ist, diese zwar gegeben, die Bewirtschaftung des Grundstücks mit Smart-Farming-Technologien und die damit einhergehenden Datenerhebungs- und -verwertungshandlungen sind jedoch nicht als Eigentumsbeeinträchtigungen anzusehen. Dem Landpachtrecht kommt insofern eine Indizwirkung für die Zutrittserlaubnis zu. Es füllt das von der – im Übrigen abzulehnenden – Gegenauffassung postulierte Kriterium der Verkehrsüblichkeit einer Nutzungshandlung aus und hat zur Folge, dass jene Nutzungshandlungen als verkehrsüblich und mithin von der Betretungserlaubnis mitumfasst anzusehen sind.

IV. Ergebnisse zum Grundeigentumsrecht (§ 5)

Die vorstehende Untersuchung hat gezeigt, dass die tatsächlichen Gegebenheiten in Bezug auf Eigentumsverhältnisse an landwirtschaftlich genutzten Grundstücken es rechtfertigen, die Frage aufzuwerfen, ob das Eigentum am Grundstück seinem Inhaber datenbezogene Befugnisse in Bezug auf das Grundstück vermittelt. Denn ein noch immer relevanter Teil der Landwirte bewirtschaftet das eigene Grundstück.

Die Aussagekraft der für die Frage nach datenbezogenen Befugnissen des Eigentümers zentralen Vorschrift, § 903 Satz 1 BGB, ist jedoch äußerst begrenzt. Es überrascht daher nicht, dass diese Frage jüngst Streitigkeiten im Schrifttum auslöste. Die bereits seit vielen Jahren andauernde Diskussion um die Frage, ob unerlaubte Fotografien eines Grundstücks und deren Verwertung eine Eigentumsbeeinträchtigung bedeuten, war hierbei Auslöser und gleichermaßen erkennbar Orientierungspunkt der Autoren. Die dazu über Jahrzehnte sukzessive ergangene Rechtsprechung des BGH ist mit dem nahezu einhelligen Schrifttum nach wie vor als fehlerhaft zu bewerten. Dies gilt sowohl für die Bewertung des Fotografierens an sich als Eigentumsverletzung, als auch die dementsprechende Qualifikation des Verwertens der Fotografie durch den BGH. Das Fotografieren ist, vorausgesetzt, die fotografierte Sache verkörpert ein Werk i. S. d. Urheberrechts, als Vervielfältigung gemäß § 15 Abs. 1 Nr. 1, 16 UrhG und damit als Befugnis des Urhebers anzusehen. Die Eigentumsrelevanz fehlt ihm zudem aufgrund seiner nicht körperlichen

Wirkung auf die Sache sowie seinem nicht rivalisierenden Charakter.[1159] Gleiches gilt im Wesentlichen für das Verwerten von Grundstücksfotografien. Auch die Verwertungsbefugnis weisen die §§ 15ff. UrhG dem bzw. den Urheber(n) zu; auch bzgl. der Verwertungshandlung gilt zudem, dass sie nicht rivalisierend ist.[1160] Schließlich ist auch der Ansatz des BGH, dem Eigentümer die Verwertungsbefugnis und -erlöse über § 99 Abs. 3 BGB zuzuweisen, verfehlt.[1161] Nichtsdestotrotz wird diese Linie bis auf Weiteres den aktuellen Standpunkt der Rechtsprechung des BGH darstellen.[1162]

Aufgrund der weitgehenden Unanwendbarkeit urheberrechtlicher Vorschriften auf die hier untersuchungsgegenständlichen agrarischen Bodendaten können nur diejenigen Argumente, die gegen die Grundstücksfotografie-Rechtsprechung des BGH vorgebracht werden, übertragen werden, die alleine auf den Zuweisungsgehalts des Eigentums an sich und nicht auf dessen Friktionen mit dem Urheberrecht abzielen.[1163] Neben anderen Aspekten, wie bspw. der fehlerhaften Zuweisung der Verwertungsbefugnis und -erlöse über § 99 Abs. 3 BGB, kann insb. das Rivalitätskriterium ohne Anpassungen auf die hiesige Fragestellung übertragen werden. Ihm kommt daher konsequenterweise auch in der jüngst aufgekommenen Diskussion zentrale Bedeutung zu. Es ist ein leistungsfähiges Abgrenzungskriterium zur präzisen Bestimmung der Eigentümerbefugnisse nach § 903 Satz 1 BGB und kann, rein deskriptiv verstanden, das althergebrachte Abgrenzungsmerkmal der Körperlichkeit sinnvoll ergänzen. Die am Rivalitätskriterium im Schrifttum stellenweise geäußerte Kritik ist dabei als nicht überzeugend zurückzuweisen.[1164]

Im Ausgangspunkt sehen dementsprechend auch alle Ansichten das Rivalitätskriterium als maßgeblich für den Umfang der dem Eigentümer von § 903 Satz 1 BGB positiv zugewiesenen Befugnisse an. Der insb. von *Lauber-Rönsberg* und *Zech* vertretenen restriktiven Auffassung im Schrifttum ist dabei in der von ihr vielfach betonte Notwendigkeit, jede Nutzungshandlung im Einzelnen auf ihren rivalisierenden Charakter hin zu prüfen,[1165] zuzustimmen. Die in dieser Hinsicht abweichende extensive Auffassung *Raues* – der sich mit seiner Ansicht auf der Linie der Rechtsprechung des BGH zu Grundstücksfotografien befindet –[1166] ist abzulehnen. Insbesondere seine These, dass das Betreten des Grundstücks (für sich betrachtet unstreitig rivalisierend) auf Tatbestandsseite auch Anschlusshand-

1159 Dazu mit entspr. Nachweisen oben, S. 190ff.
1160 Dazu mit entspr. Nachweisen oben, S. 192ff.
1161 Dazu mit entspr. Nachweisen oben, S. 194ff.
1162 Dazu mit entspr. Nachweisen oben, S. 187f.
1163 Dazu mit entspr. Nachweisen oben, S. 197ff.
1164 Dazu mit entspr. Nachweisen oben, S. 216ff.
1165 Dazu mit entspr. Nachweisen oben, S. 209ff.
1166 Dazu mit entspr. Nachweisen oben, S. 206ff.

lungen in Form des Datenerhebens und -verwertens mitumfasst und der Eigentümer sie im Einzelnen jeweils erlauben oder verbieten kann ist eine Absage zu erteilen. Sie findet in den von *Raue* zur Begründung herangezogenen Urteilen des BGH nämlich in Wahrheit keine Stütze.[1167] Sollen Ansprüche aus dem Eigentum (z. B. § 1004 Abs. 1 BGB oder § 812 Abs. 1 Satz 1 Alt. 2 BGB) dagegen einzig auf das Betreten, nicht auf die sog. Anschlusshandlungen, als Eigentumsbeeinträchtigung gestützt werden, so fehlt es am notenwendigen Schutzzweckzusammenhang mit dem späteren Verwerten und den daraus z. B. erzielten Erlösen, da jedenfalls das Erheben der Daten den Schutzzweckzusammenhang unterbricht. Insofern ist dem ganz überwiegenden Schrifttum ebenfalls vorbehaltlos zuzustimmen. *Raues* Alternativvorschläge sind in der Sache nicht überzeugend, da sie erstens lediglich auf die äquivalente Kausalität blicken und zweitens zu Rechtsunsicherheit führen, indem sie die Frage des Schutzzweckzusammenhangs von dem semantischen Gehalt eines Datums abhängig machen.[1168] Anders als von *Raue* angenommen, weist § 903 Satz 1 BGB dem Eigentümer nicht jegliche mit dem Betreten des Grundstücks, ggf. noch so mittelbar verbundenen, wirtschaftlichen Vorteile zu. Gegen ein solch allumfassendes Verständnis, das zudem eine Auffangfunktion des Eigentumsrechts dergestalt impliziert, dass alle Vorteile, die nicht anderweitig gesetzlich erfasst werden, dem Eigentümer zufallen sollen, sprechen vor allem systematische und wertungsmäßige Gründe.[1169] Nach alledem ist nicht nur die Rechtsprechung des BGH zu Grundstücksfotografien, sondern auch die erkennbar darauf aufbauende extensive Auffassung *Raues* als nicht überzeugend abzulehnen.

Auf die hier untersuchungsgegenständlichen Smart-Farming-Sachverhalte der Landwirtschaft 4.0 hat dies indes keine großen Auswirkungen, denn nach keiner der beiden Auffassungen stehen dem Landwirt oder Grundstückseigentümer aus § 903 Satz 1 BGB Rechte – weder gegen die Erhebung und Verwertung der Bodendaten noch auf Zugang zu diesen – zu. Auf Grundlage der hier befürworteten, insb. von *Lauber-Rönsberg* und *Zech* vertretenen, restriktiven Auffassung kommt der Datenerhebung und -verwertung mangels Rivalität keine Eigentumsrelevanz zu, sodass in keiner Sachverhaltskonstellation Rechte zugunsten des Landwirts bzw. des Grundstückseigentümers aus § 903 Satz 1 BGB hergeleitet werden könnten.[1170] Auf Grundlage der abzulehnenden extensiven Gegenauffassung *Raues*[1171] fällt die Begründung dieses Ergebnisses unterschiedlich aus, je nachdem, welche der eingangs genannten Fallkonstellationen in Bezug auf die Eigentumslage am

1167 Dazu mit entspr. Nachweisen oben, S. 230ff.
1168 Dazu mit entspr. Nachweisen oben, S. 239ff.
1169 Dazu mit entspr. Nachweisen oben, S. 241ff.
1170 Dazu mit entspr. Nachweisen oben, S. 209ff., 250f., 252.
1171 Dazu mit entspr. Nachweisen oben, S. 206ff.

Grundstück[1172] betrachtet wird: Ist der Landwirt zugleich Eigentümer des von ihm mittels Smart-Farming-Technologien bewirtschafteten Grundstücks, so fehlt es am Betreten des Grundstücks als Anknüpfungspunkt für die Eigentumsbeeinträchtigung in Gestalt der späteren Datenerhebung und -verwertung.[1173] Ist der Landwirt dagegen lediglich Pächter des Grundstücks, so stehen dem Eigentümer gegen ihn – ebenso wenig wie ggü. Dritten, wie z. B. Maschinenherstellern oder ähnlichen Akteuren entlang der Wertschöpfungskette – dennoch keine Rechte aus § 903 Satz 1 BGB zu. Zwar liegt ein eigentumsrelevantes Betreten des Grundstücks durch den Landwirt grundsätzlich vor. Dieses wird jedoch durch eine entsprechende Gestattung seitens des Eigentümers gerechtfertigt. Die gesetzlichen Regeln über den zuvor geschlossene schuldrechtlichen Landpachtvertrag (§§ 581, 585ff. BGB) sind in die Auslegung der auf Grundlage dieser Auffassung dinglich wirkenden Betretungserlaubnis einzubeziehen, mit dem Ergebnis, dass i. R. d. Verwendung von Smart-Farming-Technologien stattfindende Datenerhebungs- und -verwertungshandlungen als von der Gestattung zum Betreten mitumfasst anzusehen sind. Dementsprechend sind sie auch in dieser Konstellation keine Eigentumsbeeinträchtigungen, sodass sich aus dem Eigentum weder Unterlassungs- noch Zugangsansprüche ergeben.[1174]

Da aufgrund des Eigentums am Grundstück somit weder Ansprüche auf Unterlassung gegen die Erhebung und/oder Verwertung der Bodendaten noch auf Zugang zu ihnen bestehen, stellt sich die zu Beginn dieses Paragraphen aufgeworfene Frage nach der Koordination zwischen entsprechenden Ansprüchen auf Grundlage des Datenschutzrechts einerseits und dem Sacheigentum andererseits[1175] im Ergebnis nicht.

1172 Dazu mit entspr. Nachweisen oben, S. 175ff.
1173 Dazu mit entspr. Nachweisen oben, S. 250.
1174 Dazu mit entspr. Nachweisen oben, S. 252ff.
1175 Dazu oben, S. 176f., sowie bereits S. 80.

Vierter Teil: Ausblick

§6: Verlagerung der Diskussion durch den Data Act

Die vorangegangene Untersuchung betrachtet die Frage nach Unterlassungs- und Zugangsansprüchen des Landwirts und/oder Grundstückseigentümers in Bezug auf landwirtschaftliche Bodendaten de lege lata hauptsächlich aus der Perspektive des subjektiven absoluten Rechts.[1176] Während sich das Sachenrecht als Grundlage für entsprechende Rechte als im Wesentlichen unergiebig erwiesen hat, hat die Untersuchung zum Datenschutzrecht gezeigt, dass viele Konstellationen denkbar sind, in denen die Verarbeitung von Bodendaten Betroffenenrechte nach Art. 13ff. DS-GVO auslöst. Ebenso wurde indes dargelegt, dass die Qualifikation von Bodendaten als personenbezogen oder nicht personenbezogen derzeit nicht allgemeingültig möglich ist, da sie von zu vielen Umständen des Einzelfalls abhängt. Dort, wo der Personenbezug nicht (nachweislich) gegeben ist, steht der Landwirt somit nach aktuellem Stand – und zutreffender Auffassung – weitgehend rechtelos da.

I. Vertragsrechtliche Ausrichtung des Data Act

Diese regulatorische Lücke, insb. im Bereich nicht personenbezogener Daten, adressiert künftig der Anfang 2024 in Kraft getretene, ab September 2025 verpflichtend anzuwendende Data Act. Dieser ist Teil sog. EU-Datenstrategie[1177] und bezweckt unter anderem die Herstellung fairer Bedingungen und die Vermeidung von Disparitäten in Bezug auf die Möglichkeit des Datenzugangs und der Datennutzung bei der Nutzung von IoT-Technologien.[1178] Der Verordnungs-

---

1176 Vgl. im Hinblick auf das Datenschutzrecht in diesem Sinne *Lahusen*, AcP 221 (2021), 1 (20), der betont, dass die Art. 15ff. DS-GVO in der Sache den §§ 985, 1004 BGB gleichen. Hiervon ausgehend können die Betroffenenrechte der DS-GVO als absolute Rechte qualifiziert werden.

1177 https://digital-strategy.ec.europa.eu/en/policies/strategy-data (zuletzt abgerufen am 27.10.2024).

1178 DA, ErwGr. 5 S. 1, 5.

geber gedenkt diese Ziele über das Vertragsrecht zu erreichen. Die damit vorgenommene Ausrichtung auf relative anstelle absoluter Rechte an Daten ist ein charakteristisches Merkmal des Rechtsakts.[1179] Insbesondere die Nutzung der Daten durch den Dateninhaber müssen nämlich durch Vertrag geregelt sein, Art. 4 Abs. 1, 13 DA. Ohne eine solche vertragliche Vereinbarung mit dem Nutzer des Produkts ist es dem Dateninhaber untersagt, die durch die Nutzung des Produkts generierten Daten seinerseits zu nutzen.[1180] Inhaltlich etabliert der Data Act in dieser Hinsicht einerseits technische und andererseits rechtliche Voraussetzungen an Hersteller von IoT-Produkten: Primär ist das vernetzte Produkt so zu konzipieren, dass die durch die Nutzung generierten Produktdaten – einschließlich der für deren Verständnis und Nutzung erforderlichen Metadaten – für den Nutzer direkt zugänglich sind, sog. access by design, Art. 3 Abs. 1 DA. Soweit dies nicht gewährleistet ist, hat der Dateninhaber[1181] dem Nutzer[1182] die Daten bereitzustellen, Art. 4 Abs. 1 DA. Durch diese Vorgaben soll verhindert werden, dass Hersteller als faktisch exklusive Inhaber der Daten andere zum eigenen Vorteil vom Zugriff auf jene ausschließen können.[1183] Dabei geht der Data Act durchweg ex- oder zumindest implizit von dem Bestehen eines Vertrages über den Zugang und die Datennutzung zwischen den Parteien aus, der neben dem Vertrag über den Erwerb (sei es durch Kauf, Miete oder Leasing) stehen kann.[1184]

1179 DA, ErwGr. 6 S. 3; dies hebt zudem insb. *Hennemann*, in: Hennemann et al., Data Act, S. 26f., hervor und beschreibt es als »Kontraktualisierung« des Datenrechts; so auch *Hennemann/Steinrötter*, NJW 2022, 1481 (1482); *dies.*, NJW 2024, 1 (4, 6f.); zust. *Schmidt-Kessel/Bomhard*, MMR 2024, 69 (70); ferner *Hartmann/McGuire/Schulte-Nölke*, RDi 2023, 49 (51); *Lommatzsch/Albrecht*, GWR 2024, 302 (304f.); *Raue*, in: BeckOK DatenschutzR, DA, Art. 4 Rn. 1; *Staudenmayer*, EuZW 2022, 596.

1180 *Hennemann/Steinrötter*, NJW 2022, 1481 (1483); *Lienemann/Wienroeder*, in: Hennemann et al., Data Act, S. 73f.; *Staudenmayer*, EuZW 2022, 596f.

1181 Der Dateninhaber ist eine natürliche oder juristische Person, die (...) berechtigt oder verpflichtet ist, Daten – soweit vertraglich vereinbart, auch Produktdaten oder verbundene Dienstdaten – zu nutzen und bereitzustellen, die sie während der Erbringung eines verbundenen Dienstes abgerufen oder generiert hat, Art. 2 Nr. 13 DA.

1182 Der Nutzer ist eine natürliche oder juristische Person, die ein vernetztes Produkt besitzt oder der vertraglich zeitweilige Rechte für die Nutzung des vernetzten Produkts übertragen wurden oder die verbundenen Dienste in Anspruch nimmt, Art. 2 Nr. 12 DA.

1183 Zum Vorstehenden insg. *Bomhard/Merkle*, RDi 2022, 168ff.; *Eckardt/Kerber*, in: Sattler/Zech, The Data Act, S. 8f.; *Hartmann/McGuire/Schulte-Nölke*, RDi 2023, 49 (50, 51f., 56); *Lienemann/Wienroeder*, in: Hennemann et al., Data Act, S. 80, 82f.; *Lommatzsch/Albrecht*, GWR 2024, 302 (303).

1184 *Hennemann*, in: Hennemann et al., Data Act, S. 27; der zudem zahlreiche Beispiele dafür aus dem Verordnungstext nennt; *Staudenmayer*, EuZW 2022, 596 (597).

II. Landwirtschaft 4.0 als Hauptanwendungsgebiet des Data Act

Die Ausrichtung auf IoT-Produkte hat zur Folge, dass zahlreiche, durch die Nutzung von Smart Farming-Technologien erzeugte, Daten in den sachlichen Anwendungsbereich des Data Act fallen, denn das Smart Farming ist ein wichtiger Anwendungsbereich des IoT.[1185] Da es für die sachliche Anwendbarkeit im Hinblick auf die Daten darauf ankommt, dass jene durch die Nutzung des IoT-Produkts generiert wurden,[1186] können auch die hier betrachteten Bodendaten größtenteils als Produktdaten i. S. d. Art. 2 Nr. 15 DA angesehen werden und sind von den zuvor umrissenen Zugangs- und Nutzungsregeln des Data Act erfasst.[1187] Auch die EU selbst hat die Präzisionslandwirtschaft als zentrales Anwendungsgebiet des Data Act vor Augen.[1188] Da er auf personenbezogene und nicht personenbezogene Daten gleichermaßen anwendbar ist[1189] und im Vorfeld der Nutzung natürlich ein Erwerbsvorgang in Bezug auf die verwendete Landmaschine stattfindet, wird sich insb. die Frage nach dem Zugang zu den erhobenen Bodendaten und deren Nutzung – insb. aus Sicht der Maschinenhersteller – künftig vor allem nach den Vorschriften des Data Acts richten. Seine große Relevanz für den landwirtschaftlichen Sektor beweist auch die schon vor Inkrafttreten abgeschlossene Ausarbeitung von Muster-Vertragsbedingungen für die Nutzung von durch intelligente Landmaschinen generierte Daten. Diese im Auftrag des BMEL erstellten Klauseln stellen dabei eine Empfehlung für die Umsetzung der Vorgaben des Data Act im landwirtschaftlichen Sektor dar.[1190]

III. Obsoleszenz von Vorschlägen zu Datenzugangsrechten de lege ferenda

Als ein weiteres Indiz kann die Tatsache gedeutet werden, dass mit dem Data Act Regelungen zum geltenden Recht werden, die zuvor im Schrifttum de lege ferenda vorgeschlagen wurden. Beispielhaft steht dafür der insb. von *Härtel* unter-

1185 So auch *Hennemann*, in: Gruber/Scheler/Henkel, 10 Minuten Soziologie: Land, S. 154f.; dazu bereits oben, S. 30ff.

1186 DA, ErwGr. 5 S. 1.

1187 DA, ErwGr. 14 S. 3 nennt landwirtschaftliche Maschinen sogar ausdrücklich.

1188 Vgl. https://digital-strategy.ec.europa.eu/de/policies/data-act (zuletzt abgerufen am 30.10.2024).

1189 *Bomhard/Merkle*, RDi 2022, 168 (169); *Hartmann/McGuire/Schulte-Nölke*, RDi 2023, 49 (53); *Hennemann*, in: Hennemann et al., Data Act, S. 40, 44; *Schild*, in: BeckOK DatenschutzR, DA, Art. 2 Rn. 89a.

1190 Vgl. https://www.bmel.de/DE/themen/digitalisierung/musterbedingungen-vertraege-agrardaten.html; https://www.elsi.uni-osnabrueck.de/projekte/agrar_projekte/musterbedingungen.html (jew. zuletzt abgerufen am 01.11.2024).

breitete Vorschlag für ein agrarsektorspezifisches Datenzugangsrecht des Landwirts gegen Agrartechnik- oder Softwareunternehmen nach dem Vorbild des kartellrechtlichen Datenzugangs nach § 20 Abs. 1a GWB. Das Bestehen eines solchen Anspruchs wollte *Härtel* an ein schutzwürdiges Interesse des Landwirts knüpfen, das insb. dann anzunehmen sei, wenn er einen maßgeblichen Beitrag zur Erzeugung der Daten geleistet habe oder ohne Zugang einem lock-in ausgesetzt wäre. Negative Tatbestandsvoraussetzung müsse die Konformität mit dem Datenschutz- und Geschäftsgeheimnisrecht sein.[1191] Blickt man auf die Voraussetzungen, die Art. 4 Abs. 1 DA an das Bestehen eines Zugangsanspruchs stellt, dann sind die Ähnlichkeiten augenfällig: Die Vorschrift bezieht sich auf »ohne Weiteres verfügbare Daten«, die nach Art. 2 Nr. 17 DA auch die Produktdaten i. S. d. Art. 2 Nr. 15 DA umfassen. Jene wiederum zeichnen sich dadurch aus, dass sie »durch die Nutzung eines vernetzten Produkts generiert werden«. Auch wenn damit nicht zwingend gesagt ist, dass die Daten durch den Nutzer selbst (d. h. den Landwirt) mithilfe des Produkts generiert werden müssen,[1192] geht der Data Act davon aus, dass vonseiten des Nutzers ein Beitrag zur Wertschöpfung in Gestalt der Datengenerierung gegeben ist und der (zumal kostenfreie) Zugangsanspruch in diesem Beitrag des Nutzers seine Rechtfertigung findet.[1193] Auch der Schutz von Geschäftsgeheimnissen und personenbezogenen Daten, den *Härtel* als Grenze für den Zugangsanspruch de lege ferenda vorgeschlagen hat,[1194] findet sich so – wenngleich weitaus detaillierter normiert – in Art. 4 Abs. 6, 12 DA wieder.[1195] Es kann daher gesagt werden, dass zentrale Aspekte des Data Act das zu geltendem Recht machen, was zuvor Gegenstand von Forderungen der Wissenschaft war.[1196] Gleichzeitig werden ebenjene Vorschläge für eine sektorspezifische Regelung de lege ferenda durch den Data Act wohl weitgehend obsolet.

1191 Vgl. zum Vorstehenden insg. *Härtel*, Regeln für Agrardaten, S. 53f. Diesen Vorschlag der Regelung eines sektorspezifischen Datenzugangsrechts nach dem Vorbild des § 20 Abs. 1a GWB diskutierte auch *A. Wiebe* auf einer Tagung der Deutschen Gesellschaft für Agrarrecht am 30.04.2021 (Folien abrufbar unter: https://www.dgar.de/wp-content/uploads/2021/05/Wiebe-Datenrecht-ag21-3.pdf; zuletzt abgerufen am 22.11.2024). In dem (soweit ersichtlich) im Anschluss veröffentlichten Beitrag *Wiebes* in AUR 2021, 128ff. findet sich dieser Vorschlag indes nicht.

1192 *Bomhard/Merkle*, RDi 2022, 168 (170).

1193 In diesem Sinne DA, ErwGr. 6 S. 1; allg. betonen die Notwendigkeit eines Beitrags z. B. *Hartmann/McGuire/Schulte-Nölke*, RDi 2023, 49 (52); *Schwamberger*, in: Bernzen/Grisse/Kaesling, Immaterialgüter und Medien im Binnenmarkt, S. 102.

1194 Vgl. *Härtel*, Regeln für Agrardaten, S. 54.

1195 Zudem auch DA, ErwGr. 7 S. 4f.

1196 Dieser Gleichlauf von *Härtels* Vorschlag und dem Data Act ist jedoch vor dem Hintergrund nur bedingt überraschend, als die EU-Kommission Anfang 2020 in einer Mitteilung grobe Pläne für die Schaffung eines Datenrechtsakts kundgab, welche diese Inhalte – wenngleich nur vorsichtig – andeuteten, vgl. COM(2020) 66 final, S. 15f. Auf diese Kommissionsmitteilung bezog sich *Härtel*, Regeln für Agrardaten, S. 5ff.; *dies.*, NuR 2020, 439 (442), einst selbst.

IV. Aufgekommene Kritik

Nichtsdestotrotz ist der Data Act schon seit der Veröffentlichung seiner Entwurfsfassung Gegenstand von Kritik.[1197] Im allgemein datenrechtlichen Schrifttum bezieht sich diese häufig auf inhaltliche Lücken in Bezug auf die Ausgestaltung z. B. des in Art. 4 Abs. 13 DA vorausgesetzten Vertrages über die Nutzung der Daten durch den Dateninhaber[1198] oder das Fehlen von Regelungen über die Kündigung des Datennutzungsvertrages.[1199] Daneben wird auch das Fehlen von privatrechtlichen Durchsetzungsmechanismen kritisiert.[1200] Regelmäßig werden schließlich auch die Zugangsregeln an sich für nicht weitreichend genug gehalten, um die Überlegenheit des Dateninhabers, die ihm aufgrund der faktischen Kontrolle über die Daten zukommt, ernstlich abzuschwächen.[1201] In letztere Richtung geht auch die (soweit ersichtlich) vor allem von *Atik* im Hinblick auf den landwirtschaftlichen Sektor formulierte Kritik am Data Act. Ihm zufolge ist der Anwendungsbereich der Verordnung in mehrfacher Hinsicht zu eng: Insbesondere die Beschränkung auf IoT-generierte Daten habe zur Folge, dass verschiedene Arten von Daten bzw. deren Generierungsprozesse nicht erfasst seien. So sei unklar, ob auch Daten, die von fest auf dem Acker installierten Sensoren erhoben würden, in den Anwendungsbereich der Vorschriften fielen. Zudem würden manuell erhobene und verarbeitete Daten durch den Fokus auf IoT-generierte Daten ausgeklammert, was die Rechtstellung von Landwirten ebenfalls nicht verbessere.[1202] Ein weiteres Problem sei die Frage, wem die Daten im Falle der Weiterveräußerung der Landmaschine zustünden. Neben dem sachlichen sei außerdem der persönliche Anwendungsbereich zu eng: Die von Art. 7 Abs. 1 DA statuierte Ausklammerung und damit verbundene Privilegierung von KMU sei im landwirtschaftlichen Kontext nämlich nicht sachgerecht.[1203] In diese Richtung geht

1197 Einen Überblick über u. a. die im Folgenden genannten Kritikpunkte geben *Lienemann/Wienroeder*, in: Hennemann et al., Data Act, S. 80f., mit Hinweisen auf das weitere Schrifttum.

1198 Vgl. *Bomhard/Merkle*, RDi 2022, 168 (174); *Hennemann*, in: Hennemann et al., Data Act, S. 28; die »lediglich punktuell[e]« Regelung erwähnen auch *Hartmann/McGuire/Schulte-Nölke*, RDi 2023, 49 (51).

1199 Vgl. *Bomhard/Merkle*, RDi 2022, 168 (174); *Hennemann/Steinrötter*, NJW 2022, 1481 (1483); *dies.*, NJW 2024, 1 (7).

1200 Vgl. *Hennemann/Steinrötter*, NJW 2024 1 (8); *Schwamberger*, in: Bernzen/Grisse/Kaesling, Immaterialgüter und Medien im Binnenmarkt, S. 109ff.; in diese Richtung auch *Wiebe*, GRUR 2023, 1569 (1578).

1201 Vgl. *Kerber*, GRUR Int. 2023, 120 (128).

1202 Vgl. *Atik*, Data access problems in the emerging digital agriculture sector, S. 171; *ders.*, Computer Law & Security Review 51 (2023), S. 7f.; zust. *Ryan et al.*, Humanit Soc Sci Commun 11 (2024) 1197, S. 4.

1203 *Atik*, Data access problems in the emerging digital agriculture sector, S. 171; *ders.*, Computer Law & Security Review 51 (2023), S. 8f.

auch die Kritik, dass der Data Act nicht imstande sei, sektorspezifische Praktiken wie das Teilen von Landmaschinen unter mehreren Landwirten im Hinblick auf die Zuteilung der Datenrechte zutreffend abzubilden.[1204]

Anderswo wird aus eher regulatorischer Perspektive kritisiert, dass der Data Act durch die Etablierung neuer Pflichten die falschen Signale setze. Vielmehr müsse das Ziel sein, bereits existierende Strukturen in Bezug auf den Austausch von Agrardaten zu schützen und zu stärken, anstatt sie durch Neuregelungen aufzubrechen.[1205] Vor dem Hintergrund dieser Aspekte wird im Schrifttum die Notwendigkeit eines spezifisch auf den Agrarsektor ausgerichteten Rechtsakts, der die Vorgaben des Data Act präzisiert, teilweise ausdrücklich bejaht.[1206]

Inwieweit die im Schrifttum aufgekommene Kritik berechtigt ist, oder ob der Data Act tatsächlich – auch im landwirtschaftlichen Sektor – geeignet ist, die mit ihm verfolgten Ziele zu erreichen, ist eine offene Frage, die sich mit Blick auf die Vertragspraxis erst dann beantworten lässt, wenn seine Regeln verpflichtend anzuwenden sind. Aufgrund seiner vertragsrechtlichen Ausrichtung kommt ihm aber jedenfalls das Potenzial zu, den anhaltenden Diskurs um subjektive Rechte an Daten endgültig von einer Fokussierung auf absolute Rechte hin zu der vertraglichen Ausgestaltung relativer Rechte an Daten zu verlagern. Die Praxisrelevanz der in dieser Untersuchung betrachteten Fragen dürfte dennoch auch in Zukunft Bestand haben. Im Hinblick auf das Datenschutzrecht gilt dies schon deshalb, weil der Zugangsanspruch nach Art. 4 DA, wie beschrieben, seine Grenze unter anderem im Datenschutzrecht findet. Aus diesem Grunde wird die Abgrenzung personenbezogener Daten von nicht personenbezogenen (Sach-)Daten weiterhin eine zentrale Bedeutung zukommen. Wenn im Schrifttum davon gesprochen wird, dass Unternehmen eine »Flucht ins Datenschutzrecht« in Erwägung ziehen, um sich Datenzugangsansprüchen auf Grundlage des Data Act zu entziehen,[1207] ist davon auszugehen, dass die Bedeutung des Datenschutzrechts eher sogar noch weiter zu- als abnehmen wird.[1208]

Im Hinblick auf die datenbezogenen Rechte des Grundstückseigentümers führt der Data Act zu keiner Änderung der erörterten Rechtslage. Ist der Eigentü-

---

1204 Vgl. *Atik*, Data access problems in the emerging digital agriculture sector, S. 174; *ders.*, Computer Law & Security Review 51 (2023), S. 18ff.; *Ryan et al.*, Humanit Soc Sci Commun 11 (2024) 1197, S. 4.

1205 Vgl. in diesem Sinne *CEMA*, Data Act: under discussion, 31.05.2022, https://www.cema-agri.org/publication/articles/924-data-act-under-discussion (zuletzt abgerufen am 02.11.2024).

1206 Vgl. *Atik*, Data access problems in the emerging digital agriculture sector, S. 174; *Ryan et al.*, Humanit Soc Sci Commun 11 (2024) 1197, S. 5. Auch außerhalb des Agrardatenschrifttums werden auf dem DA aufbauende, sektorspezifische Rechtsakte befürwortet, vgl. z. B. *Wiebe*, GRUR 2023, 1569 (1578); *ders./Helmschrot/Kreutz*, Datenzugangsregelungen, S. 97f.

1207 Vgl. ausdrückl. *Schmidt-Kessel/Bomhard*, MMR 2024, 69 (70).

1208 So auch *Bomhard/Merkle*, RDi 2022, 168 (172).

mer nicht zugleich der bewirtschaftende Landwirt, vermittelt der Data Act ihm keine Rechte. Anders als die *ALI/ELI-Principles*, deren Konzept der sog. kogenerierten Daten[1209] auch der Data Act durch das Erfordernis des Wertschöpfungsbeitrages des Nutzers als Voraussetzung seines Zugangsanspruchs - bewusst oder unbewusst - in ähnlicher Weise aufgreift,[1210] nimmt der Data Act den Eigentümer des Grundstücks, das Betrachtungsgegenstand des jeweiligen Datums ist, nicht in den Kreis der Berechtigten auf.[1211] Insofern bleibt ihm nicht nur der Zugang zu den Daten verwehrt, sondern auch die Möglichkeit, die weitere unerlaubte - im Kontext des Data Act heißt dies: ohne vertragliche Vereinbarung, Art. 4 Abs. 13 DA - Nutzung (und damit die Verwertung) der Daten zu untersagen.[1212]

1209 *ALI/ELI*, Principles for a Data Economy, Principle 18, S. 134f.

1210 Diese inhaltliche Parallele stellt auch *Zech*, in: Sattler/Zech, The Data Act, S. 64f., fest.

1211 *H. Schulte-Nölke*, persönliches Gespräch.

1212 Allg. einen Unterlassungsanspruch aus Art. 4 Abs. 13 DA leitet *Schwamberger*, in: Bernzen/Grisse/Kaesling, Immaterialgüter und Medien im Binnenmarkt, S. 111, her.

§7: Begrenzung des Datenschutzrechts de lege ferenda?

Die Untersuchung hat im Hinblick auf das Datenschutzrecht einerseits ergeben, dass die Frage nach dem Personenbezug von Bodendaten nicht ansatzweise allgemeingültig, sondern nur einzelfallbasiert beantwortet werden kann. Andererseits hat sie gezeigt, dass die DS-GVO dem betroffenen Landwirt (oder auch Grundstückseigentümer, sofern personenverschieden) durchaus umfangreiche (insb. Zugangs-)Rechte zuspricht, sofern der Personenbezug zu bejahen ist. Aus der Perspektive der Akteure entlang der landwirtschaftlichen Wertschöpfungskette ist dies ein Zustand, der angesichts des Umfangs der dem Betroffenen verliehenen Rechte Rechtsunsicherheit und damit Risiken bedeutet.[1213] Dieser Zustand wirkt letztlich innovationshemmend,[1214] was angesichts der positiven Auswirkungen des Smart Farmings und der Landwirtschaft 4.0 insgesamt keine gewünschte Folge sein kann.

Die Problematik spitzt sich vor dem Hintergrund des Zusammenspiels der DS-GVO mit dem Data Act wohl noch weiter zu: In der Vergangenheit wurde im datenschutzrechtlichen Schrifttum aufgrund der technischen Entwicklungen im Bereich IoT und Big Data vorgeschlagen, zukünftig jegliches Datum als personenbezogen zu behandeln.[1215] Unter dem Data Act ist jedenfalls verantwortlichen Unternehmen eine solche Vorgehensweise indes verwehrt, wie *Bomhard* und *Merkle* in Bezug auf derartige Vorschläge zu bedenken geben, denn die pauschale Verwehrung von Datenzugangsansprüchen mit dem Argument des Personenbezugs kann einen Verstoß gegen den Data Act darstellen, wenn das jeweilige Datum nicht tatsächlich als personenbezogen zu qualifizieren ist. Es bleibt dem-

1213 So allg. auch *Bomhard/Merkle*, RDi 2022, 168 (172).

1214 *DEK*, Gutachten, S. 129; zust. *Härtel*, NuR 2020, 439 (444); allg. *Hoffmann-Riem*, Recht im Sog der digitalen Transformation, S. 175; *Leistner/Antoine/Sagstetter*, Big Data, S. 401.

1215 Vgl. *Reimer*, in Sydow/Marsch, DS-GVO, Art. 4 Rn. 40f.; ähnlich *Boehme-Neßler*, DuD 2016, 419 (422f.), demzufolge der Personenbezug schlechthin immer bejaht werden soll.

nach nicht nur bei dem schon jetzt vorhandenen Problem der Abgrenzung von personenbezogenen Daten einerseits und nicht personenbezogenen Daten andererseits, dessen Bedeutung nimmt mit Inkrafttreten des Data Act sogar noch weiter zu.[1216]

Im allgemeinen Schrifttum warnen Stimmen vor dem Hintergrund des Potenzials von IoT- und Big-Data-Technologien, aber auch ihrer ohnehin gegebenen Durchsetzungskraft, vor einer Überregulierung und sehen – nicht nur, aber auch – im Hinblick auf das Datenschutzrecht Anpassungsbedarf.[1217] Ein von *Martini* unterbreiteter und auch im agrardatenrechtlichen Schrifttum aufgegriffener[1218] Vorschlag hat dabei die Abkehr von der bisher bekannten Dichotomie des Personenbezugs im Datenschutzrecht de lege ferenda zum Gegenstand. Statt ihrer solle zukünftig das Gefährdungspotenzial eines Verarbeitungsvorgangs darüber entscheiden, ob das Datenschutzrecht regulierend eingreife oder nicht. Vor dem Hintergrund der immer weiter verschwimmenden Grenze zwischen personenbezogenen Daten einerseits und nicht personenbezogenen Sachdaten andererseits sowie den zunehmenden Identifizierungs- und parallel abnehmenden Anonymisierungsmöglichkeiten könne die bislang vorgenommene scharfe Trennung der Datenkategorien nicht aufrechterhalten werden.[1219] Nicht jegliche, ggf. noch so mittelbare oder geringfügige, Personenbeziehbarkeit dürfe wertungsmäßig für die vollumfängliche Anwendbarkeit des Datenschutzrechts ausreichen. Bei geringfügiger Relevanz des Personenbezugs könne es bspw. auch genügen, ein Verbot der weiteren Verwendung der verarbeiteten Daten zu etablieren. Die – weiterhin wohl einzelfallbasierte – Betrachtung des Gefahrenpotenzials des Verarbeitungsvorgangs ermögliche damit einen angemessenen Schutz des Rechts der Betroffenen auf informationelle Selbstbestimmung unter gleichzeitiger Wahrung unternehmerischer Interessen.[1220]

Anhand welchen Kriteriums beurteilt werden soll, welcher Verarbeitungsvorgang im Hinblick auf das Recht auf informationelle Selbstbestimmung als gravierend genug anzusehen ist, um ein regulierendes Eingreifen des Datenschutzrechts

1216 Vgl. zum Vorstehenden insg. *Bomhard/Merkle*, RDi 2022, 168 (172).

1217 Vgl. z. B. *Ebers*, in: Ebers et al., HdB. Künstliche Intelligenz und Robotik, § 3 Rn. 90, 194; *Leistner/Antoine/Sagstetter*, Big Data, S. 401ff.

1218 Vgl. *Härtel*, NuR 2020, 439 (444), die diesen Ansatz wohl für grds. geeignet hält, sachgerechte Ergebnisse in der Landwirtschaft 4.0 zu fördern, allerdings der Problematik der (Re-)Identifizierbarkeit größere Bedeutung beizumessen scheint; dazu sogleich.

1219 Vgl. zum Vorstehenden insg. *Martini*, Blackbox Algorithmus, S. 159f.

1220 *Martini*, Blackbox Algorithmus, S. 161; allg. einem risikobasierten Ansatz für die (datenschutzrechtliche) Regulierung von Big Data zust. *Hoffmann-Riem*, Recht im Sog der digitalen Transformation, S. 194; ebenso *Leistner/Antoine/Sagstetter*, Big Data, S. 364. Dabei wird darauf hingewiesen, dass die DS-GVO bereits de lege lata durch Ansätze wie privacy by design (Art. 25 DS-GVO) teilweise risikobasierte Elemente enthält, vgl. *Leistner/Antoine/Sagstetter*, Big Data, S. 353 f, 358ff.; *Martini*, Blackbox Algorithmus, S. 161f.

zu rechtfertigen, bleibt bei dem Vorschlag allerdings offen. Auffällig ist jedoch seine Ähnlichkeit zu dem bereits dargestellten Vorschlag von *Karg*, der schon im Rahmen der Geodatendiskussion eine Verlagerung weg vom personenbezogenen Datum hin zum sog. »personenbezogenen Verfahren« anregte. Seine damalige Begründung bezog sich, ganz ähnlich zu der nunmehr von *Martini* vorgetragenen,[1221] darauf, dass vor allem im jeweiligen Zweck eines Verarbeitungsverfahrens die Gefahren für das Recht auf informationelle Selbstbestimmung lägen.[1222] Ebenso wie *Karg* im Rahmen der damaligen Diskussion auf den kontextbezogenen Ansatz der *Artikel-29-Datenschutzgruppe* abstellte,[1223] erscheint dies auch heute für die Ausfüllung des Vorschlags von *Martini* sachgerecht. Denn nach wie vor führt die Anwendung des kontextbezogenen Ansatzes zu differenzierten Ergebnissen, wie die vorangegangene Darstellung für landwirtschaftliche Bodendaten gezeigt hat.

Gleichwohl ist nicht von der Hand zu weisen, dass die Beeinträchtigung des Rechts auf informationelle Selbstbestimmung durchaus unterschiedlich schwerwiegend ist, je nachdem, ob das Datum Inhalts-, Zweck- oder Ergebnisbezug aufweist. So wurde bereits im Schrifttum zur Geodatendiskussion zu Recht darauf hingewiesen, dass Fällen des Ergebnisbezugs die geringste Persönlichkeitsrelevanz zukommt, während Fälle des Zweck- und Inhaltsbezugs dagegen einen größeren Bezug zur Person des Betroffenen aufweisen und daher eingriffsintensiver sind.[1224] Übertragen auf *Martinis* Vorschlag, den auch *Härtel* für den Bereich der Landwirtschaft 4.0 grundsätzlich zu unterstützen scheint,[1225] könnte hieraus de lege ferenda die Konsequenz gezogen werden, zumindest Fälle des Ergebnisbezugs von der Anwendbarkeit des Datenschutzrechts auszuklammern. Dies hätte die vorteilhafte Folge, dass die Rechtslage für die verschiedenen Akteure entlang der Wertschöpfungskette zumindest ein Stück weit voraussehbarer und innovationsoffener würde und eine bloß irgendwie geartete Auswirkung auf Rechte und Interessen des Landwirts bzw. Grundstückseigentümers nicht ausreichend wäre, um Personenbezug zu begründen. Zugleich wären die Nachteile, die Landwirten

1221 Vgl. *Martini*, Blackbox Algorithmus, S. 160, nach dem »das Gefahrenniveau einer bestimmten Form der Datenverarbeitung« die Frage nach der Anwendbarkeit des Datenschutzrechts bestimmen müsse.

1222 Vgl. zum Vorstehenden insg. *Karg*, ZD 2012, 255 (259f.); zu diesem Vorschlag bereits oben, S. 95.

1223 Vgl. *Karg*, ZD 2012, 255 (259f.); dazu oben, S. 95.

1224 Vgl. *Hartmann*, LIBREAS 36 (2019), S. 7f.; *ULD Schleswig-Holstein*, Datenschutzrechtliche Rahmenbedingungen für die Bereitstellung von Geodaten, S. 21f., das Daten mit Ergebnisbezug ein »mittleres bis erhöhtes Gefährdungspotenzial«, Daten mit Zweckbezug »[i]n Abhängigkeit von der Art des Datums (...) die größte Streubreite in Hinblick auf das Gefährdungspotenzial« sowie Daten mit Inhaltsbezug eine besondere »Sensibilität« zuspricht.

1225 Vgl. *Härtel*, NuR 2020, 439 (444).

und Grundstückseigentümern dadurch in Bezug auf ihr Recht auf informationelle Selbstbestimmung entstünden, wohl nicht unzumutbar.

Die neben der Beziehbarkeit eines Datums von Art. 4 Nr. 1 DS-GVO vorausgesetzte, mindestens ebenso problematische Frage der Identifizierbarkeit (und damit spiegelbildlich auch die sog. Re-Identifizierbarkeit bzw. De-Anonymisierung[1226]) würde von einer solchen Begrenzung auf Fälle des Inhalts- und Zweckbezugs allerdings nicht entschärft. Nach hier zugrunde gelegtem Verständnis richtet sie sich maßgeblich nach den technischen – nicht aber den rechtlichen – Möglichkeiten eines verarbeitenden Unternehmens, auch auf Drittwissen zuzugreifen.[1227] Damit entzieht sie sich im Kontext von Big-Data-Technologien einer allgemeingültigen Beurteilung zunehmend.[1228] Es wäre vor diesem Hintergrund wohl ein kaum mögliches Unterfangen, alle (insb. zukünftigen) technischen Möglichkeiten der (Re-)Identifizierung zu antizipieren und gesetzlich zu erfassen. Insofern könnte der unter anderem von *Härtel* befürwortete Ansatz, Anonymisierungstechniken zu standardisieren und an deren Einhaltung die (haftungsbefreiende) Vermutung zu knüpfen, dass die dahingehenden Vorgaben der DS-GVO eingehalten werden, zumindest ein höheres Niveau an Rechtssicherheit für Unternehmen schaffen.[1229]

Die demnach auch hier befürwortete Begrenzung der Anwendbarkeit des Datenschutzrechts in Fällen landwirtschaftlicher (Boden-)Daten entspräche mutmaßlich auch dem Willen des Verordnungsgebers. Wie eingangs geschildert, geht dieser in der Free-Flow-of-Data-VO nämlich davon aus, dass »Daten im Kontext der Präzisionslandwirtschaft« nicht personenbezogen seien.[1230] Auch wenn dem wie gezeigt, jedenfalls in Bezug auf Bodendaten, de lege lata nicht so ist, kann hiervon durchaus auf eine gesetzgeberische Grundhaltung im Hinblick auf Agrardaten geschlossen werden.[1231]

1226 *Karg*, DuD 2015, 520 (523), m. w. N.

1227 Dazu oben, S. 98ff.

1228 *Hornung/Herfurth*, in: König/Schröder/Wiegand, Big Data, S. 164; *Martini*, Blackbox Algorithmus, S. 159f.; *ders.*, DVBl 2014, 1481 (1487).

1229 Vgl. zum Vorstehenden insg. *Härtel*, NuR 2020, 439 (444f.), in Bezugnahme auf einen entspr. Vorschlag der *DEK*, Gutachten, S. 131f.; allg. ebenfalls zust. *Ebers*, in: Ebers et al., HdB. Künstliche Intelligenz und Robotik, § 3 Rn. 182.; ferner allg. eine Standardisierungslösung befürwortend *Hoffmann-Riem*, Recht im Sog der digitalen Transformation, S. 198f.; so auch *Leistner/Antoine/Sagstetter*, Big Data, S. 402.

1230 Vgl. Free-Flow-of-Data-VO ErwGr. 9 S. 2; dazu bereits oben, S. 84.

1231 In diese Richtung auch *Härtel*, Regeln für Agrardaten, S. 33; *Hennemann*, in: Gruber/Scheler/Henkel, 10 Minuten Soziologie: Land, S. 150; ähnlich *Hartmann/McGuire/Schulte-Nölke*, RDi 2023, 49 (50); nach denen der genannte ErwGr. 9 »auch für die Auslegung anderer Rechtsakte von Bedeutung sein« könne; weitergehend dagg. *Atik*, Data access problems in the emerging digital agriculture sector, S. 104f.; *v. d. Burg/Wiseman/Krkeljas*, Ethics and Information Technology 23 (2021), 185 (188); die die Aussage als klare Antwort auf die Frage nach der Einordnung von Agrardaten deuten.

Letzten Endes lassen sich aus der bereits zuvor festgestellten Parallelität der Diskurse über den Personenbezug von Geodaten einerseits und Agrardaten andererseits und, wie nunmehr zu sehen ist, auch der daraus hervorgehenden Vorschläge jedenfalls zwei allgemeine Schlüsse ziehen: Zum einen ist der kontextbezogene Ansatz der *Artikel-29-Datenschutzgruppe* von ungebrochener Aktualität und sollte nach wie vor richtungsweisend für die Beurteilung der Anwendbarkeit des Datenschutzrechts sein. Zum anderen ist zu konstatieren, dass im Hinblick auf Reformvorschläge bzgl. der Frage nach der Anwendbarkeit des Datenschutzrechts vor dem Hintergrund des technologischen Wandels seit der Geodatendiskussion kein wirklich substantieller Fortschritt erkennbar ist. Der im allgemeinen Schrifttum zum Teil befürworteten sektorspezifischen Regulierung[1232] und auch der in der Kritik am Data Act wieder aufgekommenen Forderung nach einem spezifisch auf den Agrarsektor ausgerichteten Datenrechtsakt[1233] kann daher nicht jegliche Berechtigung abgesprochen werden, wenngleich der Data Act manche Inhalte der Forderungen, wie dargelegt, obsolet werden lässt. Der europäische Gesetzgeber hält sich diese Möglichkeit jedenfalls erkennbar offen.[1234] Auch der im Schrifttum in der Vergangenheit schon erwartete[1235] und jüngst im September 2024 tatsächlich angekündigte Aufbau eines gemeinsamen europäischen Agrardatenraums[1236] deutet darauf hin, dass die datenbezogene Regulierung im Bereich der Landwirtschaft 4.0 noch kein abgeschlossener Prozess ist.

1232 Vgl. *Ebers*, in: Ebers et al., HdB. Künstliche Intelligenz und Robotik, § 3 Rn. 182; *Hoffmann-Riem*, Recht im Sog der digitalen Transformation, S. 190; wohl auch *Hornung/Herfurth*, in: König/Schröder/Wiegand, Big Data, S. 173; *Leistner/Antoine/Sagstetter*, Big Data, S. 364.

1233 Vgl. *Atik*, Data access problems in the emerging digital agriculture sector, S. 174; *ders.*, Computer Law & Security Review 51 (2023), S. 18ff.; allg. auch *Härtel*, Regeln für Agrardaten, S. 37ff.; *dies.*, NuR 2020, 439 (445, 452).

1234 Jedenfalls in Bezug auf den DA, vgl. DA, ErwGr. 27 S. 5, wonach »Unionsrecht oder nationales Recht (...) erlassen werden [kann], um sektorspezifischen Bedürfnissen und Zielen Rechnung zu tragen.«

1235 Vgl. *Härtel*, Regeln für Agrardaten, S. 37ff.; *dies.*, NuR 2020, 439 (442); *Hennemann*, in: Gruber/Scheler/Henkel, 10 Minuten Soziologie: Land, S. 158f.

1236 Vgl. https://digital-strategy.ec.europa.eu/en/news/policy-brief-rolling-out-common-european-agricultural-data-space; https://agridataspace-csa.eu/ (jew. zuletzt abgerufen am: 26.11.2024).

Fünfter Teil: Schlussbetrachtung und thesenhafte Zusammenfassung der wesentlichen Arbeitsergebnisse

Die Untersuchung hat ein gemischtes Bild hinsichtlich der Rechte des Landwirts bzw. Grundstückseigentümers in Bezug auf die Erhebung und Verwertung agrarischer Bodendaten ergeben. Auf der einen Seite steht ein nahezu unergiebiges Grundeigentumsrecht, das seinem Inhaber, sei es der Landwirt oder nicht, in Smart-Farming-Sachverhalten der Landwirtschaft 4.0 im Ergebnis weder nach der hier befürworteten restriktiven noch der abzulehnenden extensiven Gegenauffassung Rechte vermittelt. Auf der anderen Seite steht das Datenschutzrecht der DS-GVO, das, anders als oft vermutet, auf die Erhebung und Verwertung agrarischer Bodendaten in den hier betrachteten Sachverhalten regelmäßig anwendbar sein wird und dem Landwirt oder Grundstückseigentümer durchaus umfangreiche, wenngleich in den Einzelheiten äußerst umstrittene, Betroffenenrechte verleiht. Dies muss jedoch umgehend insofern revidiert werden, als de lege lata keine einheitliche und allgemeingültige Einordnung von agrarischen Bodendaten in die Dichotomie von personenbezogenen und nicht personenbezogenen Daten möglich ist. Dies lässt die wohl häufige Anwendbarkeit der DS-GVO und die damit einhergehenden umfassenden Betroffenenrechte als – mehr oder weniger – bloß theoretischen Schutz des Landwirts bzw. Grundstückseigentümers erscheinen.

Diese Befunde lassen den Schluss zu, dass von einer sog. Datenhoheit des Landwirts, die als Sammelbegriff den inhaltlichen Rahmen dieser Untersuchung mitgeprägt hat, de lege lata in keiner Weise gesprochen werden kann. Die unverbindlichen sektorspezifischen Verhaltenskodizes verbessern seine Position nicht, da sie bislang keine besondere praktische Relevanz erlangt haben. Die im Rahmen der Einführung zitierte Annahme der Bundesregierung, «[g]rundsätzlich komm[e] die Datenhoheit nach der gegenwärtigen, dazu existenten Rechtsprechung den die Daten generierenden Landwirten zu»,[1237] erweist sich damit insgesamt als unzutreffend. Inwieweit der bald verpflichtend anzuwendende Data Act hieran im landwirtschaftlichen Sektor etwas zu ändern vermag, bleibt abzuwarten. Eine vorsichtige Begrenzung des Datenschutzrechts könnte ferner zumindest geeignet sein, die Rechtssicherheit und auch -klarheit für alle Beteiligten zu erhöhen.

Im Folgenden werden abschließend die Erarbeitungsergebnisse dieser Untersuchung thesenhaft dargestellt, wobei sich auf die wesentlichen Themenbereiche – also den Dritten Teil als Hauptteil dieser Untersuchung – beschränkt wird. Die Reihenfolge der Thesen soll dabei zugleich, soweit möglich und sinnvoll, den Gang der Untersuchung in jenem Teil nochmals nachzeichnen.

I. Datenschutzrecht

Zum Personenbezug agrarischer Bodendaten

- Zur Bestimmung der von Art. 4 Nr. 1 DS-GVO vorausgesetzten Beziehbarkeit eines Bodendatums auf die betroffene Person ist der noch zur alten Rechtslage vorgeschlagene kontextbezogene Ansatz der *Artikel-29-Datenschutzgruppe*, der insb. i. R. d. früher intensiv geführten Diskussion um den Personenbezug von Geodaten aufgegriffen wurde, auch unter der Geltung der DS-GVO geeignet, differenzierte Ergebnisse zu produzieren. Ein Bodendatum kann danach aufgrund einer inhaltlichen Aussage über den Betroffenen (Inhaltsbezug bzw. -kontext), des Zwecks seiner Verarbeitung in Bezug auf den Betroffenen (Zweckbezug bzw. -kontext) sowie seiner möglichen Auswirkungen auf die Rechte und Interessen des Betroffenen (Ergebnisbezug bzw. -kontext) als personenbezogen zu qualifizieren sein. Dem Geschäftsmodell und den technischen Möglichkeiten des verantwortlichen Agrarunternehmens kommen dabei zentrale Bedeutung zu, sodass die Beurteilung nur einzelfallbasiert möglich ist.
- Die Anforderungen an die ferner von Art. 4 Nr. 1 DS-GVO vorausgesetzte Identifizierbarkeit des Betroffenen entsprechen ebenfalls im Wesentlichen dem, was unter der alten Rechtslage für die sog. Bestimmbarkeit vorausgesetzt wurde. Dies gilt indes nicht für das vom EuGH in der Rechtssache *Breyer* etablierte Kriterium der Legalität bzw. des Vorhandenseins rechtlicher Mittel zum Zweck des Zugriffs auf Drittwissen. Dieses Kriterium ist mit den Vorgaben der DS-GVO nicht vereinbar und führt auch wertungsmäßig zu nicht überzeugenden Ergebnissen. Aus diesem Grund kommt es für die Identif-

1237 Vgl. ausdrückl. *BReg*, BT-Drs. 19/25414, S. 5.

izierbarkeit, ebenso wie schon für die Beziehbarkeit, maßgeblich auf die dem jeweiligen Agrarunternehmen zur Verfügung stehenden technischen Möglichkeiten hinsichtlich des Zugriffs auf Drittwissen an. Auch die Beurteilung der Identifizierbarkeit ist daher nur im Einzelfall möglich.

- Daten über Bodeneigenschaften des Ackers sind reine Sachdaten, sie informieren nur über den Status quo der betrachteten Fläche. Durch Verbindung mit anderen Daten (z. B. Wetterdaten), hier als Kombinationsdaten bezeichnet, erlangen sie in vielen Fällen aber Inhaltsbezug zum Landwirt, da sie so Aufschluss über dessen Bewirtschaftungsverhalten geben können. Bei Daten über Bodeneigenschaften, die unveränderbar sind, bleibt die Möglichkeit der Herstellung des Personenbezugs durch Zweck- oder Ergebnisbezug zum Landwirt und Grundstückseigentümer.
- Auch Vermessungsdaten eines Grundstücks sind für sich genommen nicht personenbezogene Sachdaten. Ihre Verwendung zur Beurteilung insb. des Eigentums verleiht ihnen jedoch Personenbezug, da durch das Ziel der Bewertung ein Zweckkontext zwischen dem Datum und dem Eigentümer hergestellt wird. Werden sie dementsprechend für Scoring eingesetzt, ist zwischen dem Daten-Input und dem durch die weitere Verarbeitung erzeugten Daten-Output zu differenzieren. Ersterer hat Zweckbezug zum Eigentümer, letzterer Inhaltsbezug.
- Als regelmäßig personenbezogen (in Form des Inhalts- und Ergebnisbezugs) qualifizierbar sind von Drohnen aufgenommene Orthofotografien, da bei ihrer Verwendung die für eine Identifizierung des Landwirts oder Grundstückseigentümers notwendigen Informationen häufig – auch hier aber in Abhängigkeit des Einzelfalls – vom Nutzer der Drohne bereitgestellt werden.
- Vor dem Hintergrund dieser Ergebnisse sind diejenigen Literaturstimmen, die Agrardaten insgesamt – und damit auch agrarische Bodendaten – für durchweg nicht personenbezogen halten, nicht überzeugend. Denjenigen Vertretern des Schrifttums, die einen Personenbezug für möglich und regelmäßig gegeben halten, insb. *Härtel*, *Kritikos* und *Martínez*, ist dagegen beizupflichten. Dies gilt auch für die von ihnen postulierte Einzelfallbetrachtung, sowohl mit Blick auf die Beziehbarkeit eines Datums auf den Betroffenen als auch auf im Hinblick auf dessen Identifizierbarkeit.
- De lege lata und, wo nötig, ferenda ist Stimmen, die einen stärker risikobasierte Regulierung befürworten, welcher den Verarbeitungskontext der Daten in den Vordergrund stellt, zuzustimmen. Der Vorschlag könnte inhaltlich mit dem kontextbasierten Ansatz der *Artikel-29-Datenschutzgruppe* ausgestaltet werden. Da die Auswirkungen auf das Recht der informationellen Selbstbestimmung bei ihnen am wenigsten gravierend sind, könnte dabei auf die Fallgruppe des Ergebnisbezugs verzichtet werden, um den Anwendungsbereich der DS-

GVO im Sinne der Innovationsoffenheit zu begrenzen. Parallel dazu könnten sich Vorschläge, Anonymisierungstechniken zu standardisieren, hinsichtlich der Voraussetzung der Identifizierbarkeit eines Betroffenen als für die Rechtssicherheit förderlich erweisen.

Zu den Rechten des betroffenen Landwirts bzw. Grundstückseigentümers

- Die DS-GVO gewährt dem Betroffenen nach hier insgesamt befürworteter großzügiger Auslegung ihrer Vorschriften grundsätzlich umfangreiche Rechte. Die praktisch besonders wichtigen Zugangsrechte werden dem betroffenen Landwirt bzw. Grundstückseigentümer sowohl von Art. 15 Abs. 3 DS-GVO als auch von Art. 20 Abs. 1 DS-GVO vermittelt.
  - Der Zugangsanspruch nach Art. 15 Abs. 3 DS-GVO ist sehr weitreichend. Er umfasst zunächst dieselben Daten, die auch vom Auskunftsanspruch nach Art. 15 Abs. 1 DS-GVO umfasst sind. In Scoring-Konstellationen gehört dazu nicht nur der Daten-Input, sondern auch das Scoring-Ergebnis als Daten-Output. Auch Letzteres ist als «verarbeitet» i. S. d. Art. 15 Abs. 3 DS-GVO zu qualifizieren. Dies ist vor allem bei Vermessungsdaten wichtig. Insbesondere bei Daten über die Bodenbeschaffenheit sind auch die sog. Kombinationsdaten als kontextverleihendes und den Personenbezug vermittelndes Informationsumfeld zugänglich zu machen. Dies gilt insb. dann, wenn sie für das Verständnis des Inhaltsbezugs der Bodendaten erforderlich sind. Die zugänglich zu machenden Daten dürfen dem betroffenen Landwirt bzw. Grundstückseigentümer dabei nicht als bloße Sammelauflistung übermittelt werden. Vielmehr müssen sie originalgetreu, d. h. so, wie sie auch dem Verantwortlichen selbst vorliegen, übermittelt werden. Insbesondere bei drohnengenerierten Orthofotografien führt dies dazu, dass regelmäßig sogar eine Kopie der Bilddatei herausgegeben werden muss. Hierbei sind daher besonders Rechte Dritter (oder des Verantwortlichen selbst) nach Art. 15 Abs. 4 DS-GVO zu berücksichtigen.
  - Hinsichtlich des sich daneben aus Art. 20 Abs. 1 DS-GVO ergebenden Zugangsanspruchs sind neben aktiv zur Verfügung gestellten Daten auch solche Daten als vom Betroffenen «bereitgestellt» anzusehen, die während der Nutzung von IoT-Technologien im Hintergrund erhoben werden. Der Anspruch bleibt im Übrigen bedeutend hinter dem aus Art. 15 Abs. 3 DS-GVO zurück. Zwar kann der Landwirt umfassend den Zugang zu mit Drohnen aufgenommenen Orthofotografien verlangen. Insbesondere zu für Daten über die Bodenbeschaffenheit bedeutsamen Kombinationsdaten, die für sich genommen nicht personenbezogen sind, kann er hingegen kei-

nen Zugang verlangen. Auch zum Daten-Output bei Scoring-Verfahren besteht kein Zugangsrecht nach Art. 20 Abs. 1 DS-GVO.

- Ein Unterlassungsanspruch des Landwirts bzw. Grundstückseigentümers nach der DS-GVO ist trotz des Umstands, dass er nicht ausdrücklich normiert ist, anzuerkennen. Er ist richtigerweise aus Art. 17 Abs. 1 DS-GVO abzuleiten. Nichtsdestotrotz ist die Rechtslage in dieser Hinsicht äußerst unklar und umstritten; die Klärung durch den EuGH steht noch aus. Bislang deutet sich die Anerkennung eines allgemeinen Unterlassungsanspruch in seiner Rechtsprechung nur im Ansatz an. Die praktische Bedeutung des Unterlassungsanspruchs in Bezug auf die Erhebung von agrarischen Bodendaten ist - vor allem dann, wenn er vorbeugend geltend gemacht werden soll - allerdings wohl überschaubar, da viele Bodendaten erst Personenbezug erlangen, wenn sie schon erhoben und verarbeitet wurden.
- Ein datenschutzrechtlicher Anspruch des Landwirts bzw. Grundstückseigentümers auf (anteilige) Auskehr des aus der Verwertung von Bodendaten resultierenden Erlöses kommt nicht in Betracht. Die DS-GVO sieht keine entsprechende Anspruchsgrundlage vor. Für einen hilfsweise auf § 812 Abs. 1 Satz 1 Alt. 2 BGB oder § 687 Abs. 2 BGB gestützten Anspruch fehlt es an der Zuweisung des ökonomischen Potenzials der Daten an den Betroffenen durch die DS-GVO. Ein Schadensersatzanspruch nach Art. 82 DS-GVO scheitert insb. an der fehlenden Kommerzialisierbarkeit der Bodendaten durch den Landwirt bzw. Grundstückseigentümer.

II. Grundeigentum

Zum Zuweisungsgehalt des § 903 Satz 1 BGB

- Auf die Frage nach der Eigentumsrelevanz der Erhebung und späteren Verwertung von Bodendaten gibt § 903 Satz 1 BGB, der den Eigentümer dazu berechtigt, «mit der Sache nach Belieben zu verfahren und andere von jeder Einwirkung auszuschließen», keine klare Antwort. Auch ein Blick auf das Schrifttum zeugt von der Schwierigkeit, abstrakte Aussagen, insb. zu den dem Eigentümer positiv zugewiesenen Befugnissen, zu treffen. Regelmäßig wird sich, sowohl im Hinblick auf § 903 Satz 1 BGB als auch auf die ihn konkretisierenden Anspruchsgrundlagen (insb. § 1004 Abs. 1 BGB), mit einzelfallbasierten Annäherungen beholfen, was, mangels exakt zur hiesigen Fragestellung passender Rechtsprechung, ebenfalls nicht weiterführt.
- Um die Beantwortung der Frage hat sich im Schrifttum ein Meinungsstreit entwickelt, der insb. an die Rechtsprechung des BGH zu Grundstücksfotogra-

fien anknüpft. In jener bejahte der BGH die Frage, ob das Fotografieren von Gebäuden auf einem Grundstück und die spätere kommerzielle Verwertung der Fotografien eine Beeinträchtigung des Eigentums am Grundstück bedeutet. Sie ist als Ausgangspunkt geeignet, weil es sich auch bei Fotografien um Daten im Sinne der hier zugrunde gelegten Definition als maschinenlesbar codierte syntaktische Information handelt.

- Die Rechtsprechung des BGH ist insgesamt – mit Ausnahme der *Friesenhaus*-Entscheidung – als verfehlt abzulehnen. Weder das Fotografieren noch die spätere Verwertung der Fotografie sind eine Beeinträchtigung des Grundeigentums am fotografierten Grundstück. Beides sind vielmehr Befugnisse, die der Gesetzgeber in den §§ 15ff. UrhG dem jeweiligen Urheber zuweist. Dessen Befugnisse beschneidet der BGH systemwidrig, indem er dem Grundeigentümer entsprechende Unterlassungsansprüche zuspricht und dabei lediglich auf das Betreten des Grundstücks als Beeinträchtigungshandlung abstellt. Auch der Ansatz des BGH, dem Grundeigentümer die Verwertungsbefugnis und -erlöse über § 99 Abs. 3 BGB oder eine diffuse «natürliche Betrachtungsweise»[1238] zuzuweisen, überzeugt nicht.
- Die eigentumsrechtliche Bedeutungslosigkeit des Fotografierens und der Verwertung beruht für sich genommen auf der Tatsache, dass sie weder auf die Sachsubstanz des Grundstücks einwirken noch die Nutzungsmöglichkeit des Eigentümers am Grundstück beschränken. Dieses Abstellen auf die Nutzungsmöglichkeit war zugleich der Trittstein für das Abstellen auf das ökonomische Kriterium der Rivalität zur Beschreibung der Eigentümerbefugnisse durch manche Vertreter des Schrifttums.
- Die gegen die Rechtsprechung des BGH vorgebrachten Argumente sind für die Beantwortung der hiesigen Fragestellung nur in Teilen geeignet, da weder der Acker als Betrachtungsobjekt noch die über ihn Auskunft gebenden Bodendaten als Werke i. S. d. § 2 UrhG anzusehen sind. Allenfalls ein Lichtbildschutz nach § 72 UrhG kommt im Einzelfall für drohnengenerierte Orthofotografien in Betracht.

- Die an die Rechtsprechung des BGH anknüpfende Diskussion um datenbezogene Befugnisse des Sacheigentümers löst sich von dem konkreten Bezug zum Urheberrecht als Abgrenzungsmaterie zum Sachenrecht. In Übereinstimmung mit der insb. von *Lauber-Rönsberg* und *Zech* vertretenen restriktiven Auffassung ist nur das Betreten des Grundstücks, nicht aber das – vom Betreten getrennt zu beurteilende – Erheben oder das Verwerten von Daten als vom Zuweisungsgehalt des § 903 Satz 1 BGB erfasste Nutzungshandlung

1238 BGH, Urt. v. 20.09.1974 – I ZR 99/73 = NJW 1975, 778 – *Schloss Tegel*.

zu qualifizieren. Gestattet der Eigentümer den Zutritt zum Grundstück, ist er darauf beschränkt, die Gestattung wieder zu entziehen und das Verlassen des Grundstücks zu verlangen. Ihm stehen keine Ansprüche auf Unterlassung der Verwertung erhobener Daten nach § 1004 Abs. 1 BGB oder auf (anteilige) Auskehr der daraus resultierende Erlöse nach § 812 Abs. 1 Satz 1 Alt. 2 BGB zu. Hierfür fehlt es am notwendigen Schutzzweckzusammenhang zwischen Betreten und Verwerten; dieser wird durch die Datenerhebung unterbrochen.
  - Das zu diesem Ergebnis führende Rivalitätskriterium ist geeignet, die Befugnisse des Sacheigentümers nach § 903 Satz 1 BGB positiv zu beschreiben und die dahingehend bestehenden Probleme der Literatur zu lösen. Dabei verdrängt es das Körperlichkeitskriterium nicht, sondern ergänzt es als zusätzliches Merkmal. Es zieht zudem eine klare Trennung zu den Befugnissen des Immaterialgüterrechts und ist geeignet, ehemals problematische Fälle kohärent zu lösen. Dabei ist eine Beschränkung des Merkmals anhand des Merkmals der Erheblichkeit angezeigt. Anders als zum Teil behauptet wird, sprechen sachenrechtshistorische Gründe nicht gegen das Rivalitätskriterium.
- Die von *Raue* vertretene weite Gegenauffassung übernimmt im Wesentlichen die Sichtweise des BGH und vertieft sie. Die dabei angenommene Aufspaltungsbefugnis des Eigentümers ist abzulehnen. Hinter ihr steht die Annahme, dass alle (Anschluss-)Handlungen, die ein Betreten des Grundstücks voraussetzen, von der (unstreitig) dem Eigentümer zugewiesenen Befugnis, das Betreten zu erlauben oder zu verbieten, mitumfasst seien. Damit handele es sich auch bei unerlaubtem Datenerheben und -verwerten um Eigentumsbeeinträchtigungen i. S. d. § 1004 Abs. 1 BGB.
  - Diese Sichtweise trennt nicht hinreichend genau zwischen dem Betreten erstens, Datenerheben zweitens und Datenverwerten drittens. Die zur Begründung hauptsächlich herangezogenen Urteile stützen den Gedanken der Aufspaltungsbefugnis und die These der dem Betreten inhärenten Anschlusshandlungen bei genauerer Überprüfung nicht. Diese Sichtweise führt zu dem systematisch und wertungsmäßig nicht überzeugenden Ergebnis, dass sämtliche, auch lediglich äquivalent-kausal auf das Betreten des Grundstücks rückführbare, Vermögensvorteile dem Eigentümer von § 903 Satz 1 BGB zugewiesen wären.

Zur Beurteilung von Smart Farming-Sachverhalten in der Landwirtschaft 4.0

- In Smart Farming-Sachverhalten der Landwirtschaft 4.0 kommen sowohl die restriktive als auch die, nach hier vertretener Auffassung im Übrigen abzulehnende, extensive Auffassung zu dem Ergebnis, dass weder Unterlassungsansprüche gegen die Erhebung oder Verwertung von Bodendaten noch Ansprüche auf Zugang zu erhobenen Bodendaten bestehen. Das Eigentum am Grundstück vermittelt daher in den Konstellationen der Landwirtschaft 4.0 keinerlei Rechte in Bezug auf die Daten. Im Hinblick auf die Unterlassungsansprüche ergibt sich dies aus dem Fehlen eines Eingriffs in den Zuweisungsgehalt. Zugangsansprüche scheitern auch daran, dass das BGB keine passende Anspruchsgrundlage für sie bereithält.

- Zur Begründung ist zwischen Fällen, in denen der Landwirt Eigentümer der bewirtschafteten Flächen und solchen, in denen er Pächter ist, zu differenzieren, wodurch zugleich den tatsächlichen Gegebenheiten im Hinblick auf die Eigentumsverhältnisse an agrarisch genutzten Grundstücken Rechnung getragen wird.
  - Ist der Landwirt zugleich Eigentümer, fehlt es nach der extensiven Auffassung an einem Betreten des Grundstücks durch einen Dritten. Damit entfällt der Anknüpfungspunkt für die sog. Anschlusshandlungen des Erhebens und Verwertens der Bodendaten und damit auch die Möglichkeit der Begründung einer Eigentumsbeeinträchtigung. Nach der restriktiven Auffassung scheitert diese schon an der fehlenden Rivalität der Erhebung und Verwertung der Bodendaten.
  - Ist der Landwirt Pächter, bleibt es nach der restriktiven Auffassung dabei, dass mangels Rivalität der Erhebung und Verwertung der Bodendaten keine Rechte in Bezug darauf bestehen. Nach der extensiven Auffassung liegt zwar ein Betreten als grundsätzlich geeigneter Anknüpfungspunkt vor. Trotzdem fehlt es auch in diesem Fall an einer Eigentumsbeeinträchtigung. Der zwischen Landwirt und Eigentümer geschlossene Landpachtvertrag nach §§ 581, 585ff. BGB entfaltet eine Indizwirkung dahingehend, dass von der Betretungsgestattung auch der Einsatz von Smart-Farming-Technologien, und mit ihnen die Erhebung von Bodendaten, als verkehrsübliche Anschlusshandlungen mitumfasst sind. Gleiches gilt jedenfalls für diejenige Verwertung der Bodendaten, die sich in deren Auswertung erschöpft. Bei der Verwertung der Bodendaten durch Rechtsgeschäft verbleiben Zweifel. Auf Grundlage von der extensiven Auffassung zugrunde gelegten Rechtsprechung des BGH spricht aber § 581 Abs. 1 BGB dafür, dem Pächter auch die Verwertungserlöse zuzuweisen, sodass auch in deren Erwirtschaftung hiernach keine Eigentumsbeeinträchtigung zu sehen ist.

Literaturverzeichnis

Hinweis: Aufsatzliteratur, die nicht in einer mit fortlaufender Seitenzahl versehenen Zeitschrift veröffentlicht wurde, ist mit einer Fußnote mit einem DOI-Link (sofern vorhanden) gekennzeichnet.

ALI/ELI: Principles for a Data Economy, Philadelphia/Wien 2021.

Aliprandi, Claudio: Datenschutzrechtlicher Schadensersatz nach Art. 82 DS-GVO – Voraussetzungen, Rechtsfolgen und Praxisbezüge, Baden-Baden 2023.

American Farm Bureau Federation: Privacy and Security Principles for Farm Data, Washington D.C. 2014.

Amstutz, Marc: Dateneigentum – Funktion und Form, AcP 218 (2018), 438ff.

Anidu, Adesola/Dara, Rozita: A review of data governance challenges in smart farming and potential solutions, IEEE ISTAS 2021.[1239]

Artikel-29-Datenschutzgruppe: WP 136: Stellungnahme 4/2007 zum Begriff »personenbezogene Daten«, 20. Juni 2007.

dies.: WP 242: Leitlinien zum Recht auf Datenübertragbarkeit, 05. April 2017.

Atik, Can: Data access problems in the emerging digital agriculture sector: What role for EU Competition Law Enforcement and Regulatory Intervention?, Diss. Tilburg 2023.

ders.: Towards Comprehensive European Agricultural Data Governance: Moving Beyond the »Data Ownership« Debate, IIC 53 (2022), 701ff.

ders.: Understanding the Role of Agricultural Data on Market Power in the Emerging Digital Agriculture Sector: A Critical Analysis of the Bayer/Monsanto Decision, ResearchGate Paper, Juni 2020.[1240]

ders./Martens, Bertin: Competition Problems and Governance of Non-personal Agricultural Machine Data: Comparing Voluntary Initiatives in the US and EU, JIPITEC 12 (2021), 370ff.

Auer, Marietta: Der privatrechtliche Diskurs der Moderne, Tübingen 2014.

Badowski, Mateusz: Zugang zu Geodaten. Eine deutsch-polnische rechtsvergleichende (*sic*) Analyse im europäischen Kontext, Hamburg 2024.

1239 https://doi.org/10.1109/ISTAS52410.2021.9629169.

1240 https://www.researchgate.net/publication/342242594_Understanding_the_Role_of_Agricultural_Data_on_Market_Power_in_the_Emerging_Digital_Agriculture_Sector_A_Critical_Analysis_of_the_BayerMonsanto_Decision.

Balogh, Péter/Bai, Attila/Czibere, Ibola/Kovách, Imre/Fodor, László/Bujdos, Ágnes/Sulyok, Dénes/Gabnai, Zoltán/Birkner, Zoltán: Economic and Social Barriers of Precision Farming in Hungary, Agronomy 11 (2021), 1112.[1241]

Bar, Christian von: Gemeineuropäisches Sachenrecht, Bd. I, München 2015.

Bartsch, Michael: Die »Vertraulichkeit und Integrität informationstechnischer Systeme« als sonstiges Recht nach § 823 Abs. 1 BGB, CR 2008, 613ff.

Baumgartner, Ulrich: Anm. zu EuG, Urt. v. 26.04.2023 – T-557/20, ZD 2023, 402ff.

Bäumler, Jelena: Wem gehört der Wind? Verfassungsrechtliche Grenzen alternativer Vorteilszuordnungen, ZUR 2017, 667ff.

Baur, Fritz: Anm. zu BGH, Urt. v. 20.09.1974 – I ZR 99/73, JZ 1975, 493.

Becker, Maximilian: Absolute Herrschaftsrechte, Tübingen 2022.

ders.: Lauterkeitsrechtlicher Leistungsschutz für Daten, GRUR 2017, 346ff.

Benkler, Yochai: From Consumers to Users: Shifting the Deeper Structures of Regulation Toward Sustainable Commons and User Access, Federal Communications Law Journal 52 (2000), 561ff.

Berberich, Matthias: Absolute Rechte an der Nutzung einer Domain – eine zentrale Weichenstellung für die Rechtsentwicklung, WRP 2011, 543ff.

Berberich, Matthias: Virtuelles Eigentum, Tübingen 2010.

ders./Golla, Sebastian: Zur Konstruktion eines »Dateneigentums« – Herleitung, Schutzrichtung, Abgrenzung, PinG 2016, 165ff.

BfDi: Positionspapier zur Anonymisierung unter der DSGVO unter besonderer Berücksichtigung der TK-Branche, Bonn 2020.

Birner, Regina/Daum, Thomas/Pray, Carl: Wo drives the digital revolution in agriculture? A review of supply-side trends, players and challenges, in: Appl Econ Perspect Policy 43 (2021), 1260ff.

Bisges, Marcel (Hrsg.): Handbuch Urheberrecht, 2. Aufl., Berlin 2022 (zit. als: *Bearbeiter*, in: Bisges, HdB. UrhR, Kap. … Rn. …).

Bitkom e. V.: Big Data im Praxiseinsatz – Szenarien, Beispiele, Effekte, Berlin 2012.

ders.: Die Digitalisierung der Landwirtschaft, Berlin 2022.

ders.: Digitalisierung in der Landwirtschaft, Berlin 2016.

Bittner, Andreas R.: Das Fotografieren fremder Sachen – Zivilrechtliche Ansprüche des Eigentümers?, Diss. Frankfurt a. M. 1986.

Blasch, Julia/van der Kroon, Bianca/van Beukering, *Pieter/Nino, Pasquale/Munster, R./Fabiani, Stefano/Vanino, Silvia*: Farmer preferences for adopting precision farming technologies: a case study from Italy, ERAE 49 (2022), 33ff.

dies./Vuolo, Francesco/Essl, Laura/van der Kroon, Bianca: Drivers and Barriers Influencing the Willingness to Adopt Technologies for Variable Rate Application of Fertiliser in Lower Austria, Agronomy 11 (2021), 1965.[1242]

BMEL: Agrarpolitischer Bericht der Bundesregierung 2019, Berlin 2019.

dass.: Agrarpolitischer Bericht der Bundesregierung 2023, Berlin 2023.

dass.: Digitalisierung in der Landwirtschaft. Chancen nutzen – Risiken minimieren, Bonn 2022.

1241 https://doi.org/10.3390/agronomy11061112.

1242 https://doi.org/10.3390/agronomy11101965.

BMR, Stellungnahme zum Entwurf Musternutzungsbedingungen im Rahmen des Verbandsgesprächs am 22.06.2022, Neuburg 2022.

Boehme-Neßler, Volker: Das Ende der Anonymität: Wie Big Data das Datenschutzrecht verändert, DuD 2016, 419ff.

Bomhard, David/Merkle, Marieke: Der Entwurf eines EU Data Acts: Neue Spielregeln für die Data Economy, RDi 2022, 168ff.

Borras, Saturnino M./Hall, Ruth/Scoones, Ian/White, Ben/Wolford, Wendy: Towards a better understanding of global land grabbing: an editorial introduction, The Journal of Peasant Studies 38 (2011), 209ff.

Bressendorf, Tobias von: Das private »Hausrecht«, Baden-Baden 2020.

Brunner, Jan: Land Grabbing in Ostdeutschland: Ursachen, Auswirkungen, Widerstand, GLOCON Country Report No. 3, 2019.[1243]

Buchner, Benedikt: Informationelle Selbstbestimmung im Privatrecht, Tübingen 2006.

Burg, Simone van der/Wiseman, Leanne/Krkeljas, Jovana: Trust in farm data sharing: reflections on the EU code of conduct for agricultural data sharing, Ethics and Information Technology 23 (2021), 185ff.

Busch, Christoph: Mehr Fairness und Transparenz in der Plattformökonomie? Die neue P2B-Verordnung im Überblick, GRUR 2019, 788ff.

Capurro, Rafael: Information – Ein Beitrag zur etymologischen und ideengeschichtlichen Begründung des Informationsbegriffs, München/New York/London/Paris 1978.

Chartagemeinschaft Digitalisierung: Charta zur Digitalisierung der Schweizer Land- und Ernährungswirtschaft, Bern 2018.

Conrad, Conrad Sebastian: Die »Verarbeitung« im Sinne der DSGVO – und die Realität, DuD 2021, 603ff.

Copa-Cogeca/CEMA/CEETTAR/ESA/Fertilizers Europe/FEFAC/ECPA/EFFAB/CEJA: EU Code of conduct on agricultural data sharing by contractual agreement, Brüssel et al. 2018.

Crémer, Jacques/Montjoye, Yves-Alexandre de/Schweitzer, Heike: Competition policy for the digital era, Luxembourg 2019.

Dachler, Michael: Welternährung: Status quo und Ausblick zur globalen Ernährungslage, Berlin/Heidelberg 2023.

Dausend, Tjorven: Der Auskunftsanspruch in der Unternehmenspraxis – Beispiel zur Bearbeitung von Betroffenenanfragen und Exkurs zur Reichweite des Auskunftsanspruchs, ZD 2019, 103ff.

DBV e. V., BMR, BLU, DLG, DRV, LandBauTechnik-Bundesverband, VDMA: Datenhoheit des Landwirts – Gemeinsame Branchenempfehlung für die Erhebung, Nutzung und den Austausch digitaler Betriebsdaten in der Land- und Forstwirtschaft, Berlin 2018.

DEK: Gutachten der Datenethikkommission, Berlin 2019.

Denga, Michael: Digitale Souveränität durch Datenprivatrecht?, GRUR 2022, 1113ff.

ders.: Gemengelage privaten Datenrechts, NJW 2018, 1371ff.

Determann, Lothar: Gegen Eigentumsrechte an Daten – Warum Gedanken und andere Informationen frei sind und es bleiben sollten, ZD 2018, 503ff.

1243 http://dx.doi.org/10.17169/refubium-2772.

Wissenschaftliche Dienste des Deutschen Bundestags: Land Grabbing: Ursachen, Wirkungen, Handlungsbedarf, Infobrief WD 5 – 3010 – 204/11, Berlin 2011.

DLG e. V.: Digitale Landwirtschaft – Ein Positionspapier der DLG, Frankfurt a. M. 2018.

Dorner, Michael: Big Data und »Dateneigentum«, CR 2014, 617ff.

Dornis, Tim W.: Die »Schöpfung ohne Schöpfer« – Klarstellungen zur »KI-Autonomie« im Urheber- und Patentrecht, GRUR 2021, 784ff.

Dreier, Thomas/Schulze, Gernot (Hrsg.): Urheberrechtsgesetz, 7. Aufl., München 2022 (zit. als: *Bearbeiter*, in: Dreier/Schulze, UrhG, § …Rn. …).

Dreusche, Maxime von: Datenverträge in der Insolvenz – Zugriffsrechte des Nutzers in der Insolvenz des Datenverwalters, Wiesbaden 2022.

Drexl, Josef: Data Access and Control in the Era of Connected Devices, Brüssel 2018.

ders.: Neue Regeln für die Europäische Datenwirtschaft? Ein Plädoyer für einen wettbewerbspolitischen Ansatz – Teil 1, NZKart 2017, 339ff.

Duden, Konrad: Digitale Sachherrschaft, Tübingen 2023.

Ebers, Martin/Heinze, Christian/Krügel, Tina/Steinrötter, Björn (Hrsg.): Künstliche Intelligenz und Robotik: Rechtshandbuch, München 2020 (zit. als: *Bearbeiter*, in: Ebers et al., HdB. Künstliche Intelligenz und Robotik, § … Rn.…).

Eckardt, Martina/Kerber, Wolfgang: Designing the Bundle of Rights on IoT Data: The EU Data Act, in: Sattler, Andreas/Zech, Herbert (Hrsg.): The Data Act: First Assessments, Trier 2024, S. 3ff.

Ehmann, Eugen/Selmayr, Martin (Hrsg.): DS-GVO Kommentar, 3. Aufl., München 2024 (zit. als: *Bearbeiter*, in: Ehmann/Selmayr, DS-GVO, Art. …Rn. …).

Eichelberger, Jan: Anm. zu EuGH, Urt. v. 04.05.2023 – C-487/21, BKR 2023, 640ff.

ders.: Unionsrechtlicher Unterlassungsanspruch und Begriff des immateriellen Schadens nach der DS-GVO, RDi 2024, 89ff.

Elfering, Stephanie: Unlocking the Right to Data Portability: An Analysis of the Interface with the Sui Generis Database Right, Baden-Baden 2019.

Ellger, Reinhard: Bereicherung durch Eingriff, Tübingen 2002.

Elmenhorst, Lucas: Anm. zu BGH, Urt. v. 01.03.2013 – V ZR 14/12, GRUR 2013, 626ff.

Engelbrecht, Kai: Anm. zu BayVGH, Urt. v. 30.05.2023 – 5 BV 20.2104, ZD 2023, 573ff.

Engeler, Malte/Quiel, Philipp: Recht auf Kopie und Auskunftsanspruch im Datenschutzrecht, NJW 2019, 2201ff.

Engels, Barbara: Data portability among online platforms, Internet Policy Review 5 (2016).[1244]

Ensthaler, Jürgen: Industrie 4.0 und die Berechtigung an Daten, NJW 2016, 3473ff.

Erb, Volker/Schäfer, Jürgen (Hrsg.): Münchener Kommentar zum StGB, Bd. 4, 4. Aufl., München 2021 (zit.: *Bearbeiter*, in: MüKo StGB, § …Rn. …).

Erman, Walter (Begr.): Bürgerliches Gesetzbuch – Kommentar, 17. Aufl., Köln 2023 (zit. als: *Bearbeiter*, in: Erman, BGB, § …Rn. …).

EU-Kommission: Aufbau einer Europäischen Datenwirtschaft, COM(2017) 9 final, Brüssel 2017.

dies.: Eine europäische Datenstrategie, COM(2020) 66 final, Brüssel 2020.

1244 https://doi.org/10.14763/2016.2.408.

Farm Data Accreditation Ltd: New Zealand Farm Data Code of Practice, Version 1.1, Hamilton 2015.

Federico, Giovanni: Feeding the World – An Economic History of Agriculture, 1800–2000, Princeton/Oxford 2005.

Ferris, Jody: Data Privacy and Portection in the Agriculture Industry: Is Federal Regulation Necessary?, Minn. J.L. Sci. & Tech. 18 (2017), 309ff.

Forgó, Nikolaus/Krügel, Tina: Der Personenbezug von Geodaten. Cui bono, wenn alles bestimmbar ist?, MMR 2010, 17ff.

Fridgen, Alexander/Geiwitz, Arndt/Göpfert, Burkhard (Hrsg.): Beck'scher Online-Kommentar Insolvenzrecht, 37. Edition, Stand: 01.11.2024, München 2024 (zit. als: *Bearbeiter*, in: BeckOK InsR, *Gesetz*, Art./§ …Rn. …).

Fritzsche, Jörg/Münker, Reiner/Stollwerck, Christoph (Hrsg.): Beck'scher Online-Kommentar UWG, 19. Edition, Stand: 01.01.2023, München 2023 (zit. als: *Bearbeiter*, in: BeckOK UWG, § …Rn. …).

Fuchs, Christian/Hofkirchner, Wolfgang: Ein einheitlicher Informationsbegriff für eine einheitliche Informationswissenschaft, in: Floyd, Christiane/Fuchs, Christian/Hofkirchner, Wolfgang (Hrsg.): Stufen zur Informationsgesellschaft – Festschrift zum 65. Geburtstag von Klaus Fuchs-Kittowski, Frankfurt a. M. et al. 2002, S. 241ff.

Gabriel, Andreas: Farmers' attitudes towards data security in agriculture when using digital technologies, in: Hoffmann, Christa/Stein, Anthony/Ruckelshausen, Arno/Müller, Henning/Steckel, Thilo/Floto, Helga (Hrsg.): Resiliente Agri-Food-Systeme, Bonn 2023, S. 65ff.

ders./Gandorfer, Markus: Landwirte-Befragung 2020 Digitale Landwirtschaft Bayern, Ruhstorf an der Rott 2020.

Gandorfer, Markus: Bewertung von Precision Farming dargestellt am Beispiel der teilflächenspezifischen Stickstoffdüngung, Diss. München 2006.

ders./Schleicher, Sebastian/Heuser, Sebastian/Pfeiffer, Johanna/Demmel, Markus: Landwirtschaft 4.0 – Digitalisierung und ihre Herausforderungen, in: Wendl, Georg (Hrsg.), Ackerbau – technische Lösungen für die Zukunft. Tagungsband landtechnische Jahrestagung am 21. November 2017 in Deggendorf, Freising-Weihenstephan 2017, S. 9ff.

Gebbers, Robin/Adamchuk, Viacheslav I.: Precision Agriculture and Food Security, SCIENCE 327 (2010), 828ff.

Gebele, Alexander/Scholz, Kai-Steffen (Hrsg.): Beck'sches Formularbuch Bürgerliches, Handels- und Wirtschaftsrecht, 14. Aufl., München 2022 (zit. als: *Bearbeiter*, in: BeckFormB BHW, Form. …, Anm. …).

Gehrlein, Markus: Grenzen der Reichweite des Grundstücksverkehrsgesetzes, DZWIR 2023, 574ff.

Geisberger, Eva/Broy, Manfred: agendaCPS – Integrierte Forschungsagenda Cyber-Physical Systems (acatech STUDIE), Berlin/Heidelberg 2012.

Gennen, Klaus: Ausgewählte Anforderungen der EU-DSGVO an die Verarbeitung personenbezogener Daten, in: Ruckelshausen, Arno/Mexer-Aurich, Andreas/Lentz, Wolfgang/Theuvsen, Brigitte (Hrsg.): Digitale Transformation – Wege in eine zukunftsfähige Landwirtschaft, Bonn 2017, S. 53ff.

ders./Walter, Laura-Sophie: Datenhoheit, Datenschutz und Datensicherheit bei KI im Agrar- und Ernährungssektor, in: Gandorfer, Markus/Hoffmann, Christa/El Benni,

Nadja/Cockburn, Marianne/Anken, Thomas/Floto, Helga (Hrsg.): Künstliche Intelligenz in der Agrar- und Ernährungswirtschaft, Bonn 2022, S. 105ff.

Gersdorf, Hubertus/Paal, Boris (Hrsg.): Beck'scher Online-Kommentar Informations- und Medienrecht, 45. Edition, Stand: 01.08.2024, München 2024 (zit. als: *Bearbeiter*, in: BeckOK InfoMedienR, *Gesetz*, § …Rn. …).

Gerstenberg, Eike Markus: Anm. zu BGH, Urt. v. 20.09.1974 – I ZR 99/73, GRUR 1975, 502.

Gola, Peter/Heckmann, Dirk (Hrsg.): Datenschutz-Grundverordnung – Bundesdatenschutzgesetz Kommentar, 3. Aufl., München 2022 (zit. als: *Bearbeiter*, in: Gola/Heckmann, DS-GVO, Art. …Rn. …).

Gomille, Christian: Kreative künstliche Intelligenz und das Urheberrecht, in: JZ 2019, 969ff.

Götting, Horst-Peter/Lauber-Rönsberg, Anne/Rauer, Nils (Hrsg.): Beck'scher Online-Kommentar Urheberrecht, 44. Edition, Stand: 01.11.2024, München 2024 (zit. als: *Bearbeiter*, in: BeckOK UrhR, *Gesetz*, § …Rn. …).

Grapentin, Sabine: Datenzugangsansprüche und Geschäftsgeheimnisse der Hersteller im Lichte des Data Act, RDi 2023, 173ff.

Griepentrog, Hans: Zukünftige Entwicklungen im Precision Farming, in: Hans Eisenmann-Zentrum (Hrsg.): Digitale Landwirtschaft. Big Data – Smart Data – Datenmanagement, Freising 2016, S. 33ff.

Grosskopf, Lambert: Rechte an privat erhobenen Geo- und Telemetriedaten, IPRB 2011, 259ff.

Grotheer, Marc: Der eigentumsrechtliche Unterlassungsanspruch nach § 1004 BGB als Schutz vor Konkurrenten – am Beispiel der Rechtsprechung zur Fremdbefüllung von Flüssiggastanks, GRUR 2006, 110ff.

Grüning, Christine: Die Eigentumsfreiheitsklage gegen Fotografieren und die gewerbliche Verwertung dieser Fotografien, Diss. Frankfurt a. M. 1980.

Gsell, Beate/Krüger, Wolfgang/Lorenz, Stephan/Reymann, Christoph (Gesamt-Hrsg.): beck-online.Großkommentar zum Zivilrecht, München (zit. als: Bearbeiter, in: BeckOGK BGB, Stand, § …Rn. …).

Haase, Martin/Kluge, Vanessa: Rechtliche Bewertung der zunehmenden Informationsverarbeitung in der digitalisierten Landwirtschaft, in: Ruckelshausen, Arno/Mexer-Aurich, Andreas/Lentz, Wolfgang/Theuvsen, Brigitte (Hrsg.): Digitale Transformation – Wege in eine zukunftsfähige Landwirtschaft, Bonn 2017, S. 65ff.

Hacker, Philipp: Datenprivatrecht – Neue Technologien im Spannungsfeld von Datenschutz und BGB, Tübingen 2020.

Halder, Christoph: Zur Klagebefugnis von Verbänden nach Geltung der DSGVO – zugleich Anm. zu Schlussanträgen v. 02.12.2021 – C-319/20, jurisPR-ITR 1/2022, Anm. 2.

ders./Walker, Michael: Anm. zu VG Regensburg, Gerichtsbescheid vom 06.08.2020 – RN 9 K 19.1061, ZD 2020, 605f.

Halm, Philipp: Rechtsökonomie und Bodenmarkt. Analyse und Bewertung des landwirtschaftlichen Grundstücksverkehrsrechts unter Berücksichtigung des Agrarstrukturwandels, Baden-Baden 2022.

Hampel, Volker: Der Datenbegriff im Strafgesetzbuch, Hamburg 2015.

Hansen, Hans Robert/Mendling, Jan/Neumann, Gustaf: Wirtschaftsinformatik – Grundlagen und Anwendungen, 12. Aufl., Berlin/Boston 2019.

Härtel, Ines: Agrar-Digitalrecht für eine nachhaltige Landwirtschaft 4.0, NuR 2019, 577ff.

dies.: Agrarrecht 4.0 – Digitale Revolution in der Landwirtschaft, in: Frenz, Walter (Hrsg.): Handbuch Industrie 4.0: Recht, Technik, Gesellschaft, Berlin/Heidelberg 2020, S. 429ff.

dies.: Gutachten zum Thema »Europäische Leitlinien bzw. Regeln für Agrardaten« (European Agricultural Data Governance), Berlin 2020.

dies.: Künstliche Intelligenz in der nachhaltigen Landwirtschaft – Datenrechte und Haftungsregime, NuR 2020, 439ff.

Härting, Nico: »Dateneigentum« – Schutz durch Immaterialgüterrecht? Was sich aus dem Verständnis von Software für den zivilrechtlichen Umgang mit Daten gewinnen lässt, CR 2016, 646ff.

ders.: Was ist eigentlich eine »Kopie«? Zur Auslegung des Art. 15 Abs. 3 Satz 1 DSGVO, CR 2019, 219ff.

Hartl, Andreas/Ludin, Anna: Recht der Datenzugänge – Was die Datenstrategien der EU sowie der Bundesregierung für die Gesetzgebung erwarten lassen, MMR 2021, 534ff.

Hartmann, Bernd J./McGuire, Mary-Rose/Schulte-Nölke, Hans: Datenzugang bei smarten Produkten nach dem Entwurf für ein Datengesetz (Data Act). Rechtliche Rahmenbedingungen für die Vertragsgestaltung, RDi 2023, 49ff.

Hartmann, Niklas K.: Personenbezogene Forschungsdaten in unverdächtigen Disziplinen: Das Beispiel der Erd-, Umwelt- und Agrarwissenschaften, LIBREAS 36 (2019).[1245]

Hassan, Rosilah/Qamar, Faizan/Hasan, Mohammad Kamrul/Aman, Azana Hafizah Mohd/Ahmed, Amjed Sid: Internet of Things and Its Applications: A Comprehensive Survey, Symmetry 12 (2020), 1674.[1246]

Hau, Wolfgang/Poseck, Roman (Hrsg.): Beck'scher Online-Kommentar BGB, 71. Edition, Stand: 01.05.2024/01.08.2024, München 2024 (zit. als: *Bearbeiter*, in: BeckOK BGB, *Stand*, § …Rn. …).

Haustein, Berthold: Möglichkeiten und Grenzen von Dateneigentum, Baden-Baden 2021.

Heckschen, Heribert/Herrler, Sebastian/Münch, Christof (Hrsg.): Beck'sches Notar-Handbuch, 8. Aufl., München 2024 (zit. als: *Bearbeiter*, in: BeckNotar-HdB., § …Rn. …).

Heinzke, Philippe: Zum Recht auf Vergessenwerden nach Art. 17 DS-GVO, GRUR-Prax 2019, 396.

Helms, Tobias: Gewinnherausgabe als haftungsrechtliches Problem, Tübingen 2007.

Hennemann, Moritz: Agrarökonomie und Datenrecht, in: Gruber, Holli/Scheler, Laura/Henkel, Anna (Hrsg.): 10 Minuten Soziologie: Land, Bielefeld 2024, S. 147ff.

ders./Ebner, Gordian Konstantin/Karsten, Benedikt/Lienemann, Gregor/Wienroeder, Marie (Hrsg.): Data Act. An Introduction, 1. Aufl., Baden-Baden 2024 (zit. als: *Bearbeiter*, in: Hennemann et al., Data Act, S. …)

ders./Steinrötter, Björn: Data Act – Fundament des neuen EU-Datenwirtschaftsrechts?, NJW 2022, 1481ff.

dies.: Der Data Act – Neue Instrumente, alte Friktionen, strukturelle Weichenstellungen, NJW 2024, 1ff.

Herrmann, Elke: Kernstrukturen des Sachenrechts, Tübingen 2013.

Hoeren, Thomas: Datenbesitz statt Dateneigentum. Erste Ansätze zur Neuausrichtung der Diskussion um die Zuordnung von Daten, MMR 2019, 5ff.

1245 https://libreas.eu/ausgabe36/hartmann/.

1246 https://doi.org/10.3390/sym12101674.

ders.: Dateneigentum – Versuch einer Anwendung von § 303a StGB im Zivilrecht, MMR 2013, 486ff.

ders./Sieber, Ulrich/Holznagel, Bernd (Hrsg.): Handbuch Multimedia-Recht, Stand: Juni 2024 (62. Ergänzungslieferung), München 2024 (zit. als: *Bearbeiter*, in: Hoeren/Sieber/Holznagel, HdB. Multimedia-Recht, Teil …Rn. …).

Hoffmann-Riem, Wolfgang: Recht im Sog der digitalen Transformation, Tübingen 2022.

Hofmann, Franz: »Absolute Rechte« an Daten – immaterialgüterrechtliche Perspektive, in: Pertot, Tereza (Hrsg.): Rechte an Daten, Tübingen 2020, S. 9ff.

ders.: Der Unterlassungsanspruch als Rechtsbehelf, Tübingen 2017.

ders./Raue, Benjamin/Zech, Herbert: Eigentum in der digitalen Gesellschaft, in: *Hofmann, Franz/Raue, Benjamin/Zech, Herbert* (Hrsg.): Eigentum in der digitalen Gesellschaft, Tübingen 2022, S. 1ff.

Hofmann, Philipp: Das System des privatrechtlichen Hausrechts, JURA 2014, 141ff.

Honsell, Heinrich/Mayer-Maly, Theo/Selb, Walter: Römisches Recht, 4. Aufl., Berlin/Heidelberg (u. a.) 1987.

Hornung, Gerrit/Herfurth, Constantin: Datenschutz bei Big Data. Rechtliche und politische Implikationen, in: König, Christian/Schröder, Jette/Wiegand, Erich (Hrsg.): Big Data: Chancen, Risiken, Entwicklungstendenzen, Wiesbaden 2018, S. 149ff.

Hügel, Stefan (Hrsg.): Beck'scher Online-Kommentar GBO, 54. Edition, Stand: 02.09.2024, München 2024 (zit. als: *Bearbeiter*, in: BeckOK GBO, § …Rn. …).

Hussain, Iftekhar: Internet of Things: challenges and research opportunities, CSIT 5 (2017), 87ff.

IMAGI: Behördenleitfaden zum Datenschutz bei Geodaten und -diensten, Berlin 2014.

Immenga, Ulrich/Mestmäcker, Ernst-Joachim (Begr.): Wettbewerbsrecht, Bd. 2 GWB, 7. Aufl., München 2024 (zit. als: *Bearbeiter*, in: Immenga/Mestmäcker, WettbewerbsR, *Gesetz*, § …Rn. …).

Janal, Ruth: Data Portability – A Tale of Two Concepts, JIPITEC 8 (2017), 59ff.

dies.: Die Datenschutzgrundverordnung: Bereit für das Internet der Dinge?, ZGE 15 (2023), 1ff.

Jänich, Volker: Geistiges Eigentum – eine Komplementärerscheinung zum Sacheigentum?, Tübingen 2002.

Jansen, Nils: Gesetzliche Schuldverhältnisse: Eine historische Strukturanalyse, AcP 216 (2016), 112ff.

Jarass, Hans: Charta der Grundrechte der Europäischen Union unter Einbeziehung der sonstigen Grundrechtsregelungen des Primärrechts und der EMRK, 4. Aufl., München 2021 (zit. als: *Jarass*, EU-Grundrechte-Charta, Art. …Rn. …).

Jauernig, Othmar (Begr.): Bürgerliches Gesetzbuch, 19. Aufl. 2023, München 2023 (zit. als: *Bearbeiter*, in: Jauernig, BGB, § …Rn. …).

Jensen, Nils: Die Privilegierung der Landwirtschaft, Baden-Baden 2021.

Jülicher, Tim/Röttgen, Charlotte/Schönfeld, Max von: Das Recht auf Datenübertragbarkeit: Ein datenschutzrechtliches Novum, ZD 2016, 358ff.

JuMiKo, Arbeitsgruppe »Digitaler Neustart« der Konferenz der Justizministerinnen und Justizminister der Länder – Bericht vom 15. Mai 2017, Düsseldorf 2017.

Kaplinsky, Raphael/Morris, Mike: A Handbook for Value Chain Research, Sussex/Cape Town (ResearchGate) 2001.

Karg, Moritz: Anonymität, Pseudonymität und Personenbezug revisited?, DuD 2015, 520ff.

ders.: Datenschutz für Geodaten. Bedarfs (*sic*) es eines datenschutzrechtlichen Rubikons bei der Erfassung des öffentlichen Raumes?, DuD 2010, 824ff.

ders.: Die Rechtsfigur des personenbezogenen Datums: Ein Anachronismus des Datenschutzes?, ZD 2012, 255ff.

Katzenberger, Paul: Neue Urheberrechtsprobleme der Photographie: Reproduktionsphotographie, Luftbild- und Satellitenaufnahmen, GRUR Int. 1989, 116ff.

Katzenstein, Matthias: Der Beseitigungsanspruch nach § 1004 Abs. 1 Satz 1 BGB, AcP 211 (2011), 58ff.

Kaur, Jasmin/Fard, Seyed Mehdi Hazrati/Amiri-Zarandi, Mohammad/Dara, Rozita: Precting farmers' data privacy and confidentiality: Recommendations and considerations, Front. Sustain. Food Syst. 6:903230 (2022).[1247]

Kerber, Wolfgang: Governance of IoT Data: Why the EU Data Act Will not Fulfill Its Objectives, GRUR Int. 2023, 120ff.

Kern, Christoph A.: Typizität als Strukturprinzip des Privatrechts. Ein Beitrag zur Standardisierung übertragbarer Güter, Tübingen 2013.

Kernecker, Maria/Knierim, Andrea/Wurbs, Angelika/Kraus, Teresa/Borges, Friederike: Experience versus expectation: farmers' perceptions of smart farming technologies for cropping systems across Europe, Precision Agriculture 21 (2020), 34ff.

Kevekordes, Johannes: Daten als Gegenstand absoluter Zuordnung, Berlin 2022.

Kianfar, Mina: Sachfotografie und Hausrecht. Rechtliche Grenzen der Propertisierung, Baden-Baden 2015.

Kilian, Wolfgang: Informationelle Selbstbestimmung und Marktprozesse. Zur Notwendigkeit der Modernisierung des Modernisierungsgutachtens zum Datenschutzrecht, CR 2002, 921ff.

ders.: Strukturwandel der Privatheit, in: Garstka, Hansjürgen/Coy, Wolfgang (Hrsg.): Wovon – für wen – wozu. Systemdenken wider die Diktatur der Daten. Wilhelm Steinmüller zum Gedächtnis, Berlin 2014, S. 195ff.

Klink-Straub, Judith/Straub, Tobias: Vernetzte Fahrzeuge – portable Daten: Das Recht auf Datenübertragbarkeit gem. Art. 20 DS-GVO, ZD 2018, 459ff.

Kloepfer, Michael: Informationsrecht, München 2002.

Klose, Martin: Das Eigentum als *nudum ius* im Bürgerlichen Recht, Tübingen 2016.

Koetsier, Patrick/Kremer, Sascha: Sperrwirkung der DSGVO: Kein Rückgriff auf § 1004 Abs. 1 S. 2 BGB (analog) für Unterlassungsansprüche, CR 2023, 359ff.

Köhne, Manfred: Der leistungsfähige Betrieb in der Agrarökonomie und im Recht, in: Martínez, José (Hrsg.): Der Schutz des leistungsfähigen landwirtschaftlichen Betriebes, Baden-Baden 2013, S. 13ff.

Kolany-Raiser, Barbara/Heil, Reinhard/Orwat, Carsten/Hoeren, Thomas: Einleitung, in: *Kolany-Raiser, Barbara/Heil, Reinhard/Orwat, Carsten/Hoeren, Thomas* (Hrsg.), Big Data – Gesellschaftliche Herausforderungen und rechtliche Lösungen, München 2019, S. 1ff.

König, Hartmut: Der schuldrechtlich vorbehaltene Restbesitz – eine Erfindung der Rechtsprechung führt zur Marktsperre, NJW 2005, 191ff.

Koreng, Ansgar: Reichweite des datenschutzrechtlichen Auskunftsanspruchs, NJW 2021, 2692ff.

1247 https://doi.org/10.3389/fsufs.2022.903230.

Kornmeier, Udo/Baranowski, Anne: Das Eigentum an Daten – Zugang statt Zuordnung, BB 2019, 1219ff.

Kremer, Sascha: Das Auskunftsrecht der betroffenen Person in der DSGVO. Eine sorgfältige Aufbereitung für die Praxis im Unternehmen, CR 2018, 560ff.

Kreutz, Peter: Zur Struktur des Sacheigentumsrechts – Fragen zur Summen- oder Bündeltheorie und zum Gedanken der Rivalität, RW 2022, 354ff.

Kriesten, Markus: Das Recht auf Einsicht in das Liegenschaftskataster im Spannungsfeld zu datenschutzrechtlichen Bestimmungen, insbesondere der Datenschutzgrundverordnung, ZFV 2020, 67ff.

ders.: Geodaten im Kontext von Datenschutz, Urheberrecht und Informationsfreiheitsansprüchen, ZFV 2021, 340ff.

Kritikos, Mihalis: Precision agriculture in Europe. Legal, social and ethical considerations, Brüssel 2017.

Krönke, Christoph: Öffentliches Digitalwirtschaftsrecht: Grundlagen – Herausforderungen und Konzepte – Perspektiven, Tübingen 2020.

Krügel, Tina: Das personenbezogene Datum nach der DS-GVO. Mehr Klarheit und Rechtssicherheit?, ZD 2017, 455ff.

Kübler, Friedrich: Eigentumsschutz gegen Sachabbildung und Bildreproduktion? Bemerkungen zur »Tegel«-Entscheidung des Bundesgerichtshofs, in: Grunsky, Wolfgang (Hrsg.): Festschrift für Fritz Baur, Tübingen 1981, S. 51ff.

Kühling, Jürgen/Buchner, Benedikt (Hrsg.): Datenschutz-Grundverordnung/BDSG Kommentar, 4. Aufl., München 2024 (zit. als: *Bearbeiter*, in: Kühling/Buchner, DS-GVO, Art. …Rn. …).

ders./Klar, Manuel: Unsicherheitsfaktor Datenschutzrecht – Das Beispiel des Personenbezugs und der Anonymität, NJW 2013, 3611ff.

ders./Sackmann, Florian: Datenschutzordnung 2018 – nach der Reform ist vor der Reform?!, NVwZ 2018, 681ff.

dies.: Irrweg Dateneigentum. Neue Großkonzepte als Hemmnis für die Nutzung und Kommerzialisierung von Daten, ZD 2020, 24ff.

Kumkar, Lea Katharina: Herausforderungen eines Gewährleistungsrechts im digitalen Zeitalter, ZfPW 2020, 306ff.

Kuschel, Linda: Digitale Eigenmacht: Digitale Eingriffe in vernetzte Sachen als Herausforderung für den possessorischen Besitzschutz, AcP 220 (2020), 98ff.

dies.: Der Erwerb digitaler Werkexemplare zur privaten Nutzung, Tübingen 2019.

Lahusen, Benjamin: Verdinglichung durch Datenschutz: Personenbezogene Daten zwischen Sachen- und Schuldrecht, AcP 221 (2021), 1ff.

Laoutoumai, Sebastian/Hoppe, Adrian: Das Recht auf Erhalt einer Kopie personenbezogener Daten. Gewährt Art. 15 Abs. 3 S. 1 DSGVO ein Recht auf Herausgabe von Dokumenten?, K&R 2019, 296ff.

Lauber-Rönsberg, Anne: Autonome »Schöpfung« – Urheberschaft und Schutzfähigkeit, GRUR 2019, 244ff.

dies.: Befugnisse des Sacheigentümers – Recht am Bild und Recht am Datum der eigenen Sache?, in: Hofmann, Franz/Raue, Benjamin/Zech, Herbert (Hrsg.): Eigentum in der digitalen Gesellschaft, Tübingen 2022, S. 89ff.

Laue, Philip/Nink, Judith/Kremer, Sascha (Hrsg.): Datenschutzrecht in der betrieblichen Praxis, 3. Aufl., Baden-Baden 2024 (zit. als: *Bearbeiter*, in: Laue/Nink/Kremer, Datenschutzrecht in der betrieblichen Praxis, § ...Rn. ...).

Lehment, Henrik: Anm. zu BGH, Urt. v. 17.12.2010 – V ZR 45/10, GRUR 2011, 327f.

ders.: Das Fotografieren von Kunstgegenständen, Göttingen 2008.

Leibniz-Forschungsverbund: Positionspapier der Innovationsinitiative Landwirtschaft 4.0, Potsdam 2016.

Leibold, Kevin/Laoutoumai, Sebastian: Unterlassungsanspruch unter der DS-GVO?, ZD-Aktuell 2021, 05583.

Leistner, Matthias/Antoine, Lucie/Sagstetter, Thomas: Big Data: Rahmenbedingungen im europäischen Datenschutz- und Immaterialgüterrecht und übergreifende Reformperspektive, Tübingen 2021.

Lembke, Mark: Der datenschutzrechtliche Auskunftsanspruch im Anstellungsverhältnis, NJW 2020, 1841ff.

Lessig, Lawrence: The Future of Ideas – The Fate of the Commons in a Connected World, New York 2001.

Lewinski, Kai von: Die Matrix des Datenschutzes – Besichtigung und Ordnung eines Begriffsfeldes, Tübingen 2014.

Lindner, Christian: Persönlichkeitsrecht und Geo-Dienste im Internet – z. B. Google Street View/Google Earth, ZUM 2010, 292ff.

Löhnig, Martin: § 1004 BGB: Beseitigungsanspruch wegen Eigentumsbeeinträchtigung, JA 2004, 185ff.

Loewenheim, Ulrich/Leistner, Matthias/Ohly, Ansgar (Hrsg.): Urheberrecht, 6. Aufl., München 2020 (zit. als: *Bearbeiter*, in: Schricker/Loewenheim, *Gesetz*, § ...Rn. ...).

Lommatzsch, Jutta/Albrecht, Rolf: Der »Data-Act« der EU als Rechtsrahmen für Daten – Überblick über wichtigste Regelungen für Unternehmen, GWR 2024, 302ff.

Lowenberg-DeBoer, James/Erickson, Bruce: Setting the Record Straight on Precision Agriculture Adoption, Agronomy Journal 111 (2019), 1552ff.

Maamar, Niklas: Computer als Schöpfer – Der Schutz von Werken und Erfindungen künstlicher Intelligenz, Tübingen 2021.

Magnus, Hanno: Fernkontrolle im Internet der Dinge, Trier 2020.

Mantz, Reto: Störerhaftung für Datenschutzverstöße Dritter – Sperre durch DS-RL und DS-GVO?, ZD 2014, 62ff.

ders./Spittka, Jan: Anm. zu EuGH, Urt. v. 19.10.2016 – C-582/14, NJW 2016, 3582f.

Martini, Mario: Big Data als Herausforderung für den Persönlichkeitsschutz und das Datenschutzrecht, DVBl 2014, 1481ff.

ders.: Blackbox Algorithmus – Grundfragen einer Regulierung Künstlicher Intelligenz, Berlin 2019.

ders./Kolain, Michael/Neumann, Katja/Rehorst, Tobias/Wagner, David: Datenhoheit – Annäherung an einen offenen Leitbegriff, MMR-Beil. 2021, 3ff.

Martínez, José: Ein Governance-Rahmen für landwirtschaftliche Daten, AUR 2021, 122ff.

ders.: Rechtliche Herausforderungen der Digitalisierung der Landwirtschaft – a Beispiel des Dateneigentums und -schutz (*sic*), in: H. Wilhelm Schaumann Stiftung (Hrsg.), Tagungsband 27. Hülsenberger Gespräche 2018, Hamburg 2018, S. 143ff.

McGuire, Mary-Rose: Know-how: Stiefkind, Störenfried oder Sorgenkind? Lücken und Regelungsalternativen vor dem Hintergrund des RL-Vorschlags, GRUR 2015, 424ff.

Mestmäcker, Ernst-Joachim: Eingriffserwerb und Rechtsverletzung in der ungerechtfertigten Bereicherung, JZ 1958, 521ff.

Metzger, Axel: Dienst gegen Daten: Ein synallagmatischer Vertrag, AcP 216 (2016), 817ff.

ders./Schweitzer, Heike: Shaping Markets: A Critical Evaluation of the Draft Data Act, ZEuP 2023, 42ff.

Mischau, Lena: Daten als »Gegenleistung« im neuen Verbrauchervertragsrecht, ZEuP 2020, 335ff.

Moos, Flemming/Rothkegel, Tobias: Anm. zu EuGH, Urt. v. 19.10.2016 – C-582/14, MMR 2016, 845ff.

Morris, Charles W.: Grundlagen der Zeichentheorie, Frankfurt a. M./Ullstein 1972.

Mugdan, Benno: Die gesammelten Materialien zum Bürgerlichen Gesetzbuch für das Deutsche Reich, Bd. III: Sachenrecht, Berlin 1899.

National Farmers Federation: Farm Data Code Australia, 1. Edition, Barton/Kingston 2020.

Neun, Andreas/Lubitzsch, Katharina: Die neue EU-Datenschutz-Grundverordnung – Rechtsschutz und Schadensersatz, BB 2017, 2563ff.

Nguyen, David/Paczos, Marta: Measuring the economic value of data and cross-border data flows – a business perspective, OECD Digital Economy Papers No. 297, August 2020.[1248]

Nink, Judith: Anm. zu LG Wiesbaden, Urt. v. 20.01.2022 – 10 O 14/21, ZD 2022, 239ff.

Nissen, Raoul Moritz: Der monetäre Wert von Daten im Privatrecht – Dogmatik und Rechtspolitik des Datenprivatrechts, Tübingen 2021.

Norer, Roland (Hrsg.): Handbuch des Agrarrechts, 1. Aufl., Wien 2005 (zit. als: *Bearbeiter*, in: Norer, HdB. des Agrarrechts, S. …).

Ohly, Ansgar: Privatrechtsdogmatik und geistiges Eigentum, in: Auer, Marietta/Grigoleit, Hans Christoph/Hager,Johannes/Herresthal, Carsten/Hey, Felix/Koller, Ingo/Langenbucher, Katja/Neuner, Jörg/Petersen, Jens/Riehm, Thomas/Singer, Reinhard (Hrsg.): Privatrechtsdogmatik im 21. Jahrhundert – Festschrift für Claus-Wilhelm Canaris zum 80. Geburtstag, Berlin 2017, S. 987ff.

ders.: Zuweisung von Daten: immaterialgüterrechtliche Lösungen, in: Hofmann, Franz/Raue, Benjamin/Zech, Herbert (Hrsg.): Eigentum in der digitalen Gesellschaft, Tübingen 2022, S. 135ff.

Olbrich, Michael/Bongers, Christian V./Pampel, Johannes: Urheberrechtsschutz für Kunstwerke künstlicher Intelligenz?, GRUR 2022, 870ff.

Osinga, Sjoukje A./Paudel, Dilli/Mouzakitis, Spiros A./Athanasiadis, Ioannis N.: Big data in agriculture: Between opportunity and solution, Agricultural Systems 195 (2022), 103298.[1249]

Oster, Jan: »Information« und »Daten« als Ordnungsbegriffe des Rechts der Digitalisierung, JZ 2016, 167ff.

ders.: Nach der »Batterie-Mietbedingungen«-Entscheidung: Wie geht es weiter mit Smart Contracts?, ZfPW 2023, 387ff.

Paal, Boris/Götz, Matthias: Aktuelle Rechtsfragen zur Datenübertragbarkeit aus Art. 20 DS-GVO: Voraussetzungen – Verantwortlichkeit – Anspruchsinhalt und -grenzen, ZD 2023, 67ff.

1248 https://doi.org/10.1787/6345995e-en.
1249 https://doi.org/10.1016/j.agsy.2021.103298.

ders./Pauly, Daniel A. (Hrsg.): Datenschutzgrundverordnung – Bundedatenschutzgesetz, 3. Aufl., München 2021 (zit. als: *Bearbeiter*, in: Paal/Pauly, DS-GVO, Art. …Rn. …).

Paetow, Hubertus: Landwirtschaft 4.0 – Erfahrungen aus der Praxis, in: Wendl, Georg (Hrsg.), Ackerbau – technische Lösungen für die Zukunft. Tagungsband landtechnische Jahrestagung am 21. November 2017 in Deggendorf, Freising-Weihenstephan 2017, S. 27ff.

Palmetshofer, Walter/Semsrott, Arne/Alberts, Anna: Der Wert persönlicher Daten – Ist Datenhandel der bessere Datenschutz?, Berlin 2016.

Patt, Lukas: Die Speicherung von Strom aus Sicht des Zivilrechts, Baden-Baden 2022.

Paulus, Christoph G./Matzke, Robin: Digitalisierung und private Rechtsdurchsetzung – Relativierung der Zwangsvollstreckung durch smarte IT-Lösungen?, CR 2017, 769ff.

Pauly, Daniel/Mende, Luisa: Der Bundesgerichtshof zur Reichweite des Auskunftsanspruchs nach Art. 15 DS-GVO, CCZ 2022, 28ff.

Peisker, Yannick: Der datenschutzrechtliche Auskunftsanspruch: Grundlagen, Reichweite und praktische Probleme des Art. 15 DS-GVO im Beschäftigungskontext, Baden-Baden 2023.

Petri, Thomas: Anm. zu EuGH, Urt. v. 08.12.2022 – C-460/20, EuZW 2023, 147ff.

Peukert, Alexander: Das Gebot der Bestimmtheit des Schutzgegenstands im geistigen Eigentum, GRUR 2021, 1117ff.

ders.: Güterzuordnung als Rechtsprinzip, Tübingen 2008.

Pfaff, Sara Anna/Paulus, Michael/Schüle, Heinrich/Thomas, Angelika/Knierim, Andrea: Besonderheiten der Implementierung digitaler Technologien in der kleinstrukturierten Landwirtschaft, BUEL 100/2, August 2022.[1250]

Pfister, Bernhard: »Zweigleisige« Rechtswidrigkeitsprüfung und Eigentumsschutz, JZ 1976, 156ff.

Picker, Eduard: Der negatorische Beseitigungsanspruch, 1972, abgedruckt in: Picker, Eduard: Privatrechtssystem und negatorischer Rechtsschutz, Tübingen 2019, S. 575ff.

ders.: Die Nutzungsbeeinträchtigung ohne Substanzverletzung als systemrelevantes Deliktsrechtsproblem, NJW 2015, 2304ff.

Picot, Arnold/Berchtold, Yvonne/Neuburger, Rahild: Big Data aus ökonomischer Sicht: Potenziale und Handlungsbedarf, in: Kolany-Raiser, Barbara/Heil, Reinhard/Orwat, Carsten/Hoeren, Thomas (Hrsg.): Big Data und Gesellschaft – eine multidisziplinäre Annäherung, Wiesbaden 2018, S. 309ff.

Plath, Kai-Uwe (Hrsg.): Kommentar zu DSGVO, BDSG und TTDSG, 4. Aufl., Köln 2023 (zit. als: *Bearbeiter*, in: Plath, *Gesetz*, Art./§ …Rn. …).

Podszun, Rupprecht/Bongartz, Philipp/Kirk, Alexander: Digital Markets Act – Neue Regeln für Fairness in der Plattformökonomie, NJW 2022, 3249ff.

ders./Pfeifer, Clemens: Datenzugang nach dem EU Data Act: Der Entwurf der Europäischen Kommission, GRUR 2022, 953ff.

Prengel, Timo: Abbildungen gemeinfreier Kunstwerke – Rechte des Sacheigentümers, in: Weller, Matthias/Dreier, Thomas/Kemle, Nicolai (Hrsg.): Kunsthandel – Kunstvertrieb: Tagungsband des Fünften Heidelberger Kunstrechtstags am 7. und 8. Oktober 2011, Baden-Baden 2012, S. 99ff.

1250 https://doi.org/10.12767/buel.v100i2.

ders.: Bildzitate von Kunstwerken als Schranke des Urheberrechts und des Eigentums mit Bezügen zum Internationalen Privatrecht, Frankfurt a. M. (u. a.) 2011.
Raue, Benjamin: Das (Sach-)Eigentum als Teil der Informationsrechtsordnung: Zugangsrechte, sachbezogene Datenerhebungen und Fotografien, in: Hofmann, Franz/Raue, Benjamin/Zech, Herbert (Hrsg.), Eigentum in der digitalen Gesellschaft, Tübingen 2022, S. 109ff.
ders.: Die Rechte des Sacheigentümers bei der Erhebung von Daten, NJW 2019, 2425ff.
Riehm, Thomas: Rechte an Daten – Die Perspektive des Haftungsrechts, VersR 2019, 714ff.
Rieländer, Frederick: »Dienste gegen Daten« – Zu den Herausforderungen für die Schuldrechtswissenschaft im digitalen Zeitalter, in: Grothe, Helmut/Mankowski, Peter/Rieländer, Frederick (Hrsg.): Europäisches und Internationales Privatrecht – Festschrift für Christian von Bar zum 70. Geburtstag, München 2022, S. 307ff.
Rittstieg, Helmut: Grundgesetz und Eigentum, NJW 1982, 721ff.
Roy, Trisha/George K, Justin: Precision Farming: A Step Towards Sustainable, Climate-Smart Agriculture, in: Venkatramanan, V./Shah, Shachi/Prasad, Ram (Hrsg.): Global Climate Change: Resilient and Smart Agriculture, Singapur 2020, S. 199ff.
Ryan, Mark/Atik, Can/Rijswijk, Kelly/Bogaardt, Marc-Jeroen/Maes, Eva/Deroo, Ella: The future of agricultural data-sharing policy in Europe: stakeholder insights on the EU Code of Conduct, Humanit Soc Sci Commun 11 (2024).[1251]
Sächsisches Landesamt für Umwelt, Landwirtschaft und Geologie: Landwirte-Befragung 2020 Digitale Landwirtschaft – Sachsen, Dresden 2020.
dies. (Hrsg.): Münchener Kommentar zum Bürgerlichen Gesetzbuch, Bd. 1 Allgemeiner Teil (§§ 1–240, AllgPersönlR, ProstG, AGG), 9. Aufl., München 2021 (zit.: *Bearbeiter*, in: MüKo BGB, § …Rn. …).
dies. (Hrsg.): Münchener Kommentar zum Bürgerlichen Gesetzbuch, Bd. 2 Schuldrecht – Allgemeiner Teil I (§§ 241–310), 9. Aufl., München 2022 (zit.: *Bearbeiter*, in: MüKo BGB, § …Rn. …).
dies. (Hrsg.): Münchener Kommentar zum Bürgerlichen Gesetzbuch, Bd. 3 Schuldrecht – Allgemeiner Teil II (§§ 311–432), 9. Aufl., München 2022 (zit.: *Bearbeiter*, in: MüKo BGB, § …Rn. …).
dies. (Hrsg.): Münchener Kommentar zum Bürgerlichen Gesetzbuch, Bd. 5 Schuldrecht – Besonderer Teil II (§§ 535–630h, BetrKV, HeizkostenV, WärmeLV, EFZG, TzBfG, KSchG, MiLoG), 9. Aufl., München 2023 (zit.: *Bearbeiter*, in: MüKo BGB, § …Rn. …).
dies. (Hrsg.): Münchener Kommentar zum Bürgerlichen Gesetzbuch, Bd. 6 Schuldrecht – Besonderer Teil III (§§ 631–704), 9. Aufl., München 2023 (zit.: *Bearbeiter*, in: MüKo BGB, § …Rn. …).
dies. (Hrsg.): Münchener Kommentar zum Bürgerlichen Gesetzbuch, Bd. 7 Schuldrecht – Besonderer Teil IV (§§ 705–853, Partnerschaftsgesellschafsgesetz, Produkthaftungsgesetz), 9. Aufl., München 2024 (zit.: *Bearbeiter*, in: MüKo BGB, § …Rn. …).
dies. (Hrsg.): Münchener Kommentar zum Bürgerlichen Gesetzbuch, Bd. 8 Sachenrecht (§§ 854–1296, WEG, ErbbauRG), 9. Aufl., München 2023 (zit.: *Bearbeiter*, in: MüKo BGB, § …Rn. …).

1251 https://doi.org/10.1057/s41599-024-03710-1.

Sanderson, Jay/Wiseman, Leanne/Poncini, Sam: What's behind the ag-data logo? An examination of voluntary agricultural data codes of practice, International Journal of Rural Law and Policy 2018.[1252]

Sandhu, Aqilah: Anm. zu EuGH, Urt. v. 04.05.2023 – C-487/21 – *Österreichische Datenschutzbehörde*, EuZW 2023, 579f.

San Emeterio de la Parte, Mario/Martínez-Ortega, José-Fernán/Díaz, Vicente Hernández/ Martínez, Néstor Lucas: Big Data and precision agriculture: a novel spatio-temporal semantic IoT data management framework for improved interoperability, J Big Data 10 (2023).[1253]

Sattler, Andreas: Neues EU-Vertragsrecht für digitale Güter, CR 2020, 145ff.

Schack, Haimo: Anm. zu BGH, Urt. v. 17.12.2010 – V ZR 45/10, JZ 2011, 375.

ders.: Fotografieren fremder Sachen, ZEuP 2006, 149ff.

Schäfer, Hans-Bernd/Ott, Claus: Lehrbuch der ökonomischen Analyse des Zivilrechts, 6. Aufl., Berlin/Heidelberg 2020.

Schermaier, Martin J.: Dominus actuum suorum: Die willenstheoretische Begründung des Eigentums und das römische Recht, ZRG RA 134 (2017), 49ff.

Schild, Hans-Hermann: Unterlassungsanspruch nach der DS-GVO? Zugleich Besprechung von OLG Frankfurt, Urt. v. 30.3.2023 – 16 U 22/22, DuD 2023, 513ff.

Schleicher, Sebastian/Gandorfer, Markus: Digitalisierung in der Landwirtschaft: Eine Analyse der Akzeptanzhindernisse, in: Ruckelshausen, Arno/Meyer-Aurich, Andreas/ Borchard, Karsten/Hofacker, Constanze/Loys, Jens-Peter/Schwerdtfeger, Rolf/Sundermeier, Hans-Henning/Floto, Helga/Theuvsen, Brigitte (Hrsg.): Digitale Marktplätze und Plattformen, Bonn 2018, S. 203ff.

Schmidt-Kessel, Martin/Bomhard, David: EU-Datengesetz ante portas, MMR 2024, 69ff.

Schmieder, Hans-Heinrich: Unterlassungsanspruch bei gewerblichem Fotografieren ohne Eigentümererlaubnis, NJW 1975, 1164f.

Schönfeld, Max von/Heil, Reinhard/Bittner, Laura: Big Data on a Farm – Smart Farming, in: Hoeren, Thomas/Kolany-Raiser, Barbara (Hrsg.): Big Data in Context. Legal, Social and Technological Insights, Cham 2018, S. 109ff.

Schönke, Adolf/Schröder, Horst (Begr.): Strafgesetzbuch Kommentar, 30. Aufl., München 2019 (zit.: *Bearbeiter*, in: Schönke/Schröder, StGB, § ...Rn. ...).

Schröder, Johanna/v. Hörsten, Dieter/Herrmann, Daniel/Wegener, Jens Karl: Spot Farming – ein digitaler Lösungsansatz für eine kleinskalige und nachhaltige Intensivierung der Landwirtschaft, in: Gandorfer, Markus/Hoffmann, Christa/El Benni, Nadja/Cockburn, Marianne/Anken, Thomas/Floto, Helga (Hrsg.): Künstliche Intelligenz in der Agrar- und Ernährungswirtschaft, Bonn 2022, S. 253ff.

Schulte, Willem/Welge, Jonas: Der datenschutzrechtliche Kopieanspruch im Arbeitsrecht, NZA 2019, 1110ff.

Schulze, Götz: Das private Hausrecht, JZ 2015, 381ff.

Schulze, Reiner (Hrsg.): Bürgerliches Gesetzbuch Handkommentar, 12. Aufl. 2024, Baden-Baden 2024 (zit. als: Bearbeiter, in: HK-BGB, § ...Rn. ...).

1252 https://doi.org/10.5130/ijrlp.1.2018.6043.
1253 https://doi.org/10.1186/s40537-023-00729-0.

Schütze, Benjamin/Hänold, Stefanie/Forgó, Nikolaus: Big Data – Eine informationsrechtliche Annäherung, in: Kolany-Raiser, Barbara/Heil, Reinhard/Orwat, Carsten/Hoeren, Thomas (Hrsg.): Big Data und Gesellschaft – eine multidisziplinäre Annäherung, Wiesbaden 2018, S. 233ff.

Schwamberger, Sebastian: Der Datenzugang im Data Act: Fortschritt oder Rückschritt?, in: Bernzen, Anna K./Grisse, Karina/Kaesling, Katharina (Hrsg.), Immaterialgüter und Medien im Binnenmarkt – Europäisierung des Rechts und ihre Grenzen, Baden-Baden 2022, S. 89ff.

Schwartmann, Rolf/Jaspers, Andreas/Thüsing, Gregor/Kugelmann, Dieter (Hrsg.): Datenschutz-Grundverordnung/Bundesdatenschutzgesetz, 3. Aufl., Heidelberg 2024 (zit. als: *Bearbeiter*, in: Schwartmann et al., *Gesetz*, Art./§ …Rn. …).

Schweitzer, Heike: Datenzugang in der Datenökonomie: Eckpfeiler einer neuen Informationsordnung, GRUR 2019, 569ff.

dies./Peitz, Martin: Ein neuer Ordnungsrahmen für Datenmärkte?, NJW 2018, 275ff.

Shapiro, Carl/Varian, Hal: Information Rules: a strategic guide to the network economy, Boston 1999.

Siepmann, David: Industrie 4.0 – Struktur und Historie, in: Armin Roth (Hrsg.), Einführung und Umsetzung von Industrie 4.0, Berlin/Heidelberg 2016, S. 17ff.

Sievering, Jost: Schutz, Zuordnung und Verwertung von nicht-personenbezogenen Daten, Hürth 2022.

Simitis, Spiros (Hrsg.): Bundesdatenschutzgesetz, 8. Aufl., Baden-Baden 2014 (zit. als: *Bearbeiter*, in: Simitis, BDSG, § …Rn. …).

ders./Hornung, Gerrit/Spiecker gen. Döhmann, Indra (Hrsg.): NomosKommentar Datenschutzrecht – DSGVO mit BDSG, Baden-Baden 2019 (zit. als: *Bearbeiter*, in: NK-DatenschutzR, DS-GVO, Art. …Rn. …).

Soergel, Hans Theodor (Begr.): Bürgerliches Gesetzbuch, Bd. 14, Sachenrecht 1, §§ 854–984, 13. Aufl., Stuttgart 2002 (zit. als: *Bearbeiter*, in: Soergel, § …Rn. …).

Specht, Louisa: Ausschließlichkeitsrechte an Daten – Notwendigkeit, Schutzumfang,Alternativen. Eine Erläuterung des gegenwärtigen Meinungsstands und Gedanken für eine zukünftige Ausgestaltung, CR 2016, 288ff.

dies.: Das Verhältnis möglicher Datenrechte zum Datenschutzrecht, GRUR Int. 2017, 1040ff.

dies.: Datenschutzrecht als Verbraucherschutz, VuR 2022, 241ff.

dies.: Der Entwurf des Data Act. Eine Analyse der vorgesehenen Datenzugangsansprüche im Verhältnis B2B, B2C und B2G, MMR 2022, 809ff.

dies./Riemenschneider, Severin/Schneider, Ruben: Internetrecht, Berlin 2020.

Speckle, Johannes/Angermair, Wolfgang/Brohmeyer, Franziska/Brüggemann, Lena/Spicker, Andreas/Pauli, Sebastian A.: Teilflächenspezifische Düngung als Reaktion auf wachsende gesellschaftliche Anforderungen und als Beitrag zur Entspannung des Widerspruchs zwischen Ökonomie und Ökologie, in: Gandorder, Markus/Meyer-Aurich, Andreas/Bernhardt, Heinz/Maidl, Franz Xaver/Fröhlich,Georg/Floto, Helga (Hrsg.): Digitalisierung für Mensch, Umwelt und Tier, Bonn 2020, S. 301ff.

Spickermann, Ole: Fernerkundung und GIS – die neuen digitalen Werkzeuge der Landwirtschaft 4.0, LSA Verm 2020, 7ff.

Spiecker gen. Döhmann, Indra: Wissensverarbeitung im Öffentlichen Recht, RW 2010, 247ff.

Spindler, Gerald/Schmechel, Philipp: Personal Data and Encryption in the European General Data Protection Regulation, JIPITEC 7 (2016), 163ff.

ders./Schuster, Fabian (Hrsg.): Recht der elektronischen Medien Kommentar, 4. Aufl., München 2019 (zit. als: *Bearbeiter*, in: Spindler/Schuster, Recht der elektronischen Medien, *Gesetz*, Art./§ …Rn. …).

Stang, Felix Laurin: Das urheberrechtliche Werk nach Ablauf der Schutzfrist: negative Schutzrechtsüberschneidung, Remonopolisierung und der Grundsatz der Gemeinfreiheit, Tübingen 2011.

Staudenmayer, Dirk: Daten als Gegenleistung im Europäischen Vertragsrecht, in: Grothe, Helmut/Mankowski, Peter/Rieländer, Frederick (Hrsg.): Europäisches und Internationales Privatrecht – Festschrift für Christian von Bar zum 70. Geburtstag, München 2022, S. 367ff.

ders.: Der Verordnungsvorschlag der Europäischen Kommission zum Datengesetz: Auf dem Weg zum Privatrecht der Datenwirtschaft, EuZW 2022, 596ff.

Staudinger, Julius von (Begr.): J. von Staudingers Kommentar zum Bürgerlichen Gesetzbuch, Buch 1: Allgemeiner Teil, §§ 90–124; 130–133, Neubearbeitung 2021, Berlin 2021 (zit. als: *Bearbeiter*, in: Staudinger BGB, *Stand*, § …Rn. …).

ders. (Begr.): J. von Staudingers Kommentar zum Bürgerlichen Gesetzbuch, Buch 2: Recht der Schuldverhältnisse, §§ 249–254, Neubearbeitung 2021, Berlin 2021 (zit. als: *Bearbeiter*, in: Staudinger BGB, *Stand*, § …Rn. …).

ders. (Begr.): J. von Staudingers Kommentar zum Bürgerlichen Gesetzbuch, Buch 2: Recht der Schuldverhältnisse, Vorbem. zu §§ 581ff.; §§ 581–606, Neubearbeitung 2018, Berlin 2018 (zit. als: *Bearbeiter*, in: Staudinger BGB, *Stand*, § …Rn. …).

ders. (Begr.): J. von Staudingers Kommentar zum Bürgerlichen Gesetzbuch, Buch 2: Recht der Schuldverhältnisse, §§ 809–811, Neubearbeitung 2023, Berlin 2023 (zit. als: *Bearbeiter*, in: Staudinger BGB, *Stand*, § …Rn. …).

ders. (Begr.): J. von Staudingers Kommentar zum Bürgerlichen Gesetzbuch, Buch 3: Sachenrecht, Einleitung zum Sachenrecht; §§ 854–882, Neubearbeitung 2018, Berlin 2018 (zit. als: *Bearbeiter*, in: Staudinger BGB, *Stand*, § …Rn. …).

ders. (Begr.): J. von Staudingers Kommentar zum Bürgerlichen Gesetzbuch, Buch 3: Sachenrecht, §§ 903–924, Neubearbeitung 2020, Berlin 2020 (zit. als: *Bearbeiter*, in: Staudinger BGB, *Stand*, § …Rn. …).

ders. (Begr.)J. von Staudingers Kommentar zum Bürgerlichen Gesetzbuch, Buch 3: Sachenrecht, §§ 925–984, Anhang zu §§ 929–931, Neubearbeitung 2021, Berlin 2021 (zit. als: *Bearbeiter*, in: Staudinger BGB, *Stand*, § …Rn. …).

ders. (Begr.): J. von Staudingers Kommentar zum Bürgerlichen Gesetzbuch, Buch 3: Sachenrecht, §§ 985–1011, Neubearbeitung 2023, Berlin 2023 (zit. als: *Bearbeiter*, in: Staudinger BGB, *Stand*, § …Rn. …).

Steinrötter, Björn: Verhältnis von Data Act und DS-GVO. Zugleich ein Beitrag zur Konkurrenzlehre im Rahmen der EU-Digitalgesetzgebung, GRUR 2023, 216ff.

ders.: Anmerkung zu BGH, Urteil vom 17. Dezember 2010 – V ZR 45/10, ZUM 2011, 331ff.

Stieper, Malte: Anmerkung zu BGH, Urteil vom 1. März 2013 – V ZR 14/12, ZUM 2013, 574ff.

Stiftung Datenschutz: Praktische Umsetzung des Rechts auf Datenübertragbarkeit. Rechtliche, technische und verbraucherbezogene Implikationen, 3. Aufl., Leipzig 2018.

Strittmatter, Marc/Treiterer, Manuel/Harnos, Rafael: Schadensbemessung bei Datenschutzrechtsverstößen am Beispiel von data leakage-Fällen. Praxisorientierte Überlegungen zur Bestimmung der Höhe eines materiellen und eines immateriellen Schadens, CR 2019, 789ff.

Strobel, Benedikt: Digitaler Fernzugriff und verbotene Eigenmacht, NJW 2022, 2361ff.

Strubel, Michael: Anwendungsbereich des Rechts auf Datenübertragbarkeit – Auslegung des Art. 20 DS-GVO unter Berücksichtigung der Guidlines der Art. 29-Datenschutzgruppe, ZD 2017, 355ff.

Stürner, Rolf/Eidenmüller, Horst/Schoppmeyer, Heinrich (Hrsg.): Münchener Kommentar zur Insolvenzordnung, Bd. 2, §§ 80–216 InsO, 4. Aufl., München 2019 (zit. als: *Bearbeiter*, in: MüKo InsO, § …Rn. …).

Sundrum, Albert: Gemeinwohlorientierte Erzeugung von Lebensmitteln – Impulse für eine zukunftsfähige Agrar- und Ernährungswirtschaft, Berlin/Heidelberg 2022.

Sütthoff, Alicia: Datenschutzkonforme Anwendung Künstlicher Intelligenz. Am Beispiel der intelligenten Tierüberwachung, Berlin 2024.

Sydow, Gernot/Marsch, Nikolaus (Hrsg.): Datenschutz-Grundverordnung, Bundesdatenschutzgesetz Handkommentar, 3. Aufl., Baden-Baden 2022 (zit. als: *Bearbeiter*, in: Sydow/Marsch, DS-GVO, Art. …Rn. …).

Taeger, Jürgen: Umweltschutz und Datenschutz, CR 1991, 681ff.

ders./Gabel, Detlev (Hrsg.): Kommentar DSGVO – BDSG – TTDSG, 4. Aufl., Frankfurt a. M. 2022 (zit. als: *Bearbeiter*, in Taeger/Gabel, DSGVO, Art. …Rn. …).

Tietz, Andreas/Neumann, Richard/Volkenand, Steffen: Untersuchung der Eigentumsstrukturen von Landwirtschaftsfläche in Deutschland, Thünen Report 85 (2021).[1254]

Uhlenbruck, Wilhelm (Begr.): Insolvenzordnung, Bd. 1, 15. Aufl., München 2019 (zit. als: *Bearbeiter*, in: Uhlenbruck, InsO, § …Rn. …).

ULD Schleswig-Holstein: Datenschutzrechtliche Rahmenbedingungen für die Bereitstellung von Geodaten für die Wirtschaft, Kiel 2008.

Vogel, Paul: Datenhoheit in der Landwirtschaft 4.0 – Rechtliche Aspekte der Verfügungsbefugnis über Betriebsdaten und denkbare Regelungsansätze zur Stärkung der Datenhoheit, in: Gandorder, Markus/Meyer-Aurich, Andreas/Bernhardt, Heinz/Maidl, Franz Xaver/Fröhlich,Georg/Floto, Helga (Hrsg.): Digitalisierung für Mensch, Umwelt und Tier, Bonn 2020, S. 331ff.

Wagner, Gerhard: Algorithmisierte Rechtsdurchsetzung, AcP 222 (2022), 56ff.

Wagner, Peter/Marz, Michael: Precision Farming – Direkte und indirekte Erhebung von Makronährstoffen, in: Ruckelshausen, Arno/Meyer-Aurich, Andreas/Lentz, Wolfgang/Theuvsen, Brigitte (Hrsg.): Digitale Transformation – Wege in eine zukunftsfähige Landwirtschaft, Bonn 2017, S. 153ff.

Wais, Hannes: Datenzugang des gewerblichen Plattformnutzers und Grundlagen der Privatautonomie, ZEuP 2023, 582ff.

Walter, Achim: Digitale Landwirtschaft – Welcher Weg ist vorgezeichnet?, in: H. Wilhelm Schaumann Stiftung (Hrsg.), Tagungsband 27. Hülsenberger Gespräche 2018, Hamburg 2018, S. 10ff.

1254 http://dx.doi.org/10.3220/REP1616572218000.

Walter, Felix: Eigentumsökonomik im europäischen Rechtsvergleich: Eine Untersuchung des Eigentumsbegriffs des deutschen, englischen und sowjetischen Rechts, ZEuP 2017, 863ff.

Wanckel, Endress: Anm. zu BGH, Urt. v. 01.03.2013 – V ZR 14/12, NJW 2013, 1812f.

Wandtke, Artur-Axel: Ökonomischer Wert von persönlichen Daten. Diskussion des »Warencharakters« von Daten aus persönlichkeits- und urheberrechtlicher Sicht, MMR 2017, 6ff.

ders./Bullinger, Winfried (Hrsg.): Praxiskommentar Urheberrecht, 6. Aufl., München 2022 (zit. als: *Bearbeiter*, in: Wandtke/Bullinger, *Gesetz*, § …Rn. …).

Weber, Klaus (Hrsg.): Rechtswörterbuch, 33. Edition, Stand: 01.08.2024, München 2024 (zit. als: *Bearbeiter*, in: Weber, Rechtswörterbuch, …).

Weichert, Thilo: Big Data und Datenschutz, Kiel 2013.[1255]

ders.: Der Personenbezug von Geodaten, DuD 2007, 113ff.

ders.: Geodaten – datenschutzrechtliche Erfahrungen, Erwartungen und Empfehlungen, DuD 2009, 347ff.

Wellenhofer, Marina: Strukturanalyse des Sacheigentums, in: Hofmann, Franz/Raue, Benjamin/Zech, Herbert (Hrsg.): Eigentum in der digitalen Gesellschaft, Tübingen 2022, S. 69ff.

ders.: Anm. zu EuGH, Urt. v. 09.11.2023 – C-319/22, GRUR-Prax 2023, 761.

Weller, David: Anm. zu OLG Dresden, Urt. v. 14.03.2023 – 4 U 1377/22, GRUR-Prax, 436.

Weller, Matthias: Kunst und Eigentum: Aktuelle Konflikte, ZUM 2018, 484ff.

Westphal, Miriam/Wichtermann, Marco: Datenportierung nach Art. 20 DS-GVO. Ausgewählte Ausschlussgründe, ZD 2019, 191ff.

Weyer, Johannes/Delisle, Marc/Kappler, Karolin/Kiehl, Marcel/Merz, Christina/Schrape, Jan-Felix: Big Data in soziologischer Perspektive, in: Kolany-Raiser, Barbara/Heil, Reinhard/Orwat, Carsten/Hoeren, Thomas (Hrsg.): Big Data und Gesellschaft – eine multidisziplinäre Annäherung, Wiesbaden 2018, S. 69ff.

Wiebe, Andreas: Der Data Act – Innovation oder Illusion?, GRUR 2023, 1569ff.

ders.: Schutz von Maschinendaten durch das sui-generis-Schutzrecht für Datenbanken, GRUR 2017, 338ff.

ders.: Schutz von Industriedaten – ein neues Schutzrecht für die digitale Wirtschaft?, AUR 2021, 128ff.

ders.: Von Datenrechten zu Datenzugang – Ein rechtlicher Rahmen für die europäischen (*sic*) Datenwirtschaft, CR 2017, 87ff.

ders./Helmschrot, Céline/Kreutz, Oliver: Studie zur Notwendigkeit und Ausrichtung von spezifischen Datenzugangsregelungen im Bereich des vernetzten Fahrzeugs in der Automobilwirtschaft – Schlussbericht, durchgeführt im Auftrag der Bundesnetzagentur, 2023.[1256]

Wiegerling, Klaus/Nerurkar, Michael/Wadephul, Christian: Ethische und anthropologische Aspekte der Anwendung von Big-Data-Technologien, in: Kolany-Raiser, Barbara/Heil, Reinhard/Orwat, Carsten/Hoeren, Thomas (Hrsg.): Big Data und Gesellschaft – eine multidisziplinäre Annäherung, Wiesbaden 2018, S. 1ff.

1255 https://www.datenschutzzentrum.de/artikel/212-Big-Data-und-Datenschutz.html.

1256 https://www.bundesnetzagentur.de/DE/Fachthemen/Digitalisierung/Daten/Datenoekonomie/start.html.

Wieling, Hans Josef: Sachenrecht, Bd. 1, 2. Aufl., Berlin/Heidelberg 2006.
ders./Finkenauer, Thomas: Sachenrecht, 6. Aufl., Berlin/Heidelberg 2020.
Wilde-Detmering, Friederike: Der Tracker im Trecker – Rechtliche Herausforderungen auf dem Weg zur Landwirtschaft 4.0, in: Taeger, Jürgen (Hrsg.), Die Macht der Daten und der Algorithmen – Regulierung von IT, IoT und KI: Tagungsband Herbsakademie 2019, S. 421ff.
Wiseman, Leanne/Pesce, Valeria/Zampati, Foteini/Sullivan, *Shawn/Addison, Chris/Drolet, Jacques*: Review of codes of conduct, voluntary guidelines and principles relevant for farm data sharing, CTA Working Paper 19/01 (2019).[1257]
dies./Sanderson, Jay/Zhang, Airong/Jakku, Emma: Farmers and their data: An examination of farmers' reluctance to share their data through the lens of the laws impacting smart farming, NJAS 90/91 (2019), 100301.[1258]
Wolf, Manfred: Das Verhältnis von Eigentumsschutz und Wettbewerbsfreiheit – Ausschließlichkeitsbindung in Flüssiggasliefervertrag, LMK 2003, 232ff.
Wolfert, Sjaak/Ge, Lan/Verdouw, Cor/Bogaardt, Marc-Jeroen: Big Data in Smart Farming – A review, Agricultural Systems 153 (2017), 69ff.
Wolff, Amadeus/Brink, Stefan/Ungern-Sternberg, Antje (Hrsg.), Beck'scher Online-Kommentar Datenschutzrecht, 49. Edition, Stand: 01.08.2023/01.08.2024, München 2024 (zit. als: *Bearbeiter*, in: BeckOK DatenschutzR, *Gesetz*, §/Art. …Rn. …).
Wollin, Sören: Störerhaftung im Immaterialgüter- und Persönlichkeitsrecht. Zustandshaftung analog § 1004 I BGB, Baden-Baden 2018.
Wybitul, Tim/Neu, Leonie/Strauch, Martin: Schadensersatzrisiken für Unternehmen bei Datenschutzverstößen: Verteidigung gegen Schadensersatzforderungen nach Art. 82 DS-GVO, ZD 2018, 202ff.
ders./Brams, Isabelle: Welche Reichweite hat das Recht auf Auskunft und auf eine Kopie nach Art. 15 I DS-GVO? Zugleich eine Analyse des Urteils des LAG Baden-Württemberg vom 20.12.2018, NZA 2019, 672ff.
Wysel, Matthew: Data Sharing Platforms: How Value Is Created from Data Produced by Smart Agriculture, in: Zhang, Qin (Hrsg.): Encyclopedia of Smart Agriculture Technologies, Springer Nature Switzerland 2023.[1259]
Zech, Herbert: Anm. zu BGH, Urt. v. 20.12.2018 – I ZR 104/17, GRUR 2019, 291f.
ders.: Besitz an Daten?, in: Pertot, Tereza (Hrsg.): Rechte an Daten, Tübingen 2020, S. 91ff.
ders.: Daten als Wirtschaftsgut – Überlegungen zu einem »Recht des Datenerzeugers«. Gibt es für Anwenderdaten ein eigenes Vermögensrecht bzw. ein übertragbares Ausschließlichkeitsrecht?, CR 2015, 137ff.
ders.: Data Access Rights as Property Rights, in: Andreas/Zech, Herbert (Hrsg.): The Data Act: First Assessments, Trier 2024, S. 53ff.
ders.: Die »Befugnisse des Eigentümers« nach § 903 Satz 1 BGB – Rivalität als Kriterium für eine Begrenzung der Eigentumswirkungen, AcP 219 (2019), 488ff.

1257 https://hdl.handle.net/10568/106587.
1258 https://doi.org/10.1016/j.njas.2019.04.007.
1259 https://doi.org/10.1007/978-3-030-89123-7_250-2.

ders.: »Industrie 4.0« – Rechtsrahmen für eine Datenwirtschaft im digitalen Binnenmarkt, GRUR 2015, 1151ff.

ders.: Information als Schutzgegenstand, Tübingen 2012.

ders.: Materielle und immaterielle Güter – Die Güterzuweisungsfunktion des Privatrechts, ZGE 15 (2023), 53ff.

Ziegler, Nicolas: Anm. zu EuGH, Urt. v. 09.11.2023 – C-319/22, GewArch 2024, 112ff.

Ziegler, Christoph/Smirra, Nikolas: Fallstricke bei Big Data-Anwendungen – Rechtliche Gesichtspunkte bei der Analyse fremder Datenbestände, MMR 2013, 418ff.

Zikesch, Philipp/Sörup, Thorsten: Der Auskunftsanspruch nach Art. 15 DS-GVO: Reichweite und Begrenzung, ZD 2019, 239ff.

Zurth, Patrick/Lersch, Jan: Daten und Informationen als Teil der Insolvenzmasse?, ZfDR 2021, 175ff.